黎虎文集 第一卷

汉唐外交制度史

上

黎虎◎著

中国社会科学出版社

图书在版编目(CIP)数据

黎虎文集:全 12 卷/黎虎著. —北京：中国社会科学出版社，2023. 12
ISBN 978 - 7 - 5227 - 2593 - 2

Ⅰ. ①黎…　Ⅱ. ①黎…　Ⅲ. ①史学—中国—文集　Ⅳ. ①K207 - 53

中国国家版本馆 CIP 数据核字(2023)第 177678 号

出 版 人　赵剑英
责任编辑　张　湉
责任校对　姜志菊
责任印制　李寡寡

出　　版　中国社会科学出版社
社　　址　北京鼓楼西大街甲 158 号
邮　　编　100720
网　　址　http://www.csspw.cn
发 行 部　010 - 84083685
门 市 部　010 - 84029450
经　　销　新华书店及其他书店

印刷装订　三河市华骏印务包装有限公司
版　　次　2023 年 12 月第 1 版
印　　次　2023 年 12 月第 1 次印刷

开　　本　710 × 1000　1/16
印　　张　289. 5
字　　数　4891 千字
定　　价　1780. 00 元(全 12 卷)

黎虎先生（1936.8.22—2022.7.6）

《黎虎文集》出版工作小组

组　　长：张　皓　耿向东　赵剑英　杨志勇

成　　员：刘林海　陈　彪　李文才　黎　杨

赵云慧　黄国辉　李　渊　郭　鹏

张　湉　刘　芳

总　序

黎虎先生（1936年8月22日—2022年7月6日），广东省兴宁市罗岗镇甘村人，中国著名历史学家。黎虎先生1936年8月22日12时出生于北平（今北京）协和医院，2022年7月6日16时逝世于北京海淀医院，系中国近代著名学者、《独立评论》经理人黎昔非次子。黎虎先生1959年7月毕业于北京师范大学历史学系，并留校任教，1983年被评为副教授，1988年晋升教授，1992年获国务院颁发“政府特殊津贴”，1993年担任博士研究生导师。

1958年8月—1959年7月，黎虎先生以大学四年级学生的身份参加全国人民代表大会常务委员会民族委员会和国务院民族事务委员会组织领导、中国科学院民族研究所主持的全国少数民族社会历史调查，在内蒙古自治区少数民族社会历史调查组参加了为期一年的鄂伦春族社会历史调查工作。对于这次少数民族社会历史调查实践活动的意义，黎虎先生曾在不同场合多次言及，认为这对他的治史生涯产生了不可估量的积极影响。在调查工作完成以后，即进入“鄂伦春族简史简志”的编写环节，调查组成员分为“编写组”和“资料组”两个部分，其中“编写组”4人，只有黎虎先生一人是学生，余者三人分别为内蒙古民族研究所的工作人员、中央民族学院历史系和中央音乐学院的教师。界定新中国成立以前鄂伦春族的社会性质，是当时编写鄂伦春族简史简志的前置性条件，调查组为此多次召开学习研讨会，就这一问题进行讨论。黎虎先生在讨论会上第一个发言，提出了“新中国成立前的鄂伦春族处于从原始社会向阶级社会过渡的村社阶段”的观点，这个观点除个别成员表示异议外，得到了调查组大部分成员的赞同。后来调查组负责人将这个观点向“全国少数民族社会历史调查领导小组”做了汇报，得到吕振羽等领导同志的肯定。黎虎先生所提出的这个观点，后来就成为撰写《鄂伦春族简史简志》的指导思想。这次鄂伦春族社会历史调查活动对于黎虎先生的另一个重大意义，是他结合调查实践活动深入学习和领会恩格斯《家庭、私有制和国家的起源》理论精神的同时，开始思考“中国古史分期暨社会性质”这个重大历史理论问题。2020 年黎虎先生在《文史哲》发表《中国古史分期暨社会性质论纲——兼论中国传统社会的主要矛盾问题》一文，构建了他关于中国古史分期暨社会性质问题的全新学术体系，其中不少认识，例如对“群”的分析和理解、“人力（人口）掌控”理论、以本土语汇概括中国历史问题等，实皆肇端于这次少数民族社会历史调查活动以及在这次实践活动中所作的理论思考。

1959 年 7 月，黎虎先生大学毕业，留北京师范大学历史系中国近现代史教研室任教，一年后转入中国古代教研室。此后，黎虎先生一直任教于中国古代史教研室，承担《中国历史文选》《中国古代史》的教学任务。20 世纪 80 年代以前，黎虎先生的研究方向为先秦史，大约从 80 年代初起，转向魏晋南北朝史研究，后又进一步拓展至上起秦汉下迄隋唐五代的研究领域。及至晚年，黎虎先生更是在建构中国古代“吏民”问题研究学术体系的基础上，对“中国古史分期暨社会性质”这一重大史学理论问题进行了深度思考，并于 2020 年发表《中国古史分期暨社会性质论纲——兼论中国传统社会的主要矛盾问题》（《文史哲》2020 年第 1 期），将太古至清（鸦片战争前）的中国古史划分为“无君—群聚社会”“王权—众庶社会”“皇权—吏民社会”三个阶段，从而构建起独具特色的中国古史分期暨社会性质问题的全新理论体系——我们姑且谓之“黎氏三段论”。“黎氏三段论”的理论体系，从史料的搜集和运用、史实的剖析和理解，到学术话语和专业词汇的选择和应用，再到理论逻辑的阐释和理论体系的建构，始终坚持实事求是、以中国本土化为根本这两条原则，因而成为一个具有鲜明“中国特色中国风格中国气派”的、完全符合中国历史发展实际的中国古史分期暨社会性质问题的科学理论体系。“黎氏三段论”理论体系的提出，作为中国史学界研究“中国古史分期暨社会性质”这一重大史学理论问题重要的新创获，既是黎虎先生六十余年治史生涯的总结性成果，也是其六十年如一日潜心治史的必然结果。这里需要特别指出的是，“黎氏三段论”对于“王权”和“皇权”进行了明确的区分，认为中国历史上的王权时代以夏商周时代最为典型，其后的春秋战国时代则为“王权”向“皇权”的过渡时期，及至秦始皇灭六国、一六合而建立起中国历史上第一个统一的、大一统专制皇权国家，中国历史从此进入了“皇权”时代。“王权”与“皇权”相比，前者是相对专制、相对集权的多元掌控体制，权力分散掌握于王及其分封下的各级诸侯封君，对于民众的掌控亦复如是，“王权”除了直接掌控一部分“众庶”之外，其余的广大“众庶”则通过各级封君加以间接的掌控；“皇权”则是绝对专制、绝对集权的一元掌控体制，权力集中掌握在皇帝手中，对民众的掌控亦然，皇权对于所有“吏民”实行一竿子插到底式的绝对掌控。正是基于对“王权”与“皇权”性质、特征的明确界定和区分，所以2015年以后，黎虎先生开始有意识地对其以前论著中的一些措词进行了修订，以晚近出版的《汉代外交体制研究》（商务印书馆2014年版）来说，我们在黎虎先生的遗存文件中发现了一个出版以后的修订稿，其中就对于“汉王朝”“汉帝国”这样的提法作了修订，多数情况下修改为“汉皇朝”，特别是在述及夏商周之历史，“夏王朝”“商王朝”“周王朝”与“汉皇朝”是对举的。黎虎先生何以要进行这样的修订？这应当与2015年前后“黎氏三段论”理论体系的逐渐成型和最终形成是有些关系的。又，自2020年以来整理者曾与黎虎先生多次通信，黎虎先生在通信中也曾反复谈到应该将“王权”和“皇权”加以明确区分。后来，在奉命整理《魏晋南北朝史论》（增订本）时（此事后因黎虎先生突然辞世而最终未果），笔者又专门就其早先行文中的“王朝”“帝国”等词汇是否统一修订为“皇朝”的问题，多次与黎虎先生商讨，都得到了先生肯定的回答，先生指示要根据上下文酌情而定。是以此番整理《黎虎文集》，对于《汉代外交体制研究》一书中“汉王朝”“汉帝国”等说法，一律遵照黎虎先生的遗愿，并结合行文需要而作了相应的修订。

黎虎先生在史学研究领域所做出的卓越贡献，除了上述关于中国古史分期暨社会性质问题的“黎氏三段论”理论体系外，还表现为如下几个方面的原创性研究。

黎虎先生的代表性史学成就之一，是开创和建构了中国古典外交制度的新学科。1998 年 4 月《汉唐外交制度史》由兰州大学出版社出版（2019 年 1 月中国社会科学出版社出版该书“增订本”），标志着中国古典外交制度新学科的创立，季羡林先生推荐说：“过去研究中外交通史或中外文化交流史的学者颇有一些，成就亦斐然可观，但是研究中国政府内部的外交制度者，则黎虎教授恐系第一人，所以我们不妨称这种研究为一门新兴的学科。”对于这部开创中国古代外交制度研究新学科的标志性著作，朱绍侯先生也给予高度评价，认为“这是中国古代史研究领域的创新之作，也是中国古代外交制度史的奠基之作，本书的出版，弥补了中国古代史研究中的一项空白”。祝总斌先生则称：“黎虎教授这一专著乃开创之作，填补学术空白之作。”2014 年 11 月，黎虎先生又出版《汉代外交体制研究》（商务印书馆2014 年版）一书，进一步夯实了中国古典外交制度新学科的学术基础。上述几位前辈在评价《汉唐外交制度史》时使用了“新兴的学科”“创新之作”“奠基之作”“开创之作”“填补学术空白之作”等词汇，无疑是对这部著作原创性的高度推许，如今他们的这些赞誉早已得到印证，因为史学界已经公认：黎虎先生是中国古典外交制度新学科和中国古代外交制度研究的开创者、奠基人和集大成者。

黎虎先生的又一代表性史学成就，是创造性地构建了一个关于中国古代“吏民”问题研究的新学术体系。自 20 世纪 50 年代“吏户论”形成以后，“吏户论”一直是魏晋南北朝史乃至整个中古史研究领域占据主流的观点之一。1996 年长沙走马楼三国吴简出土以后，绝大多数学者继续坚持传统“吏户论”，或认为吴简资料证明了“吏户”的存在和“吏户论”的正确，或用“吏户论”的观点去理解和诠释吴简资料。黎虎先生则在学术界几乎众口一词坚持“吏户论”的氛围中，通过对吴简资料的详细统计和科学分析，并证之以传世文献资料，认为并不存在单独编制户籍的“吏户”，从而否定了长期居于统治地位的“吏户论”。以此为基础，黎虎先生又综合运用传世文献资料和吴简资料，撰写并发表了十余篇关于中国古代“吏民”问题的研究论文，不仅在学术界第一次全面、精准地阐释了“吏民”的意涵，而且首次明确提出“吏民”即编户齐民的观点，从而构建起一个关于中国古代“吏民”问题研究的全新学术体系。正是在构建中国古代“吏民”问题研究学术体系的基础上，黎虎先生继续深化其对于“中国古史分期暨社会性质”这一重大史学理论问题的宏观思考，并最终形成其“中国古史分期暨社会性质”问题研究的理论体系——“黎氏三段论”。

黎虎先生的中古经济史研究，也是成就斐然而独树一帜的。如所周知，中国古代经济史研究乃是中国历史学研究中“碎片化”倾向比较严重的领域之一。在这个学术领域中，部分学者的经济史研究论著由于混乱的思维逻辑而令人困惑，原本尚能明白一二的问题，在阅读某些学者的论著之后，反而更加莫明所以。黎虎先生的中古经济史研究论著则完全不同，凡其所论，无不逻辑清晰、思路畅达，读后令人茅塞顿开、涣然冰释。黎虎先生的中国古代“吏民”系列论文自不必说，即便是相对单独成篇的三国时期自耕农经济、曹魏屯田制、西晋占田制、北魏前期的狩猎经济等论文，也无不有其清晰的内在逻辑路径，对于所论述的每一个问题总是讲解得透彻明白，绝无某些经济史论著那种令人如坠五里雾中的琐细纷乱之感。黎虎先生中古经济史问题研究的论著及其所阐发的观点，多数已经成为学界普遍接受的不刊之论。不宁唯是，黎虎先生关于“中国古史分期暨社会性质”问题研究的理论体系构成中，有相当一部分也是从上述研究开始的，例如从秦至清二千余年“皇权—吏民社会”的经济基础为自给自足的小农经济这一基础性理论，就是以对三国时期自耕农经济、曹魏屯田以及西晋占田制等问题的探索为其嚆矢的。对于黎虎先生中古经济史研究的认识和评价，只有从方法论的角度加以认识，才有可能做到客观准确。首先，黎虎先生的中古经济史研究乃是一种综合性的整体史研究，即便所研究的对象为具体而微的经济现象或经济问题，也无一不是从社会、政治、经济、民族、文化等多个层面、多个维度所进行的系统性、综合性的考察；其次，黎虎先生的中古经济史研究，始终强调和保持思维逻辑的合理性、准确性，这一点尤其具有重要性，因为正常的思维逻辑是学术研究科学性、准确性的前提，如果我们将黎虎先生的相关论著和某些经济史专家相同题材的论著进行比较，就很容易发现彼此之间的诸多差别，其中关键性的区别就在于二者的思维逻辑有着根本上的不同。

黎虎先生在民族史研究领域亦建树卓越，他在这个学术领域的诸多原创性研究成果，无不令人深受启发。黎虎先生的民族史研究及其学术贡献，可用“源远流长，成就卓著”两个词语加以概括，前者是指民族史研究为其长期耕垦的学术园地，自1958—1959年参加全国少数民族社会历史调查活动起，黎虎先生就已经踏上民族史研究的学术征程；后者是指黎虎先生民族史研究成就卓越，取得了诸多独具特色的原创性学术成果。黎虎先生的民族史研究具有四个方面的鲜明特色：一曰“以小见大，立意高远”，即问题讨论具体而微，思想表达深邃有致；二曰“敬畏历史，‘议’有所止”，即对历史深怀敬畏之心，评议历史人物或事件客观公允，不溢美、不隐恶，实事求是；三曰“书胡汉交融，倡民族团结”，即研究民族问题一切以史实为据，客观分析评述胡汉民族之间的友好交往或矛盾冲突，在充分尊重、努力还原历史真相的基础上，尽情讴歌民族团结与民族友好；四曰“突破理论囿限，拓展研究空间”，即突破传统狭隘民族观念束缚，对周边少数民族政权及其与中原汉族政权关系的阐释，不再拘泥于狭隘的、片面的“民族关系”框框的囿限，别开从“外交关系”的角度加以审视和分析的生面，从而大大拓展了民族史研究的学术空间。这里要重点强调一下第四个方面特色的价值和意义。回顾黎虎先生六十余年民族史研究的历程，可以清晰地看到，黎虎先生前四十余年的民族史研究为其后二十余年的外交史研究奠定了基础，他正是在民族史研究厚实的学术基础之上上升到更高层次的外交史研究，并在研究中将民族史与外交史有机融会，使得二者相得益彰，在为传统的民族史学科开辟新的研究视阈和思路的同时，也为其注入了新的生机和活力，助推民族史研究进入新阶段。

在近代文化史、近代学术史的领域，黎虎先生也做出了重要的、特殊的贡献。“黎昔非问题”作为二十多年来中国近代史研究领域的一个学术热点，其核心问题为“黎昔非是《独立评论》的经理人”，最早将“黎昔非是《独立评论》经理人”这一信息揭橥于世的学者是罗尔纲先生和黎虎先生。黎虎先生则是“黎昔非问题”的“奠基人”和“引路者”，在“黎昔非问题”形成的过程中，黎虎先生不仅先后编撰出版了奠定该问题研究史料基础的著作——《黎昔非与〈独立评论〉》（学苑出版社2002年版）《黎昔非的学术与人生》（学苑出版社2023年版），而且围绕黎昔非与《独立评论》、黎昔非与胡适的关系、黎昔非的学术研究与文学创作等问题撰写多篇相关论文，直接助推“黎昔非问题”的形成和发展。“黎昔非问题”作为中国近代史学界近二十年来的学术热点之一，其形成、发展甚至所出现的研究热潮，都与黎虎先生有着密不可分的关系，同时也是黎虎先生众多史学成就和贡献的一个重要方面，丰富和拓展了近代文化史、学术史研究的内容和视阈。

黎虎先生的卓越史学成就和贡献，不仅表现为上述诸多原创性、开拓性的研究成果及其所构建的若干学术理论体系，还表现为他积极响应国家号召，热情投入史学普及工作，撰写了数量不菲的通史性、普及性著作和史学科普文章。这些史学普及类著作和文章，为向大众传播史学知识、提高大众史学素养做出了重要贡献。黎虎先生在史学科普领域的成果和贡献，可以概括为“数量多、影响大、质量高”等几个方面。黎虎先生所主编的《〈后汉书〉精华注译》《中国通史（中古时代·三国两晋南北朝时期》《汉唐饮食文化史》等，撰写的《夏商周史话》《燕国故事》、史学科普文章，都是观点正确、语言优美、文字流畅、融学术性与可读性于一体的优秀史学普及读物，在不同时期均产生了良好的社会反响，并一直影响着来自不同行业、身份各异的众多读者，其中有些人还受其激励而走上了专业的史学研究道路。除此之外，黎虎先生还先后担任《中国大百科全书》“魏晋南北朝分支”、《中国外交辞典》（唐家璇主编）“中国古代分支”、《中国通史》（白寿彝总主编）“三国两晋南北朝时期”等主编，并撰写其中主要条目或重要章节，上述工具书以及《中国通史》类著作，也有助于普及史学知识和提高国民文化素养。目前国家正大力倡导并采取措施以提高国民文化素质，向大众普及历史文化知识则为其重要方法和手段之一，在这个时代背景下，黎虎先生所撰著的通史性、普及性著作、史学科普文章和工具书条目，必将继续为此做出贡献。此外，黎虎先生还写过多篇序跋书评，其中有些是为其本人所主编或著述的论著而作，更多的则是为学界同道和后学的论著所撰，这些序跋书评尽管与一般意义上的学术论文有所不同，但同样具有学术史和史学普及方面的价值，并体现出黎虎先生对于后学的关心和奖掖之情，因此，我们将这些序跋书评按照发表的时间先后为序而荟为一编，置于《黎虎文集》第十二卷“近代学术文化”编之后。

春风化雨，桃李芬芳；学为人师，行为世范。自1959年7月大学毕业留校任教，至2022年7月逝世，黎虎先生的一生都奉献给了北京师范大学、奉献给了北京师范大学历史学科。在从事高等教育的60余年教学生涯中，黎虎先生为史学界、教育学界及其他众多行业培育出为数众多的人才。黎虎先生以教书育人为业，可谓桃李满园。在执教鞭的数十年中，黎虎先生讲课一向很受学生欢迎，甫一毕业留校不久，就在讲台上崭露头角，他所任教的《中国历史文选》《中国古代史》，始终是深受学生欢迎的两门课程，并引起了学校领导的关注，据说主管教学的副校长和教务主任曾不止一次来听他的课。后来，学校根据教育部的指示改革讲课方法，提倡"开卷讲课"，历史系也是安排黎虎先生最早进行了教学试验。恢复高考招生后，1977、1978届新生合班上课，第一讲就是黎虎先生的《中国古代史》，这门课在当时引起了轰动，极受学生的称赞和欢迎。黎虎先生的学生、中国人民大学博士研究生导师牛润珍教授，曾多次深情回忆当年聆听黎虎先生讲课的情景以及他从中所受到的教益："我作为七八级一名学生，有幸聆听寅师讲课，至今记忆犹新，师广征博引，宏论要旨，条理清晰，而且板书秀丽，极具魅力。时隔数年，师在讲义基础上，撰成《夏商周史话》一书，由北京出版社出版。名曰《史话》，实为一部颇见功力的先秦史专著。"后来，在一次学术座谈会上，牛润珍教授再次说道："黎老师的第一堂课盛况空前，很多同学为了好的听课位置，早早地来到课堂。我来得较晚，个子又小，在后面坐着却听得很清楚。我记得老师的字很大，看得清清楚楚。讲课很有条理，老师的讲义整理出来就是一篇学术论文。学术性、科学性、艺术性、趣味性都在老师的课堂上演绎出来。"及至中国高等学校恢复研究生招生制度，黎虎先生又先后招收和培养出几十名硕士生和博士生，如今他的这些弟子遍布全国各地乃至韩国、日本等国家，其中不少人已经成为所在高校或研究单位的学术中坚或相关学术领域的佼佼者。

高山仰止，景行行止！黎虎先生能够在史学研究领域取得诸多创新性的成果，实与其"淡泊明志，宁静致远"的心志有着分不开的关系。黎虎先生为人简易低调，其六十余年的学术生涯，可谓心无旁骛，目不窥园；在人语喧喧、竞相追名逐利的浮躁氛围中，黎虎先生始终保持足够的定力，真正做到了“板凳十年冷，文无一句空”。从工作岗位退休以后，黎虎先生依然笔耕不辍，可谓“退而不休”。黎虎先生的一些友朋学生，出于对他健康的关心，曾多次劝他颐养天年，不必再搞学术研究了，因为他早已超越需要论著傍身的境界了。然而，黎虎先生始终认为，自己的身体尚可，还有很多重要问题如果不把它们写出来，就实在太可惜了。在其逝世的两个月前（按，2022 年 4 月间），黎虎先生还在嘱咐他的学生李文才将《史记》《汉书》诸表整理成方便利用的 WORD 文档资料，以供检索查阅；直到逝世的前几天（按，2022 年 6 月 25 日），尚在医院疗疾期间，黎虎先生再次嘱咐李文才搜索准备一些资料发过去，因为他打算出院以后，就将已经构思成型的“秦汉地主问题”付诸笔墨。如此生命不息，奋斗不息的精神，怎能不令人动容？在学术求索的道路上，黎虎先生真正做到了“吾生也有涯，而知也无涯”，可谓“朝闻道，夕死可矣”；在追求真理的道路上，黎虎先生真正做到了“得其志，虽死犹生”，可谓“吾死不朽矣”！

黎虎先生治学，最重创新。在学术研究上，黎虎先生一贯主张“独立思考，推陈出新”，曾在不同场合反复强调“忌人云而亦云，务推陈以出新”，认为学术研究若不能做到“创新”，就不是真正的学术研究。这里需要说明的是，黎虎先生所强调和追求的“创新”，是以“求是”为旨皈的真正的创新，求是与创新二者相互为用，创新的终极目标是追求真理。黎虎先生的著作，无论是鸿篇巨制、卷帙厚重的专著，还是篇章浓缩、精华凝练的论文，皆为创新求是的原创性研究成果，根本原因就在于此。怎样才能做到求是创新？在黎虎先生看来，只有淡泊名利、唯道是求，才有可能取得原创性的学术成果。然而，在现实中要真正做到淡泊名利实属不易，盖因人性趋利，面对诱惑往往很难坚守底线，故曲阿附时、人云亦云乃社会常态，学术界亦然，试图以文邀宠，冀为进身之资者并不罕见，近来更呈过江之鲫、难以数计之趋势。如此心术不正、思虑浑杂，幻想借文谋利、攀龙附凤之辈，自然不可能诚心追求真理，其为文著书毫无价值可言也就势属必然了。一言以蔽之，非淡泊无以明志，唯守正方可创新，黎虎先生就是这样一位不苟时、不阿世、志虑忠纯、专心学术的真学者。

“岩岩清峙，壁立千仞”，是黎虎先生高尚品格之谓，此愚之敢言也；"奔逸绝尘，而回瞠若乎其后"，是黎虎先生学术涯岸深广之谓，则非不敏之敢言也。今整理出版《黎虎文集》，一则希望后来者能够从黎虎先生的论著中受到教益，并将其严谨守正、开拓创新的学术精神传承下去；再则希望有助于学界全面了解和认识黎虎先生六十余年治史生涯及其学术成就的情况，从而有裨于中国历史学研究的进一步繁荣发展。

因为黎虎先生的论著众多，发表或出版的时间跨度长，不同时期的论文、著作的引文注释格式差异大，其中还有一些是黎虎先生早年的读书札记，故整理起来难度颇大。同时，由于黎虎先生逝世事出突然，而收集、整理其论著的时间又比较仓促，故其中难免有所遗漏。经过与黎虎先生家属沟通商议，最后决定将目前所能收集到的黎虎先生论著结集整理为十二卷本《黎虎文集》。经过《黎虎文集》出版工作小组集体商讨和慎重考虑，确定《黎虎文集》所收录论著的取舍标准如下：

第一，主编的著作，原则上不予收录，但其中能够明确为黎虎先生亲自撰写的部分，酌情整理收录。

第二，先期发表，后又经过黎虎先生整理修订而编入文集者，或是刊后又进行修订者，均以最后的修订稿作为整理底本，并参校包括原刊文在内的所有刊本进行整理。

第三，同一题材或题目相近的文章，原则上不重复收录，但文字内容有较大差别者，则同时收录，目的是尽可能保证《黎虎文集》所收录论著的全貌、原貌。

《黎虎文集》整理凡例如下：

第一，按照中华人民共和国国家出版标准规范，采用通行简体字横排，古人名字、个别地方出于特殊需要，则根据实际情况保留繁体字或异体字，例如：唐人魏徵，因为是人名，而古代"徵""征"二字意涵有别，故"徵"不改为"征"；再如，唐人刘知幾，古代"幾""几"二字意涵完全不同，故作为人名，"幾"不能改为"几"。其他类此。

第二，文中的纪时法，帝号纪年之后以括弧标注出公元纪年，括弧中的公元纪年数字采用阿拉伯数字，一般情况下仅标示数字，不书"年"，并省略"公元"二字，公元前则标注为"（前××）"。例如：汉武帝征和元年（前92）、唐太宗贞观元年（627）。其他类此。

第三，已刊专著或论文，若作者有过整理修订，则以最新修订稿为底本，同时参校包括原刊文在内的刊本进行整理，对于其中重要的修订或改动，则在文中以“整理者按”加以说明；同时，根据实际情况需要，文前以“说明”、文后以整理者“识语”的形式，对该文原刊、转载及其他相关情况加以简要说明。

第四，引文注释格式，统一改为页下注。所引用的文献，专著每卷为一独立单元，论文集则每篇自为独立单元标注。凡引用文献，首次出现时，详细标注出作者、出版信息、卷数、页码等内容，再次出现时，则只标示卷数、页码等信息。对于原作所引寻常难见之文献（如相关甲骨文、金文研究论著），或出版时间较早（1949年之前，1950、1960年代出版者），或并非大陆出版社出版（香港、台湾等地区出版），皆尽可能以较易见到的重版、再版替换。

第五，引用古籍文献，卷数一律用汉字书写，书写格式范例为：卷一、卷一〇、卷一八、卷二八、卷一八八……其中“卷一〇”不作“卷十”；卷“一八”不作“卷十八”；“卷二八”不作“卷二十八”；卷“一八八”不作“卷一百八十八”……它皆类此。古籍文献凡有整理本、点校本，皆优先使用，若同一古籍有多个整理本、点校本，则选用学界公认的学术水准较高的一种。例如，《淮南子》有多个整理本，此番整理《黎虎文集》，除非有特别需要，一律引用刘文典整理的《淮南鸿烈集解》，引用格式如下：刘文典撰，冯逸、乔华点校：《淮南鸿烈集解》卷二《俶真训》，中华书局1989年版，第44页。同一篇章再次引用该文献时，标注格式则为：《淮南鸿烈集解》卷二《俶真训》，第44页。它皆类此。

第六，“二十四史”统一引用中华书局标点本（非近年最新整理本），引用格式以《史记》为例：（汉）司马迁撰，（南朝·宋）裴骃集解，（唐）司马贞索隐，（唐）张守节正义：《史记》卷六《秦始皇本纪》，中华书局1959年版，第223页。同一篇章再次引用该文献时，标注格式则为：《史记》卷六《秦始皇本纪》，第223页。司马彪《续汉书志》因附于范晔《后汉书》之后，学者征引此书，引用格式花样繁多，今引用格式统一如下例：（晋）司马彪撰，（梁）刘昭注补：《续汉书·百官志二》，点校本《后汉书志》第二十五，中华书局 1965 年版，第 3577 页。同一篇章再次引用该文献，则标注格式为：《续汉书·百官志二》，点校本《后汉书志》第二十五，第 3577 页。

第七，《资治通鉴》引用中华书局 1956 年标点本，引用格式如下例：（宋）司马光编著，（元）胡三省音注：《资治通鉴》卷一八五，唐高祖武德元年（618）正月，中华书局 1956 年版，第 5771 页。同一篇章再次引用时，标注格式则为：《资治通鉴》卷一八五，唐高祖武德元年（618）正月，第 5771 页。若引用内容为胡三省之音注，则标注格式如下：《资治通鉴》卷一八五，唐高祖武德元年（618）三月胡注，第 5775 页。

第八，《十三经注疏》文献，黎虎先生原来引用的主要版本为中华书局 1980 年缩印出版的阮刻十三经，间或引用其他版本，今统一改为北京大学出版社 2000 年出版的“十三经注疏整理委员会”整理本，引用格式以《礼记》为例：（汉）郑玄注，（唐）孔颖达疏，龚抗云整理，王文锦审定：《礼记正义》卷一《曲礼上》，北京大学出版社 2000 年版，第 20 页。同一篇章再次引用时，标注格式则为：《礼记正义》卷一《曲礼上》，第 20 页。它皆类此。

第九，引用今人著作，（1）专著，标注作者、书名、出版社、出版时间、页码，除非有必要，一般不写具体章节。引用格式如下例：黎虎：《汉唐外交制度史》，兰州大学出版社 1998 年版，第 45 页。同一篇章再次引用时，标注格式则为：《汉唐外交制度史》，第 45 页。（2）专题论文，标注作者、篇名、刊名、刊期等信息，除非特殊需要，一般不标注页码。引用格式如下例：黎虎：《蜀汉“南中”政策二三事》，《历史研究》1984 年第 4 期。同一篇章再次引用，则标注为：《蜀汉“南中”政策二三事》，《历史研究》1984 年第 4 期。它皆类此。

第十，引用外国文献或论著，标注格式如下：［日］桑原骘藏：《蒲寿庚考》，陈裕菁译，中华书局 1954 年版，第 12 页。同一篇章再次引用时，标注格式则为：《蒲寿庚考》，第 12 页。它皆类此。

《黎虎文集》共十二卷，各卷情况如下：

第一卷《黎虎文集：汉唐外交制度史·上》

第二卷《黎虎文集：汉唐外交制度史·下》

第三卷《黎虎文集：汉代外交体制研究·上册》
第四卷《黎虎文集：汉代外交体制研究·下册》
第五卷《黎虎文集：中国古史分期暨社会性质》
第六卷《黎虎文集：中国古代“吏民”问题研究》
第七卷《黎虎文集：中古经济史论》
第八卷《黎虎文集：先秦秦汉史论》
第九卷《黎虎文集：魏晋南北朝史论》
第十卷《黎虎文集：隋唐五代史论》
第十一卷《黎虎文集：夏商周史话·燕国故事·史学科普文荟》
第十二卷《黎虎文集：近现代学术文化·序跋书评》。附《黎虎先生学术编年》。

《黎虎文集》的编校整理工作，从《黎虎文集》十二卷的框架构成，到各卷具体篇目的编排、校订及最后定稿，均由扬州大学李文才教授承担，卷前的《总序》、附于卷后的《黎虎先生学术编年》亦由其执笔。《黎虎文集》的整理出版，得到了诸多友朋和同学的帮助，东北大学秦皇岛分校马克思主义学院教授董劭伟博士、河北大学历史学院副教授张林君博士、井冈山大学人文学院讲师曹万青博士，以及扬州大学中国古代史专业的硕士生李懿、向伊君、葛正龙、翟文轩，博士生葛一、张蒙蒙、郝艺乔等同学，曾协助部分篇章的文字录入和初步核校，对于他们的辛勤付出，表示衷心的感谢。

《黎虎文集》得以出版，还要特别感谢北京师范大学历史学院暨各位领导的关心和支持。北京师范大学历史学院向来高度重视优秀传统文化研究成果的出版。黎虎先生毕生从事中国古代史教学与研究工作，为弘扬中华优秀传统文化研究做出了重要贡献。黎虎先生去世后，历史学院就将《黎虎文集》的出版纳入工作计划，联络编者和出版社，筹划落实出版经费。为做好出版工作，历史学院专门成立了《黎虎文集》出版工作小组，并主持召开了两次网络会议，协调推进《黎虎文集》出版的各项具体工作。正是在历史学院的大力领导和支持下，《黎虎文集》才得以如期顺利出版。

最后，还要向中国社会科学出版社的领导和编辑表达感激之情。他们认真严谨的作风、积极高效的工作，保证了《黎虎文集》的编校出版质量，谨向他们致以诚挚的谢意！

《黎虎文集》出版工作小组

2023 年 7 月 6 日

季羡林先生为《汉唐外交制度史》题签和所写《推荐书》

汉唐外交制度史

季羡林题

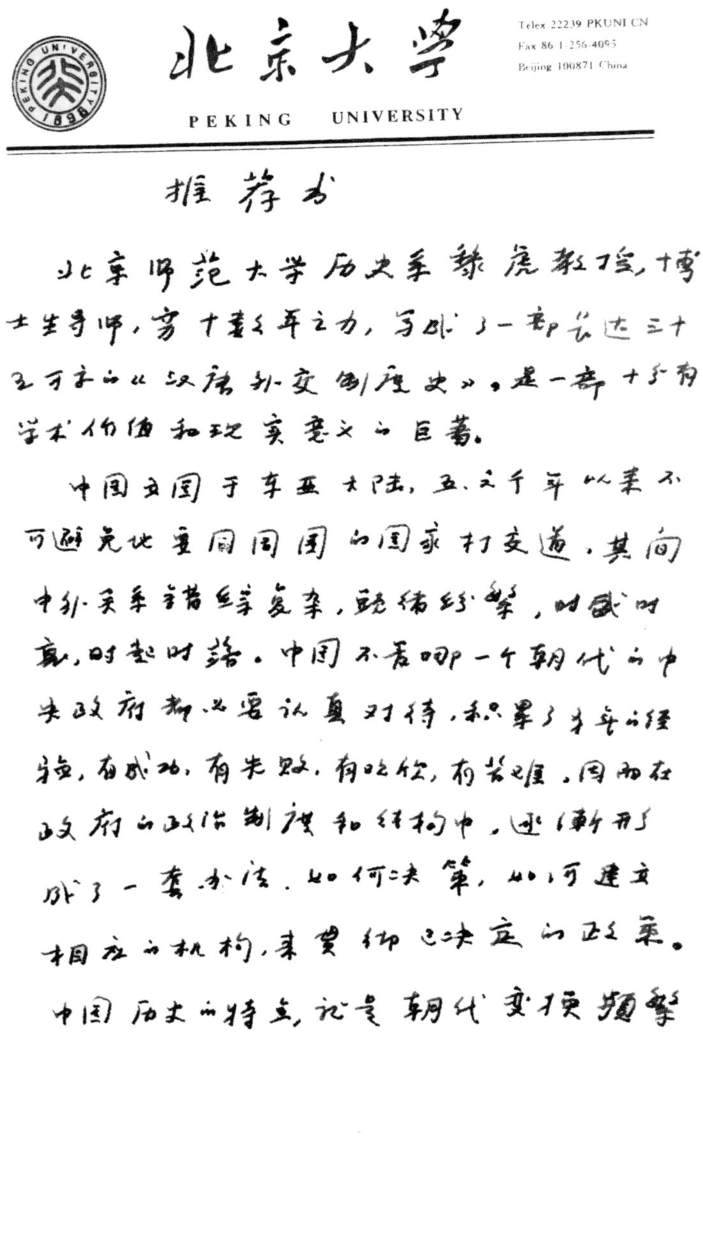

北京大学
PEKING UNIVERSITY

Telex 22239 PKUNI CN
Fax 86-1-256-4095
Beijing 100871 China

推荐书

北京师范大学历史系黎虎教授、博士生导师，穷十数年之力，写成了一部长达三十五万字的《汉唐外交制度史》。是一部十分有学术价值和现实意义的巨著。

中国立国于东亚大陆，五、六千年以来不可避免地要同周围的国家打交道。其间中外关系错综复杂，头绪纷繁，时战时和，时热时冷。中国不管哪一个朝代的中央政府都必要认真对待，积累了丰富的经验，有成功，有失败，有欢欣，有苦难。因而在政府的政治制度和结构中，逐渐形成了一套办法，如何决策，如何建立相应的机构，来贯彻已决定的政策。

中国历史的特点，就是朝代变换频繁

北京大學

PEKING UNIVERSITY

Telex 22239 PKUNI CN
Fax 86-1-256 4095
Beijing 100871 China

的一个朝代，都接受了前朝的经验和教训，建立了自己的决策和执行机构。朝代既多，经验斯丰。研究这个问题是中国史研究的一部分。

过去研究中外交通史和中外文化交流史的学者颇有一些，成就亦斐然可观。但是研究中国政府内部的外交制度者，则黎虎教授恐是第一人。所以我们不妨称这种研究为一门新兴的学科。

黎虎教授独具慧眼，注意到了这个问题，并且穷十年之力，在浩如烟海的群籍中爬罗剔抉，搜求资料，终于写成了这一部书，一部有开创意义的著作。因敢郑重推荐给《中国传统文化研究丛书》。

北京大学 季羡林

1996.8.3

推 荐 书

北京师范大学历史系黎虎教授、博士生导师，穷十数年之力，写成了一部长达三十五万字的《汉唐外交制度史》，是一部十分有学术价值和现实意义的巨著。

中国立国于东亚大陆，五六千年以来不可避免地要同周围的国家打交道。其间中外关系错综复杂，头绪纷繁，时盛时衰，时起时落。中国不管哪一个朝代的中央政府都必要认真对待，积累了多年的经验，有成功，有失败，有欢欣，有苦难。因而在政府的政治制度和结构中，逐渐形成了一套办法。如何决策，如何建立相应的机构，来贯彻已决定的政策。中国历史的特点，就是朝代变换频繁，后一个朝代，接受了前朝的经验和教训，建立了自己的决策和执行机构。朝代既多，经验斯丰，研究这个问题是中国史研究的一部分。

过去研究中外交通史或中外文化交流史的学者颇有一些，成就亦斐然可观。但是研究中国政府内部的外交制度者，则黎虎教授恐系第一人，所以我们不妨称这种研究为一门新兴的学科。

黎虎教授独具慧眼，注意到了这个问题，并且穷十余年之力，在浩如烟海的群籍中爬罗剔抉，搜求资料，终于写成了这一部书，一部有开创意义的著作。用敢郑重推荐给“中国传统文化研究丛书”。

北京大学

季羡林

1996. 8. 3

序　一

外交，是我国古代王朝统治事务的重要组成部分。众所周知，汉武帝便曾派张骞出使西域，对大月氏、乌孙等国进行外交活动，力图远交近攻，以夹击匈奴。事虽未成，却充分反映了古代统治者对外交的重视。至于后代，外交一直起着重要作用。如公元450年魏太武帝南伐，路经彭城，派尚书李孝伯进行外交活动，企图不战而下；刘宋安北长史张畅拒之，二人唇枪舌剑，针锋相对。《资治通鉴》记下此事，称“畅音容雅丽，孝伯与左右皆叹息；孝伯亦辩赡”。胡三省注：“兵交，使在其间。史言行人（指外交人员）善于辞令，亦足以增国威。”由于有外交活动，很早便建立外交制度。至迟汉代已设大鸿胪、客曹尚书掌其事。如客曹尚书职权便是“主外国夷狄事”；东汉分为南、北主客曹，更可见其管辖范围之广。可是长期以来，对外交制度的研究，却显得很薄弱。寡见所及，从无专著问世。一般政治制度史著作，也几乎没有看到有辟出专门篇章予以论述的，这不能不是一个遗憾。

可喜的是，北京师范大学黎虎教授，经过多年潜心研究，于繁重教学工作之余，撰写了这部几十万字的《汉唐外交制度史》，正好填补了这个学术空白。拜读初稿之后，深感受益匪浅。

这是一部史料丰富、考证严谨、具有开创性的优秀史学专著。

首先是开创性。如上所述，前人著作论述甚少，无可参考、依傍，本书不得不自创体系。机构方面，既考订专职机构，又根据具体史料，提出“关涉机构”进行论述；特别是并不就机构论机构，而是首论决策，强调决策权在外交中的巨大作用。这些以及全书崭新的体系都是开创性的集中体现。

其次是考证严谨。如论述外交决策大权集中于皇帝，举汉代陈汤、甘延寿例便相当有说服力（二人在西域自行决策出兵，斩匈奴郅支单于首，虽为汉朝除去大患，立下大功，但因“矫制”，经过朝廷群臣长期争论，最后终受谴责、惩处）。再如突出魏晋南北朝尚书主客曹的外交职能，因为有关官志、《通典》记载过于粗略，作者便通过大量史料，排列出南北朝主客郎的名单，进而对其外交职能展开较清晰、多彩的介绍。其严谨考证举二例：举邢伟墓志证明北魏尚书主客郎可以是尚书南、北、左、右主客郎的省称；不同意《历代职官表》关于四夷馆属大鸿胪管辖的说法，引《魏书·萧宝夤传》以证四夷馆当属尚书主客郎具体管辖。这些都是有说服力的。再如将隋唐鸿胪寺的外交职能归纳为十六条，十分细致，全引史料为据。其中提出第三个职能为“拟授官位”。此权《唐六典》及两《唐书》官志记载不明确，本书引《全唐文》卷九九九吐火罗贵族仆罗上书指责鸿胪寺“授官不当”；又引《册府元龟》卷九九九唐玄宗对此事的批示“敕鸿胪卿准例定品秩，勿令称屈”，这一职能的存在便确定无疑了。

再次是史料丰富，注意汲取前人某些成果。如论述唐代后期“使职差遣制度的盛行”，参考陈仲安先生等专著《汉唐职官制度研究》的观点；分析唐朝与边地羁縻府州的关系，根据谭其骧先生论文“唐代羁縻州述论”的看法。他如多处利用日本僧人圆仁《入唐求法巡礼行记》、朝鲜《三国史记》、阿拉伯《中国印度见闻录》，以及日本学者的《续日本纪》《日本书纪》等著作中有关史料。至于一般史书、类书、笔记、文集、诗集，以至敦煌吐鲁番文书、历代墓志等，旁征博引，相当广泛。

总之，黎虎教授这一专著乃开创之作，填补学术空白之作，优点突出，富有学术价值，某些内容或许还可供当前外交工作参考与借鉴。

专著即将付梓，在此谨为黎虎教授贺，并将拜读初稿后的体会，赘述几句如上，十分粗略，勉强算作一篇序文吧。

北京大学

祝总斌

1997 年 8 月

序　二

对外关系是中国历史的一个重要部分，一直为海内外学者所关注。但迄今为止的研究，主要限于中外交通、中外经济文化交流、中外政治军事关系等方面，而对于各个王朝的外交制度则均未触及。黎虎教授的《汉唐外交制度史》乃是这个领域的开创之作，填补了中国古代外交制度史研究的空白。

汉唐时期是中国古代外交的开创和取得辉煌成就的时期，也是中国外交制度从确立到完善的时期。汉唐时期的外交制度不仅对此后各王朝，而且对亚洲一些国家的外交制度，都有着深远的影响。因此，本书对于深入了解中国和亚洲各国的外交史，全面了解中国和亚洲各国的历史，具有重要意义。

本书分为决策和机构两大部分。决策方面按照时期从皇帝决策、宰相决策、百官决策几个层次进行论述。机构方面除了论述中央的专职管理机构和关涉机构，还详细论述了地方的管理机构，包括地方行政系统、军事与边防系统以及边镇镇抚系统。全书结构严密、层次分明、材料丰富、考证细致入微，给人们提供了一幅全面、系统、准确的汉唐外交制度的画卷。

本书对于汉唐外交制度不是孤立、静止或笼统的叙述，而是严格从史实出发，按照制度本身的发展，清晰地勾画出各个时期的不同特点，找出制度发展变化的轨迹。作者不仅注意到各个时期之间的不同，而且注意到一个朝代中不同时间的变化。如在叙述唐代仗下后决策和延英决策时，都明确指出实行这些制度的时间。在论述唐代外交管理机构时，特别论述了唐后期外交管理体制的变化。这些都反映了作者严谨的学风、深厚的功力和学术上的追求。

《汉唐外交制度史》即将出版了。这样一部科学性高、系统性强，凝聚了黎虎教授多年心血的学术专著的出版，不仅可以满足各界人士对这一领域知识的需求，对于中国古代历史的研究，也具有重要的学术价值。

北京大学

吴宗国

1997 **年** 8 **月**

前　言

外交是国与国之间以和平方式进行交往、交涉的政治行为。它作为政治上层建筑的重要组成部分，是国家内政的延伸，是维护国家主权和利益、实现国家对外政策的方式和手段。

中国古代有“外交”一词，泛指与他人或他国之交往。而关于与他国交往，其含义有一个发展演变过程，在先秦两汉六朝时期，其与今天“外交”一词有所不同。鲁隐公元年（前 722）十二月祭国国君出访鲁国，《春秋》记作“祭伯来”，而没有记作祭伯“来朝”。《春秋穀梁传》对此解释道：“寰内诸侯，非有天子之命，不得出会诸侯。不正其外交，故弗与朝也。”① 因为祭国是周天子畿内的诸侯，他没有得到“王命”而私自出访，所以不记作“来朝”而记作“来”，表示对其所进行的不合“礼”的对外活动的贬责。由此可见，这里“外交”一词是指臣下私自对外交往，即所谓“境外之交”，含有“里通外国”、相互勾结的意思。这在古人看来是一种非礼的举动，所谓“为人臣者无外交，不敢贰君也”②。这个含义一直沿袭下来，战国时苏秦曾抨击“夫为人臣者，割其主之地以求外交”③ 的行径。三国时孙吴张温出使蜀汉，曾向蜀人称赞同行副使殷礼，后孙权因内部矛盾将张温问罪，以此作为其罪行之一。将军骆统

---

① （晋）范宁注，（唐）杨士勋疏，夏先培整理，杨向奎审定：《春秋穀梁传注疏》卷一，隐公元年，北京大学出版社 2000 年版，第 8 页。

② （汉）郑玄注，（唐）孔颖达疏，龚抗云整理，王文锦审定：《礼记正义》卷二五《郊特牲》，北京大学出版社 2000 年版，第 908 页。

③ （汉）司马迁撰，（南朝宋）裴骃集解，（唐）司马贞索隐，（唐）张守节正义：《史记》卷六九《苏秦列传》，中华书局 1959 年版，第 2261 页。此句在《战国策》作：“夫为人臣而割其主之地，以外交强虎狼之秦，以侵天下，卒有秦患，不顾其祸。”（缪文远撰：《战国策新校注》卷一四《楚一》，巴蜀书社 1987 年版，上册，第 498 页）

上表为张温辩护，认为奉君命出使而“叹本邦之臣，经传美之以光国，而不讥之以外交也”①。他们所使用的“外交”一词都还是这个意思。到了唐宋时期这个词虽然仍未完全摆脱传统的含义，但已经多少有了现代汉语“外交”一词的含义了，息夫躬向汉哀帝设计离间匈奴与乌孙关系时引用了《孙子兵法》“其次伐交”一语，唐人颜师古对此解释道：“知敌有外交连结者，则间误之，令其解散也。”② 这里的“外交”已有两国之间交往之意了。北宋神宗诏称“推恩方夏，外交四表之欢”③，元丰七年（1084）李宪上奏宋神宗曰：“自古控驭戎夷，使其左枝右梧，为备不暇，盖由首先结其旁国，绝其外交，然后连横之势常在中国，彼有犄角之患。”④ 他们所使用的“外交”一词均与现代汉语“外交”一词相近了。故晚近以“外交”一词指称国家之间的外交并非偶然。

此外，在古汉语中还有不少专门性词语以表示外交。在周代，“凡诸侯之邦交，岁相问也，殷相聘也，世相朝也”⑤。诸侯之间的“问”“聘”“朝”即为“邦交”，它们都有外交的意思。据称周代已有“掌交”一职，负责“掌邦国之通事而结其交好”。郑玄说，所谓“通事，谓朝觐聘问也”。贾公彦进一步解释道：“两国交通之事，惟有君臣朝覲聘问之事，结使交好，故以朝覲聘问解，则《易》云‘先王建万国亲诸侯也。’”⑥ 这里的“通事”“交通”“交好”“朝覲”“聘问”等也都有外交的含义。

---

① （晋）陈寿撰，（南朝宋）裴松之注，陈乃乾点校：《三国志》卷五七《吴书·张温传》，中华书局 1959 年版，第 1333 页。

② （汉）班固撰，（唐）颜师古注：《汉书》卷四五《息夫躬传》，中华书局 1962 年版，第 2183 页。欧阳修《准诏言事上书〈庆历二年〉》：“今诇事者皆知北虏与西贼通谋，欲并二国之力，窥我河北、陕西。若使二虏并寇，则难以力支。今若我能先击败其一国，则虏势减半，不能独举。此兵法所谓伐交者也。元昊地狭，贼兵不多，向来攻我，传闻北虏常有助兵。今若虏中自有点集之谋，而元昊骤然被击，必求助于北虏。北虏分兵助昊，则可牵其南寇之力；若不助昊，则二国有隙，自相疑贰。此亦伐交之策也。”［（宋）欧阳修，李逸安点校：《欧阳修全集》卷四六《居士集·准诏言事上书》，中华书局 2001 年版，第 651 页］这里的“伐交”指破坏辽与西夏通过外交而结成的军事同盟，与颜师古对“伐交”的解释是一致的。

③ 《宋大诏令集》卷二三八《李日尊加恩制》，中华书局 1962 年版，第 931 页。

④ （宋）李焘撰，上海师范大学古籍整理研究所、华东师范大学古籍研究所点校：《续资治通鉴长编》卷三四六，中华书局 1990 年版，第 8302 页。

⑤ （汉）郑玄注，（唐）贾公彦疏，赵伯雄整理，王文锦审定：《周礼注疏》卷三七《秋官司寇·大行人》，北京大学出版社 2000 年版，第 1181 页。

⑥ 《周礼注疏》卷三八《秋官司寇·掌交》及注疏，第 1232 页。

“外事”一词也含有外交的意思，《尚书·康诰》：“外事，汝陈时臬。”孔氏传云：“言外土诸侯奉王事，汝当布陈是法。”[①] 总之，在古汉语中表示外交意义的词语还是比较丰富的。这无疑是当时社会现实在语言文字上的反映。

现代意义上的“外交”一词不仅在中国出现较晚，西方国家亦复如是，英语“外交”一词 diplomacy 的存在也不过两个世纪。现代英语“外交”一词，源于希腊语，其罗马字为 diploma，这是古代希腊公使出使时由君主所授予的折叠式证书。但是直到 18 世纪末英语 diplomacy 才有今天的“外交”的含义[②]。这表明西方的外交是渊源于使者所持之证书。这同中国古代外交之起源可谓不谋而合，殊途同归。中国古代的使者在出使时也持有权力和身份的证明——节，故称“持节出使”，因而“使者”又被称为“使节”。虽然中国和西方在古代都没有现代意义上的“外交”一词，但这并不表明古代中国或西方没有外交。

一　自古就有外交

外交与人类文明历史同样古老，它随着国家的产生而产生。在国家产生之前的氏族部落阶段，氏族部落之间一方面存在着相互的血族仇杀与械斗，另一方面也存在着和平交往与交涉。当国家形成之后，这种原始的氏族部落间和平交往、交涉所累积的方式与惯例，遂衍变为国家政治上层建筑组成部分之一的外交。

中国是世界四大文明古国之一，有着悠久的文明历史，同时也有着悠久的外交发展历史。早在传说中的五帝时代，即前国家时期，部落或部落联盟之间的和平交往已经在文献记载中有了某些踪迹可寻，据说黄帝时“轩辕乃习用干戈，以征不享，诸侯咸来宾从”[③]。这是部落联盟间在战争之后进行的和平交往。因而职掌对外接待的“官员”也已约略可

---

① （汉）孔安国传，（唐）孔颖达疏，廖名春、陈明整理，吕绍纲审定：《尚书正义》卷一四《康诰》，北京大学出版社 2000 年版，第 431 页。

② 参见［英］戈尔－布思主编，杨立义等译《萨道义外交实践指南》（第五版），上海译文出版社 1984 年版，第 8—9 页。

③ 《史记》卷一《五帝本纪》，第 3 页。

见，据称唐尧时曾使舜“宾于四门，四门穆穆”。负责宾迎“四方诸侯来朝者”①。这是远古时期首见之迎接四方宾客职务，而舜可谓我国历史上第一位见诸载籍之外事“官员”。据说舜时又曾以“龙主宾客，远人至”②。龙则是继舜之后见诸载籍的又一位外事礼宾“官员”。

随着早期国家的出现，早期外交亦应运而生。殷商甲骨文中有许多关于“史”（使）和“史人”（使人）的记载，这里就包含有商王朝与周边方国、部落交往之使节；至于“来王”“来献”“来朝”和“氐”（致）与“工”（贡）等卜辞，则表明周边方国、部落与商王朝之间存在着某种“朝贡”关系③。西周实行“封邦建国”制度，西周王朝与封国间的一套朝觐聘问制度，更为日后春秋战国时期列国之间的外交制度奠定了基础。春秋时期各国在争霸战争的同时展开了频繁的外交活动，据鲁史《春秋》所记的242年里，列国间的战争凡483次，朝聘盟会凡450次。④ 这里的朝聘、盟会即为外交活动。从而呈现出各种聘使、行人络绎不绝，仆仆于列国之间的繁忙景象。到了战国时期，随着战争的升级，列国之间的外交斗争也更为激烈，“合纵”与“连横”为代表的两种外交方针策略，在国际舞台上展开了长期的、尖锐的交锋与较量，从而把“折冲樽俎，纵横捭阖”的外交斗争艺术推进到了一个空前的高峰。

不仅中国自古以来就有外交，世界其他文明古国，如埃及、印度、希腊、罗马等，也同样有着古老的外交历史。

1887—1888年发现的“推尔·阿玛尔纳文书”中保存着一些古埃及十八王朝时期叙利亚和巴勒斯坦公爵写给埃及国王的外交文书，其主要内容“都是互致敬仰和爱慕，关于通婚的谈判，和请求埃王赐予作战时的援助，赐予金子和礼物”。而第十九王朝的埃及国王拉美西斯二世和赫梯人皇帝赫吐希尔三世所签订的和平条约，则是最早一部传世的国际条约，被认为“在某种程度上实为后来各种国际条约的原型”⑤。

印度历史学家萨曼德拉·莱·罗伊在《古代印度外交》中说：“有充

---

① 《尚书正义》卷三《舜典》及《孔氏传》，第61页。

② 《史记》卷一《五帝本纪》，第43页。

③ 参见黎虎《殷代外交制度初探》，《历史研究》1988年第5期。

④ 参见范文澜《中国通史简编》第一编，人民出版社1955年版，第179页。

⑤ ［苏联］鲍爵姆金：《世界外交史》第一分册，五十年代出版社1950年版，第5—8页。

足的文献证明，在印度相当早的历史阶段就开始有外交活动存在，并逐渐得到发展。甚至早在吠陀时期的文献中，就提到各种不同类型的外交使节，如杜塔、普拉希塔、帕尔加拉、苏塔等。"[①] 约成书于公元前后四个世纪间的《摩奴法典》中，更把外交使节的作用提到了空前的高度，认为："战争与和平系于使节。因为和睦敌人的是使节，离间盟国的也是使节；决定破裂或和好的大计由使节来处理。"视外交使节具有决定性的作用。一国之君必须十分注意发挥外交使节的作用，"国王通过自己的使节，充分获悉外国君主的一切计划企图后，要采取最大的防御措施，使其绝不能为害自己"。基于对外交和外交使节重要性的深刻认识，《摩奴法典》特别强调外交使节的选拔，"要选取一位精通各种法律知识、善于察言观色，作风方正廉洁，精干，出身显赫的人为使节"。它从古印度哲学关于贤人学说的基础出发来观察外交，因而特别重视外交家的人格品质，"国王的使节，和蔼，廉洁，机敏，强记，熟知天时地利，威仪堂堂，大胆且雄辩时，为大家所推重"[②]。外交使命之成功，有赖于外交家的品质。

古代希腊的城邦时代，城邦之间有着频繁的、活跃的外交活动，缔结同盟、订立条约是它们之间最经常的外交方式，而公使则是各城邦之间建立外交关系的纽带。由此形成了一套国际关系准则和公使制度，前者如通过调停或仲裁解决争端，战争须经宣战始能进行，条约被看作维系国际关系的依据，以誓约来约束条约义务，等等；后者如给予公使以特别的尊敬，享有各种优待和特权等。这些"成了古代世界以后一切国际关系的基础"[③]。古代罗马也有活跃的外交活动，其突出贡献是在罗马法的国际法方面。古罗马设置内事大法官以处理国内问题，外事大法官以处理与外国的交涉问题，后者执行的是"外事法"。公元前 3 世纪罗马大力向外扩张，称雄于地中海地区，在此背景下逐步形成了比原来的"公民法"范围更广泛的"万民法"。"公民法"调整罗马人之间的关系，

---

① 陈正容译自《外交学》，斯特林出版公司，新德里 1984 年版，见周启明等编译《国外外交学》，中国人民公安大学出版社 1990 年版，第 321—324 页。

② 《摩奴法典》第七卷，［法］迭朗善译，马香雪中译，商务印书馆 1982 年版，第 151 页。

③ 《世界外交史》第一分册，第 8 页。

“万民法”调整罗马人与外国人的关系。“万民法”对日后国际法的产生起了萌芽作用。[①] 此外，古罗马还有“雄辩学校”，许多能言善辩的外交人才都出自这些学校。

以上所述表明，不论在中国还是在世界其他地区，有了国家以后就有了外交；自古就有外交，这是毋庸置疑的历史事实。

二 汉唐外交在中国古代外交史上的地位

在近代意义上的世界性外交出现之前，古代世界的外交并非世界性的而是区域性的，即以几个文明发展最早的国家为中心形成若干区域性的外交圈；再以这些外交圈为中心不断辐射扩大，逐渐相互交叉重叠。这是由于当时生产力发展水平以及由此决定的交通、通信发展水平所决定和制约的。各个外交圈之间不可能立即建立起联系，而只能先在本区域内若干相邻的、交通条件所许可的国家和地区之间发展这一关系，从而形成区域性的外交圈。各个外交圈之间的联系和融为一体是一个缓慢的渐进过程，还须假以时日。

古代世界的外交圈是以若干最古老的文明发祥地为核心，不断向外辐射而逐步形成发展起来的。由于自然地理条件的原因，大体以帕米尔高原、喜马拉雅山脉为界，古代世界形成了两个最主要的外交圈，即在其以东的东亚外交圈和在其以西的西方外交圈，后者大致与中国古籍中广义的“西域”相当，从东方人的角度也可将其称为“西域外交圈”。西方外交圈为地中海、波斯湾、红海、阿拉伯湾沿岸地区，包括北非、西亚、南亚次大陆和欧洲。这里由于有较多的内海和海峡把它们联系起来，因而成为最早的、最大的外交圈。在古代航海技术条件下，利用这些内海和傍岸航行技术，可以比较方便地进行联系。在这个地区即使相对比较封闭的南亚次大陆，也早在公元前2500—前1750年印度河流域文明的青铜时代就通过海路与两河流域建立起了频繁的大规模的贸易往来[②]，故其外交关系有条件较早发生。而东亚则是一个较西方世界封闭的地区，西部的高原、雪岭，北部的草原、戈壁，限制了其向外交往，东面是无

① 参见王铁崖主编《国际法》第一章，法律出版社1981年版，第35页。

② 培伦主编：《印度通史》，黑龙江人民出版社1990年版，第27页。

际的太平洋，在古代的航海技术条件下，向东只能达到日本列岛，向南达到南海诸国，因而成为远比西方世界封闭的地区。但是这个地区也在很早就以中国的黄河流域文明为核心，逐步地、不断地向四方辐射而形成了东亚外交圈。正因为其封闭的地理特点，也就使这个外交圈自成体系并具有自己独特的传统和特点。直到西汉张骞"凿空"，黄门译使通黄支（今印度南境康契普腊姆）、已程不国（今斯里兰卡），从水、陆两路打开了通往西域的道路，从而沟通了东、西外交圈之间的联系。这种地理特点和国际态势，决定了汉唐时期是在以东亚外交圈为重心的传统基础上采取"西向"外交，即面向西部世界的外交。

中国自古以来就是东亚外交圈的中心。东亚外交圈的中心始终是在中国，而西方外交圈则是多中心的，而且其中心不断地转移。前者具有一元性特点，后者具有多元性特点。到了汉唐时期，与以中国为中心的东亚外交圈相对应的西方外交圈，先后有以安息帝国、萨珊波斯帝国、阿拉伯帝国等为代表的西亚北非外交中心，以孔雀王朝、笈多王朝为代表的南亚外交中心，以罗马帝国、拜占庭帝国、法兰克国家等为代表的欧亚外交中心。而以中国为中心的东亚外交圈，是世界上最稳定、持续时间最悠久的外交圈。这是西方外交圈难以比拟的。西亚北非外交中心，曾从以伊朗高原为中心立国的安息帝国、萨珊波斯帝国，转移到以阿拉伯半岛为中心立国的阿拉伯帝国；南亚外交中心从孔雀王朝到笈多王朝则呈现时断时续的状况。这两个外交中心还曾一度被立国于中亚的贵霜帝国所取代。欧洲外交中心则在罗马帝国分裂后，逐渐形成以拜占庭帝国为代表的东欧外交中心和以法兰克国家为代表的西欧外交中心。只有东亚外交圈，始终稳定地以中国的中原皇朝为中心，不论是在中国统一时期还是分裂时期都未曾改变。由于中国在整个古代世界中一直是东亚外交圈的中心，几千年来持续不断，加之有着相应的连绵不绝的史籍记载，积累了极其丰富的经验，使得中国古代外交成为世界上体系最为恢宏、完备而又独具东方特色的古代外交典范。

15 世纪以后，随着新航路的开辟和美洲大陆的发现，手工业、商业和交通运输的发展，以及近代民族国家的形成和资本——殖民主义的产生和发展，促进了世界市场的形成，从而使古代的区域性外交向着近代的世界性外交转变。到了这个时期，中国社会经济发展的迟滞，导致其在外交上开始步入落后和被动的困境，直到 19 世纪中叶在列强的炮舰攻击下才被动地跨进近代的世界性外交体系。

中国古代外交发展史大体可以划分为三个发展阶段：第一，先秦时期，为中国古代外交的早期阶段，其主要特点是外交基本上是在中国本土范围内进行的；第二，汉唐时期，为中国古代外交的发展阶段，其主要特点是打开了通往西方世界的道路，进入与域外国家建立外交关系的新阶段；第三，宋元明清时期，为中国古代外交持续发展并走向转型时期，其主要特点是盛极而衰，并逐步由古代外交而向近代外交转化。

汉唐外交处于承上启下的重要历史阶段。汉唐外交一方面是先秦外交的继承和延续，另一方面又在先秦外交的基础上有了重大的发展、创新和突破，其主要表现在以下几个方面。

第一，汉唐时期，是中国第一次打开大门与西方世界发生外交关系，从此才有了真正世界意义上的外交。先秦时期虽然也有过频繁的外交活动和热闹的外交斗争，但那基本上是在中国本土范围内的列国交往，还没有广泛地与域外国家和地区发生正式的外交关系。自“张骞凿空”“开外国道”[①]，这一划时代重大事件开启了中国古代外交的崭新阶段，使中国古代外交突破了本土和东亚的范围而开始走向世界。此后在汉唐一千余年中，中国的外交触角西向伸入了中亚、西亚诸国乃至非洲和欧洲；东向及于三韩、日本等国；南向及于中南半岛、南洋群岛和南亚诸国。正是在汉唐时期才奠定了古代中国与域外国家的基本外交格局。这是统一皇朝建立后，在社会生产力发展的基础上，国家的政治、军事和综合国力得到空前发展的必然结果。

第二，汉唐时期出现了与中原皇朝并峙的少数民族政权，形成了中国古代外交的一种新形式和格局。早在先秦时期中原王朝与周边少数民族已有频繁的交往，但这些少数民族均尚未进入国家阶段，尚处于氏族部落或部落联盟阶段。在周边少数民族中，首先迈入国家阶段的是北方的匈奴。公元前 209 年冒顿杀其父头曼自立为单于，标志着匈奴完成了由氏族部落向国家的转变。[②] 时秦二世当政，秦对匈奴基本上采取战争与防

① 《史记》卷一二三《大宛列传》，中华书局 1982 年版，第 3169、3171 页。

② 参见林幹《匈奴通史》第三章，人民出版社 1986 年版，第 23—26 页。

范的政策，外交活动并不突出。西汉初年刘邦与匈奴和亲，开启了中原皇朝与周边少数民族政权之间官方的外交关系。继匈奴之后，中原各皇朝与柔然、突厥、回纥、吐蕃、南诏等的外交，均属这一类型。

第三，由以上两点所决定，汉唐时期便形成和确立了具有三种类型和层次的外交格局和体系。这种外交格局和体系，便成为此后中国古代基本的外交格局和体系。这三种类型和层次如下：第一，中原皇朝与当时的外国，而且现在其地仍在中国境外的国家的外交。这类国家早在汉代就已有中亚、西亚的贵霜帝国、大宛、康居、安息等，欧洲的大秦，南亚的身毒、天竺、黄支等，海东的三韩、日本等，以及中南半岛诸国等。到了唐代更发展到七十余国之多①。第二，中原皇朝与周边少数民族政权之间的外交。如上所述的汉代的匈奴，南北朝时期的柔然、突厥，唐代的回纥、吐蕃、南诏、渤海等。这个类型中也包括了某些尚未纳入中原皇朝版图的周边少数民族氏族部落或部落联盟。第三，中国境内各独立政权之间的外交。这主要是在三国鼎立时期和东晋十六国、南北朝时期。

这三者并非绝对的、凝固不变的。从大的方面来说，在统一皇朝时期只有前二者而无后者，在分裂时期则三者兼而有之。从具体方面来说，这三者在不同时期又有所变化，有的原来是外国，后来又成为中国的组成部分；有的原来不是外国，但后来又成了外国；有的原为边疆少数民族政权，后来转化为中原皇朝。这些都要根据具体情况而加以具体分析看待。

第四，汉唐时期确立和完善了中国古代外交制度。中国古代外交制度同样也经历了三个发展阶段：第一，先秦时期，为中国古代外交制度的萌芽、孕育时期；第二，汉唐时期，为中国古代外交制度的确立与成型时期；第三，宋元明清时期，为中国古代外交制度持续发展并走向转型时期，即古典外交制度之结束及其向近代外交制度之转型。

早在先秦时期我国古代外交制度已经在逐步产生和积累，它主要以

---

① （唐）李林甫等撰，陈仲夫点校：《唐六典》卷四《主客郎中》："凡四蕃之国经朝贡已后自相诛绝及有罪见灭者，盖三百余国。今所在者，有七十余蕃……皆载于鸿胪之职焉。"中华书局 1992 年版，第 129—130 页。

西周封邦建国制度基础上形成的诸侯朝觐聘问制度为蓝本，到了春秋战国时期演变为以列国之间的使节往还与纵横捭阖之术为代表的某些外交惯例与方式方法。由于这个时期的外交还处于低层次阶段，外交主要是配合兼并战争的一种权宜之计，还没有成为国家政治制度的重要组成部分。虽然早在周代已有"大行人"一职，但它是将外交与封建王侯事务、周边民族事务合而为一，一身而数任，外交机构还没有在国家政治制度中凸显出来。同时由于尚未出现统一的国家，各国的外交制度也因政治制度之有所不同而存在差异，战国时齐国已有了负责外交的"主客"一职①，但在其他国家中却尚未见到。这就表明当时还没有形成全面、系统、划一的外交制度，只是有了某些外交制度方面的雏形，零散而未成体系，还处于外交制度的萌芽和孕育阶段。

到了汉唐时期，外交的巨大发展，促进了外交制度的确立和完善。主管外交的机构，已逐步发展为国家政权机构的重要部门之一，其外交职能日益强化。秦汉时期的大鸿胪虽然继承先秦余绪，集外交与封建王侯事务、民族事务于一身，但是随着"封邦建国"制度之逐渐名存实亡，封建王侯事务日益淡化，而外交事务日益凸显，到了唐代已成为事实上的外交专职机构。随着外交在国家政治生活中地位的提高，外交政务日益繁忙，在外交事务机构鸿胪寺的基础上又产生了新的一级外交政令机构——尚书主客曹。在汉唐时期，以外交管理制度发展为基础，其他相关的外交制度也有了相应的发展和提高，从而形成和确立了一整套全面、系统、完整的外交制度。

汉唐时期中国古代外交制度的确立与完善，有着重大的意义。

第一，这是在古代世界东方独自生成、自成体系的古典外交制度。由于中国所处独特的地理位置，它在亚洲东部，东临大海，北面是荒漠草原，西面和西南面是高原和峻岭，形成一种天然的相对封闭隔绝状态。在这个地理范围内，以中华文明为核心，逐步向四周扩散，形成独具特色的中华文化圈。汉唐时期所确立与完善的古典外交制度，就是中华文明中的瑰宝之一。它与当时以希腊、罗马为代表的西方古代外交制度是在完全不同的历史和地理条件下各自生成、各具特色的，它是古代世界

① 《史记》卷一二六《滑稽列传》，第3199页。

东方外交制度的代表和集大成者。在当时的世界上，西方的古代外交制度是以希腊、罗马为代表，而东方的古代外交制度则以中国为代表，两者遥相辉映。汉唐时期确立和完善的外交制度不仅是世界最古老、最完备的古典外交制度之一，而且在当时指导、影响、制约着整个古代东方世界的外交实践，其影响所及并已逾越亚洲而达于非洲、欧洲。它不仅对于中华文明的发展、中国统一多民族国家的形成发展，而且对于世界文明的发展和促进各国人民之间经济、政治、文化的交流发挥了积极的历史作用。

第二，汉唐时期确立和完善的古典外交制度，是后世历代皇朝外交制度的基本范式。唐代以后的千年中，中国历代皇朝的外交制度基本上是以汉唐时期所确立起来的外交制度为基本模式，只是各个皇朝根据不同的历史条件而有不同程度的调整和改进。直到西方殖民主义侵略势力冲开中国闭关锁国的大门，才发生了本质的变化。以 1861 年总理各国事务衙门的成立为标志，中国古典外交制度让位于近代外交制度。

三　《汉唐外交制度史》旨趣

本书的研究对象是我国汉唐时期的外交制度，探究中国古代在对外交往中自身的制度，着重研究汉唐这一历史时期历代皇朝与政权进行对外交往的体制及其运作方式方法与程序等。

任何国家的政治制度总是包括内政与外交两个方面，它们共同构成国家机构的完整体制。在国家诸职能中，财经、司法、文化教育、人事等主要治内，军事兼具对内对外作用，唯独外交主要为对外。外交制度是国家政治制度必不可少的组成部分，但是从国家产生以来内政始终是政治制度的主体，而外交则是随着国家对外交往的发展及其在国家政治生活中的重要性的逐步提高而日益发展的。在中国古代，最初外交管理是附属于民族与封建事务的，形成民族、外交与封建事务三者混通、合一的管理体制。虽然到了春秋战国时期，外交制度在国家政治制度中已有了初步的发展，但是直到汉唐时期，它才逐步从民族、封建事务的附庸地位中摆脱出来，成为国家政权机构中自成体系的一个重要方面和部门，从而形成、确立并完善了一整套全面、系统的古典外交制度。因而本书选取汉唐时期作为研究中国古代外交制度的突破口。

本书作为著者“汉唐外交制度研究”系列的前编，其主要内容为外交决策与管理机构两个部分，亦即这一历史时期的外交管理制度。

外交决策是外交制度中首要和核心的问题。采取哪些方式进行决策，由哪些成员参与决策，决策的依据和程序为何？这一系列活动的总和，构成了每一时代的外交决策制度及其特点，从一个侧面反映了国家机器的运作过程；并由此而决定其外交方针政策的成败得失。古代外交实质上是君主之间的交往，前文所述古汉语“外交”一词即反映了这样的事实，这个词在早先所强调的是与别国的交往——以是否奉君命为是非界线，奉君命者为是，否则为非。与此相关，古代交聘关系中的“私觌”礼之所以具有两面性，也是这一特征的反映。“私觌”即使者个人面见他国君主并献礼品的私礼，如果是奉君主之命行事则为合“礼”，否则为“非礼”，所谓“私觌，是外交也”①，指的就是并非奉君命之“私觌”。在汉唐中央集权政治体制下，外交决策与内政决策一样，其权力集中于中央政权，而其最高权力归于统治皇朝的代表者皇帝，这是不言而喻的。但是，皇帝不可能包揽全部外交决策，他必须依靠和指挥中央政府庞大的决策群体和机构，才能保证外交方针政策决策的正确性，以维护国家和皇朝根本的、最大的利益。

本书所要阐述的是这一历史时期外交方针政策的制定过程，即决策的方式、层次、程序、参与决策的成员、决策依据等。

汉唐时期外交决策的方式和层次，在两汉、魏晋南北朝时期基本上是以皇帝决策与公卿百官决策为主的两级决策体制，而到了唐代则发展演变为以御前决策、宰相决策与百官决策为主的三级决策体制。外交方针政策是国家的重大政事，在汉唐君主专制体制下，外交决策权力集中于皇帝，一方面他往往亲自进行决策，召开御前会议是其进行决策的基本方式。但是皇帝不可能包揽全部外交决策，他必须依靠和指挥中央政权庞大的决策机器，才能保证外交决策的正确性，以维护国家和皇朝的根本利益，因而同时必须辅之以中枢决策集团乃至整个统治集团进行决策，于是另一方面还有中枢决策或百官决策。而中枢决策与百官决策的最后决断权也集中于皇帝手中。两汉、魏晋南北朝时期在皇帝决策之外

---

① 《礼记正义》卷二五《郊特牲》郑注，第908页。

的重要决策方式是公卿百官集议（或称廷议、朝议等）决策，到了唐代则在此基础上又增加了宰相决策这一新的决策方式。这一变化从表面上看是宰相制度之从两汉、魏晋南北朝时期的独相制向唐代多相制演变的结果。从深层来看，是中国古代政治制度经过汉唐一千余年的发展，已逐步臻于成熟的反映，其突出表现是三省制的定型，即“中书主出令，门下主封驳，尚书主奉行”的三权分工、合作和制约机制的成熟。宰相决策这个层次成为唐代外交决策中的重要一环，起着在皇帝与百官之间承上启下的作用。以御前决策为核心，宰相决策为基础，百官决策为辅助，相辅相成，密切配合，运转灵活高效的三级决策体制的形成，表明我国古代外交决策制度到了唐代已经成熟，臻于完善。

在汉唐时期，外交决策方式与体制也逐步完成了规范化和制度化的发展进程。两汉魏晋南北朝时期的外交决策，不论皇帝决策或公卿百官决策都还有着较大的随意性和一定程度的无序性，尤其是皇帝在外交决策方面更为突出，他可以利用朝会或其他场合与臣下商讨外交问题，也可以独自或任意征询臣下意见以做出决断。而到了唐代皇帝决策已经达到相当规范化和制度化的程度，运用定期或根据需要随时召开的“常参”会议、“仗下后”会议、“延英”会议等不同的御前会议形式，使皇帝与群臣可以比较及时地、充分地商讨外交大政，做出决策。两汉魏晋南北朝时期虽然已经开始出现对于外交决策的审议封驳，但尚未形成完善的制度和体系。到了唐代，随着封驳制度和谏官体制的完备，使审议封驳纳入决策体系之中，成为其不可缺少的组成部分，这就进一步保证了外交决策的相对正确性。

外交决策与内政决策的共性是基本的，但也有其明显的特殊性。除了决策的议题为外交或与外交有关的各种问题之外，从决策的依据来说，综观汉唐时期其议题来源主要有两个方面：一是对方来使、来书所提出或引致的外交问题；二是使节或边境官员报告或提出的外交问题。从参与决策的成员来说，除了一般决策成员之外，也常需吸收熟悉外交问题或外国情况的有关人员，如使节、外交官员或边境军政官员等参与。这是由于外交决策需要具备某些特殊资讯与专业知识，并与复杂的国际关系密切相关所决定的。

为了把外交决策付诸实施，达到预定的目标和获致预期的成效，必须建立相应的外交管理机构。外交管理机构由来已久，自有了国家和国与国之间的交往之后，就有了相应的外交管理机构。中国古代外交管理机构的萌芽可以追溯至虞舜时期，而至少到了周代就已经有了关于外交管理机构的比较明确的文献记载。汉唐时期（公元前 3 世纪至公元 10 世纪初的一千一百余年），我国古代外交管理机构的发展进入了新的阶段，是其确立和不断完善以至成熟的历史时期。大体两汉为其确立和奠基时期，魏晋南北朝为其调整时期，唐代为其完善、成熟时期。

外交机构是国家外交事务的职能部门，负责国家对外政令和事务的组织管理与贯彻执行。本书所阐述的是汉唐时期外交的管理机构和部门，它们的职掌、分工与相互配合，以及各有关机构的官员的选拔与任职条件和要求等。

汉唐时期的外交机构，在中央可分为主管机构与关涉机构两大部门：前者为诸卿系统的大鸿胪与尚书系统的主客曹；后者乃指从不同角度、不同侧面配合外交工作进行的其他相关机构或部门，诸如符节台、谒者台、中书舍人、传诏、通事舍人、四方馆、客省等。

鸿胪与主客是汉唐时期中央最重要的外交主管机构，二者的分工大体是以鸿胪主管外交事务，以主客主管外交政令。不过在汉唐一千余年中，它们经历了曲折的演变过程。在两汉时期，大鸿胪兼外交、民族与封建等事务于一体，表现了外交机构的早期性特点以及外交在国家政治生活中的地位尚不突出。随着政治制度的发展演变，鸿胪所负外交以外的职责被逐渐释出，如由于封建王侯制度的蜕变，封建事务最终从鸿胪划出，使其到了唐代已经基本上成为专职的外交管理部门。主客曹在最初是在皇帝与大鸿胪之间担当上传下达之责，随着尚书台省在中枢权力地位的上升，它成了凌驾于大鸿胪之上的外交政令部门，而且不断侵夺、分割大鸿胪的外交职权，这在魏晋南北朝时期尤为突出。到了隋唐时期，由于尚书省与卿监关系已经基本协调，因而礼部主客司主管外交政令，鸿胪寺主管外交事务，两者分工明确，相互协作，密切配合。

外交工作复杂、细致而敏感，所以还需要中央与地方政府各个部门的配合与协作，才能实施并圆满完成这一任务，因而还有许多关涉机构参与其事。这些机构的主要职能并非外交，它们只是在外交工作的某些方面或环节加以协助和配合，因而我们称之为关涉机构。正因为外交是这些机构的附带工作，所以在有关官志记载中往往没有或很少提及它们在这方面的职责，我们只能在外交事务的实施过程中得知其所负之职责。这些机构并非可有可无，而是外交工作中不可或缺的环节和部门，有了这些关涉机构才能保证外交工作的顺利开展和圆满完成。在中央，汉唐时期的外交关涉机构呈现了由少而多、由简而繁的发展趋势，由汉代的寥寥几个机构，到了唐代已发展到三省、六部、九寺、五监、诸省的许多部门，几乎覆盖中央政府的绝大多数机构和单位。如果说鸿胪寺是直接与外宾打交道而处于外交第一线的部门，那么在它的后面还有一系列的机构和部门指挥、协助其工作，从外交政令来说，除了礼部主客司对其进行对口管辖之外，还有中书省、门下省的有关部门，以及尚书省六部诸司从不同角度进行外交政令之指挥；从外交事务来说，则有卿监百司从各自不同角度密切配合。正是在这些幕前幕后的密切配合之下，使唐代的外交得以有效地开展，从而取得空前的辉煌成就。这样我们就可以看到，在唐代中央政府对于外交工作已经形成一整套有组织、有系统，既有分工而又有严密配合的较为完备的外交管理体系，表明中国古代外交管理制度到了唐代已经发育成熟。

物盛而衰，当三省六部制发展到唐代达于鼎盛之时，又开始向着衰退的方向转化，因而到了唐代中后期传统的外交机构逐渐闲简，导致中央外交职能为使职差遣和宦官所侵夺或取代的状况。

外交工作除了中央有关机构进行管理之外，还需要地方各级机构密切配合、协同运作才能顺利开展和圆满完成。因此，在汉唐时期地方各级各类机构也在不同程度上、或多或少地承担一定的外交职责。这些担负一定外交职责的地方机构或部门，在汉唐时期主要为三个系统：地方行政系统的沿边州郡，边防系统的关塞军镇，边境镇抚系统的持节领护诸官。由于它们地处边境，直接与周边国家、地区和民族发生关系，故在外交工作中处于特殊的重要地位。地方机构的官员一方面贯彻执行中央有关的外交政策和指示，另一方面则须及时向中央报告有关国家和地区的动态及外交问题，并向中央提供制定外交政策的情报和建议。可以说他们是中央政府在地方对外联系与交涉的前哨和代表。他们所担负的外交职责是相当繁重和复杂的，举凡外交使节之迎送、外交文书之授受、对外交涉之办理、边境互市之管理……各种涉外事务无所不在其职责范围之内。当然这些外交事务大多要经过中央的批准，得到中央的指示之后才能进行。

汉唐时期尤其到了唐代已经形成了自上而下、由内而外、周备严密、相互配合、协调运转的外交管理体制。外交管理已形成一套周密、完整的系统工程，成为古代国家机器不可缺少的、重要的有机组成部分。

通过本书的论述，我们大体上可以清楚地看到汉唐时期外交工作的整个运作过程，从外交方针政策的制定，外交政令的发布与实施，直至外交事务施行的全过程，及其运转过程中的各个方面和环节。

外交管理制度是外交制度的基础和核心，研究古代外交的管理制度，对于进一步认识外交的其他有关制度就有了根底和依归。而外交制度又是外交史研究的基础和核心，研究中国古代外交史，必须从研究外交制度这一基础工作做起，否则将是无本之木、无源之水，难以深入。

汉唐时期我国的外交制度不仅是世界上最古老的外交制度之一，而且其制度之完备、周密，其行用之连绵、久远，其影响与效用之至巨至深，都是古代西方和其他文明古国所不能比拟的，处于世界的领先地位。由于中国有着举世无双的、自古以来连绵不绝的历史载籍，从而使这一独具东方特色的古典外交制度得以详尽地、持续不断地积累和保持下来，这在世界其他文明古国中是绝无仅有的。依托于这一得天独厚的条件，我们可以详尽地阐明我国古代外交制度的各个方面，发掘整理我国古代外交制度这一丰富的、宝贵的遗产，建立中国古代外交制度史这门新学科，对于弘扬我国传统文化，繁荣和发展历史学科，服务于改革开放大业，都具有积极意义。

目　　录

上编　汉代外交制度

上　编

汉代外交制度

第一章　汉代外交决策制度

两汉时期是我国古代外交决策制度的确立和奠基时期。秦统一皇朝的建立，确立了中国古代的政治制度，建立了一整套从中央到地方的官僚体制，史家盛称“秦兼天下，建皇帝之号，立百官之职”①。但是，秦代国祚短促，未能在外交上有大的作为，因而在外交决策制度方面建树无多。“汉承秦制”，一方面在政治制度上对秦制多所承继，另一方面又在新的历史条件下进一步完善和发展了这一制度，并在统治的实践过程中比较充分地发挥了这一新兴政治制度的优越性，从而大大推进了其时政治、经济、文化的发展。两汉时期创造了我国古代经济的第一个高潮，综合国力空前强大，在此基础上展开了积极的对外活动，使以中国为核心的东亚外交圈日益扩展，触角遍于东亚各国，远及中亚、西南亚、欧洲和北非。外交发展的需要及其经验之积累，对外交决策提出了新的要求并推动其不断充实、完善，从而形成了一整套比较系统、全面的外交决策制度，这套决策制度是当时外交实践的需要及其产物。

两汉时期在秦制的基础上，充实、完善了以皇帝为首，以三公、九卿（诸卿、列卿）制为辅佐的中央集权政治体制。以三公九卿制为基本模式的中央官僚群体，是汉代中央政权赖以进行决策和施政的基本依靠力量和队伍。汉代的外交决策就是在这一政治体制的基础上，依靠这一群体而进行的。在此基础上确立了由最高决策者皇帝直接主持的决策和以宰相为中心而进行的公卿集议决策相配合的二级决策体制。皇帝决策和公卿百官集议决策遂成为汉代最基本的两种外交决策形式。前者以御前会议决策为主，辅以垂询、纳谏等方式，后者以公卿百官集议决策为

---

① 《汉书》卷一九上《百官公卿表上》，第722页。

主，辅以中朝决策、外朝决策、有司决策等方式。这一外交决策体制的确立，在我国古代政治制度和外交制度发展史上具有重要意义，它不仅成为此后历代皇朝外交决策制度的基本模式，而且对于推动汉代及其后历代皇朝对外活动的开展，不断巩固和扩大多民族统一国家的发展起了积极的作用，产生了巨大的影响。

第一节　皇帝决策

外交方针政策是国家的重大政事，两汉时期皇帝往往自己直接进行决策。召开御前会议，是皇帝直接进行外交决策的基本方式。此外，还有垂询决策、纳谏决策和卜筮决策等补充形式。

一　御前会议决策

两汉皇帝在遇有外交方面的重大或疑难问题时，主要运用御前会议进行决策，这种会议是由皇帝亲自主持召开并做出决定的。根据参加会议的人员和范围大小，这种会议可分为三个层次，即御前公卿会议、御前中朝会议、御前公卿将军大议等。

（一）御前公卿会议

汉代的中央行政机构由三公、诸卿组成：三公是最高行政长官；诸卿分掌中央各项行政事务。外交是其掌管的重要政务，故皇帝经常召集他们商讨外交决策。这种御前公卿会议不限于三公诸卿的首长参加，其属官及职掌议论的博士、议郎等官员亦厕列其间。这种会议又称群臣会议或百官会议。这种层次的御前会议较多，是御前会议的主要形式。

汉武帝元光元年（前134），雁门马邑豪帅聂壹通过大行王恢向武帝建议："匈奴初和亲，亲信边，可诱以利致之，伏兵袭击必破之道也。"[①] 次年春，武帝"诏问公卿曰：'朕饰子女以配单于，金币文绣赂之甚厚，单于待命加嫚，侵盗亡已。边境被害，朕甚闵之。今欲举兵攻之，何如？'"[②] 关

---

① 《汉书》卷五二《韩安国传》，第2398—2399页。

② 《汉书》卷六《武帝纪》，第162页。

于此次会议，或记作“召问公卿”[①]，可见这是武帝亲自主持召开的一次公卿会议。在会议上，大行王恢说：“……臣窃以为击之便。”御史大夫韩安国则说：“……臣窃以为勿击便。”两种意见针锋相对，王恢与韩安国在御前进行了反复的、激烈的争论，最后由武帝拍板定案：“上曰：‘善’。乃从（王）恢议。”[②] 御史大夫为三公之一，大行为诸卿之一，可见公卿都参加了这次御前会议。

这种御前会议又称群臣会议，武帝元封六年（前 105），乌孙“使使献马，愿得尚汉公主，为昆弟。天子问群臣，议许”[③]。此事或记作“天子与群臣议，许之”[④]。所谓“群臣”即公卿百官。这是汉武帝召开群臣会议，讨论是否将公主嫁与乌孙的问题。

在汉代，这种御前公卿会议，不仅文职官员参加，将军等武职官员也参加，这在汉初尤为盛行。惠帝三年（前 192）召开了一次关于如何对待匈奴问题的御前决策会议：匈奴冒顿单于致书吕后，言辞不逊，侮辱吕后，吕后大怒，于是“召诸将议之”。会上“上将军樊哙曰：‘臣愿得十万众，横行匈奴中’。诸将皆阿吕后意，曰‘然’”。在一片主战声中，中郎将季布挺身而出，力排众议曰：“‘樊哙可斩也！夫高帝将兵四十余万众，困于平城，今哙奈何以十万众横行匈奴中，面欺！且秦以事于胡，陈胜等起。于今疮痍未瘳，哙又面谀，欲摇动天下’。是时殿上皆恐，太后罢朝，遂不复议击匈奴事”[⑤]。通过这次会议，“于是高后乃止，复与匈奴和亲”[⑥]。可见上将军、中郎将及其余“诸将”均参加了此次会议。参加此次会议的成员，或记作“召丞相（陈）平及樊哙、季布等议”[⑦]。时陈平任丞相，也参加了此次会议，故或谓之为“将相大臣”[⑧] 会议，亦即公卿会议。汉初不分中外朝，外交大事将相大臣一起商议。这是由吕后

---

① 分见《汉书》卷五二《韩安国传》，第 2399 页；（宋）司马光编著，（元）胡三省音注《资治通鉴》卷一八，汉武帝元光二年（前 133），中华书局 1956 年版，第 581 页。

② 《汉书》卷五二《韩安国传》，第 2399—2403 页。

③ 《汉书》卷九六下《西域传下》，第 3903 页。

④ 《资治通鉴》卷二一，汉武帝元封六年（前 105），第 695 页。

⑤ 《史记》卷一〇〇《季布列传》，第 2730—2731 页。

⑥ 《史记》卷一一〇《匈奴列传》，第 2895 页。

⑦ 《汉书》卷九四上《匈奴传上》，第 3755 页。

⑧ 《资治通鉴》卷一二，汉惠帝三年（前 192），第 415 页。

主持的御前公卿决策会议，时惠帝年轻而懦弱，由吕后主政。

汉文帝即位之初，也曾召开过有将军参加的关于对外方针政策的御前公卿决策会议。会上，将军陈武等议曰："南越、朝鲜自全秦时内属为臣子，后且拥兵阻厄，选蠕[①]观望。高祖时天下新定，人民小安，未可复兴兵。今陛下仁惠抚百姓，恩泽加海内，宜及士民乐用，征讨逆党，以一封疆。"提出对外用兵的主张。文帝不同意陈武的意见，说："……今匈奴内侵，军吏无功，边民父子荷兵日久，朕常为动心伤痛，无日忘之。今未能销距，愿且坚边设候，结和通使，休宁北陲，为功多矣。且无议军。"[②] 陈武或作柴武，曾以大将军参与拥立文帝。大将军位尊权大，"汉兴，置大将军、骠骑，位次丞相"[③]。这也是有将军参加的御前公卿会议。此次会议否定了将军陈武等人对外用武的主张，制定了"结和通使"的外交方针，收到了良好的效果，史称："故百姓无内外之繇，得息肩于田亩，天下殷富。"[④] "文景之治"的出现，与其执行这一和平外交方针有关系。

在召开御前公卿会议进行外交决策时，有时也根据需要而吸收熟悉外情、外事的有关人员参加会议，这是由外交决策的特殊性所决定的。安帝永初（107—113）年间，"西域诸国既绝于汉，北匈奴复以兵威役属之，与共为边寇"[⑤]。匈奴控制了西域，对汉边构成威胁，元初六年（119）敦煌太守曹宗遣行长史索班率兵千余人出屯伊吾以招抚之，试图消弭这一威胁。永宁元年（120）北匈奴攻杀索班等，略有北道。曹宗向朝廷请求"出兵五千人击匈奴，报索班之耻，因复取西域"。是否出兵报复匈奴，关系到弃取西域的重大问题。但是"公卿多以为宜闭玉门关，遂弃西域"。当时邓太后临朝，"召（班）勇诣朝堂会议"。班勇即经营西域三十一年的名将班超之子，他长期随父在西域。后西域反叛，永初元年（107）他以军司马的身份"出敦煌，迎都护及西域甲卒而还"。他

① 《史记》卷二五《律书》，《索隐》："选蠕，谓动身欲有进取之状也。"第 1243 页。

② 《史记》卷二五《律书》，第 1242 页。

③ （晋）司马彪撰，（梁）刘昭注补：《续汉书·百官志一》注引蔡质《汉仪》，点校本《后汉书志》第二十四，中华书局 1965 年版，第 3563 页。

④ 《史记》卷二五《律书》，第 1242 页。

⑤ 《资治通鉴》卷五〇，汉安帝元初六年（119），第 1602 页。

有长期活动于西域的经历，熟悉西域情况，因而特召他出席此次御前决策会议。班勇总结了从汉武帝以来与匈奴争夺西域的历史经验教训，既反对放弃西域的主张，也不同意出兵攻打匈奴的意见，提出了两项建议：一是恢复敦煌郡原有的营兵三百人，同时恢复设置护西域副校尉，驻扎于敦煌；二是派遣西域长史将兵五百人，出屯楼兰，以便“西当焉耆、龟兹径路，南强鄯善、于阗心胆，北扞匈奴，东近敦煌”。班勇的建议提出后，在会议上展开了激烈的争论，相继提出质疑问难的有：尚书某、长乐卫尉镡显、廷尉綦母参、司隶校尉崔据、太尉属毛轸等人。班勇一一作了答辩，阐述了自己的主张。会议最后采纳了班勇的意见，“复敦煌郡营兵三百人，置西域副校尉居敦煌”。但是班勇的另一建议当时并未付诸实行，“虽复羁縻西域，然亦未能出屯”，即未派兵出屯楼兰。结果“其后匈奴果数与车师共入寇钞，河西大被其害”。后来到延光二年（123）夏，才以班勇为西域长史，率兵五百人出屯柳中（今新疆鄯善西南鲁克沁），“于是前部始复开通”[①]。

参加这次御前会议的，有三公之一的太尉府的属官，有廷尉、长乐卫尉等诸卿，还有司隶校尉和尚书等。尚书是在汉代逐步发展起来的一个中枢机构，从汉武帝以后权力日重，东汉时已发展为独立的机构——尚书台，故其得以参与国家政事之谋议。司隶校尉负责督察百官，兼部领京师州郡。东汉初规定朝会时，其得与御史中丞、尚书令“专席而坐”，号称“三独坐”[②]，可见其权力、地位之特殊。这次会议否定了放弃西域和出击匈奴这两种极端的主张，制定了既能最大限度地维护东汉皇朝在西域的利益，又比较切实可行的方针和措施，从而收到了继续“羁縻西域”并进而开通“前部”的功效。这是一次比较成功的外交决策，这与吸收了熟悉西域事务的人员与会有关，又经过公卿百官与其反复论难，最后选择了这一最佳决策方案。

由皇帝亲自召开御前会议进行外交决策，君臣直接对话，便于对复杂的外交大事迅速做出决策。但并非所有的外交问题在御前会议上都能

---

① （南朝宋）范晔撰，（唐）李贤等注：《后汉书》卷四七《班超附子（班）勇传》，中华书局1965年版，第1587—1589页。

② 《后汉书》卷二七《宣秉传》，第927页。

立即做出决定。东汉建武二十七年（51），北匈奴遣使至武威，要求与汉和亲，“天子召公卿廷议，不决”①。这是因为当时南匈奴归附东汉不久，如与北匈奴和亲可能导致南匈奴离贰等后果，故尔颇费斟酌。

运用御前会议这一方式进行外交决策，还可以使皇帝直接听取臣下各种不同意见，便于在多种方案中进行选择，作出优化的对策。明帝永平十八年（75），北匈奴围攻西域戊校尉耿恭于金蒲城，又围己校尉关宠于柳中城。耿恭率励将士，英勇御敌，坚持数月之久，只剩士卒数十人。时值明帝死，章帝新即位，东汉救兵不至，车师趁机而叛。于是关宠上书求救，章帝为此召开御前公卿会议商议对策。会上司空第五伦以为不宜出兵援救。司徒鲍昱反对第五伦的意见，认为“今使人于危难之地，急而弃之”，其影响将非常恶劣，“外则纵蛮夷之暴，内则伤死难之臣”。如果今后再有边事发生，匈奴再次犯塞为寇，“陛下将何以使将”？而且戊、己校尉二部兵力不过各有数十人，匈奴包围他们久而不下，可见他们是在寡不敌众的情况下尽了最大努力了。因此，鲍昱建议“可令敦煌、酒泉太守各将精骑二千，多其幡帜，倍道兼行，以赴其急。匈奴疲极之兵，必不敢当，四十日间，足还入塞”②。最后汉章帝采纳了鲍昱的意见。

尽管章帝新即位，还缺乏处理复杂外事工作的经验，但是他亲自主持此次决策会议，直接听取臣下不同意见的争论；在两种对立的意见中，以司徒鲍昱为代表的一方主张出兵援救的理由论证充分，又有具体的援救措施，因而被章帝采纳。于是东汉政府调集七千余人的兵力，于次年正月“会柳中，击车师，攻交河城，斩首三千八百级，获生口三千余人，驼驴马牛羊三万七千头”。其结果是“北虏惊走，车师复降”③。事实证明这一决策是正确的，不仅挽救了戊校尉、己校尉二部将士生命，使其得以安全返塞，而且在一定程度上遏止了北匈奴在西域的势力，维护了东汉在西域的利益。表面上看这是一次军事行动，实际上牵涉汉与北匈奴、西域三者关系以及汉、匈对于西域的争夺。

由君主专制制度固有的性质所决定，皇帝在御前决策会议上独断专

① 《后汉书》卷八九《南匈奴传》，第 2945 页。

② 《后汉书》卷一九《耿恭传》，第 722 页。

③ 《后汉书》卷一九《耿恭传》，第 722 页。

行，打击、压制不同意见的现象亦有所见。武帝元狩四年（前 119），“匈奴来请和亲，群臣议上前”。这是武帝主持召开的一次群臣会议。且看君臣在会上的一段对话：

> 博士狄山曰：“和亲便。”上问其便，山曰：“兵者凶器，未易数动。高帝欲伐匈奴，大困平城，乃遂结和亲。孝惠、高后时，天下安乐。及孝文帝欲事匈奴，北边萧然苦兵矣……竟景帝不言兵，天下富实。今自陛下举兵击匈奴，中国以空虚，边民大困贫。由此观之，不如和亲。”上问（张）汤，汤曰：“此愚儒，无知。”狄山曰：“臣固愚忠，若御史大夫汤乃诈忠……”于是上作色曰：“吾使生居一郡，能无使虏入盗乎？”曰：“不能。”曰：“居一县？”对曰：“不能。”复曰：“居一障间？”山自度辩穷且下吏，曰：“能。”

武帝果然把狄山派去边境镇守要塞，“至月余，匈奴斩（狄）山头而去。自是以后，群臣震慑”①。外交决策会议除公卿参加以外，通常还有博士参加。博士隶属太常，“掌通古今”②，可以参与议政。狄山因违反了武帝的意愿，落得个悲惨的下场，皇帝对决策的独断专行和打击压制不同意见的情况于此可见。

公元 2 世纪 50 年代，鲜卑族在其首领檀石槐的领导下崛起，“因南抄缘边，北拒丁零，东却夫余，西击乌孙，尽据匈奴故地，东西万四千余里，南北七千余里，网罗山川水泽盐池”，成为汉朝在北边的严重威胁。灵帝初立，“幽、并、凉三州缘边诸郡无岁不被鲜卑寇抄，杀略不可胜数”。熹平六年（177）鲜卑又屡屡进犯三边，护乌桓校尉夏育上言请求发兵出击。但是“大臣多有不同，乃召百官议朝堂”。会上，议郎蔡邕详尽地申述了不宜进兵的主张。议郎职掌顾问应对，朝廷每有大事，常参与议政。蔡邕总结历史经验教训，结合当时内部危机严重，农民反抗斗争日益激烈的现实，反对大规模对外用兵，认为“夫边陲之患，手足之蚧搔；中国之困，胸背之瘭疽”。但是“帝不从”。于是派兵“三道出

---

① 《史记》卷一二二《酷吏列传·张汤传》，第 3141 页。

② 《汉书》卷一九上《百官公卿表上》，第 726 页。

塞二千余里”，结果大败，“死者十七八”①。由此可见，皇帝的愚智及其能否正确抉择不同意见，对于决策的正确与否起着决定性的作用。

（二）御前中朝会议

西汉朝官自武帝始，有中朝与外朝之分。中外朝官员之区分，据孟康说：“大司马、左右前后将军、侍中、常侍、散骑、诸吏为中朝。丞相以下至六百石为外朝也。”② 皇帝与中朝亲近而与外朝较疏远。西汉中后期，皇帝有时撇开外朝官员，直接召开中朝会议进行外交决策。

中外朝的产生与两汉外交态势之发展变化有直接关系。西汉前期，外交基本上处于被动和守势状态，中期以后转变为主动与攻势的状态。汉武帝就是在这一历史转变时期多置左右近臣，逐渐形成“中朝”为其外交谋议决策之参谋：

> 郡举贤良，对策百余人，武帝善（严）助对，繇是独擢助为中大夫。后得朱买臣、吾丘寿王、司马相如、主父偃、徐乐、严安、东方朔、枚皋、胶仓、终军、严葱奇等，并在左右。是时征伐四夷，开置边郡，军旅数发，内改制度，朝廷多事，娄举贤良文学之士。公孙弘起徒步，数年至丞相，开东阁，延贤人与谋议，朝觐奏事，因言国家便宜。上令助等与大臣辩论，中外相应以义理之文，大臣数诎。其尤亲幸者，东方朔、枚皋、严助、吾丘寿王、司马相如。③

这一记载表明，到了汉武帝时大举“征伐四夷，开置边郡”，对外关系进入一个新的历史阶段，因而“朝廷多事”，外交事务亦空前繁剧。就是在这种历史背景下汉武帝大力延揽人才，多置左右近臣，作为谋议决策之参谋。值得注意的是，不仅皇帝为然，丞相也大力“延贤人与谋议”。于是在这个时期决策过程中呈现了一种新的景象：皇帝的左右近臣“与大臣辩论，中外相应以义理之文”的盛况。这里的“中谓天子之宾

---

① 《后汉书》卷九〇《乌桓鲜卑列传·鲜卑传》，第2989—2994页。
② 《汉书》卷七七《刘辅传》注引“孟康曰”，第3253页。
③ 《汉书》卷六四上《严助传》，第2775页。

客，若严助之辈也。外谓公卿大夫也”①。而且在“中”“外”进行决策辩论中，往往外朝的“大臣数诎”，表明武帝周围的“内朝”确实聚集了许多有才华的人士。这对于提高决策的正确性、合理性，即更符合国家最大利益起了积极的作用。这是汉代决策水平提高的表现。与此同时，汉代外交决策也进入了一个新的阶段，对于推动对外关系的发展起到了积极的作用。兹举两事以明之。

其一，建元三年（前138），闽越举兵围东瓯，东瓯告急于汉。当时武帝即位日浅，年未二十，即以此事询问于太尉田蚡。田蚡认为越人自秦时即弃而不属，这是他们自相攻击的平常事，而且他们反复无常，故没有必要烦劳中国前往援救。于是武帝亲信之臣严助诘问田蚡道：“特患力不能救，德不能覆，诚能，何故弃之？且秦举咸阳而弃之，何但越也！今小国以穷困来告急，天子不振，尚安所愬，又何以子万国乎？”认为现在与秦的情况已不同，如今国力强大，拯救一小国，足以子万国，驳斥了其放弃瓯越之地的论调。汉武帝完全同意严助的见解，说：“太尉不足与计。吾新即位，不欲出虎符发兵郡国。”② 认为这样的问题与太尉商议无益，于是派遣严助持节直接至会稽发兵。汉兵未至，闽越即已引兵退走。

对于是否出兵援助东瓯以反击闽越的进犯，太尉持反对态度，他的认识还停留于“越人相攻击，其常事……自秦时弃不属”的旧观念中。汉武帝不得不依靠严助等近臣与其进行辩论。严助以天子当“子万国”，“诚能，何故弃之”的新眼光驳斥了田蚡。于是武帝撇开太尉，依靠近臣，毅然出兵援救，结果导致东瓯之内迁，并为日后闽越之内属打下了基础。事实证明，这一决策对于多民族统一国家的发展起到了积极的作用。

从表面上看，东瓯、闽越问题似与外交关系不大，实则是汉武帝外交战略的重要组成部分之一。东瓯和闽越是汉皇朝建立后最早册封的分布于东南地区的百越族封国，建元三年（前138）两国相争之时，正是武帝派遣张骞第一次通西域，以图联络月氏，从右翼牵制匈奴，以解除对

---

① 《汉书》卷六四上《严助传》注引“师古曰”，第2776页。

② 《汉书》卷六四上《严助传》，第2776页。

于汉皇朝最大威胁——匈奴。与此同时，解决内部割据势力、统一国家，解除后顾之忧，与联络西域遥相呼应，都是武帝解决匈奴问题战略方针的组成部分。解决内部割据势力，是从东南而南方，而西南夷，大体按照顺时针的顺序而次第进行的，故武帝首先从东瓯和闽越开刀，它与张骞通西域都是汉皇朝解决匈奴问题战略方针的组成部分。

其二，元朔二年（前127）主父偃向汉武帝盛言朔方“地肥饶，外阻河，蒙恬筑城以逐匈奴，内省转输戍漕，广中国，灭胡之本也”。汉武帝看了他的报告后，将其“下公卿议”，公卿反对这个主张，“皆言不便”。其中如内史公孙弘就认为：“秦时尝发三十万众筑北河，终不可就，已而弃之。”[①] 次年以公孙弘为御史大夫，“是时，方通西南夷，东置苍海，北筑朔方之郡。公孙弘数谏，以为罢敝中国以奉无用之地，愿罢之”。公孙弘继续坚持反对开朔方的成见，于是“天子使朱买臣等难以置朔方之便，发十策，弘不得一。弘乃谢曰：‘山东鄙人，不知其便若是，愿罢西南夷、苍海而专奉朔方。’上乃许之”[②]。朱买臣提出十个问题质问公孙弘，公孙弘一个也回答不了，经过武帝亲信之臣朱买臣与其进行反复而激烈的辩论，迫使他不得不放弃原先的看法，接受了开朔方的主张，是年春，遂罢苍海郡，全力开朔方郡。

主父偃是在武帝于元朔二年发动进攻匈奴、收复其所占河南地之时提出筑朔方建议的。夺取河南地的战役，是武帝为扭转汉对匈奴关系的被动局面，以武力求和平的战略方针的第一步。而筑朔方则是进一步实现武帝这一战略方针的重要措施。但是以公孙弘为代表的公卿对这个措施的重要意义并不理解，他也是以秦时的失败经验看待武帝筑朔方之举的。武帝依然不顾公卿的反对而毅然实施筑朔方的行动，同时依靠朱买臣等左右近臣与公卿经过激烈辩论才说服他们同意这一决策的。解决匈奴问题是汉代外交的、军事的首要问题，从软、硬两手配合进行。

从上述两事我们可以看到：当时公卿们对于变化了的内外形势，尚未有充分的认识，他们还或多或少地停留在旧的认识水平上；他们对于武帝推行的新的对外战略方针还不甚理解，因而在外交决策方面多所掣

① 《汉书》卷六四上《主父偃传》，第2803页。

② 《资治通鉴》卷一八，汉武帝元朔三年（前126），第610页。

肘。而武帝所引用的一批新进人才，身处其左右，参与谋议，对于武帝的战略意图理解较深，因而能够根据变化了的历史条件提出并支持新的、积极进取的外交方针。武帝也正是依靠这批新进人才，与外朝公卿进行“诘难”，并使他们“数诎”，从而保证了其外交方针政策的推行，这对于在新的历史条件下推动积极进取的新的外交方针无疑起了积极的作用。以往论者多从君、相矛盾出发论证中外朝之产生，实际上它的产生与新的历史条件和时代要求有着密切的关系，是汉代统治集团在新形势下对于决策机制所作的调整和强化，是当时决策水平提高的一种表现。

武帝之后，西汉皇帝继续经常依靠“中朝”以进行决策。

宣帝元康二年（前64），匈奴发兵进攻汉在车师的屯田，郑吉率渠犁田卒七千余人往救，反被匈奴所包围，郑吉要求汉朝派兵援救。为此“上与后将军赵充国等议，欲因匈奴衰弱，出兵击其右地，使不敢复扰西域”。赵充国为后将军，是中朝官。这是宣帝主持召开的中朝会议。当时的丞相是魏相，他作为外朝官之首并没有参加此次会议。他在得知这一决策后，上书反对，其中说道：“今闻诸将军欲兴兵入其地，臣愚不知此兵何名者也。”① 可见这次决策会议是宣帝与后将军赵充国和其他“诸将军”共同参与的，所谓“诸将军”，即中朝官。由于“丞相不预中朝之议，故言闻诸将军”②。魏相上书中还说道：现在边郡困乏，内部不稳，“今左右不忧此，乃欲发兵报纤介之忿于远夷”。这里的“左右，谓近臣在天子左右者”③。中朝官即在天子左右之近臣。

五凤元年（前57）匈奴发生内乱，汉“议者多曰匈奴为害日久，可因其坏乱举兵灭之”。但宣帝对此拿不定主意，于是派中朝官韩增等人去向御史大夫萧望之问“计策”④。萧望之作为三公之一的御史大夫并没有参与此次会议，而是在事后由皇帝特派中朝官员前往问计，可知前述之“议者”不包括外朝之三公，这无疑也是一次中朝决策会议。

（三）御前公卿将军大议

当遇到外交上的疑难问题时，皇帝有时召开公卿、将军大议以商讨

---

① 《汉书》卷七四《魏相传》，第3136页。
② 《资治通鉴》卷二五，汉宣帝元康二年（前64）胡注，第828页。
③ 《汉书》卷七四《魏相传》及注引颜“师古曰”，第3136—3137页。
④ 《汉书》卷七八《萧望之传》，第3279页。

对策。这里的“公卿”指外朝官员，“将军”指内朝官员。公卿将军大议，即中外朝官员的联席会议。

哀帝建平四年（前3）匈奴单于遣使上书，提出因健康原因不能依时于今年来朝，请改变日期，“愿朝明年”。为此，光禄大夫左曹给事中息夫躬上奏，认为单于托病不朝，恐生他变。当时乌孙昆弥卑爰疐纳质于匈奴，双方存在矛盾，于是息夫躬提出一个计谋：让归降的胡人扮作乌孙卑爰疐派来的使者，上书欲借汉朝的威势，令匈奴归还其质子。然后将乌孙的上书下达“诸将军，令匈奴客闻焉”，故意让匈奴使者听见乌孙上书的内容，以达到离间匈奴与乌孙关系的目的。“书奏，上引见躬，召公卿、将军大议。”[①] 公卿为外朝官员，将军指中朝官员。这是哀帝主持的中外朝官员大会。两汉时期的“大议”不必都指中外朝大会，凡全体会议均可称大议[②]。不过这次会议则是一次中外朝大会。这次中外朝会议中发生了激烈的争论，左将军公孙禄认为“中国常以威信怀服夷狄”，而息夫躬却造设奸诈不实之计谋，不可允许。他进一步阐述道：“且匈奴赖先帝之德，保塞称蕃。今单于以疾病不任奉朝贺，遣使自陈，不失臣子之礼。”因而公孙禄声言，敢保证自己有生之年“不见匈奴为边竟忧也”。息夫躬反制曰：“臣为国家计几先，谋将然，豫图未形，为万世虑。而左将军公孙禄欲以其犬马齿保目所见。臣与禄异议，未可同日语也。”双方争执不下，于是“上曰：‘善’。乃罢群臣，独与躬议”[③]。此次中外朝合议未能作出决策，于是哀帝解散会议，单独与息夫躬商议。当时息夫躬甚得哀帝亲信，其所任给事中为加官，也是中朝官。

元帝初元四年（前45），匈奴郅支单于遣使来求其侍子，为此“汉议遣卫司马谷吉送之”，但御史大夫贡禹等人反对。于是谷吉上书表示愿意出使护送匈奴侍子至单于庭。究竟要不要遣使匈奴，决策集团纷争不已，于是元帝以谷吉上书颁示朝臣，但贡禹仍坚持原议，认为派遣谷吉前往匈奴“必为国取悔生事，不可许”。而右将军冯奉世则“以为可遣，

---

① 《汉书》卷四五《息夫躬传》，第2182—2183页。

② 《汉书》卷八九《循吏传·黄霸传》：“公卿大议廷中”，颜师古注曰：“大议，总会议也。”第3629页。

③ 《汉书》卷四五《息夫躬传》，第2183—2184页。

上许焉”[1]。御史大夫为外朝官，右将军为中朝官，可知这也是公卿将军合议决策。

（四）御前会议决策的特点

以上是两汉时期御前会议进行外交决策的基本情况。从中我们可以看到御前会议决策具有如下几个特点。

1. 御前会议的层次

御前决策会议有三个层次，即御前公卿会议，御前中朝会议和御前公卿将军大议（即中外朝合议）。

其中御前中朝会议和中外朝合议主要出现于西汉中后期，这是由于其时中央权力结构变化而引致的，并由此而导致中外朝对于外交决策权力的争夺。丞相魏相反对宣帝与中朝官所作关于出兵匈奴的决策时，向宣帝建议“愿陛下与平昌侯、乐昌侯、平恩侯及有识者详议乃可”。这里提到的“平昌侯王无故、乐昌侯王武，并帝之舅。平恩侯许伯，皇太子外祖父也”[2]。这几位外戚在政治上未见突出能力与作为，魏相之意主要在于让宣帝与“有识者”商议，这“有识者”实际上是指以丞相为首的外朝官员。上述御前决策会议绝对不是全部，只不过是文献记载中关于会议议题、参加成员、辩论情况或前因后果、相关程序等要素比较明确或详细的，但还是能够大体上反映汉代外交决策的基本情况和问题。从中可见，御前公卿会议这种层级的会议最多，这是两汉御前决策会议的最主要、最基本的形式。在西汉前期和东汉时期御前决策基本上采取的是这种方式。

2. 议题

御前决策会议的议题均为重大、紧迫的外交问题。

首先，从议题内容看，主要有五个方面。一是和战问题，在上述御前会议中有八次是关于和战问题的，即惠帝三年（前192）讨论以和平方式还是战争方式回应匈奴冒顿单于来书侮辱吕后的问题，文帝初年讨论是否出兵征讨南越、朝鲜的问题，武帝元光二年（前133）讨论是否主动出击匈奴问题，宣帝元康二年（前64）讨论是否出击匈奴右地，令其不敢再扰西域的问题，五凤元年（前57）讨论是否乘匈奴内乱而出兵灭之的问题，明帝

---

① 《汉书》卷七〇《陈汤传》，第3008—3009页。

② 《汉书》卷七四《魏相传》及颜师古注，第3136页。

永平十八年（75）讨论是否出兵解救被北匈奴围困的戊己校尉的问题，安帝元初六年（119）讨论是否出兵反击北匈奴的问题，灵帝熹平六年（177）是否出兵反击鲜卑檀石槐进犯问题。和战问题是御前决策会议讨论最频繁的问题。外交与战争本是密切联系、相互依存的。二是和亲问题，为四次，即武帝元封六年（前105）讨论是否许可乌孙求尚汉公主问题，元光二年（前133）讨论是否改变和亲政策问题（与上述是否主动出击匈奴问题同时讨论），元狩四年（前119）讨论对匈奴的和亲是否还需要坚持的问题，光武帝建武二十七年（51）讨论是否答应北匈奴和亲之请的问题。和亲是两汉政权与周边国家或政权维系外交关系的重要手段，因而也是御前会议所讨论的重要问题之一。三是西域问题，为一次，安帝元初六年（119）讨论是否放弃西域的问题（与上述是否出兵反击北匈奴问题同时讨论）。四是遣使送质的问题，为一次，即元帝初元四年（前45）讨论是否遣使送匈奴侍子问题。五是单于来朝问题，为一次，即哀帝建平四年（前3）关于匈奴单于要求推迟至明年来朝的问题。君主来朝也是两汉政权维系对外关系的重要方式之一。不少决策会议往往与其他问题交叉讨论，但仍然可以看到和战问题是御前决策会议所讨论的最主要问题，除上述八次之外，其他会议中也或多或少与和战问题相关。此外即为双边之外交关系问题，如和亲、质侍[①]、朝贡、遣使等问题。如果从国别或地区来看，与匈奴相关议题十一次，与西域相关议题四次，与南越、朝鲜、鲜卑相关议题各一次。由此可见，汉代外交的重点首先是匈奴问题，其次是西域问题。从议题来源看，上述会议议题主要为三个方面。一是对方来书、来使所提出或引致的外交问题，共为六桩，即惠帝三年（前192）之匈奴冒顿单于来书、武帝元狩四年（前119）之匈奴来请和亲、元封六年（前105）之乌孙来请和亲、元帝初元四年（前45）之匈奴求送侍子、哀帝建平四年（前3）之匈奴单于“遣使言病”、光武帝建武二十七年（51）之北匈奴请求和亲。二是边境官员之请求或建议，共为五桩，即武帝元光元年（前134）雁门马邑豪帅聂壹通过大行王恢建议出击匈奴、宣帝元康二年（前64）

---

① “质侍”一词为笔者所创，为“质子”与“侍子”两词之合称，其含义详见黎虎《汉代外交体制研究》第四章第五节（二）“汉代之由‘质’而‘侍’”，商务印书馆2014年版，第489—491页。

驻西域渠黎屯田将领郑吉求援反击匈奴、明帝永平十八年（75）己校尉关宠之上书求援、安帝元初六年（119）敦煌太守曹宗建议出击匈奴收复西域、灵帝熹平六年（177）护乌桓校尉夏育建议攻打鲜卑。三是中央决策集团成员主动提出的问题，即文帝即位初之议击南越朝鲜、宣帝五凤元年（前57）之议击匈奴问题。由此可见议题多由对方来书、来使所提出或引致之问题，其次为边境官员所提出之问题，只有少量为中央决策集团主动提出之问题。

3. 御前会议决策程序

第一，御前会议的议题由皇帝亲自下达。皇帝根据上述三方面之议题来源，感到有必要召开御前会议讨论决策时；或者公卿百官廷议之后无结果时；或者决策集团出现严重意见分歧时，均可召开御前会议。第二，参加会议的成员及会议方式由皇帝决定。一般而言公卿百官会议的成员均可参加，人员相当广泛。但皇帝也可根据会议所要解决的问题而指定专人与会，元初六年邓太后主持的会议便特邀熟悉西域问题的班勇参加。在御前会议上，皇帝有时也把亲幸召上殿以备顾问，明帝时耿秉“拜谒者仆射，遂见亲幸。每公卿会议，常引秉上殿，访以边事，多简帝心”①。第三，畅所欲言，争论热烈。这种会议虽由皇帝直接主持，但在会上围绕所要解决的问题可以展开热烈的讨论，惠帝三年吕后主持的会议上，樊哙与季布争论之激烈达到“殿上皆恐”的地步，元初六年邓太后主持的会议上，百官对班勇所提出的主张就曾一一加以质疑问难，反复推敲论证。有时因意见不同还发生激烈的争吵，如建平四年息夫躬与公孙禄之争论。不仅与会成员可以热烈争论，皇帝与臣下也可以面对面交锋争论，元狩四年武帝主持的会议上，武帝与博士狄山的争论就是一个例证，虽然武帝以惩罚手段压制了狄山的意见，但君臣在御前会议上可以面对面争论则是当时的实际情况。第四，御前会议最终的决断权集中于皇帝。根据会议上所提各种方案，由皇帝择优决断，做出决策，省却了整理会议结果再上报皇帝批准的烦琐手续，因而可以较快采取相应的外交对策。虽然皇帝有时可根据“从众”的原则听取大多数人的意见，做出比较优化的决策，但有时也可

---

① 《后汉书》卷一九《耿弇附侄（耿）秉传》，第716页。

置多数意见于不顾而独断专行，熹平六年，灵帝主持讨论是否对鲜卑用兵的会议，事前“大臣多有不同”，反对出兵，会上蔡邕又详细论证了反对的理由，但是“帝不从”，还是悍然出兵，结果招致大败。

4. 御前会议地点

御前决策会议的地点一般是在朝堂。

前述邓太后、汉灵帝所召开的御前决策会议都明言是在“朝堂”进行的。班固《西都赋》谓：“左右庭中，朝堂百寮之位。萧、曹、魏、邴，谋谟乎其上。”① 萧何、曹参、魏相、邴吉均为西汉相国或丞相，“朝堂盖在殿廷左右”②，则朝堂为丞相与皇帝议政决策之所。《周礼・考工记・匠人》：“外有九室，九卿朝焉。”东汉郑玄注云：“九室，如今之朝堂诸曹治事处。”③ 东汉改丞相为司徒，“司徒府中有百官朝会殿，天子与丞相决大事”。百官朝会殿即朝堂，“国每有大议，天子车驾亲幸其殿”④。朝堂为皇帝与臣下议政之所。可知遇有外交上的重大问题时，皇帝要亲临朝堂主持百官集议以进行决策。这从一个侧面表明两汉的决策中枢是在丞相府、司徒府。

二 垂询决策

皇帝在进行外交决策时，并非都是通过召开会议这一形式，还有其他形式，垂询决策就是比较常用的形式之一。这种方式是皇帝通过垂询有关人员而直接做出决策。

皇帝垂询的对象主要有三类，第一类是熟悉外事外情的有关人员，第二类是三公，第三类是宫省近臣。

（一）熟悉外事外情的有关人员

这类人员又有如下三种，即外交使节、熟悉外事之官员或降附者。

1. 外交使节

西汉建国之初，北边匈奴在冒顿单于领导下，国势强大，“控弦之士

---

① （汉）班固：《西都赋》，（梁）萧统编，（唐）李善注：《文选》卷一，上海古籍出版社1986年版，第14页。

② 《资治通鉴》卷五〇，汉安帝永宁元年（120）胡注，第1603页。

③ 《周礼注疏》卷四一《冬官考工记下・匠人》，第1351页。

④ 《续汉书・百官志一》注引干宝、应劭语，点校本《后汉书志》第二十四，第3560页。

三十余万……尽服从北夷，而南与中国为敌国”①。匈奴成为新建立的汉皇朝的严重威胁。在汉七年（前200）对匈奴战争失败之后，汉高祖苦谋对策，于是向曾经出使匈奴的刘敬征询计策，匈奴“数苦北边。上患之，问刘敬”。刘敬洞悉匈奴内情，对曰：“天下初定，士卒罢于兵，未可以武服也。冒顿杀父代立，妻群母，以力为威，未可以仁义说也。独可以计久远子孙为臣耳，然恐陛下不能为。”刘敬根据汉、匈国情，认为不能以武力解决问题，应从长计议，改用其他方式手段方能奏效。高祖急切地问道：“诚可，何为不能！顾为奈何？”刘敬提出了自己独特的解决汉、匈争斗的一种方式，对曰：“陛下诚能以嫡长公主妻之，厚奉遗之，彼知汉嫡女送厚，蛮夷必慕以为阏氏，生子必为太子，代单于。何者？贪汉重币。陛下以岁时汉所余彼所鲜数问遗，因使辩士风谕以礼节。冒顿在，固为子婿；死，则外孙为单于。岂尝闻外孙敢与大父抗礼者哉？兵可无战以渐臣也。若陛下不能遣长公主，而令宗室及后宫诈称公主，彼亦知，不肯贵近，无益也。”这就是著名的“和亲策”。其方式之核心是以汉皇室公主嫁与匈奴为阏氏，辅以财物之馈送，礼义之浸染，通过这一方式达到维系双方和平友好之目的。实即以血缘的、经济的、文化的联系与影响，收化敌为友、渐为外臣之效果。刘敬将这一古老外交方式与手段提升到一个新的高度，闪耀着智慧的火花。高祖接受了这一主张，于是“使刘敬往结和亲约”②。

这是汉高祖直接征询刘敬的意见，而做出与匈奴和亲的决策。这一决策不仅成为汉代的，而且也成为后世历代皇朝的一项重要外交策略。此事发生于高帝八年（前199），此前一年刘敬曾奉命出使匈奴，因其刺探匈奴虚实准确可靠，曾受到高帝的嘉奖，封为关内侯，因而被垂询于对匈奴外交方略之决策。

汉高祖在对待使节在外交决策中的作用问题上是有过教训的。高帝七年（前200）时“韩王信反，高帝自往击之。至晋阳，闻信与匈奴欲共击汉，上大怒”③。于是高帝遣使前往匈奴刺探虚实。但冒顿事先将其

---

① 《史记》卷一一〇《匈奴列传》，第2890页。

② 《史记》卷九九《刘敬列传》，第2719页。

③ 《史记》卷九九《刘敬列传》，第2718页。

壮士及肥壮之牛马藏匿，而让汉使只能见到老弱者及瘦弱牲畜，以迷惑汉使。于是“使者十辈来，皆言匈奴可击”。在这种情况下，高祖“复使刘敬往使匈奴”①。刘敬回来向高祖报告说：“两国相击，此宜夸矜见所长。今臣往，徒见羸瘠老弱，此必欲见短，伏奇兵以争利。愚以为匈奴不可击也。”当时汉兵已经越过句注山（今山西代县西北），二十余万大军也已经出发。于是高祖大怒，骂刘敬道：“齐虏！以口舌得官，今乃妄言沮吾军。”并将其囚禁于广武。高祖继续率军前往，与匈奴决战于平城。高祖没有听从刘敬的建议，而是根据前使错误的情报而做出征伐匈奴的决策。结果平城之役失败，高祖及西汉大军被围困白登七日才得解脱。回到广武，高祖赦免了刘敬，说：“吾不用公言，以困平城。吾已斩前使十辈言可击者矣。”② 通过这次教训，刘邦对称职的、优秀的使节在外交决策中的重要性的认识有所加强，因而有上文所述向刘敬征询而做出和亲匈奴的重大外交决策。此后他还多次派刘敬出使匈奴，并经常听取他对匈奴方略的意见。

张骞第一次出使西域回国后，曾向汉武帝详细报告了出使之见闻，“身所至者大宛、大月氏、大夏、康居，而传闻其旁大国五六，具为天子言之……天子欣然，以骞言为然”。汉武帝对此极感兴趣，不止一次地向张骞了解西域情况，“是后天子数问骞大夏之属”。张骞在向武帝汇报时乘机提出了联络乌孙以“断匈奴右臂”③ 的建议。于是汉武帝决定派遣张骞第二次出使西域，从而进一步打开了通向西方世界之门。

乌孙是汉皇朝在西域的重要联盟者。宣帝甘露元年（前53），乌孙肥王翁归靡的匈奴妻所生儿子乌就屠自立为昆弥，汉解忧公主长子元贵靡不得立，在这汉、匈争夺乌孙的紧急时刻，“宣帝征冯夫人，自问状”。冯夫人即和亲乌孙之解忧公主的侍者冯嫽，她“能史书，习事，尝持汉节为公主使，行赏赐于城郭诸国，敬信之，号曰冯夫人”④。所谓“习事”，即“内习汉事，外习西域诸国事也”⑤。可见她是一位熟悉西域情况

① 《资治通鉴》卷一一，汉高帝七年（前200），第377页。

② 《史记》卷九九《刘敬列传》，第2718页。

③ 《史记》卷一二三《大宛列传》，第3160、3166、3168页。

④ 《汉书》卷九六下《西域传下》，第3907页。

⑤ 《资治通鉴》卷二七，汉宣帝甘露元年（前53）暨胡注，第884、883页。

的出色的外交使者。而且她与乌孙统治集团成员又有良好的密切关系，她嫁给乌孙右大将为妻，而这位右大将与乌就屠关系很亲密。因此宣帝特召见她征询意见，作出派遣她出使乌孙解决其政治纷争的决策。于是“冯夫人锦车持节”，前往乌孙，把乌就屠召到乌孙国都赤谷城，晓以利害，进行调停。从而达成有利于汉、乌关系的协议，立元贵靡为大昆弥，乌就屠为小昆弥，皆赐以印绶。于是“破羌将军不出塞，还”①。冯嫽果然不辱使命，圆满地解决了乌孙的王位纷争，使汉皇朝在与匈奴争夺乌孙控制权的斗争中赢得了一个重要回合，促进了汉、乌关系的发展。

2. 熟悉外事之官员

五凤元年（前57）匈奴大乱，宣帝召开中朝决策会议，商讨对策。当时大多数人主张趁机出兵消灭匈奴，但宣帝犹豫未决，于是派中朝官大司马车骑将军韩增、诸吏富平侯张延寿，以及光禄勋杨恽、太仆戴长乐等人前去向御史大夫萧望之“问计策”。萧望之反对乘乱而伐之，认为：“前单于慕化乡善称弟，遣使请求和亲，海内欣然，夷狄莫不闻。未终奉约，不幸为贼臣所杀，今而伐之，是乘乱而幸灾也，彼必奔走远遁。不以义动兵，恐劳而无功。”并提出了具体的建议：“宜遣使者吊问，辅其微弱，救其灾患。”认为这样做的结果将使“四夷闻之，咸贵中国之仁义。如遂蒙恩得复其位，必称臣服从，此德之盛也”。其意义深远，影响巨大。宣帝采纳了萧望之的意见，“后竟遣兵护辅呼韩邪单于定其国”②。萧望之曾任大鸿胪，主管外交工作，有外事的经验与知识，故宣帝特派中朝官员等前往问计。

元帝竟宁元年（前33），汉以王昭君嫁匈奴呼韩邪单于后，“单于欢喜，上书愿保塞上谷以西至敦煌，传之无穷，请罢边备塞吏卒”。提出让汉朝撤销北部边防的请求。于是“天子令下有司议，议者皆以为便”。而郎中侯应提出反对，认为不能答应匈奴的这种要求。于是元帝“问状”，侯应列举了十条理由加以申述，“对奏，天子有诏：‘勿议罢边塞事。’”元帝在听取侯应的意见之后，决定不解除边塞武备，并派车骑将军许嘉向呼韩邪单于进行解释。呼韩邪表示满意，从而圆满地处理了双方这一

① 《汉书》卷九六下《西域传下》，第3907页。

② 《汉书》卷七八《萧望之传》，第3279—3280页。

微妙关系。元帝之亲自询问并重视侯应之意见，不仅因为他作为郎中，居职亲近，而且因其“习边事”[①]，所提意见中肯。

章和二年（88）章帝死，窦太后临朝。是年七月，南匈奴单于上书要求乘北匈奴饥乱，与汉兵联合攻打北匈奴。窦太后将南单于的书信“以示耿秉”。耿秉时为执金吾，他看了南单于的书信后，上言可以北伐，于是“太后从之”[②]。耿秉长期与匈奴打交道，对匈奴情况非常了解，范晔赞曰：“（耿）秉洽胡情”，故常被皇帝“访以边事”[③]。

有的官员虽已离职退休，但因熟悉外情与外交事务，也可能被皇帝召见垂询。赵充国致仕就第后，“朝廷每有四夷大议，常与参兵谋，问筹策焉”。这不仅因为他曾任中朝官，为皇帝近密，而且因为他“通知四夷事”[④]，熟悉外情和外交事务。

甚至犯了错误受处分的熟悉外事、外情的官员也可能被召垂询。成帝建始四年（前29），西域都护段会宗被乌孙兵包围，派驿骑上书成帝请求调发西域城郭诸国和敦煌郡的兵力以解围自救。当时丞相王商、大将军王凤以及百僚讨论了几天不能做出决定。王凤向成帝建议，说：陈汤“多筹策，习外国事，可问”。于是“上召汤见宣室”。陈汤曾长期出使西域，任西域副校尉，后因矫制发城郭诸国兵击斩匈奴郅支单于和上书言康居王侍子非王子事不实，遭到斥逐，待罪士伍。由于陈汤熟悉西域情况，故成帝召他入见垂询。陈汤在当年攻打匈奴郅支单于时，感受风寒得病，两臂不能屈伸。成帝召见陈汤时，优礼有加，特诏其毋庸跪拜。成帝将段会宗的奏疏给陈汤看。陈汤辞谢道：“将相九卿皆贤材通明，小臣罢癃，不足以策大事。”成帝答曰：“国家有急，君其毋让。”于是陈汤陈述了自己对此事件的看法，说：“臣以为此必无可忧也。”宣帝问：“何以言之？”于是陈汤向成帝分析了胡、汉的兵力长短与态势，不同意发兵相救，认为“今（段）会宗欲发城郭敦煌，历时乃至，所谓报仇之兵，非救急之用也”。成帝问：“奈何？其解可必乎？度何时解？”陈汤“知乌

---

① 《汉书》卷九四下《匈奴传下》，第3803、3805页。

② 《后汉书》卷八九《南匈奴列传》，第2992—2993页。

③ 《后汉书》卷一九《耿弇附侄（耿）秉传》，第716、725页。

④ 《汉书》卷六九《赵充国传》，第2994、2971页。

孙瓦合，不能久攻，故事不过数日。因对曰：‘已解矣！’屈指计其日，曰：‘不出五日，当有吉语闻。’”他估计乌孙只能坚持数天，实际上当时已经解围了，果然不出陈汤所料，“居四日，军书到，言已解”①。陈汤长期担任驻西域官员，对西域情况非常了解，因而判断准确可靠，可见这类人员在外交决策中有着特殊的重要性。

成帝召见陈汤垂询的地点是在宣室。宣室“在未央宫殿北”，乃“未央前殿正室也”②。这里是西汉皇帝垂询臣下进行决策的重要地点。汉文帝曾在宣室召见贾谊，询问鬼神之事。“贾生征见。孝文帝方受釐，坐宣室。上因感鬼神事，而问鬼神之本。贾生因具道所以然之状。”③ 汉宣帝也“常幸宣室，斋居而决事，狱刑号为平矣”。故宣室被称为“布政教之室也”④。可见宣室是西汉皇帝延见臣下，垂询决策的地点。我们虽然不能说两汉皇帝垂询外交决策都在宣室进行，但宣室是汉代皇帝垂询外交决策的一个重要地点则是无疑的。

3. 降附者

对方的降附人员，可以提供不少有关对方的情报，这对于外交决策亦有重要参考价值。故皇帝有时也亲自向降附者询问情况，以为决策之用。汉武帝时，国力强大了，他决心解决匈奴在北边的威胁，在听取了“匈奴降者”⑤ 提供的匈奴与大月氏矛盾的内情后，决定募人出使西域，联络大月氏以牵制匈奴，因而有张骞之第一次出使西域。

（二）三公

西汉时以丞相（大司徒）、太尉（大司马）、御史大夫（大司空）为三公，东汉以太尉、司徒、司空为三公。三公是汉代中央政府的最高长官，即所谓宰相，“三公称曰冢宰，王者待以殊敬……入则参对而议政事，出则监察而董是非”⑥。由于三公位尊权重，故遇有外交大事时皇帝

---

① 《汉书》卷七〇《陈汤传》，第 3022—3023 页。

② 陈直校证：《三辅黄图校证》卷三《未央宫》“宣室殿”，陕西人民出版社 1980 年版，第 53—54 页。

③ 《史记》八四《贾生列传》，第 2502—2503 页。

④ 《汉书》卷二三《刑法志》注引如淳曰，第 1102 页。

⑤ 《汉书》卷六一《张骞传》，第 2687 页。

⑥ 《后汉书》卷四六《陈忠传》，第 1565 页。

亦常垂询之。

建平四年（前3），匈奴单于上书称病，希望将入朝时间改在建平五年（前2）。哀帝为此召开御前会议讨论对策，会上意见纷纭，莫衷一是，哀帝乃“罢群臣，独与（息夫）躬议”。息夫躬为哀帝宠臣，他乘机大谈灾异之变，建议派大将军巡视边境，整饬武备，杀一郡守以立威，震慑四夷，以消除灾变。“上然之，以问丞相。”当时王嘉为丞相，他据理驳斥息夫躬的胡言，反对“谋动干戈，设为权变”，制造边衅。但是“上不听”①。哀帝虽然没有接受王嘉的意见，但是表明皇帝在进行外交决策遇到疑难问题时，是会征询三公意见的。

东汉建武十七年（41），西域莎车王贤“遣使奉献，请都护。天子以问大司空窦融”。窦融认为莎车王贤“父子兄弟相约事汉，款诚又至，宜加号位以镇安之”。光武帝接受了窦融的建议，“乃因其使，赐贤西域都护印绶，及车旗黄金锦绣”②。时窦融为大司空，乃三公之一；同时他原割据河西，熟悉边情，故光武帝向其征询。这是光武帝在征询大司空窦融的意见后，做出以“西域都护”封赐西域国君担任的决策。

上文所述五凤元年（前57）关于是否应乘匈奴内乱消灭之的问题，虽然中朝官员多主张乘机灭之，但宣帝仍犹豫不决，于是派人向御史大夫萧望之“问计策”，萧望之反对用兵，宣帝最后接受了他的意见。御史大夫为三公之一，宣帝向其征询意见，除因其熟悉外交事务之外，亦因其为三公之关系。

（三）宫省近臣

这类人员由于职务关系，常侍皇帝左右，与皇帝接触密切，故也常被垂询于外交决策。

章帝时，郑弘为尚书仆射，“乌孙王遣子入侍，上问弘：‘当答其使否?’弘对曰：‘乌孙前为大单于所攻，陛下使小单于往救之，尚未赏；今如答之，小单于不当怨乎!’上以弘议问侍中窦宪，对曰：‘礼存往来。弘章句诸生，不达国体。’上遂答乌孙”③。虽然司马光对这段

---

① 《汉书》卷四五《息夫躬传》，第2184—2185页。

② 《后汉书》卷八八《西域传》，第2923页。

③ 《资治通鉴》卷四七，汉章帝元和三年（86）《考异》引袁宏《后汉纪》，第1506页。

文字之后关于小单于寇金城事提出质疑，但这里所反映的决策情况应当还是可以参考的。这是章帝在先后征询了他们两个人的意见后，决定向乌孙报使的。尚书仆射为尚书令之副，尚书“为陛下喉舌……出纳王命”①“掌于封奏”②，是皇帝的秘书。东汉章帝以后，皇帝朝见群臣日稀，而由于尚书台设在宫中，为“机密近臣”③，皇帝更多地征询他们的意见是很自然的。侍中“切问近对，喻旨公卿”④，比尚书更接近皇帝，为帷幄近臣。

光武帝时臧宫“以谨信质朴，故常见任用”。适值匈奴遭受饥疫，自相纷争，光武帝有一次询问臧宫，对此有何看法，臧宫答道：“愿得五千骑以立功”，建议乘机出击。光武帝笑曰：“常胜之家，难与虑敌，吾方自思之。”⑤ 当时光武对匈奴执行“和而纳焉”⑥ 的方针，因此没有接受臧宫乘衅出击的建议。臧宫时为左中郎将。左中郎将“主更直，执戟宿卫”⑦，为皇帝近侍，故亦得以垂询。

上述决策，都是皇帝在征询个别人的意见之后作出的。皇帝垂询的对象，上至三公、宫省长官、左右亲幸，下至使者、降卒，人员相当广泛。不过从上述三类垂询对象来看，皇帝垂询者主要为第一类，即熟悉外事的有关人员，这是外交决策的特殊性所决定的。皇帝垂询的问题，以上述十二次垂询为例，按地区而分，其中关于西域问题六次，关于匈奴问题六次，可见西域和匈奴是汉代外交的重点。按问题的性质而分，其中和战问题五次，通使问题三次，和亲问题两次，边备和边境镇抚官员问题各一次。由此可见，和战问题是皇帝垂询的最主要的问题。

---

① 《后汉书》卷六三《李固传》，第 2076 页。

② （唐）欧阳询撰，汪绍楹校：《艺文类聚》卷四八《职官部·尚书令》引《齐职仪》，上海古籍出版社 1999 年版，第 851 页。

③ 《后汉书》卷二九《郅恽传》附《郅寿传》，第 1033 页。

④ （唐）杜佑撰，王文锦、王永兴、刘俊文、徐庭云、谢方点校：《通典》卷二一《职官典三·侍中》，中华书局 1988 年版，第 121 页。

⑤ 《后汉书》卷一八《臧宫传》，第 695 页。

⑥ 《后汉书》卷八九《南匈奴列传》，第 2966 页。

⑦ （唐）虞世南辑录：《北堂书钞·1》卷六三《设官部十五·五官中郎将》引《汉官仪》，学苑出版社 2015 年版，第 477 页。

三　纳谏决策

皇帝在外交决策过程中，还常须对臣下的各种谏言或上书做出抉择，从而构成外交决策之另一重要补充形式——纳谏决策。这表明在汉代已经初步形成了对于外交决策的审议批评制度，尽管这一制度尚未形成健全的体系，但它在外交决策中已显示了一定的积极作用。对外交决策的谏议主要表现在三个方面：一是对于已经做出决策之外交方针政策之审议、批评；二是决策未定之时提出谏议；三是主动提出外交方针政策之建议。

（一）对于已经做出决策之外交方针政策之审议与批评

汉宣帝元康二年（前64），匈奴屡次兴兵攻击汉在车师的屯田，郑吉率渠犁屯田卒七千余人前往援救，反被匈奴所围。宣帝与中朝议定“欲因匈奴衰弱，出兵击其右地，使不敢复扰西域”。丞相魏相得知后，上书提出反对意见，认为近来“匈奴尝有善意，所得汉民辄奉归之，未有犯于边境，虽争屯田车师，不足致意中”。应全面考量汉、匈关系，不能因小失大。“今闻诸将军欲兴兵入其地，臣愚不知此兵何名者也。”实属师出无名，不论对内对外均有负面影响，“今边郡困乏……出兵虽胜，犹有后忧，恐灾害之变因此以生……今左右不忧此，乃欲发兵报纤介之忿于远夷，殆孔子所谓‘吾恐季孙之忧不在颛臾而在萧墙之内’也”。于是“上从（魏）相言而止”①。

汉宣帝接受了魏相上书的意见，放弃出兵匈奴的计划，“遂以车师故地与匈奴”②，退出车师以确保汉在西域南道的利益。这是在皇帝召开中朝会议作出决策之后，外朝首脑丞相对这一决策提出反对，最后得到皇帝的采纳，从而改正了原来的决策。

哀帝建平四年（前3），匈奴单于遣使提出请求入朝，哀帝决定拒绝。“单于使辞去，未发，黄门郎扬雄上书谏。”扬雄从历史上论证了与匈奴关系的重要性，认为不能拒绝单于入朝，“书奏，天子寤焉。召还匈奴使

---

① 《汉书》卷七四《魏相传》，第3136页。

② 《资治通鉴》卷二五，汉宣帝元康二年（前64），第829页。

者，更报单于书而许之”[①]。这是在公卿朝议决策之后，而且匈奴使者已经辞行之后，郎官上书对这一决策提出异议，被皇帝接受，从而更改了原先之决策。

东汉建武十七年（41），光武帝征询窦融意见而决定以莎车王贤为西域都护，敦煌太守裴遵上书反对这一决策，认为：“夷狄不可假以大权，又令诸国失望。”[②] 光武帝接受了裴遵的意见，立即下诏书追还所赐都护印绶，另以汉大将军印绶赐予莎车王贤。这是光武帝自己作出决策，而且已经付诸实行之后，边境官员提出异议，加以采纳，并立即采取措施纠正原来的决定。

谏议被拒绝的情况亦时有发生。

汉七年（前200），高帝决定进攻匈奴。御史成对这一决策提出反对意见，谏曰：“不可。夫匈奴，兽聚而鸟散，从之如搏景。今以陛下盛德攻匈奴，臣窃危之。”[③] 但是高祖不听，仍决定进攻匈奴，结果在平城被匈奴包围，大败而回。这也是在皇帝做出决策之后，作为谏官之御史提出异议。但是这一谏议未被皇帝采纳，从而招致严重失败。

景帝中元三年（前147）匈奴王徐卢等五人[④]降汉，景帝决定给他们封侯，以资鼓励。周亚夫不同意，谏曰：“彼背其主降陛下，陛下侯之，即何以责人臣不守节者乎？”景帝没有采纳，认为“丞相议不可用”。于是徐卢等人均被封为列侯。周亚夫“因谢病免相”[⑤]。周亚夫时为丞相。这也是在皇帝决策之后，对于臣下谏议之拒绝。

和帝即位后，窦太后临朝。永元元年（89）太后兄车骑将军窦宪准备大举发兵北击匈奴，司徒袁安、太尉宋由、司空任隗及九卿均反对这一决策，他们一起“诣朝堂上书谏，以为匈奴不犯边塞，而无故劳师远涉，损费国用，徼功万里，非社稷之计”。但他们接二连三上书均无结果，于是有的人开始动摇，太尉宋由恐惧，“遂不敢复署议”，其余诸卿

① 《汉书》卷九四下《匈奴传下》，第3812、3817页。

② 《后汉书》卷八八《西域传》，第2924页。

③ 《汉书》卷六四上《主父偃传》，第2801页。

④ 《资治通鉴》卷一六，汉景帝中元三年（前147）作“六人”，第539页。

⑤ 《汉书》卷四〇《周勃附子（周）亚夫传》，第2061页。

亦“稍自引止”。唯有袁安与任隗“守正不移，至免冠朝堂固争者十上”[①]。窦太后仍然不听。此外还有侍御史鲁恭以及尚书令韩稜、骑都尉朱晖、议郎乐恢等也都上书谏[②]，均遭太后拒绝。这是太后与权臣独断决策之后，虽遭到举朝公卿百官之反对，均被拒绝。

（二）决策未定之时提出谏议

建武二十七年（51），北匈奴遣使至武威，要求与汉和亲。光武帝与群臣集议不能做出决定。这时皇太子对光武帝提出建议，说：“南单于新附，北虏惧于见伐，故倾耳而听，争欲归义耳。今未能出兵，而反交通北虏，臣恐南单于将有二心，北虏降者且不复来矣。”光武帝采纳了太子的建议，于是“告武威太守勿受其使”[③]。这是在御前会议未能作出决定时，光武帝接受了皇太子的意见而终于做出了决定。

（三）主动提出外交方针政策之建议

汉武帝时，“汉方征匈奴，招怀四夷”，锐意于武功，主爵都尉汲黯不赞同，主张“务少事”。于是“乘上间，常言与胡和亲，无起兵”。但武帝听不进去，“天子既数征匈奴有功，（汲）黯之言益不用”[④]。这是臣下对于当时执行的外交方针主动提出异议。

东汉建武二十四年（48）匈奴分裂为南北二部，南匈奴亲汉，北匈奴无力犯汉，使东汉北边的威胁大为减轻。在这种历史背景下，建武二十七年（51），臧宫与马武建议乘匈奴遭受天灾之机出兵灭之，上书曰：“匈奴贪利，无有礼信，穷则稽首，安则侵盗，缘边被其毒痛，中国忧其抵突。虏今人畜疫死，旱蝗赤地，疫困之力，不当中国一郡。万里死命，县（悬）在陛下。福不再来，时或易失，岂宜固守文德而堕武事乎?”主张以武力解决匈奴问题，并提出了具体的战略计划：“今命将临塞，厚县（悬）购赏，喻告高句丽、乌桓、鲜卑攻其左，发河西四郡、天水、陇西羌胡击其右。如此，北虏之灭，不过数年。”光武帝没有接受他们的意见，诏报曰：“今国无善政，灾变不息，百姓惊惶，人不自保，而复欲远

---

① 《后汉书》卷四五《袁安传》，第1519页。

② 参见《资治通鉴》卷四七，汉和帝永元元年（89），第1519—1520页。

③ 《后汉书》卷八九《南匈奴列传》，第2945—2946页。

④ 《史记》卷一二〇《汲黯列传》，第2108—2109页。

事边外乎？……且北狄尚强，而屯田警备传闻之事，恒多失实。诚能举天下之半以灭大寇，岂非至愿；苟非其时，不如息人。”①

光武帝鉴于前汉对匈奴用武的教训，加以东汉初面临的国内问题，因而对匈奴执行“和抚”方针。范晔评述道：“光武审《黄石》，存苞桑，闭玉门以谢西域之质，卑词币以礼匈奴之使，其意防盖已弘深。”②揭示了光武帝睦邻的外交指导思想。臧宫、马武的意见与光武帝的外交方针相悖，故被摒而不采，“自是诸将莫敢复言兵事者”③。这也属于臣下对于当前之外交方针大计主动提出建议。

章帝建初四年（79）班超攻破疏勒都尉番辰后，拟乘胜进攻龟兹。由于乌孙兵力强盛，班超认为应当与之结盟，借助其兵力，方能奏效。班超因而上书道：“乌孙大国，控弦十万，故武帝妻以公主，至孝宣皇帝，卒得其用。今可遣使招慰，与共合力。”上书后“帝纳之”④。这是边将根据外界之实际情况而主动提出具体建议。

对于臣下的建议，皇帝也可能指定一个专门小组进行审议，从而提出决策方案以供选择。永平十五年（72），谒者仆射耿秉屡次向明帝建议击匈奴，于是明帝下令有关人员进行商讨，“上以显亲侯窦固尝从其世父（窦）融在河西，明习边事，乃使（耿）秉、（窦）固与太仆祭肜、虎贲中郎将马廖、下博侯刘张、好畤侯耿忠等共议之。”窦固因“明习边事”而被指定与会；耿秉因为是提议者，也被指定参加会议；此外还指定四位有关人员与会。会议议决一方面从军事上“先击白山，得伊吾，破车师”。而“今兵出白山，匈奴必并兵相助，又当分其东以离其众”。另一方面从外交上“通使乌孙诸国以断其右臂”⑤ 的方略。这些均被明帝所采纳。

以上是皇帝根据臣下的谏言与上书而进行的外交决策。我们从中可以看到上书与进谏的人员相当广泛：首先为最高行政长官三公，如丞相魏相、周亚夫，司徒袁安，太尉宋由，司空任隗等均曾就外交决策进谏。

---

① 《后汉书》卷一八《臧宫传》，第695—696页。
② 《后汉书》卷一八《臧宫传》“论曰”，第697页。
③ 《后汉书》卷一八《臧宫传》，第696页。
④ 《后汉书》卷四七《班超传》，第1577页。
⑤ 《资治通鉴》卷四五，汉明帝永平十五年（72），第1458—1459页。

丞相亦即总理万机的宰相，其职责之一是“外镇抚四夷诸侯”[①]，外交亦在其主管范围之内，故其有责任就外交决策中存在的问题向皇帝进谏。三公作为中央决策集团之核心成员，其对皇帝决策之进谏，含有审议封驳之意味。其次为职司应对顾问与谏议的官员，如黄门郎、侍御史、御史、议郎等。向皇帝提供建议或进谏本为其职责所在。再次为熟悉外事、外情之有关官员，如裴遵因职在边陲，熟悉西域情况，故其意见中肯而被采纳。班超长期在西域活动，熟悉西域情势，故其意见得体而被接受。最后为诸卿及功臣宿将等其他各级各类官员，也可就外交决策向皇帝提出建议或谏诤。

谏议的内容，以上述十例来看，其中关于匈奴问题为七例，西域问题为三例。从问题的性质来看，关于和战问题为五例，册封两例，此外为朝贡、结盟、和亲等双边问题各一例。举凡外交方面之各种问题均可进谏，从中再一次证明匈奴问题与和战问题是汉代最主要的外交问题。

四　卜筮决策

卜筮决策是原始落后的决策方式，早在夏、商时期已经盛行这种决策方式，即由神权代表者巫史以甲骨、蓍草进行卜筮以进行决策。到了汉代，皇帝在进行外交决策时，有时也利用卜筮这种古老的、非科学、非理性的方式进行决策。

汉代继承秦制，设有“太卜”以主持卜筮，高帝时“因秦太卜官”，汉初承秦而设置太卜。到了武帝时，“数年之间，太卜大集”[②]。太卜的机构和成员都有了空前的发展。太卜为太常属官，以令、丞为正副之长。[③]

汉武帝在制定对外政策时，常利用卜筮方式进行决策，“会上欲击匈奴，西攘大宛，南收百越，卜筮至预见表象，先图其利。及猛将推锋执节，获胜于彼，而蓍龟时日亦有力于此。上尤加意，赏赐至或数千万”[④]。

---

① 《汉书》卷四〇《王陵传》，第 2049 页。

② 《史记》卷一二八《龟策列传》，第 3224 页。

③ 参见《汉书》卷一九上《百官公卿表上》，第 726 页。

④ 《史记》卷一二八《龟策列传》，第 3224 页。

可见汉武帝在出击四夷之前，均进行卜筮以测吉凶。征和四年（前89）武帝在《轮台诏》中对这一做法曾有所追悔，说："古者卿大夫与谋，参以蓍龟，不吉不行。"意即"谓共卿大夫谋事，尚不专决，犹杂问蓍、龟也"。在这一思想支配下，武帝曾以卜筮决定其对外方针政策。其时"公车方士、太史治星望气，及太卜龟蓍，皆以为吉，匈奴必破，时不可再得也"。除太卜之外，方士、太史等人也从不同角度参与占卜对外方针政策的成败得失。通过事实的检验和教训，武帝晚年已省悟，"今计谋卦兆皆反缪"①，占卜结果并无效验，虚妄谬误。认识到这种决策方式并不可取，实乃成事不足败事有余。

第二节　公卿百官集议决策

外交上的大政方针，除了皇帝直接进行决策以外，更多的是交由公卿百官进行集议，提出方案，最后由皇帝作出决断。这是两汉时期外交决策的最基本方式。早在战国时期，遇有外交上的问题，已有交由群臣集议的制度，楚怀王"业已欲和于秦，见齐王书，犹豫不决，下其议群臣。群臣或言和秦，或曰听齐"②。两汉时期由于外交事务日益繁忙，因而这一方式更被经常运用，并发展为一套较为完整的制度。西汉初建，制度草创，当时外交方面主要是对匈奴的和战问题，汉高帝集外交决策权于一身，主要采用皇帝直接决策方式，少用公卿群臣集议的方式。从惠帝高后始，外交决策逐渐制度化，公卿群臣集议进行外交决策的方式逐渐行用。这一决策方式，按其参加人员以及范围大小又可分为三种类型，即公卿集议决策、公卿将军合议决策和权臣专决。

一　公卿集议决策

两汉时期的"公卿"是中央政府的总称。公即三公，指丞相、御史大夫和太尉，东汉为太尉、司徒、司空，他们为汉代之宰相，亦即最高政务决策者；卿即诸卿，为分掌政事、武事和宫廷事务之中央行政诸机

① 《汉书》卷九六下《西域传下》暨注引"师古曰"，第3913—3914页。

② 《史记》卷四〇《楚世家》，第1726页。

关及其长官。广义而言，公卿百官都属于“有司”，因为他们都是负有政府中各项政务职能的官员，故汉代史籍经常将公卿百官集议决策称为“有司”决策，宣帝甘露二年（前52），“匈奴呼韩邪单于来朝，诏公卿议其仪”[①]。而在同书另一处将此事记作：“匈奴呼韩邪单于款五原塞，愿奉国珍朝三年正月。诏有司议。”[②] 两者实为一事。西汉哀帝时，“会有上书言古者以龟贝为货，今以钱易之，民以故贫，宜可改币”。哀帝征求左将军、大司空师丹的意见，师丹“对言可改”，后“章下有司议，皆以为行钱以来久，难卒变易。（师）丹老人，忘其前语，后从公卿议”[③]。同一会议，或称“有司议”，或称“公卿议”。这虽然不是外交问题的决策会议，但从中可知汉史所谓“有司”会议与公卿会议往往是同义语。同时，汉代之公卿会议又被称为“三府”会议，三府即三公府，在东汉指太尉、司徒、司空府，“三公”皆开府，故曰“三府”，为当时的宰相府署，分曹处理日常政务之处。“凡国有大造大疑，（太尉）则与司徒、司空通而论之。”[④] 外交决策即为需要三府“通而论之”的国家大事之一。三府会议亦即上文所述之公卿会议。故汉代史籍常见“事下公卿”或“事下三府”“事下有司”的表述，其含义是一致的。由此可知，汉代所谓公卿会议、有司会议或“三府”会议实为一事。

公卿集议，除了公卿长官参加以外，他们的属官以及议郎、博士等亦参加。如果要对一些具有专门性、专业性的问题进行讨论时，还会特邀具有专业知识的特定人员与会。公卿决策会议与前述御前公卿决策会议的区别在于后者皇帝亲临而前者皇帝不参加，公卿集议是汉代进行决策的基础性会议。

这种会议的模式可以从灵帝熹平四年（175）的一次会议而窥知。

是年，五官郎中冯光、沛相上计掾陈晃提出“历元不正，故妖民叛寇益州，盗贼相续为害”的问题，于是“诏书下三府，与儒林明道者详议，务得道真。以群臣会司徒府议”[⑤]。因为历数问题具有很强的专业性，

① 《汉书》卷七八《萧望之传》，第3282页。

② 《汉书》卷八《宣帝纪》，第270页。

③ 《汉书》卷八六《师丹传》，第3506页。

④ 《续汉书·百官志一》，点校本《后汉书志》第二十四，第3557页。

⑤ 《续汉书·律历志中》，点校本《后汉书志》第二，第3037页。

故特别提出由“儒林明道者”与会“详议”。博学多才而又精于天文历数的蔡邕是这次问难的首席发言人，他记载了参加这次会议的情形：

> 三月九日，百官会府，公殿下，东面；校尉南面；侍中、郎将、大夫、千石、六百石重行北面；议郎、博士西面。户曹令史当坐中而读诏书，公议。蔡邕前坐侍中西北，近公卿，与（冯）光、（陈）晃相难问是非焉。①

司徒府即“百官朝会殿”，为中央政府诸曹办公机关和朝会决策场所。这里的“校尉”为司隶校尉，其负有朝会监察职责，故各种集会均有其出席。太尉（大司马）属吏有户曹，“主民户、祠祀、农桑”②“主庶民上书事”③，这个辩题在于“历元不正”与“阴阳不和，奸臣盗贼”之间关系问题，在其主管业务范围，故由其负责宣读诏书。会场的布局如下：

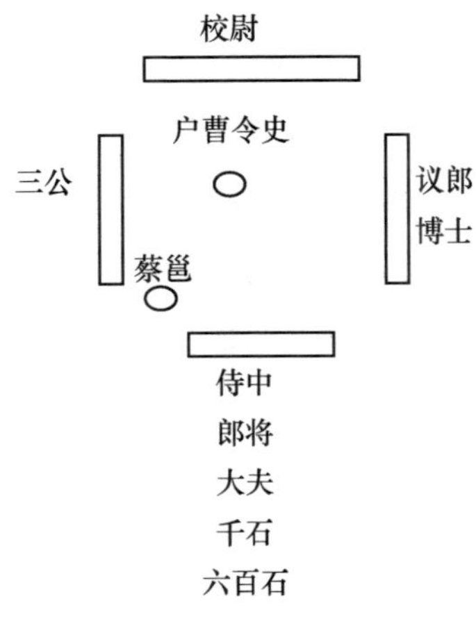

图1-1　三府会议会场布局示意图

---

① 《续汉书·律历志中》注引《蔡邕集》，点校本《后汉书志》第二，第3037页。

② 《续汉书·百官志一》，点校本《后汉书志》第二十四，第3559页。

③ （汉）卫宏撰，（清）孙星衍辑：《汉旧仪》卷上，周天游点校：《汉官六种》，中华书局1990年版，第64页。

首先，三公坐西朝东，座位最尊，一般而言“古人之坐以东向为尊”①，三公“号称万石”②，尊于其他与会者，故东向。从宾主关系而言，“宾主位东西面”③，因在“三公府”集会，故“三公”为主人，其余与会者为宾，主人坐西朝东。

司隶校尉其次，坐北朝南。司隶校尉秩比二千石④，“职在典京师，外部诸郡，无所不纠。封侯、外戚、三公以下，无尊卑……每会，后到先去”⑤。司隶校尉的秩等虽然与下述坐南朝北组合中的最高秩等者相同，但是，由于他职司监察，故被安排仅次于三公的座位。司隶校尉与御史中丞、尚书令共同构成东汉的“三独坐”，负责各种“朝会”的督察。

再次为侍中、郎将、大夫、千石、六百石等官员，他们又按照秩位高低自北而南依次排列。侍中，比二千石，“掌侍左右，赞导众事，顾问应对”⑥。依次直至六百石官员。汉制：“吏六百石以上皆长吏”，其下则为“下吏”⑦，六百石为高级官员的起点。

最后为议郎、博士，他们均秩比六百石，在第三组排于末位的六百石官员之下，故座次最卑。议郎“掌顾问应对，无常事，唯诏令所使”⑧。博士“掌教弟子。国有疑事，掌承问对”⑨。时蔡邕为议郎，他应当在坐东朝西的座位上，但是因为他是这次会议的主要问难者，故置于此特定座位。这些集会官员，不仅秩禄等级不同，而且还有职事官员与非职事官员之别，“凡吏秩比二千石以上，皆银印青绶，光禄大夫无。秩比六百石以上，皆铜印黑绶，大夫、博士、御史、谒者、郎无”⑩。公卿会议基本上集合了统治集团诸层级、诸职能之官员。

---

① （清）顾炎武著，（清）黄汝成集释：《日知录集释》卷二八，上海古籍出版社1985年版，第2087页。

② 《汉书》卷一九上《百官公卿表上》，颜师古注，第721页。

③ 《汉书》卷四《文帝纪》注引如淳曰，第109页。

④ 《续汉书·百官志四》注引蔡质《汉仪》，点校本《后汉书志》第二十七，第3614页。

⑤ 《续汉书·百官志四》，点校本《后汉书志》第二十六，第3613页。

⑥ 《续汉书·百官志三》，点校本《后汉书志》第二十六，第3593页。

⑦ 《汉书》卷五《景帝纪》，第149页。

⑧ 《续汉书·百官志二》，点校本《后汉书志》第二十五，第3577页。

⑨ 《续汉书·百官志二》，点校本《后汉书志》第二十五，第3572页。

⑩ 《汉书》卷一九上《百官公卿表上》，第743页。

蔡邕的记载中没有明确指出诸卿的座位，但是从其“前坐侍中西北，近公卿”的记载中，表明诸卿是与三公同一坐向的。诸卿是三公所统各项行政事务的长官，秩中二千石，内外政事之决策必定需要他们的参与。就外交决策而言，外交主管部门的鸿胪应当是重要的参与者。武帝“轮台诏”中有云：“大鸿胪等又议，欲募囚徒送匈奴使者，明封侯之赏以报忿。”[①] 所谓“报忿”，“盖欲使刺单于以报忿也”[②]。即以囚徒冒充使者，利用护送匈奴使者返国之机以刺杀单于。这应当是大鸿胪在公卿决策会议上提出的议案，其职“掌诸侯及四方归义蛮夷”[③]，报使之事为其主管范围，故其可就此具体问题提出处置方案，经公卿会议决议，然后报请皇帝裁决。根据蔡邕在这里的记载方式，则其所记司隶校尉坐北朝南这一组合中，还应当包括“三独坐”的御史中丞和尚书令。

公卿决策会议按照秩等高低分别置于尊卑不等的座位，从而形成四个组合，依次是：①万石至二千石；②比二千石；③比二千石至六百石；④比六百石。

从上述蔡邕的记载中可见这种决策会议的程序是：第一，由户曹令史宣读诏书，表明这是奉皇帝之命而召开的会议。第二，会议主持者为三公，他根据诏旨发表讲话，布置讨论。第三，进入辩论主题。这次讨论的这个问题，是以蔡邕为一方，冯光、陈晃为另一方进行辩论。第四，经过辩论，三公进行总结，作出结论：冯光、陈晃的提议为非，蔡邕所驳议为是，于是“太尉（陈）耽、司徒（袁）隗、司空（许）训以（蔡）邕议劾（冯）光、（陈）晃不敬，正鬼薪法”。冯光、陈晃被认为触犯“不敬”之罪，应处以“鬼薪”之刑[④]。第五，三公将总结报告上报皇帝，听候裁决。最后，灵帝加以批复，并“诏书勿治罪”[⑤]，做出对提案者不予追究罪责的决定。

这次会议虽然不是讨论外交决策问题，但是外交决策会议应亦如之。

---

① 《汉书》卷九六下《西域传下》，第3913—3914页。

② 《资治通鉴》卷二二，汉武帝征和四年（前89）胡注，第741页。

③ 《续汉书·百官志二》，点校本《后汉书志》第二十五，第3583页。

④ （汉）卫宏撰，（清）纪昀等辑：《汉官旧仪》卷下，周天游点校《汉官六种》：“鬼薪三岁。鬼薪者，男当为祠祀鬼神，伐山之薪蒸也。”第53页。

⑤ 《续汉书·律历志中》，点校本《后汉书志》第二，第3040页。

前文所述安帝永宁元年（120）在决定是否出兵攻打北匈奴以及是否放弃西域的问题时，所召开的一次公卿决策会议正是这种类型的会议。由于是决定西域问题的大政方针，故特邀熟悉西域情况并对于西域有实践经验的人士与会，长期跟随父亲班超活动于西域，熟悉西域情况的班勇被特召参加此次会议并为这一论题的议主。由班勇与公卿百官进行激烈的辩论，最后采纳了班勇“复敦煌郡营兵三百人，置西域副校尉居敦煌”的意见，否决了完全退出西域的那种主张，并为日后进一步以班勇为西域长史，率兵五百人出屯柳中（今新疆鄯善西南鲁克沁），“于是前部始复开通”[①] 奠定了基础。

公卿决策会议除了上述模式之外，还有另一种模式，即召开三府掾属会议以进行决策。桓帝延熹二年（159）范滂被太尉黄琼辟为掾属，参加了“举谣言”[②] 的会议。何谓“举谣言”？“三公听采长吏臧否，民所疾苦，还条奏之，是为举谣言也。顷者举谣言，掾、属、令史都会殿上，主者大言州郡行状云何，善者同声称之，不善者默尔衔枚。”[③] 这是一种“诏三府掾属”[④] 与会的决策会议，根据诏旨，三府召集掾属全体会议，就各人所了解的地方长官之贪廉优劣征求意见，进行评审，以决定对这些地方长官的陟黜奖惩，因为三府掾属经常被派往地方巡察，了解下情。谣言即民间对于长官治绩评价的谣谚。在这种会议上，主持人大声宣读“州郡行状”之后，由三府掾属表态以定其取舍，其方式类似于后世的举手表决。范滂在会上“奏刺史、二千石权豪之党二十余人。尚书责（范）滂所劾猥多，疑有私故。滂对曰：‘臣之所举，自非叨秽奸暴，深为民害，岂以污简札哉！间以会日迫促，故先举所急，其未审者，方更参实……若臣言有贰，甘受显戮。’吏不能诘”[⑤]。可见在上述表决方式之前，三府掾属还需要发言指出遭到谴责的地方长官的具体问题。当尚书指责他揭发对象过多，疑心他公报私仇时，范滂辩称由于“会日”迫促，他所揭发的只不过是紧急的、证据充分的案件，还有不少则待日后充实

① 《后汉书》卷四七《班超附子（班）勇传》，第1587—1589页。

② 《后汉书》卷六七《党锢列传·范滂传》，第2204页。

③ 《后汉书》卷六七《党锢列传·范滂传》注引《汉官仪》，第2204页。

④ 《后汉书》卷六七《党锢列传·范滂传》，第2204页。

⑤ 《后汉书》卷六七《党锢列传·范滂传》，第2204页。

之后再议。何谓“会日”？“谓三府掾、属会于朝堂之日也。”[①] 可见三府掾属“会日”是当时一个制度性的集会。这种制度性的“会日”实为三府掾属全体会议进行决策的一种方式。

外交决策一般来说似不可能采取那种类似举手表决的方式，但是召集三府掾属进行讨论以决定可否，应当也是存在的。建武二十八年（52），北匈奴遣使来朝，贡献马匹、皮裘等物，除了请求与汉和亲、赐予汉的音乐之外，又要求率领西域诸国的“胡客”一起前来朝献。为此，光武帝“下三府议酬答之宜”[②]，即如何应对北匈奴遣使贡献及其所提出的各项问题，这是将比较具体的任务交由“三府”商议。班彪时为司徒掾，在三府中司徒府分管外交，主管外交事务之大鸿胪为“司徒所部”[③]。我们看到，班彪不仅提出了对于北匈奴“酬答之宜”的具体意见，并起草了报匈奴的外交文书，表明他参加了这次会议。以他的意见为主而形成议决上报之后，他的这些意见和所起草的文书，均被光武帝完全采纳。班彪所参加的这次会议，或许为掾属与会的上述公卿会议或许为这种三府掾属会议，未敢确指。

运用公卿集议方式进行外交决策在两汉时期是最为普遍的，其议决之达成主要有如下几种情况。

1. 多数意见一致，顺利达成决议

文帝前三年（前177）匈奴右贤王入寇河南地，被汉兵击败。次年六月，匈奴派使者持冒顿单于致汉文帝的书信，表示“愿寝兵休士卒养马，除前事，复故约，以安边民”。提出了双方停战，恢复和平友好的建议。单于“书至，汉议击与和亲孰便。公卿皆曰：‘单于新破月氏，乘胜，不可击。且得匈奴地，泽卤非可居也。和亲甚便。’汉许之”[④]。这是与会公卿意见完全一致，顺利达成决议案，并被皇帝所批准。

武帝建元六年（前135）“匈奴来请和亲，上下其议”。会上出现了两种对立的意见，以大行王恢为代表的一派主战，议曰：“汉与匈奴和

---

① 《资治通鉴》卷五四，汉桓帝延熹二年（159）胡注，第1748页。

② 《后汉书》卷八九《南匈奴列传》，第2946页。

③ 《续汉书·百官志二》注引《汉官目录》，点校本《后汉书志》第二十五，第3584页。

④ 《史记》卷一一〇《匈奴列传》，第2896页。

亲，率不过数岁即背约。不如勿许，举兵击之。”以韩安国为代表的一派主和，议曰：“千里而战，即兵不获利。今匈奴负戎马足，怀鸟兽心，迁徙鸟集，难得而制。得其地不足为广，有其众不足为强，自上古弗属。汉数千里争利，则人马罢，虏以全制其敝，势必危殆。臣故以为不如和亲。”争论结果“群臣议多附（韩）安国，于是上许和亲”[①]。时韩安国任御史大夫，为三公之一，王恢任大行，为诸卿之一，可见这是一次公卿集议。会议虽有两种不同意见，但是大多数成员附议和亲的意见，因而也顺利达成决议案，并为皇帝所批准。

乌孙小昆弥末振将杀解忧公主曾孙、大昆弥雌栗靡，不久末振将死，“汉恨诛不加”。元延二年（前11），汉派段会宗“发戊己校尉诸国兵，即诛末振将太子番丘”。段会宗“还奏事，公卿议（段）会宗权得便宜，以轻兵深入乌孙，即诛番丘，宣明国威，宜加重赏”。公卿会议肯定段会宗处理乌孙问题的措施，决定予以重赏，于是“天子赐会宗爵关内侯，黄金百斤”[②]。公卿会议的意见得到了皇帝的批准。

2. 多数人意见被否决，少数人意见获批准

东汉建武二十四年（48），匈奴分裂为南北二部，日逐王比自立为呼韩邪单于，是为南匈奴。南匈奴“款塞称藩，愿扞御北虏”。提出与汉联盟抗御北匈奴，于是“事下公卿”。在公卿会议上，“议者皆以为天下初定，中国空虚，夷狄情伪难知，不可许”。多数主张拒绝南匈奴的建议。唯独耿国力排众议，曰：“臣以为宜如孝宣故事受之，令东扞鲜卑，北拒匈奴，率厉四夷，完复边郡，使塞下无晏开之警，万世安宁之策也。”会上多数人反对接受南匈奴“称藩”，只有耿国一人主张接受，最后由皇帝裁决，批准了耿国的意见，“帝从其议，遂立比为南单于”。耿国时为五官中郎将，属光禄勋。日后的事实证明耿国的意见是正确的，“由是鲜卑、乌桓保塞自守，北虏远遁，中国少事”[③]，对维护东汉北疆的安宁起了积极的作用。

章帝元和二年（85），南匈奴进攻业已向东汉表示和好的北匈奴，武

---

① 《汉书》卷五二《韩安国传》，第2398页。

② 《汉书》卷七〇《段会宗传》，第3030—3031页。

③ 《后汉书》卷一九《耿弇附弟（耿）国传》，第715—716页。

威太守孟云上书提出建议："北虏既已和亲，而南部复往抄掠，北单于谓汉欺之，谋欲犯边。宜还其生口，以安慰之。"章帝"诏百官议朝堂"，以商讨对策。对于是否将南匈奴抄掠所得北匈奴"生口"归还北匈奴的问题，会上展开了激烈的争论，公卿大多认为"夷狄谲诈，求欲无厌，既得生口，当复妄自夸大，不可开许"。反对将"生口"归还北匈奴。唯独太仆袁安主张将"生口"归还北匈奴，其理由有二。一是"北虏遣使奉献和亲，有得边生口者，辄以归汉，此明其畏威，而非先违约也"。北匈奴已经对汉友好，并未违约犯汉。二是"（孟）云以大臣典边，不宜负信于戎狄，还之足示中国优贷，而使边人得安，诚便"。归还"生口"有利于显示汉皇朝的诚信，使外交上处于主动地位。袁安所阐述的理由，被司徒桓虞所接受，于是他放弃了原先的主张，改从袁安之议。桓虞的转变立场，激起了更激烈的冲突，太尉郑弘、司空第五伦对此非常愤恨，郑弘高声大喊："诸言当还生口者，皆为不忠。"企图以此"不忠"的大帽子压制桓虞，桓虞奋起斥责郑弘，第五伦及大鸿胪韦彪等人亦"各作色变容"，会场一片混乱。这种情况，导致赋有督察公卿会议权力的司隶校尉的"举奏"，以致袁安等人"皆上印绶谢"。由此可见这种决策会议争辩之激烈。最后还是由皇帝出面收拾局面，章帝诏报曰："久议沈滞，各有所志。盖事以议从，策由众定……君何尤而深谢？其各冠履。"[①] 而且章帝最后还是采纳了袁安等少数派的意见。从这次决策过程我们可以看到，决策会议中这种激烈的争论，有利于双方阐明各自的观点，有利于做出最优化之抉择。有时正确的是在少数人手中，少数人的意见有时也可能最后被接受。

宣帝神爵二年（前60）乌孙请求为嗣主元贵靡娶汉公主，于是"诏下公卿议"。在公卿会议上，大鸿胪萧望之反对，认为"乌孙绝域，变故难保，不可许"。但宣帝不听，决定答应乌孙的和亲要求，以解忧公主之侄女相夫为公主，嫁予元贵靡。当汉使常惠护送相夫公主至敦煌时，乌孙政情发生变化，乌孙昆弥翁归靡死，乌孙贵族拥立前王军须靡的匈奴妻所生儿子泥靡为昆弥，解忧公主之子元贵靡不得立。常惠从敦煌上书建议："愿留少主敦煌，（常）惠驰至乌孙责让不立元贵靡为昆弥，还迎

① 《后汉书》卷四五《袁安传》，第1518—1519页。

少主。”于是又一次“事下公卿”。会上，萧望之坚持原议，认为“乌孙持两端，难约结”，主张立即征还少主。“天子从之，征还少主。”① 萧望之一直反对将公主嫁乌孙，他的意见是少数，但最后皇帝还是采纳了他的意见。

宣帝甘露二年（前52），“匈奴呼韩邪单于款五原塞，愿奉国珍朝三年正月。诏有司议”②。此次会议主要讨论接待呼韩邪的礼仪。丞相黄霸、御史大夫于定国认为“其礼宜如诸侯王，位次在下”。太子太傅萧望之以为“宜待以不臣之礼，位在诸侯王上”。萧望之的意见虽然为少数，但最后还是被皇帝所采纳。“天子采之，下诏曰：‘……其以客礼待之，令单于位在诸侯王上。’”③ 参加会议的除丞相、御史大夫外，还有太子太傅。太子太傅为东宫官，“真二千石，礼如师”④，地位与九卿相当，多以名儒博士为之。此次会议被称为“有司”会议，但实际上是公卿集议，故亦称“诏公卿议其仪”⑤。

安帝建光元年（121），句骊王宫死，其子遂成继位，玄菟太守姚光上言，“欲因其丧发兵击之，议者皆以为可许”。与会者多数主张按照姚光的建议，出兵攻之。唯独尚书陈忠反对，他说：“宫前桀黠，（姚）光不能讨，死而击之，非义也。宜遣吊问，因责让前罪，赦不加诛，取其后善。”由于陈忠所论为优，虽为少数，最后安帝还是批准了他的意见。明年，“遂成还汉生口，诣玄菟降”⑥。表明这一决策的效果是好的。

3. 两派意见纷争不决

公卿会议对于有关外交方面的问题议而不决的情况亦时有发生。昭帝末年，匈奴“使使之乌孙，求欲得汉公主”。同时派兵攻打乌孙，夺去乌孙的车延、恶师两地。于是“乌孙公主上书”请求汉朝出兵援助，昭帝将这一问题“下公卿议救，未决”⑦。这是公卿集议未能就是否出兵援

---

① 《汉书》卷九六下《西域传下》，第3905—3906页。
② 《汉书》卷八《宣帝纪》，第270页。
③ 《汉书》卷七八《萧望之传》，第3282—3283页。
④ 《汉旧仪》卷下，周天游点校：《汉官六种》，第78页。
⑤ 《汉书》卷七八《萧望之传》，第3282页。
⑥ 《后汉书》卷八五《东夷列传·句骊传》，第2815页。
⑦ 《汉书》卷九四上《匈奴传上》，第3785页。

救乌孙做出决议。这里所称“汉公主”和“乌孙公主”，均指楚王刘戊之孙解忧公主，她于武帝时和亲乌孙。

造成议而不决的原因有两个方面。一方面是参与会议的成员两派意见对立，不能统一。明帝永平八年（65），郑众出使北匈奴，“虏欲令拜，（郑）众不为屈……拔刀自誓，单于恐而止，乃更发使随众还京师”。郑众在北匈奴受辱，但北匈奴还是遣使随郑众回报。对于北匈奴此次来使，“朝议复欲遣使报之”①。对于究竟要不要派郑众再度出使北匈奴的问题，公卿会议曾“廷争连日，异同纷回，多执其难，少言其易”②。经过几天的辩论仍然未能统一意见。最后还是由明帝裁决，决定派郑众再度出使。和帝永元三年（91），窦宪派遣耿夔等打破了北匈奴，北匈奴“遁走乌孙，塞北地空，余部不知所属”。于是窦宪“日矜己功，欲结恩北虏，乃上立降者左鹿蠡王阿佟为北单于”。和帝将此“事下公卿议”。会上对于是否应立阿佟为北单于，两派意见争持不决，太尉宋由、太常丁鸿、光禄勋耿秉等十人“议可许”，同意扶立北单于。司徒袁安与司空任隗以为不可，宗正刘方、大司农尹睦等人也赞同袁安等人之议。于是会议将对立的两种意见均上报和帝，“事奏，未以时定”。和帝尚未批复，袁安担心窦宪的计谋得逞，便单独上封事进一步详细陈述己见。于是皇帝命令召开第二次公卿会议，“诏下其议”。会上，袁安又与窦宪进行辩论，“更相难折”。窦宪“险急负势，言辞骄讦，至诋毁（袁）安”。发展到进行人身攻击的地步，但袁安“终不移”，始终坚持己见。第二次会议仍然相持不下。对于是否立阿佟为北单于的问题，由于两派意见对立，举行了两次公卿会议仍未能达成一致。时窦宪擅权，“竟立匈奴降者右鹿蠡王于除鞬为单于，后遂反叛，卒如（袁）安策”③。后来的事实证明袁安的意见是正确的。

另一方面是皇帝与公卿意见不一而久议不决。元帝建昭三年（前36），甘延寿、陈汤出使西域，未经朝廷批准而发城郭诸国兵和屯田兵，攻杀了匈奴郅支单于。竟宁元年（前33），甘延寿、陈汤自西域回，对于

---

① 《后汉书》卷三六《郑兴附子（郑）众传》，第1224页。

② 《后汉书》卷四〇下《班彪附子（班）固传》，第1374页。

③ 《后汉书》卷四五《袁安传》，第1520—1521页。

是否应给予他们奖赏的问题，皇帝与公卿的分歧甚大。二人“既至，论功，石显、匡衡以为‘延寿、汤擅兴师矫制，幸得不诛，如复加爵土，则后奉使者争欲乘危徼幸，生事于蛮夷，为国招难，渐不可开’。元帝内嘉（甘）延寿、（陈）汤功，而重违（匡）衡、（石）显之议，议久不决”①。时匡衡为丞相，石显为中书令。中书令即尚书长官中尚书谒者令。中书为皇帝近侍，武帝以后权力日大。元帝“以（石）显久典事，中人无外党，精专可信任，遂委以政。事无大小，因显白决”②。可见元帝对石显之亲信。元帝虽欲嘉奖甘延寿、陈汤，但因他们二人的反对，故而议久不决，为甘延寿、陈汤论功的议案终于未获通过。

4. 两种意见对立，采取折中方案

在两种意见不能统一时，有时便以一种折中方案做出决议。武帝元狩四年（前119），“匈奴用赵信之计，遣使于汉，好辞请和亲。天子下其议，或言和亲，或言遂臣之”。一派主张和亲，一派主张臣之，不与其和亲而令其臣服，双方均不能说服对方。丞相长史任敞提出了一个折中方案，他说：“匈奴新破，困，宜可使为外臣，朝请于边。”③ 任敞的方案是以“外臣”对待匈奴，许其于边境“朝请”，既不是完全“和亲”，也不是完全“臣之”，而是介于两者之间。会议最后通过了任敞的折中方案。同时就派遣任敞出使匈奴。长史为丞相府属官，“有两长史，秩千石”④。长史“盖众史之长也，职无不监”⑤，为丞相府之总管，故得参与外交决策。可见公卿属官亦参加公卿集议。

甘延寿、陈汤矫制杀匈奴郅支单于，受到惩罚。后来故宗正刘向上书为他们申诉，主张对甘、陈二人“宜以时解县通籍，除过勿治，尊宠爵位，以劝有功”。建议解除他们的罪名，加以爵位。于是元帝下诏赦免甘、陈二人，“诏公卿议封焉”。会上“议者皆以为宜如军法捕斩单于

---

① 《汉书》卷七〇《陈汤传》，第3016页。

② 《汉书》卷九三《佞幸传·石显传》，第3726页。颜师古注“无外党”曰：“少骨肉之亲，无婚姻之家也。”第3726页。

③ 《史记》卷一一〇《匈奴列传》，第2911页。

④ 《汉书》卷一九上《百官公卿表上》，第724—725页。

⑤ 《通典》卷二一《职官典三·宰相》“丞相长史”条，第121页。

令”[①]，多数意见认为应比照“军法捕斩单于令”给予嘉奖。汉代有奖励军功之“赏令”，青海大通上孙家寨出土的汉简，其中有关于斩首捕虏赏赐之法令，规定“能斩捕君长有邑人者，及比二千石以上赐爵各四级”[②]。可知捕、斩敌方君长可赐四级爵位。但是匡衡、石显极力反对，认为“郅支本亡逃失国，窃号绝域，非真单于”，不同意按照“捕斩单于令”给予嘉奖。于是“元帝取安远侯郑吉故事，封千户”[③]。由于匡衡、石显的反对，元帝未能按“捕斩单于令”重赏他们二人，而是比照郑吉故事给予封侯和千户食邑。所谓“郑吉故事”，是指郑吉于宣帝地节三年（前67）破车师，神爵二年（前60）收降匈奴日逐王，被封为安远侯，食邑千户[④]。这一折中方案仍被匡衡、石显反对，最后“乃封延寿为义成侯，赐汤爵关内侯，食邑各三百户，加赐黄金百斤”[⑤]。元帝只得仅给他们以封侯食邑三百户的奖励，以更在其次之妥协办法暂时结束了这场争议。

元帝永光元年（前43），车骑都尉韩昌、光禄大夫张猛出使匈奴，他们在那里得悉，许多匈奴大臣鼓动呼韩邪单于北归故地。韩昌、张猛担心匈奴北去后难于约束，于是未经请示朝廷，即与呼韩邪订立盟约。盟约称：“自今以来，汉与匈奴合为一家，世世毋得相诈相攻……令其世世子孙尽如盟。”他们回来报告此事后，受到了决策集团的谴责，公卿议者认为：“单于保塞为藩，虽欲北去，犹不能为危害。昌、猛擅以汉国世世子孙与夷狄诅盟，令单于得以恶言上告于天，羞国家，伤威重，不可得行。宜遣使往告祠天，与解盟。昌、猛奉使无状，罪至不道。”做出了解除盟约并以“不道”之罪严惩韩昌、张猛的决定。但是元帝并不完全同意公卿的意见，私意还是肯定他们二人的行为，于是“上薄其过，有诏昌、猛以赎论，勿解盟”[⑥]。最后元帝采取了折中办法，给予韩昌、张猛处以较轻之赎刑，而他们与匈奴所订盟约仍然有效。

---

① 《汉书》卷七〇《陈汤传》，第3018—3020页。

② 《大通上孙家寨汉简释文》，《文物》1981年第2期。

③ 《汉书》卷七〇《陈汤传》，第3020页。

④ 参见《汉书》卷七〇《郑吉传》，第3006页。

⑤ 《汉书》卷七〇《陈汤传》，第3020页。

⑥ 《汉书》卷九四下《匈奴传下》，第3801页。

5. 公卿会议议案被皇帝否决

宣帝神爵二年（前60），乌孙昆弥通过汉使常惠上书，提出愿以解忧公主之子元贵靡为嗣，并续娶汉公主为其妻，双方“结婚重亲，畔绝匈奴”，以马骡各千匹为聘礼。于是“诏下公卿议”。大鸿胪萧望之认为“乌孙绝域，变故难保，不可许”①。但是“天子不听”②，否定了公卿会议的意见。

皇帝不仅可以否决公卿会议议案，甚至还可能惩罚那些提出不合旨意意见的与会者。武帝太初二年（前103）在进攻匈奴时，浞野侯赵破奴之兵两万余人被匈奴消灭，于是“公卿及议者皆愿罢击宛军，专力攻胡”。主张放弃对大宛的征伐，以便全力对付匈奴。但是“天子已业诛宛，宛小国而不能下，则大夏之属轻汉，而宛善马绝不来，乌孙、仑头易苦汉使矣，为外国笑。乃案言伐宛尤不便者邓光等”③。汉武帝不愿意放弃进攻大宛的军事行动，不仅否决了公卿会议的决议，而且对于在会上发表不宜征伐大宛言论的邓光等人加以惩处，这不仅表现了汉武帝的专断，也反映了这种决策制度不可能做到经常地畅所欲言。

二　中外朝合议决策

西汉中后期，有内外朝之分，公卿为外朝，将军一般指内朝或中朝，为大司马、左右前后将军等。这种外交决策方式主要见于昭、宣、元、成时期。

昭帝时，西域楼兰王安归与匈奴勾结，经常拦截、袭杀汉使及安息、大宛等国通汉的使节。元凤四年（前77），傅介子受命出使西域，斩楼兰王，“持王首还诣阙，公卿、将军议者咸嘉其功”。参与此次决策会议的有外朝之公卿及内朝之将军，可知这是一次中外朝合议决策。昭帝于是下诏曰：“其封介子为义阳侯”④，根据公卿、将军会议的决策而嘉奖了傅介子。

① 《汉书》卷九六下《西域传下》，第3905页。

② 《汉书》卷七八《萧望之传》，第3279页。

③ 《史记》卷一二三《大宛列传》，第3176页。

④ 《汉书》卷七〇《傅介子传》，第3002页。

宣帝元康元年（前65），冯奉世奉命出使西域护送大宛使节返国时，莎车王煽动西域诸国叛汉。冯奉世相机行事，进击莎车，攻拔其城，莎车王自杀；大宛闻其杀莎车王，敬之异于其他使者。冯奉世回国后，“上甚说，下议封奉世。丞相、将军皆曰：‘……（冯）奉世功效尤著，宜加爵土之赏。’”少府萧望之认为不宜受封，“以（冯）奉世奉使有指，而擅矫制违命，发诸国兵，虽有功效，不可以为后法”。宣帝“善（萧）望之议，以（冯）奉世为光禄大夫、水衡都尉”①。丞相为外朝首长，将军为内朝官员，故也是内外朝合议。

元帝建昭三年（前36），甘延寿、陈汤出使西域，斩匈奴郅支单于首。建昭四年春正月，郅支首传至京师，甘延寿、陈汤上疏以为“宜县（悬）头藁街蛮夷邸间，以示万里，明犯强汉者，虽远必诛”。元帝将此“事下有司”，丞相匡衡、御史大夫繁延寿认为郅支等人的首级自西域传至京城“更历诸国，蛮夷莫不闻知”。而且时值春季，根据《月令》规定尸骨此时宜及时掩埋，故“宜勿县（悬）”。车骑将军许嘉、右将军王商提出折中方案：“宜县（悬）十日乃埋之。”元帝“有诏将军议是”②，采纳了两位将军的意见。丞相、御史大夫为三公，为外朝长官，将军为内朝。这里说是下“有司”议，实际参加会议的有公卿和将军，因此也是一次公卿将军合议。

成帝建始四年（前29），西域都护段会宗被乌孙兵包围，上书请求发兵援救。“丞相王商、大将军王凤及百僚议数日不决。”③ 这也是中外朝的合议。

三　权臣专决

权臣专决是对公卿集议决策的否定和破坏。在皇权削弱、权臣势力膨胀的情况下，外交决策中有时会出现权臣专决的情形，这虽然不是正常的决策方式，但在两汉的外交决策中却是一个客观存在的事实，也是古代皇权政治制度中不可避免的现象。

---

① 《汉书》卷七九《冯奉世传》，第3294—3295页。

② 《汉书》卷七〇《陈汤传》，第3015页。

③ 《汉书》卷七〇《陈汤传》，第3022页。

昭帝时大司马大将军霍光专权。西域的楼兰、龟兹与匈奴关系密切，且经常袭击汉朝出使西域的使节，元凤四年（前77）傅介子出使西域时，特令其责备楼兰、龟兹。傅介子回来后，因功封为平乐监。傅介子向霍光建议：楼兰、龟兹反复无常，应加以惩处。龟兹王平日戒备不严，极易接近，“愿往刺之，以威示诸国”。霍光说：“龟兹道远，且验之于楼兰。”让他先从楼兰王下手，“于是白遣之”①。此事表明：使节在出使之前是向权臣霍光请命的；霍光在未经公卿会议决策即径自向使节布置使命，然后才口头禀告皇帝。可见这种“白遣”实为汉代权臣专决的一种方式。傅介子到了西域，“遂斩（楼兰）王尝归首”②。

宣帝本始三年（前71），汉朝派常惠出使乌孙，对于去年与汉联兵攻打匈奴有功的乌孙贵人进行赏赐。常惠向宣帝提出请求，顺道击杀龟兹国王，以对其于元凤四年（前77）杀害校尉赖丹之事进行惩罚，宣帝不同意。于是大将军霍光“风（常）惠以便宜从事”。颜师古注此句曰：“言至前所专命而行也。”示意常惠专命而行。常惠从乌孙返回时，发兵攻龟兹，龟兹王解释说杀赖丹事乃先王时贵人姑翼所主谋。常惠令其交出姑翼，常惠“斩之而还”③。这是权臣公然违背皇帝的意旨，擅自做出决定。

以上是两汉时期公卿百官集议进行外交决策的大体情况，从中我们可以看到这一决策方式具有如下几方面特点。

（一）公卿会议是两汉外交决策的基本方式

本节我们考察了两汉时期23次外交决策，这些绝不是当时外交决策会议的全部，但大体上包括了两汉时期公卿百官主要的外交决策方式。在这23次决策中，公卿会议有17次，约占74%；其余两种决策方式各有2—4次，共为6次，约占26%。可见在上述决策方式中，行用最多、最频繁的是公卿会议这种方式。公卿将军合议主要行用于西汉的中后期，而权臣专决则并非正常的决策方式，是在特定条件下的产物。后面两种方式相对来说显然少得多。因此两汉时期的外交决策，一方面是由皇帝

---

① 《汉书》卷七〇《傅介子传》，第3002页。

② 《汉书》卷九六上《西域传上》，第3878页。

③ 《汉书》卷七〇《常惠传》，第3004页。

直接进行决策，另一方面则由公卿会议进行决策，这两种方式是两汉时期外交决策最基本的方式。

（二）公卿百官集议决策的议题

首先，从议题的来源看，有三类。第一类是对方来使、来文所提出的请求，共有8次，即文帝前四年（前176）“单于遗汉书”提出“愿寝兵休士养马，除前事，复故约”①；武帝建元六年（前135）“匈奴来请和亲”②；武帝元狩四年（前119）匈奴“遣使好辞请和亲”③；昭帝末匈奴侵乌孙，“乌孙公主上书”④ 求救；宣帝神爵二年（前60）乌孙昆弥通过汉使常惠上书求和亲⑤；甘露二年（前52）“匈奴呼韩邪单于款五原塞，愿奉国珍朝三年正月”⑥；光武帝建武二十四年（48）匈奴单于“款塞称藩，愿捍御北虏”⑦；建武二十八年（52）“北匈奴复遣使诣阙……更乞和亲”⑧。第二类是使节或边郡太守提出的建议或请求，共有7次，即昭帝元凤四年（前77）曾出使大宛者傅介子建议刺楼兰、龟兹王⑨；宣帝本始三年（前71）出使乌孙者常惠奏请便道击龟兹⑩；神爵二年（前60）常惠出使乌孙，从塞下上书，建议留少主敦煌，往责乌孙⑪；元帝建昭四年（前35）汉使甘延寿、陈汤建议悬郅支单于首⑫；成帝建始四年（前29）西域都护段会宗为乌孙兵包围，上书求救⑬；章帝元和二年（85）武威太守孟云上书建议归还南匈奴所掠北匈奴生口⑭；安帝建光元年（121）玄菟太守姚光建议因句丽丧而伐之⑮。第三类为其他，包括出使返命后

---

① 《汉书》卷九四上《匈奴传上》，第3757页。
② 《汉书》卷五二《韩安国传》，第2398页。
③ 《汉书》卷九四上《匈奴传上》，第3771页。
④ 《汉书》卷九四上《匈奴传上》，第3785页。
⑤ 《汉书》九四下《西域传下》，第3905页。
⑥ 《汉书》卷八《宣帝纪》，第270页。
⑦ 《后汉书》卷一九《耿弇附弟（耿）国传》，第715页。
⑧ 《后汉书》卷八九《南匈奴列传》，第2946页。
⑨ 《汉书》卷七〇《傅介子传》，第3001—3002页。
⑩ 《汉书》卷七〇《常惠传》，第3004页。
⑪ 《汉书》卷七八《萧望之传》，第3279页。
⑫ 《汉书》卷七〇《陈汤传》，第3015页。
⑬ 《汉书》卷七〇《陈汤传》，第3022页。
⑭ 《后汉书》卷四五《袁安传》，第1518页。
⑮ 《后汉书》卷八五《东夷列传·句骊传》，第2815页。

之例行论功过赏罚，或臣下主动提出的建议等，共有8次。从议题的内容种类来看，上述23次外交决策中，计有和战问题7次，和亲问题5次，出使官员之功过赏罚问题5次，谋刺问题3次，遣使、礼仪、册封等问题各2次，遣返、悬郅支首等问题各1次（以上类别中有相互交叉者）。虽然和战问题相对来说仍然不少，但是更大量的还是比较次要的、具体的各种外交问题和外交事务，与御前决策所讨论的多为外交上的重大问题相比较，公卿百官会议显然稍逊一筹。从两种决策方式议题上的差别，可以认为这两种决策方式在层次上有所差别，御前决策是高于公卿百官决策的最高层次的决策方式。

（三）公卿百官决策会议的决策程序

第一，议题由皇帝下达。除了个别权臣专断情况而外，都是经由皇帝下达的。故史书多言“诏下公卿议”“上下其议”等。第二，会议由最高行政长官三公主持，故会议地点一般都在“朝堂”举行。如果未经皇帝批准而召开会议是非法的，昭帝元凤元年（前80）丞相车千秋召集百官“议问吴之法”，被劾以“擅召中二千石以下”“甚无状”①。此次虽不是外交决策会议，但它所反映的制度是一致的。第三，会议有专官进行督察。司隶校尉是公卿集议的主要督察者。上述元和二年（85）议归还北匈奴生口问题的会议上，由于两派意见争论激烈，乃至“各作色变容”，于是“司隶校尉举奏，（袁）安等皆上印绶谢”②。表明司隶校尉不仅参加了此次会议，而且行使督察职权。司隶校尉“掌察举百官以下，及京师近郡犯法者”③。它“无所不纠”，其中也包括朝廷之各种决策会议。“司隶诣台廷议，处九卿上”“每会，后到先去”④。可见其参与决策会议时地位之特殊。上述熹平四年（175）讨论历数与民心不稳问题的决策会议，虽然不是外交决策会议，同样也特为司隶校尉设置显要的座位，即其与会是行使督察职能的体现。汉制：司隶校尉与尚书令、御史中丞共同构成督察各种朝会的“三独坐”，他们均职司朝会监察，故于朝会中

---

① 《汉书》卷六〇《杜周附子（杜）延年传》，第2662—2663页。

② 《后汉书》卷四五《袁安传》，第1519页。

③ 《续汉书·百官志四》，点校本《后汉书志》第二十七，第3613页。

④ 《续汉书·百官志四》注引蔡质《汉仪》，点校本《后汉书志》第二十七，第3614页。

设置“独坐”：“每朝会，尚书令、御史中丞、司隶校尉各独坐，故京师号曰‘三独坐’。”[①]“三独坐”不限于正旦朝那样的大型集会中，同时包括日常的公卿决策会议。范滂参加延熹二年（159）的三府掾属会议时，“尚书责（范）滂所劾猥多，疑有私故”[②]。可见“三独坐”之一的尚书也出席了这次“三府”会议并职司监察。第四，会议的讨论结果由与会者“署议”。前述永元元年（89）为反对窦宪征匈奴，百官连连上书均不被采纳，太尉宋由害怕，“遂不敢复署议”[③]。会议的不同意见均要上报皇帝，永元三年（91）讨论是否立北匈奴降者阿佟为单于，太尉宋由等十人“议可许”，袁安等人反对，宗正刘方等“同（袁）安议”。这两种不同意见均由当事者署议之后一齐上报，“事奏，未以时定”[④]。即上报之后皇帝还未作出裁决，袁安又上封事继续阐述自己的主张。可见议案均须上报，等候裁定。第五，最后由皇帝做出裁决，拍板定案。

以上我们考察了汉代外交决策制度的基本情况，可以看到这一历史时期在我国古代首次确立了一套大体完整的、系统的外交决策制度，在以皇帝为核心的金字塔式的决策体制中，采取了多层次的多种多样的决策方式方法，较好地调动了统治集团的群体智慧，保证了外交方针政策的正确性，对于推动当时外交的发展起了积极的作用。

两汉时期外交决策体制的确立，在我国古代政治发展史上有着重要意义。

两汉时期是我国古代外交决策制度的确立和奠基时期。秦统一皇朝的建立，虽然对于确立中国古代皇权政治制度起了巨大作用，建立了一整套从中央到地方的官僚制度，史家盛称“秦兼天下，建皇帝之号，立百官之职”[⑤]。但是，由于秦代国祚短促，未能在外交上有重大作为，因而在外交决策方面建树无多。汉代虽然在官僚制度上对秦代多所继承，但它又在新的历史条件下进一步充实、完善、发展了这一政治制度，并

---

① （唐）李林甫等撰，陈仲夫点校：《唐六典》卷一《尚书都省》注引《汉官仪》，中华书局1992年版，第6页。

② 《后汉书》卷六七《党锢列传·范滂传》，第2204页。

③ 《后汉书》卷四五《袁安传》，第1519页。

④ 《后汉书》卷四五《袁安传》，第1520页。

⑤ 《汉书》卷一九上《百官公卿表上》，第722页。

在其统治的实践过程中较好地发挥了这一新的政治制度的优越性，从而推动了当时经济、政治和文化的发展。两汉时期创造了我国古代皇朝经济的第一个高潮，综合国力空前强大，并在此基础上展开了积极的对外活动，把以中国为核心的东亚外交圈扩展到了亚洲各国，甚至远及欧洲、非洲。外交实践的需要及其经验之积累，对外交决策提出了新的要求，并推动其不断充实、完善和发展。正是在这样的历史条件下，两汉得以确立了一整套初步的、系统的、全面的外交决策制度，这套决策制度可以说是当时外交实践的产物及其反映。

汉代所确立的这一外交决策体制是在中央集权政治制度下的产物，因而这一决策体制的精髓就是外交权力之高度集中。两汉时期的外交决策权力集中于皇帝及以他为首的中央统治集团，上至对外关系的大政方针，下至各项具体的外交方式、策略和外交事务的决定，均集中于中央朝廷。使节在外的活动均须得到中央的批准，否则便被认为是矫制。元帝建昭三年（前36）陈汤与甘延寿使出西域击斩郅支单于的遭遇就是一个典型。陈汤“既领外国，与（甘）延寿谋曰：‘……西域本属匈奴，今郅支单于威名远闻，侵陵乌孙、大宛，常为康居画计，欲降服之。如得此二国……数年之间，城郭诸国危矣。且其人剽悍，好战伐，数取胜，久畜之，必为西域患。郅支单于虽所在绝远，蛮夷无金城强弩之守，如发屯田吏士，驱从乌孙众兵，直指其城下，彼亡则无所之，守则不足自保，千载之功可一朝而成也。’”主张突袭郅支，以免其进一步控制乌孙、大宛等国，日益坐大，威胁汉所控制的城郭诸国。甘延寿完全同意陈汤的意见，但认为应当事先“奏请之”，得到批准后再行动。陈汤说：“国家与公卿议，大策非凡所见，事必不从。”认为朝廷不了解西域的具体情况，不会批准此项计划，不必请示。甘延寿“犹与不听”。于是陈汤利用甘延寿生病的机会，“独矫制发城郭诸国兵、车师戊己校尉屯田吏士”。甘延寿得知后大惊，急欲制止他，但已无济于事，于是发“汉兵胡兵合四万余人”，同时他们二人“上疏自劾奏矫制，陈言兵状”①。

陈汤所言“国家与公卿议”，这里的“国家”即皇帝，“此时已称天

---

① 《汉书》卷七〇《陈汤传》，第3010—3011页。

子为国家”[①]。可知使者在外面的行动是要经过皇帝与公卿讨论批准的。他们未经中央朝廷批准而采取行动，故为“矫制”。甘延寿、陈汤的行动获得了巨大的成功，斩获郅支单于首，大败之。但是，这件事在汉朝决策集团中引起了激烈的、长期的争论。中书令石显、丞相匡衡坚持认为“延寿、汤擅兴师矫制，幸得不诛，如复加爵土，则后奉使者争欲乘危徼幸，生事于蛮夷，为国招难，渐不可开”。围绕他们的行动该奖还是该惩，“议久不决”。后在元帝的干预下，才勉强封甘延寿为义成侯，赐陈汤爵关内侯。元帝死后成帝即位，丞相匡衡又上奏此事，说：“（陈）汤以吏二千石奉使，颛命蛮夷中……不宜处位。”再加上其他罪名，结果陈汤被“坐免”[②]。尽管甘延寿、陈汤权宜行事取得了极大的成功，但因为违反了外交决策权集中于中央朝廷的原则，所以长期受到谴责和惩处。

两汉时期所确立的外交决策制度，遂成为此后中国古代历代皇朝外交决策的基本模式，历代皇朝依据各自时代的发展变化和所面临的不同外交态势，在此基础上不断做出某些调整和改革，从而使其不断臻于完善和成熟，因而两汉时期的外交决策制度在我国古代外交制度史上实具有开创和垂范的重要意义。

当然，两汉时期毕竟处于我国古代外交决策制度的初期阶段，决策过程中还存在一定的随意性和无序性，皇帝决策与公卿百官决策之间的关系还不是十分协调，对决策之封驳、审议也还未制度化，甚至还存留某些原始落后的决策方式。外交决策之进一步制度化、规范化还需假以时日。

---

① 《资治通鉴》卷二九，汉元帝建昭三年（前36）胡注，第936页。

② 《汉书》卷七〇《陈汤传》，第3016—3020页。

第二章　汉代外交专职机构

汉代是我国古代外交管理机构的确立和奠基时期，其主要表现是确立和构架起一整套从中央到地方的、大体完备的、粗具规模的外交管理机构和管理体系。在中央确立了以九卿之一的大鸿胪、诸曹尚书之一的主客曹为外交主管机构，并以中央若干部门配合协同运作。在地方确立了由中央垂直领导的边疆行政单位、边防单位、边境镇抚单位分头负责、相互配合的外交管理体制。这一整套外交管理机构和体制，成为此后中国古代外交管理制度的基本模式。

我国古代外交管理体制之所以在汉代得以确立，不是偶然的，这是我国古代外交在汉代进入了一个崭新阶段所决定的。先秦时期虽然有了外交管理机构的萌芽，如周代的"行人"①，战国时期的"诸侯主客"②等，但这些机构都还很简单，其机构和职能均语焉不详。因其时的外交基本上是在中原王朝及其周边地区范围内的列国诸侯交往。秦代虽然设置了"典客"③ 这一机构，但由于其国祚短促，于外交方面活动无多，这一机构未见发挥多大作用。汉代是我国古代历史上第一次打开通向世界的大门，以张骞"凿空"④ 为标志，由封闭走向开放，由中国走向世界。中国古代外交亦随之进入了崭新的时代。正是在这种客观形势要求下，汉代确立并架构起完整的一套外交管理体制。汉代所建立的外交机

---

① 徐元诰撰，王树民、沈长云点校：《国语集解》卷五，《鲁语下》，韦昭注："行人，官名，掌宾客之礼。"中华书局 2002 年版，第 178 页。又见同书卷一四《晋语八》，第 428 页。

② 《史记》卷一二六《滑稽列传》，第 3199 页。

③ 《汉书》卷一九上《百官公卿表上》，第 730 页。

④ 《史记》卷一二三《大宛列传》，第 3169 页。

构，虽然有的与先秦有一定的传承关系，但其内涵和作用已有很大变化，如汉代的大鸿胪与周代的大行人之间的差别，《历代职官表》按语云："鸿胪一官，自《唐六典》《通典》《初学记》诸书，皆以为出于《周礼》之大行人，然古今立制各殊，详考其实，汉魏以后之鸿胪，与周大行人之职，已有不同。"认为最大的不同是周代大行人"兼柔远人、怀诸侯二者而有之"。而秦汉以后罢封建置郡县，"无复邦交之事"，即使分建诸侯王，亦不过令大鸿胪掌管封拜礼仪，因而鸿胪所掌主要是"蛮夷朝贡献见之礼，犹大行人职守之一端"①。这一看法基本上是正确的。即使"蛮夷朝贡"方面的内涵，已经开放的、走向世界的汉代与基本上处于封闭状态的先秦时期亦大相径庭。

外交工作在两汉时期已经成为行政管理的重要组成部分之一。两汉时期的行政体制，在中央确立了三公、九卿（诸卿）的行政管理体制；在地方，则从西汉的郡、县两级体制转变为东汉的州、郡、县三级体制。在中央政府方面，三公为行政中枢机构，诸卿为行政事务机构。西汉前期三公以丞相为宰相，总领百官，协理万机，一切国事皆归其管辖②。西汉成帝以后确立三公鼎立制度，同为宰相③。宰相将中枢决策集团制定的诏令、法律下达诸卿和地方州郡贯彻执行。与此同时尚书异军突起，到东汉时期逐步侵夺三公以及诸卿的权力。两汉时期的外交行政管理就是在这种政治体制中逐步形成和运作的。

汉代的外交管理机构，本书将其分为专职机构与关涉机构两个方面。所谓专职机构，是指以外交工作为其主要职能的机构，所谓关涉机构，是指在外交工作运转过程中起一定的协助、配合作用的有关机构。前者为诸卿系统的大鸿胪和尚书系统的主客曹，后者则散见于自中央至地方之诸部门。本章先述汉代之专职机构。汉代所确立的外交专职机构的最大特点是其双轨并行之制，即以诸卿系统的大鸿胪以及尚书系统的

---

① （清）纪昀等撰：《历代职官表》卷三三《鸿胪寺》"三代"按语，上海古籍出版社1989年版，第614页。

② 参见安作璋、熊铁基《秦汉官制史稿》上册第一章第二节，齐鲁书社1984年版，第25—34页。

③ 参见祝总斌《两汉魏晋南北朝宰相制度研究》第三章，中国社会科学出版社1990年版，第55—56页。

主客曹并存，同为专职之外交管理机构。前者以外交事务为主，后者以外交政务为主。汉代所确立的这种外交管理机构，一直行用于此后之魏晋南北朝和隋唐时期，成为中国古代诸皇朝外交管理机构之基本模式。这里所谓专职只是相对而言，因为这两个机构管理的工作并不完全是外交，还包含民族事务和封国王侯事务等，外交只是其中的主要职能，但相对来说它们所承担的外交事务最为集中，因此我们将其视为专职机构。

第一节　大鸿胪建置

诸卿之一的大鸿胪是两汉时期最主要的外交主管机构①。如所周知，汉代诸卿多为直接、间接为皇室服务之机构，只有少数为管理国家政事之机构，大鸿胪即属于这种性质的少数行政机构之一。东汉时，宰相“三公”对于诸卿等行政部门实行分工监督管理，大鸿胪是由原来丞相改称的司徒所分管②。

一　大鸿胪沿革

关于大鸿胪的来历，《通典》有一个概括的叙述：“《周官》大行人，掌大宾客之礼。秦官有典客，掌诸侯及归义蛮夷。汉改为鸿胪。”③汉代的鸿胪是由周代的大行人、秦代的典客继承发展而来的。汉代是何时改称鸿胪的，由于对相关记载的理解不同而产生了歧异。《汉书·百官公卿表上》：“景帝中元六年（前144）更名大行令，武帝太初元年（前104）更名大鸿胪。”④ 但是有人根据《汉书·景帝纪》的下述记载：“（中元）二年春二月，令诸侯王薨、列侯初封及之国，大鸿胪奏

① 或谓“典客职掌接待，并非正式外交机构”（陈仲安、王素：《汉唐职官制度研究》，中华书局1993年版，第9页）。此说不妥，典客（大鸿胪）为汉代外交正式的主管机构，详见下文所述。

② 见《续汉书·百官志二》刘昭注引《汉官目录》，点校本《后汉书志》第二十五，第3584页。

③ 《通典》卷二六《职官典八·诸卿中·鸿胪卿》，第723—724页。

④ 《汉书》卷一九上《百官公卿表上》，第730页。

谥、诔、策。列侯薨及诸侯太傅初除之官，大行奏谥、诔、策。”[①] 遂认为早在景帝的中元二年（前148）就已有大鸿胪，而且同时还有大行，如臣瓒说：“景帝此年已置大鸿胪，而《百官表》云武帝太初元年更以大行为大鸿胪，与此错。”颜师古更认为：“据此《纪》文，则景帝已改典客为大鸿胪，改行人为大行矣。而《百官公卿表》乃云景帝中六年更名典客为大行令，武帝太初元年更名大行令为大鸿胪，更名行人为大行令。当是表误。”[②] 虽然刘攽、刘敞均怀疑或反对《表》误之说，并指出这是由于班书以“武帝时官记景帝世事”，撰史者“失于改革”，乃以“最后官名”而“追举”前事。[③] 但二刘氏之说也只是一种推测或推论，未能列举充分证据而明确肯定典客改称鸿胪的年代，及其属官称谓的相应演变。笔者《汉代外交体制研究》一书中，通过将西汉时期的典客、大行以及大鸿胪的递嬗情况及其相互关系进行全面梳理，从而明确否定臣瓒、颜师古等关于景帝中元二年已改典客为大鸿胪之说，肯定《史记·景帝本纪》以及《汉书·百官公卿表》所载景帝中元六年改典客为大行，武帝太初元年改大行为大鸿胪的记载是符合历史事实的。从而得出结论，汉代大鸿胪及其属官的改易过程和名称变化如下：汉初典客之属官为大行；景帝中元二年（前148）典客更名为大行之后，其属官则为行人；武帝太初元年（前104）改大行为大鸿胪之后，其属官行人亦随之改称为大行令。[④]

何以这一官名称为“鸿胪”呢？关于鸿胪名称含义的解释不甚一致，刘熙《释名》曰：“鸿，大也；腹前曰胪。此言以京师为心腹，以王侯蕃国为四体。”[⑤] 或引作：“腹前肥者曰胪，此主王侯及蕃国，言以京师为心

---

① 《汉书》卷五《景帝纪》，第145页。唐人的这种认识非独颜师古而已，司马贞亦然，故其释“大行”时称“汉景帝改曰大鸿胪”，见《史记》卷二三《礼书》“索隐”，第1157页。

② 《汉书》卷五《景帝纪》注，第145页。

③ 《历代职官表》卷三三《鸿胪寺》引《汉书刊误》载刘攽曰：“盖班氏博采他书成之，故于景帝世谓典客为大鸿胪，行人为大行，由他书即武帝时官纪景帝世事，班氏失于改革耳。然则改诸官名在武帝世无疑，非表误也。”刘敞曰：“景十三王传河间献王薨，犹云大行令奏谥，则非表误也，但官名改易未定，史于此追举最后官名也。”第615页。

④ 详见黎虎《汉代外交体制研究》，商务印书馆2014年版，第820、836—838页。

⑤ （唐）徐坚等：《初学记》卷一二《职官部下·鸿胪卿》引，中华书局1962年版，第305页。

体，王侯外国为腹胪，以养之也。”① 而韦昭则说：“鸿，声也；胪，附皮。以言其掌四夷宾客，若皮胪之在外附于身也。”② 刘熙和韦昭的解释大同小异。但是《艺文类聚》引韦昭《辩释名》却另有解释，他说，鸿胪“掌礼，鸿，大也；胪，陈序也，欲大以礼陈序宾客”③。《初学记》引胡广的说法又与韦昭此说不同，他说：“鸿，声也；胪，传也。所以传声，赞导九宾。”④ 应劭的说法则与胡广基本一致，认为是：“郊庙行礼赞九宾，鸿声胪传之也。”⑤ 上述三种说法从不同角度解释了鸿胪的含义，第一种说法着重从鸿胪所主王侯四夷事务着眼，第二、三种说法着重从鸿胪作为礼宾官员执行司仪职务而着眼。它们各有一定道理，并非矛盾，要之鸿胪名称本身即有主管外交及其礼仪之含义则是无疑的。

二 大鸿胪属官

大鸿胪设正副长官，正长官为卿，中二千石；副长官为丞，比千石。大鸿胪有“员吏五十五人，其六人四科，二人二百石，文学六人百石，一人斗食，十四人佐，六人骑吏，十五人学事，五人官医”⑥。西汉人平当曾以“功次补大鸿胪文学”⑦。此大鸿胪文学即为大鸿胪机构之员吏。大鸿胪的属官主要有：

（一）大行令、丞

大行令，汉初承秦称大行，景帝中元六年（前144）改称行人，武帝太初元年（前104）改称为大行令，直至东汉时期。“大行令一人，六百石……丞一人。”⑧ 大行丞为其副。其下属有“员吏四十人”⑨。公孙弘曾“请选择其秩比二百石以上及吏百石通一艺以上补左右内史、大行卒

---

① 《艺文类聚》卷四九《职官部五·鸿胪》引刘熙《释名》，第884页。
② 《史记》卷一一《孝景本纪》“索隐”引，第447页。
③ 《艺文类聚》卷四九《职官部五·鸿胪》引韦昭《辩释名》，第884页。
④ 《初学记》卷一二《职官部下·鸿胪卿》引胡广曰，第305页。
⑤ 《汉书》卷一九上《百官公卿表上》注引，第730页。
⑥ 《续汉书·百官志二》刘昭注引《汉官》，点校本《后汉书志》第二十五，第3583页。
⑦ 《汉书》卷七一《平当传》，第3048页。
⑧ 《续汉书·百官志二》，点校本《后汉书志》第二十五，第3583页。
⑨ 《续汉书·百官志二》刘昭注引《汉官》，点校本《后汉书志》第二十五，第3583页。

史"[1]。这里的"大行卒史"，当为西汉中后期大行令所属之员吏。

此外还有治礼郎四十七人，分别为"四人四科，五人二百石，文学五人百石，九人斗食，六人佐，六人学事，十二人守学事"[2]。他们的职责为"主斋祠傧赞九宾"[3]。

但是，除了这里所记治礼郎之外，散见于《史》《汉》者尚有大行礼官、大行治礼丞、大行郎、大行治礼等。司马迁曾说："余至大行礼官，观三代损益，乃知缘人情而制礼，依人性而作仪，其所由来尚矣。"[4] 西汉人平当"少为大行治礼丞"[5]。萧望之亦曾"察廉为大行治礼丞"[6]。此外，西汉末年有"校尉东海公宾就，故大行治礼"[7]。他们之间是什么关系呢？

"大行治礼"即大行令之属官"治礼"，正旦朝时"先平明，谒者、治礼，引以次入殿门"[8]。这里的"治礼"即大行令之属官，他与谒者共同负责"傧赞"事宜。"治礼"为省称，具体来说则或有"大行治礼丞""大行治礼郎"等，前者见于西汉时期，后者见于东汉时期。东汉曾大量取消大鸿胪属官中的令、丞，而改由郎来负责有关事务。东汉时取消了译官、别火二令、丞和郡邸长、丞，"但令郎治郡邸"[9]。可能"大行治礼丞"亦随之改称为"大行治礼郎"，后者或省称为"大行郎"[10]。至于"大行礼官"并非具体职官，而是泛指大行令属官"治礼"，因为他们的主要职责是礼仪事务。"掌九仪之制，以宾诸侯"[11]，即其职掌之一。何为九仪？九仪即九宾，"谓公、侯、伯、子、男、孤、卿、大夫、士也"[12]。

---

① 《史记》卷一二一《儒林列传序》，第3119页。

② 《续汉书·百官志二》刘昭注引《汉官》，点校本《后汉书志》第二十五，第3583页。

③ 《续汉书·百官志二》刘昭注引《东观书》，点校本《后汉书志》第二十五，第3583页。

④ 《史记》卷二三《礼书》，第1157页。

⑤ 《汉书》卷七一《平当传》，第3048页。

⑥ 《汉书》卷七八《萧望之传》，第3273页。

⑦ 《汉书》卷九九下《王莽传下》，第4191页。

⑧ 《史记》卷九九《叔孙通列传》，第2723页。按：标点本"谒者治礼"连读，窃意"谒者"后应加顿号。

⑨ 《续汉书·百官志二》，点校本《后汉书志》第二十五，第3584页。

⑩ 《续汉书·百官志二》刘昭注引卢植《礼》注，点校本《后汉书志》第二十五，第3583页。

⑪ 《史记》卷一一《孝景本纪》"集解"注引臣瓒语，第447页。

⑫ （汉）张衡：《东京赋》注引韦昭曰，《文选》卷三，第56页。

（二）译官令、丞

东汉人许慎在《说文解字》中解释“译”字的含义说：“传四夷之语者。”[①] 据称，译者原有四种名称，“东方曰寄，南方曰象，西方曰狄鞮，北方曰译。”[②] 可知译这种官员早就有了，据称“周成王时，越裳氏重九译而贡白雉”[③]。这四种名称后来总称为“象”或“象胥”，“今总名曰象者，周之德先致南方也”[④]。据称周代就有了“象胥”这种翻译官，“象胥，译官也”[⑤]“掌蛮、夷、闽、貉、戎、狄之国使，掌传王之言而谕说焉，以和亲之”[⑥]。郑玄说：“通夷狄之言者曰象胥。”贾公彦谓：“掌四夷之国使，以传宾主之语。”[⑦] 到了秦汉时期这种官职已统一称为译。[⑧] 汉代于大鸿胪下设译官，其长官为令，译官丞为其副。[⑨] 汉宣帝时周堪曾任译官令。[⑩] 西汉于设置大鸿胪之外又设置典属国，典属国“秦官，掌蛮夷降者”[⑪]“主四方夷狄朝贡侍子”[⑫]。其属官有“九译令”。其与大鸿胪职掌多有重叠，故成帝河平元年（前 28）将典属国省并大鸿胪，[⑬] 则“九译令”亦当并于“译官令”。东汉省译官令、丞。

（三）别火令、丞

汉武帝太初元年（前 104）改大鸿胪名称时始置别火，“别火，狱令官，主治改火之事”[⑭]。改火之制，由来已久，古人钻木取火，一年四季

---

① （汉）许慎撰，（清）段玉裁注：《说文解字注》三上《言部》，上海古籍出版社 1988 年版，第 101 页。

② 《礼记正义》卷一二《王制》，第 467 页。

③ 《后汉书》卷六〇上《马融列传》注引《尚书大传》，第 1968 页。

④ 《周礼注疏》卷三四《秋官司寇》，郑玄注，第 1057 页。

⑤ 《周礼注疏》卷三七《秋官司寇·大行人》注引郑司农云，第 1178 页。

⑥ 《周礼注疏》卷三八《秋官司寇·象胥》，第 1212 页。

⑦ 《周礼注疏》卷三四《秋官司寇》郑注、贾疏，第 1057 页。

⑧ 何以到了秦汉时期已统一称为“译”？《宋高僧传》：“周礼有象胥氏通六蛮语，狄鞮主七戎，寄司九夷，译知八狄。今四方之官，唯译官显著者何也？疑汉已来多事北方，故译名烂熟矣。”［（宋）赞宁：《宋高僧传》，范祥雍点校，中华书局 1987 年版，第 52 页］聊备一说。

⑨ 《汉书》卷一九上《百官公卿表上》，第 730 页。

⑩ 《汉书》卷八八《儒林传·周堪传》，第 3604 页。

⑪ 《汉书》卷一九上《百官公卿表上》，第 735 页。

⑫ 《续汉书·百官志二》，点校本《后汉书志》第二十五，第 3584 页。

⑬ 《汉书》卷一九上《百官公卿表上》，第 735 页。

⑭ 《汉书》卷一九上《百官公卿表上》注引如淳引《汉仪注》，第 730 页。

用不同的木材，故称“改火”①。东汉省别火令、丞。

（四）郡邸长、丞

郡邸长、丞“主诸郡之邸在京师者也”②。郡邸即地方各郡的驻京办事处。郡邸官原属少府，后属中尉，最后才归大鸿胪。东汉省郡邸长、丞，而由郎负责郡邸事。

三　大鸿胪的一般职掌

关于大鸿胪的职掌，《汉表》所载比较简略，曰“掌诸归义蛮夷”③，《续汉志》比较详细，曰：“掌诸侯及四方归义蛮夷。其郊庙行礼，赞导，请行事，既可，以命群司。诸王入朝，当郊迎，典其礼仪。及郡国上计，匡四方来，亦属焉。皇子拜王，赞授印绶。及拜诸侯、诸侯嗣子及四方夷狄封者，台下鸿胪召拜之。王薨则使吊之，及拜王嗣。”④ 现在我们就以这些记载为基本依据以分析大鸿胪的职掌。

首先我们可以看到，大鸿胪工作的基本性质是负责礼宾，可以说是中央政府的一个礼宾部门。鸿胪之掌“礼宾”可谓源远流长，“鸿胪赞通四门，抚柔远宾”⑤。何以言之？“昔唐虞宾于四门，此则礼宾之制，与鸿胪之任亦同。”⑥ 鸿胪继承唐虞“四门”礼宾以来之传统。那么它所礼宾的对象有哪些呢？从上引鸿胪职掌来看主要有三种，一是诸侯，二是四

---

① 据说周代设“司爟”一职以“掌行火之政令，四时变国火，以救时疾”。《鄹子》曰：“春取榆柳之火，夏取枣杏之火，季夏取桑柘之火，秋取柞楢之火，冬取槐檀之火。”（《周礼注疏》卷三〇《夏官司马·司爟》，第935—936页）（魏）何晏注，（宋）邢昺疏，朱汉民整理，张岂之审定：《论语注疏》卷一七《阳货》：“钻燧改火，期可已矣。”何晏《集解》引马融曰：“《周书·月令》有更火之文……一年之中，钻火各异木，故曰改火也。”（北京大学出版社2000年版，第275页）汉代犹存此制，居延出土宣帝元康五年（前61）汉简有云：“官先夏至一日，以除隧取火，授中二千石二千石官在长安云阳者，其民皆受，以日至易故火……”［谢桂华、李均明、朱国炤：《居延汉简释文合校》（5.10），文物出版社1987年版，第8页。参见陈直《居延汉简研究》，天津古籍出版社1986年版］是为别火官主管吏民改火之具体情况。陈仲安、王素《汉唐职官制度研究》径称：“别火管蛮夷饮食”（第9页），未见具体论述，不知何所据？

② 《汉书》卷一九上《百官公卿表上》，颜师古注，第730页。

③ 《汉书》卷一九上《百官公卿表上》，第730页。“诸”下疑夺“侯”字。

④ 《续汉书·百官志二》，点校本《后汉书志》第二十五，第3583页。

⑤ 《北堂书钞·1》卷五四《设官部六·鸿胪》注引《汉官解故》，第408页。

⑥ （宋）李昉等撰：《太平御览》卷二三二《职官部·鸿胪卿》引《汉官解诂》，中华书局1960年版，第1101页。

方归义蛮夷，三是郡国上计吏。这里第一、三种人的含义和界限都是明确的，第二种所谓“四方归义蛮夷”或“四方夷狄”则比较含混。在我国古代，中原王朝的统治者，对于周边少数民族与外国均视为夷狄，并无严格的区分，因此这里的“蛮夷”或“夷狄”实际上是包含周边少数民族和外国。但是在当时的观念上和对待上两者是难以区分的。这样我们可以知道当时大鸿胪礼宾的对象主要有四，即诸侯、郡国计吏、少数民族、外国人。现在我们先略述大鸿胪的一般职掌，然后再着重叙述其所掌管的外交工作。

（一）主诸侯

两汉时期继续实行封国制度，有王国和侯国，他们的地位大体与地方郡、县相当。这些封国王侯初封或就国，以及朝觐聘享等有关礼仪和接待工作是由大鸿胪负责的，所以“掌诸侯”是大鸿胪的重要职责之一。具体来说主要有如下几种。

一是拜授王侯。上引《续汉志》谓：“皇子拜王，赞授印绶。及拜诸侯、诸侯嗣子……台下鸿胪召拜之。”[①] 如有封拜事宜，由尚书台根据皇帝指示草拟诏书下达大鸿胪，大鸿胪根据诏令而具体执行册封礼仪。从这个记载来看，似乎大鸿胪主要是“掌赞导拜授诸王”[②] 这类礼仪性的事务，但实际上大鸿胪不仅掌管诸侯拜授礼仪，而且负责选拔、监察封授对象。光武帝建武二年（26）下诏封功臣皆为列侯，诏文有云：“其显效未酬，名籍未立者，大鸿胪趣上，朕将差而录之。”[③] 和帝永元三年（91）诏曰：“大鸿胪求近亲宜为嗣者，须景风绍封，以章厥功。”[④] 都强调由大鸿胪负责选拔、上报封授对象。诸侯继位也要先上报大鸿胪，由其负责审核，并管理诸侯档案。五凤二年（前56）赵敬肃王刘彭祖之孙缪王元薨。大鸿胪王禹奏：“（缪王）元前以刃贼杀奴婢，子男杀谒者，为刺史所举奏，罪名明白。”病逝前又留遗嘱，让那些善于奏乐的奴婢为其殉葬，“迫胁自杀者凡十六人，暴虐不道”。故“不宜立嗣”。可见大鸿胪掌

① 《续汉书·百官志二》，点校本《后汉书志》第二十五，第3583页。

② （梁）沈约撰：《宋书》卷三九《百官志上》，中华书局1974年版，第1233页。

③ 《后汉书》卷一《光武帝纪上》，第26页。

④ 《后汉书》卷四《孝和帝纪》，第172页。

握诸侯的各方面言行，从而得以做出是否立嗣的建议。王禹的报告得到宣帝的批准，“奏可，国除”①。宣帝时，扶阳侯韦贤病危，尚未确定继承人，门下生博士与宗家计议，“共矫（韦）贤令，使家丞上书言大行”，以少子韦玄成为嗣。韦玄成不愿继位，于是装疯，“大鸿胪奏状，章下丞相御史案验”②。大鸿胪还密切关注并掌握诸侯立嗣操作中的弊端，得以提出审查建议。秺侯金日磾后嗣金赏、金常皆无子国绝，金日磾曾孙金当之母南即王莽母功显君的“同产弟也”，于是王莽封金钦、金当奉其后。金当受封后，又“上南大行为太夫人”③，上报“大行”封其母南为太夫人，亦即“上名状于大行也”④。由上述可知，封拜侯王的程序大体上是：事先需要将拟授封者的“名状”上报大鸿胪属官“大行”，由“大行”禀告大鸿胪上报尚书台，其间大鸿胪如果发现拟封者存在问题，还需要将情况及时上奏，以便由丞相御史等有关部门检察、核实。审核无误之后，尚书台上报皇帝以批复是否可以封拜。然后再由尚书台将皇帝的决定下达大鸿胪执行封拜事宜。也就是说在封拜王侯的上下行运作链条中大鸿胪均处于不可或缺的重要环节。

二是迎送。“诸王入朝，当郊迎”，由大鸿胪“典其礼仪”⑤。昭帝去世后，因无嗣，于是“遣大鸿胪、宗正迎昌邑王”⑥来京继位，昌邑王“到霸上，大鸿胪郊迎”⑦。建初六年（81）东平宪王刘苍上疏求朝，“使大鸿胪窦固持节郊迎”。诸侯返国由大鸿胪奏遣。刘苍是明帝的同母兄弟，双方感情甚笃，建初七年（82）三月“大鸿胪奏遣诸王归国，帝特留（刘）苍”。迁延“至八月饮酎毕，有司复奏遣（刘）苍，乃许之”。这里的“有司”还是大鸿胪，明帝不得已让刘苍返国时，手诏赐刘苍曰：“骨肉天性，诚不以远近为亲疏，然数见颜色，情重昔时。念王久劳，思得还休，欲署大鸿胪奏，不忍下笔，顾授小黄门，中心恋恋，恻然不能

① 《汉书》卷五三《景十三王传·赵敬肃王（刘）彭祖传》，第2421—2422页。

② 《汉书》卷七三《韦贤传》，第3109页。

③ 《汉书》卷六八《金日磾传》，第2965页。

④ 《汉书》卷六八《金日磾传》注引文颖曰，第2966页。

⑤ 《续汉书·百官志二》，点校本《后汉书志》第二十五，第3583页。

⑥ 《汉书》卷七二《王吉传》，第3061页。

⑦ 《汉书》卷六三《武五子传·昌邑哀王（刘）髆附子（刘）贺传》，第2765页。

言。”大鸿胪关于遣送诸王归国的奏文上报明帝之后，明帝迟迟不忍批示，最后不得已“于是车驾祖送，流涕而诀”①。大鸿胪根据规章制度奏遣诸王返国，皇帝也不得不遵守。护送亦由大鸿胪负责，楚王英废，“徙丹阳泾县，赐汤沐邑五百户。遣大鸿胪持节护送”②。

三是料理诸侯丧事。景帝中元二年（前148）“令诸侯王薨、列侯初封及之国，大鸿胪奏谥、诔、策。列侯薨及诸侯太傅初除之官，大行奏谥、诔、策”③。由于大鸿胪熟悉诸侯王的情况，故其死后亦由大鸿胪“奏其行迹，赐与谥及哀策诔文也”④。根据王侯地位之差别，大鸿胪及其属官大行有所分工，“故事之尊重者遣大鸿胪，而轻贱者遣大行也”⑤。吊唁及监丧亦由其负责，“王薨则使吊之，及拜王嗣”⑥。建初八年（83）东平宪王刘苍死，“遣大鸿胪持节，五官中郎将副监丧”⑦。由此可见，诸侯从被封拜至终结的全过程均由大鸿胪负责。

四是纠弹诸侯不法。这方面的职能在《续汉书·百官志》中并没有记载，但是从其他记载中可以看到这还是大鸿胪的重要职责之一。景帝孙刘勃立为常山王，违法乱纪，诸多不轨，武帝“遣大行（张）骞验王后及问王（刘）勃，请逮（刘）勃所与奸诸证左”⑧。此“大行”即日后之大鸿胪。广陵王刘胥因祝诅事发，又杀人灭口，宣帝“遣廷尉、大鸿胪即讯”⑨。燕王刘旦与齐孝王刘泽等谋反，刘泽被捕，昭帝“遣大鸿胪丞治，连引燕王”⑩。大鸿胪丞为大鸿胪之副。梁王刘立杀人，哀帝“遣廷尉赏、大鸿胪由持节即讯”⑪。

东方朔认为理想的大鸿胪应当如古代善于治民的贤臣契那样的人选，

① 《后汉书》卷四二《光武十王列传·东平宪王（刘）苍传》，第1439—1441页。
② 《后汉书》卷四二《光武十王列传·楚王（刘）英传》，第1429页。
③ 《汉书》卷五《景帝纪》，第145页。
④ 《汉书》卷五《景帝纪》注引应劭曰，第145页。
⑤ 《汉书》卷五《景帝纪》颜注，第145页。
⑥ 《续汉书·百官志二》，点校本《后汉书志》第二十五，第3583页。
⑦ 《后汉书》卷四二《光武十王列传·东平宪王（刘）苍传》，第1441页。
⑧ 《史记》卷五九《五宗世家》，第2103页。
⑨ 《汉书》卷六三《武五子传·广陵厉王（刘）胥传》，第2762页。
⑩ 《资治通鉴》卷二三，汉昭帝始元元年（前86），第751页。
⑪ 《汉书》卷四七《文三王传》，第2218页。

如以“契为鸿胪”① 则可谓得人，因为“卨（契）作司徒，敬敷五教。是时诸侯王治民，鸿胪主诸侯王也”②。可见大鸿胪主管诸侯的工作对于诸侯治民具有重要意义，而诸侯治民是与郡县治民同样重要的巩固汉皇朝长治久安的两根支柱之一。

（二）主郡国计吏

上计制度是两汉对于地方郡国进行考课的重要方式，每年年终派员到中央汇报全年政绩，并参加朝会，接受考察询问，带回中央的有关指示。这种上传下达的工作多由上计吏承担。他们在京期间的接待礼宾工作也由大鸿胪负责。由于他们在京城要停留相当一段时间并参加朝廷的各种活动，他们来京以后住在郡邸之中，“郡国朝宿之舍在京师者名邸”③。郡邸就是各郡的驻京办事处和招待所。各郡都在首都设有郡邸，如“燕邸”④“代邸”⑤“鲁邸”⑥ 等均是各地在京所置之邸。郡邸归大鸿胪管理，其属官有郡邸长、丞，负责“主诸郡之邸在京师者也”⑦。郡邸的设置对于上计吏在京的工作和活动是重要的，永元十年（98）大匠应顺上言：“百郡计吏，观国之光，而舍逆旅，崎岖私馆，直装衣物，敝朽暴露，朝会邈远，事不肃给。昔晋，霸国盟主耳，舍诸侯于隶人，子产以为大讥。况今四海之大，而可无乎？”于是“和帝嘉纳其言，即创业焉”⑧。大鸿胪不仅负责计吏的生活安排，还负责各种礼宾工作，“及郡国上计，匡四方来，亦属焉”⑨。当时是把郡国计吏也同诸侯一样视为天子的宾客，给予相当礼遇的。上计吏如果犯罪，也由大鸿胪管理，因此设有郡邸狱，“郡邸狱，治天下郡国上计者，属大鸿胪”⑩。昭帝元平元年

① 《汉书》卷六五《东方朔传》，第2860页。

② 《汉书》卷六五《东方朔传》注引应劭曰，第2860页。

③ 王先谦撰：《汉书补注》卷一九上《百官公卿表上》注引钱大昭曰，中华书局1983年版，第300页。

④ 《史记》卷九三《韩信卢绾列传》，第2639页。

⑤ 《史记》卷一《孝文本纪》，第415页。

⑥ 《汉书》卷八八《儒林传·申公传》，第3608页。

⑦ 《汉书》卷一九上《百官公卿表上》颜师古注，第730页。

⑧ 《续汉书·百官志二》注引，点校本《后汉书志》第二十五，第3583页。

⑨ 《续汉书·百官志二》，点校本《后汉书志》第二十五，第3583页。

⑩ 《资治通鉴》卷二四，汉昭帝元平元年（前74）注引《汉旧仪》，第788页。

（前 74）皇曾孙刘病已生数月，因巫蛊事而“亦坐收系郡邸狱”，由于巫蛊事件牵连人员甚多，监狱为满，故皇曾孙刘病已也“寄在郡邸狱”①，由大鸿胪所管辖的“郡邸狱”负责关押。

（三）主少数民族

大鸿胪所掌“归义蛮夷”②，其中包含周边少数民族事务，这是不言而喻的，因此这里就不再一一细述。

第二节　大鸿胪的外交职能及任职条件

大鸿胪的重要职能之一是掌管“归义蛮夷”。所谓“归义蛮夷”即与汉皇朝有着友好来往的民族、地区或国家。因此在大鸿胪的职责中，包含着重要的外交方面的内容。古代学者在解释“鸿胪”含义时或谓：“此主王侯及蕃国，言以京师为心体，王侯外国为腹胪。”③ 或曰：“鸿，声也；胪，附皮。以言其掌四夷宾客，若皮胪之在外附于身也。”④ 这些解释的意思基本是一致的，均强调鸿胪所掌为中原皇朝之外部世界事务——“四夷”或外国的宾客，同时也强调了外交对于一个国家的重要性，犹如皮肤之于身躯、内脏之密切而重要的依存关系。在两汉时期这种管理外交事务的官员或机构不独汉皇朝有之，周边国、族也有类似的机构。如匈奴之“主客”⑤、高句丽之“古邹大加”⑥ 等，均为与汉皇朝“鸿胪”相似之职官。大鸿胪之外交职掌在相关官志中并没有十分具体的记载，我们试图通过纠集零散史料以勾勒其具体的外交职能。

① 《资治通鉴》卷二四，汉昭帝元平元年（前 74）及胡注，第 788 页。

② 《汉书》卷一九上《百官公卿表上》，第 730 页；《续汉书·百官志二》，点校本《后汉书志》第二十五，第 3583 页。

③ 《艺文类聚》卷四九《职官部五·鸿胪》引刘熙《释名》，第 884 页。

④ 《史记》卷一一《孝景本纪》“索隐”引韦昭说，第 447 页。

⑤ 《史记》卷一一〇《匈奴列传》，第 2912 页。《集解》引韦昭曰：“主使来客官也。”《正义》曰：“官名，若鸿胪卿。”

⑥ 《后汉书》卷八五《东夷列传高句骊传》，李贤注曰：“高丽掌宾客之官，如鸿胪也。”第 2813 页。

一　大鸿胪的外交职能

汉代大鸿胪的外交职能，见诸文献记载者主要有如下六个方面。

（一）接待来使，转递外交文书

外国使节到达京城以后，其接待工作由大鸿胪负责。元封六年（前105）成安侯韩延年“坐为太常行大行令事留外国书一月，乏兴，入谷赎，完为城旦”①。韩延年本官为太常，但当时代理大行令的职务，此“大行令”即日后的“大鸿胪”。他是在以大行令的身份管理外交事务时，没有将外国使节所持外交文书及时上交，滞留达一月之久而触犯了“乏兴”罪的。何谓“乏兴”？“当有所兴发，因其迟留故阙乏。”②《汉表下》也记载了此事，说：“成安侯韩延年为太常，二年坐留外国使人，入粟赎论。”③ 这里记载其罪责是“坐留外国使人”，此与前者应当是一致的，即由于韩延年没有及时上交来使文书，导致来使不能及时返国，故其罪责就不仅是延误外交文书的上报，同时包括“留外国使人”在内。韩延年是在元封五年（前106）出任太常的，做了两年太常，即元封六年犯了此罪。韩延年不是因任太常，而是在摄行大行令中犯了此罪的，故王先谦说：“合《功臣表》观之，乃明太常不主外国事。”④ 综合这两处记载可以知道，大行令负责接待外国来使及收受其携带之外交文书，并负责及时引见使节和转交外交文书。由于大行令有此职责，因此当他身处京师之外时，如遇来使也要及时接待并上报。元狩二年（前121）匈奴浑邪王与休屠王等谋欲降汉，先遣密使在边境寻找汉人以通信息，当时“大行李息将城河上，得浑邪王使，即驰传以闻”⑤。李息得匈奴密使之后迅速上报朝廷，固然与其作为边将有关，同时也应与其作为“大行”（大鸿胪）之责有关。

（二）礼宾来使

来使在京师期间需要参加朝觐、宴飨等一系列礼仪活动，在这些活

① 《汉书》卷一七《景武昭宣元成功臣表》，第653页。

② 《汉书》卷一七《景武昭宣元成功臣表》颜注，第654页。

③ 《汉书》卷一九下《百官公卿表下》，第782页。

④ 《汉书补注》卷一九下《百官公卿表下》，第320页。

⑤ 《史记》卷一一一《卫将军骠骑列传》，第2933页。

动中的礼宾工作亦由大鸿胪负责。1986 年湖北江陵张家山 336 号汉墓出土的汉律中有《朝律》，是在汉七年叔孙通所订朝仪基础上的增订。现已公布的汉简《朝律》有云：

(1) 趋。下就立（位）√少府中郎进

(2) 并趍（跪）大行左。大行进趍（跪）曰

(3) 后五步，北上，谒者一人立东陛者，南面。立定，典客言具，谒者以闻。皇帝出房，宾九宾及朝者①

汉简《朝律》较《史》《汉》所载汉七年叔孙通朝仪有所补充和发展，主要体现于朝者入场、就位及传声上报方面较后者具体、详细，其要有二：一是《史》《汉》所缺载的礼仪官员的职责和地位有所补充而得以明确，即大行、典客在殿下值守引导，而谒者立于“东陛”，负责殿下与殿上之沟通，表明谒者作为宫内近侍较宫外行政官员大行、典客与皇帝要亲近；二是将《史》《汉》所载高度概括的“胪句传”具体化了，当“大行”负责“设九宾”②，“立定”（即朝位已确定）之后，于是，“大行进趍（跪）曰”→“典客言具”→“谒者以闻”，这样依次向上传言。此外，典客与谒者在朝会中的出现，亦为《史》《汉》所不载，赖汉简《朝律》而得以补缺。

据张家山汉简所见《朝律》，汉初在举行正旦朝时，“大鸿胪”的前身“典客”及其属官“大行”（日后的“大行令”）在殿下负责朝会前的准备，排列朝见者的位次，准备就绪之后，“大行”上报“典客”，“典客”向立于殿“东陛”的“谒者”报告，“谒者以闻。皇帝出房，宾九宾及朝者”③。“谒者”将信息传上去之后，典礼即正式开始。

张家山汉简《朝律》大约修订于何时？从《朝律》中的“典客”与“大行”的关系中，我们可以看到：典客地位高于大行，也就是说典客是九

---

① 引自胡平生《中国湖北江陵张家山汉墓出土竹简概述》，收于大庭修主编《汉简研究国际シンポジウム92 报告书——汉简研究の现状と展望》，第 273 页，日本关西大学出版部 1993 年版。简文中的标点，引者作了一些改动。以下引用此件简称《朝律》。

② 《史记》卷九九《叔孙通列传》，第 2723 页。

③ 张家山汉简《朝律》。

卿之一的礼宾部门主官，即日后之大鸿胪，大行为典客之属官，即日后之大行令。这一关系存在于汉初至景帝中元六年（前144）期间，那么，汉简《朝律》应当是在景帝中元六年（前144）之前所修订，而不能在此之后[①]。

随着汉代外交的发展，正旦朝中日益增加了外交的成分，更多的外宾、来使参加正旦朝，使其日益成为一种外交宣示礼仪。其规模亦逐渐扩大。东汉人张衡《东京赋》描绘了汉代最重大的礼仪活动“正旦朝”的盛大场面：

> 藩国奉聘，要荒来质，具惟帝臣，献琛执贽，当觐乎殿下者，盖数万以二，尔乃九宾重，胪人列。[②]

何谓“胪人列”？“言鸿胪所主羌胡之人，皆罗列于朝廷也。”[③] 四方国、族宾客是这一盛会的重要参加者，从而使这一典礼具有强烈的外交性质，而鸿胪则是这些外来宾客的主管者。皇帝祭陵也是一项重大的礼仪活动，四方国、族宾客照例均被邀请参加，也具有外交活动的性质。东汉时“天子以正月五日毕供，后上原陵，以次周遍，公卿百官皆从……匈奴朝者、西国侍子皆会”[④]。而在这种活动中的礼宾工作也是由大鸿胪负责的，“西都旧有上陵。东都之仪，百官、四姓亲家妇女、公主、诸王大夫、外国朝者侍子、郡国计吏会陵。昼漏上水，大鸿胪设九宾，随立寝殿前”[⑤]。参加祭陵的宾客除了“四姓亲家妇女”等皇帝亲戚之外，与正旦朝的宾客基本上相同。何谓九宾？“九宾谓王、侯、公、卿、二千石、六百石下及郎、吏、匈奴侍子，凡九等。”[⑥] 由于汉代外交的发展，“九宾”的内涵也发生了变化，加入了“侍子”等外来宾客。由此可见属于大鸿胪管辖的所有“宾客”，其中包括“外国朝者侍子”等均被邀参加各种隆重的典

---

① 说详前揭黎虎《汉代外交体制研究》，第836—838页。

② （汉）张衡：《东京赋》，《文选》卷三，第56页。

③ （汉）张衡：《东京赋》注，《文选》卷三，第56页。

④ （汉）蔡邕：《独断》，王先谦《后汉书集解》《续汉书·礼仪志上》注引，中华书局1984年版，第1102页。

⑤ 《续汉书·礼仪志上》，点校本《后汉书志》第四，第3103页。

⑥ 《续汉书·礼仪志上》注引薛综曰，点校本《后汉书志》第四，第3103页。

礼。而在此类活动中的礼宾工作“设九宾”均由大鸿胪负责。祀辟雍、明堂、灵台的“三朝之礼”是汉代与朝会、上陵同样重大的国家礼仪活动，“群僚藩辅，宗室子孙，众郡奉计，百蛮贡职，乌桓、濊貊咸来助祭，单于侍子、骨都侯亦皆陪位”①。也是具有外交性质的礼仪活动。平帝元始年间（公元1—5年），“作明堂辟雍，大朝诸侯，征（萧）由为大鸿胪，会病，不及宾赞”。可见在这些典礼中也是由大鸿胪负责“宾赞”，所谓“宾赞”，即“赞导九宾之事”②。总之，“赞导九宾”是大鸿胪在各种重要礼仪活动中的礼宾工作之一。以上所述即大鸿胪“掌诸侯及四方归义蛮夷。其郊庙行礼，赞导，请行事，以命群司”③ 的具体情况。

（三）主持封拜

册封外国或少数民族以王侯、官职，是汉代重要的外交方式，“中国之于夷狄，羁縻而已……汉氏之后，乃复加以侯王之号，申之封拜之宠，备物典册以极其名数，持节封建以震乎威灵”④。大规模封拜外国或少数民族是从汉代开始的，而这一工作也是由大鸿胪具体负责的，史称“四方夷狄封者，台下鸿胪召拜之”⑤。反映了大鸿胪在这一外交工作中的作用和地位的重要性。其中封拜匈奴单于是最为隆重的礼仪，顺帝汉安二年（143）立匈奴兜楼储为单于，“天子临轩，大鸿胪持节拜授玺绶，引上殿。赐青盖驾驷、鼓车、安车、驸马骑、玉具刀剑、什物，给綵布二千匹。赐单于阏氏以下金锦错杂具，軿车马二乘”⑥。对于投降或有功的少数民族或外国的王侯将相，汉皇朝往往给予封侯之赏。据粗略统计，西汉“蛮夷降者”被封侯者共五十一人，其中匈奴三十三人，南越六人，东越四人，瓯骆一人，朝鲜五人，小月氏二人⑦。从这里我们可以看到，这些“蛮夷降者”既有少数民族，也有外国人。这种册封拜授工作也都

---

① 《后汉书》卷二《显宗孝明帝纪》，第100页。

② 《汉书》卷七八《萧望之传》附传及颜师古注，第3291页。

③ 《续汉书·百官志二》，点校本《后汉书志》第二十五，第3583页。

④ （北宋）王钦若等编：《册府元龟》卷九六三《外臣部·册封序》，中华书局1960年版，第11326页。

⑤ 《续汉书·百官志二》，点校本《后汉书志》第二十五，第3583页。

⑥ 《后汉书》卷八九《南匈奴列传》，第2962—2963页。

⑦ 据《汉书》卷一六《高惠高后文功臣表》及卷一七《景武昭宣元成功臣表》所载统计，第527—675页。

是由大鸿胪掌管的。

（四）礼送使者

来宾或来使在京活动完毕，完成使命返回时，亦由大鸿胪负责礼送。汉武帝诏中曾说："大鸿胪等又议，欲募囚徒送匈奴使者。"① 这是在送匈奴使者之前，大鸿胪拟订送使人选，报请汉武帝批准。可见送使工作是由大鸿胪具体负责的。下面是敦煌博物馆近年在玉门关附近所掘得数百枚汉简之一：

> 阳朔二年四月辛丑朔甲子，京兆尹信、丞义下左将军、使送康居校尉，承书从事下当用者如诏书。四月丙寅，左将军丹下大鸿胪、敦煌太守，承书从事下当用者如诏书。②

成帝阳朔二年（前23）京兆尹信、丞义就遣使护送康居来使返国一事，根据诏旨行文左将军，左将军又行文大鸿胪和敦煌太守，指示大鸿胪和敦煌太守按照诏旨执行送使事宜。由此可见，送使返国在京城由大鸿胪具体负责，在地方则由所经边郡负责。为此特设"使送康居校尉"一职以执行送使使命，之所以加"校尉"，是因为出使康居不仅路途遥远，而且危险性大，需配备一定武装力量，且谙熟军事的官员担任。此职有类所特设之"使大宛车骑将军"③"使送大月氏使者"④"使匈奴中郎将"等。

韦安世于河平四年（前25）至阳朔二年为大鸿胪，阳朔二年转为长乐卫尉⑤，由勋接替韦安世任大鸿胪⑥。此简中的大鸿胪非韦安世即为勋。河平三年（前26）"三月辛卯，左将军千秋卒，右将军史丹为左将军"⑦。

---

① 《汉书》卷九六下《西域传下》，第3913—3914页。

② 释文据郝树声、张德芳《悬泉汉简研究》，甘肃文化出版社2009年版，第222—223页。

③ 《悬泉汉简研究》（Ⅱ90DXT0314②：121），第152页。

④ 《悬泉汉简研究》（V92DXT1210③：97），第82页。

⑤ 《汉书》卷七三《韦贤传》，第3115页；《汉书》卷一九下《百官公卿表下》，第828页。

⑥ 《汉书》卷一九下《百官公卿表下》，第829页。

⑦ 《汉书》卷二六《天文志》，第1310页。按：《天文志》将史丹为左将军事记于三年九月之事与四年四月之事之间，易误认史丹之事为四年三月，河平四年三月无辛卯日，河平三年三月有辛卯日，故史丹为左将军事应在河平三年三月，参见徐锡祺《新编中国三千年历日检索表》，人民教育出版社1992年版。

直至永始中病逝，史丹仍为左将军[1]，此简中的“左将军丹”即史丹。

送别礼仪亦为大鸿胪之职司。前述兜楼储立为单于之后，顺帝乃“遣行中郎将持节护送单于归南庭。诏太常、大鸿胪与诸国侍子于广阳城门外祖会，飨赐作乐，角抵百戏。顺帝幸胡桃宫临观之”[2]。这是一次盛大的欢送会。《资治通鉴》胡三省注此事曰：“太常掌乐，大鸿胪典四夷之客，故诏使祖单于。祖会，为祖道之会也。”[3]

从上述诸职掌可以看到，凡来宾、来使从迎到送的全过程都由大鸿胪负责，而在这个过程中还有两个重要环节，即生活服务与翻译，这两者也是大鸿胪重要的外交职责范围。

（五）来宾生活服务

来宾、来使在京师的生活安排、馆饩事宜亦由大鸿胪负责。在外交生活服务设施中最重要的是“蛮夷邸”。“蛮夷邸”即来宾、来使住宿、生活的馆舍。类似设施早在汉代以前就已经有了，战国时魏国派遣须贾出使秦国，秦相范雎“闻之，为微行，敝衣间步之邸，见须贾”。这种“邸”即“诸国客馆”[4]。可见“邸”是战国时各国接待来使的馆舍。汉代在首都也设置了很多邸，我们在前面已经介绍了接待诸郡计吏的“郡邸”，与此并存的还有“蛮夷邸”。蛮夷邸是与战国时期的“诸国客馆”类似的外交服务设施。在汉代，来京的少数民族或外国使节均被安置于蛮夷邸。王莽企图胁迫匈奴右骨都侯须卜当到长安来，严尤谏曰：“（须卜）当在匈奴右部，兵不侵边，单于动静，辄语中国，此方面之大助也。于今迎（须卜）当置长安藁街，一胡人耳，不如在匈奴有益。”迎来须卜当之后何以置于藁街呢？因为“藁街，蛮夷馆所在也”[5]。“藁街，街名。蛮夷邸在此街”[6]，蛮夷邸相当于后世的鸿胪馆。因为蛮夷邸设在藁街，所以汉代的文献往往以藁街作为蛮夷邸的代称。安置来宾于蛮夷邸，有时也称为“就邸”或“留邸”，甘露三年（前51）呼韩邪单于来朝，“单

---

① 《汉书》卷八二《史丹传》，第3379页。
② 《后汉书》卷八九《南匈奴列传》，第2963页。
③ 《资治通鉴》卷五二，汉顺帝汉安二年（143）胡注，第1696页。
④ 《史记》卷七九《范雎列传》及“正义”，第2413页。
⑤ 《汉书》卷九九下《王莽传下》及颜注，第4156页。
⑥ 《三辅黄图校证》卷六《杂录·蛮夷邸》，第154页。

于就邸”①。王莽时招诱匈奴单于侄登，“将登至长安，拜为顺单于，留邸”②。这些都属于“蛮夷邸”范围内的馆舍。

由于“蛮夷邸”为四方来宾、来使安置之所，因此这个地方便成为显示汉皇朝威势，震慑四夷的宣传场所。西汉建昭三年（前36）甘延寿、陈汤斩匈奴郅支单于首，他们上疏说：“斩郅支首及名王以下。宜县（悬）头藁街蛮夷邸间，以示万里，明犯强汉者，虽远必诛。”③于是“传诣京师，县蛮夷邸门。”④东汉永元六年（94）班超“斩焉耆、尉黎二王首，传送京师，悬蛮夷邸。”⑤

蛮夷邸隶属于哪个部门呢？史籍没有明确的记载。但是有不少迹象表明它应属于大鸿胪。首先，郡国计吏来京之后所居住的郡邸是由大鸿胪管辖的。那么同样归大鸿胪负责接待的少数民族和外国使节所居住的“蛮夷邸”应当也是归其管辖。其次，蛮夷邸在藁街，其地理位置就在大鸿胪附近，藁街“在朱雀街西，与鸿胪寺近”⑥。蛮夷邸之设于大鸿胪附近，当与其便于管理不无关系。最后，唐朝人都把汉代的蛮夷邸与唐代的鸿胪客馆相比，颜师古说：“蛮夷邸，若今鸿胪客馆。”⑦李贤说：“蛮夷皆置邸以居之，若今鸿胪寺也。”⑧客馆而冠以鸿胪，表明了它们之间的联系。魏晋南北朝、隋、唐，客馆均隶属于鸿胪，蛮夷邸即客馆的前身，那么蛮夷邸隶属于大鸿胪应当是无疑的。唐代客馆归典客署负责，《唐六典》作者把汉代大鸿胪属官大行令视为唐代典客署之前身⑨，那么汉代的蛮夷邸可能是由大鸿胪属官大行令具体管理的。

东汉别火令、丞省去，但是这一工作当由郎继续承担。

---

① 《汉书》卷八《宣帝纪》，第271页。

② 《汉书》卷九九中《王莽传中》，第4126页。

③ 《汉书》卷七〇《陈汤传》，第3015页。

④ 《汉书》卷九《元帝纪》，第295页。

⑤ 《后汉书》卷八八《西域传》，第2928页。

⑥ 据（宋）程大昌撰，黄永年点校《雍录》卷八《职官·藁街》，中华书局2002年版，第161页。

⑦ 《汉书》卷九《元帝纪》，颜师古注，第295页。

⑧ 《后汉书》卷八八《西域传》注，第2928页。

⑨ 《唐六典》卷一八《鸿胪寺·典客署》，第506页。

（六）翻译

外交方面的翻译事宜也由大鸿胪主管，故其属官有译官令、丞；与其关系密切的典属国也有属官九译令，后来典属国合并于大鸿胪，其翻译力量和职责当更为加强。译者在外交上的应用十分广泛，“远国使来，因九译言语乃通也”①。

译官的职责见于载籍者大略有以下三个方面。

一为笔译外交文书。汉宣帝时，有一次朝廷讨论匈奴单于是否来朝的问题，“中书谒者令宣持单于使者语，视诸将军、中朝二千石。（杨）恽曰：‘冒顿单于得汉美食好物，谓之殠恶，单于不来明甚。’”这是一位叫宣的中书谒者令，在中朝决策会议上把“单于使者语”拿给诸将军和中朝二千石们传阅。“单于使者语”是什么？“谓译者所录也。”② 可知中书谒者令所持的是经翻译成汉语的匈奴使者的谈话记录，由此可见，与来使会谈要由译者笔录并翻译成汉文。参加此次会议的杨恽根据单于把汉朝赐给的美食好物称为殠恶，判断单于不会来朝。同样，来使所携来的外交文书，如果不是汉文文书，交到大鸿胪之后，也要由译官将其翻译成汉语，并誊成正式文本，再上交有关部门，以供决策时使用。

二为口语翻译。来宾在朝见皇帝、会见官员、参加各种礼仪活动时，均由译官担任口语翻译。哀帝元寿二年（前1），“匈奴单于来朝，宴见，群臣在前”。当时哀帝的宠臣董贤也参加了这次非正式的会见，“单于怪（董）贤年少，以问译。上令译报曰：‘大司马年少，以大贤居位。’单于乃起拜，贺汉得贤臣”③。单于看见有一位不熟悉的年轻人参加会见，产生疑问，他先向译官发问，译官转告皇帝，皇帝再让译官转告单于，单于听完译官的翻译以后才起拜祝贺的。译者是皇帝和单于交谈的中介，此即所谓“传宾主之语”④。

三为衔命出使。译者由于通晓四夷之言，因此也常被奉派出使。他们或作为译员而随从使团出使。王莽篡汉后，派遣王骏率六人代表团出

① 《汉书》卷六四下《贾捐之传》注引晋灼曰，第2832页。

② 《汉书》卷六六《杨敞附子（杨）恽传》及注引“师古曰”，第2891、2892页。

③ 《汉书》卷九三《佞幸传·董贤传》，第3737页。

④ 《周礼注疏》卷三四《秋官司寇》贾疏，第1057页。

使匈奴，“谕晓以受命代汉状，因易单于故印”。他们到达匈奴后，“单于再拜受诏。译前，欲解取故印绂，单于举掖授之”。单于侍臣说不能交出，于是单于又收回去了。后经王骏等人劝诱，单于又同意交出，“复举掖授译”①。“译，通中国之语于匈奴者也。”② 此次六人使团为一“将”五“帅”，可知这位“译”是以使团随员身份出使的。译者有时也直接以使节身份出使，王莽时“使译出塞诱呼右犁汙王咸、咸子登、助三人，至则胁拜咸为孝单于”③。这位译者就是这次使命的负责人。

翻译在外交中十分重要，而外交的发展更需要翻译。有的四方远国由于语言隔阂大，仅靠一个语种不足于传译，需要若干语种配合方能达意，这种情况被称为“重译”或“九译”，意即需要经过多重翻译才能进行交流。两汉时期，诸如“康居西域，重译纳贡”④“日南徼外国重译贡献”⑤“永昌徼外蛮夷及掸国重译奉贡”⑥“南徼因九译而致贡，朔狄属象胥而来同”⑦，这类记载史不绝书，表明汉代的外交发展是与翻译工作密切相关的。因此有时就把译者视为国家的代表和象征，“今乌桓就阙，稽首译官”⑧，即此之谓。

二　大鸿胪的任职条件

由于大鸿胪负责外交和礼仪工作，因此对于大鸿胪及其属官的选拔任用就有一些特殊的条件和要求。

第一个条件是具有传统文化修养。萧望之“好学，治《齐诗》，事同县后仓且十年。以令诣太常受业，复事同学博士白奇，又从夏侯胜问《论语》《礼服》。京师诸儒称述焉”。不久“察廉为大行治礼丞”，后又迁大鸿胪⑨。

---

① 《汉书》卷九四下《匈奴传下》，第3820—3821页。

② 《资治通鉴》卷三七，王莽始建国二年（10）胡注，第1183页。

③ 《汉书》卷九四下《匈奴传下》，第3823页。

④ 《汉书》卷五七下《司马相如传下》，第2577页。

⑤ 《后汉书》卷八《孝灵帝纪》，第335页；又见《后汉书》卷八六《南蛮西南夷传》，第2839页。

⑥ 《后汉书》卷四《孝和帝纪》，第183页。

⑦ 《后汉书》卷六〇上《马融传》，第1967页。

⑧ 《后汉书》卷四〇下《班固传》，第1374页。

⑨ 《汉书》卷七八《萧望之传》，第3271、3273、3278页。

韦贤“以读书术为吏，至大鸿胪”[①]。桥仁“从同郡戴德学，著《礼记章句》四十九篇，号曰‘桥君学’。成帝时为大鸿胪”[②]。戴德为礼学大师，大戴礼的开山祖，桥仁师从他并自成一家之言，可见其礼学造诣颇深。李咸“孤特自立。家贫母老，常躬耕稼以奉养。学《鲁诗》《春秋公羊传》、三《礼》。三府并辟，司徒胡广举茂才，除高密令，政多奇异，青州表其状。建宁三年，自大鸿胪拜太尉”[③]。洼丹“世传《孟氏易》。王莽时，常避世教授，专志不仕，徒众数百人。建武初，为博士，稍迁，十一年，为大鸿胪。作《易通论》七篇，世号《洼君通》。丹学义研深，《易》家宗之，称为大儒”[④]。大鸿胪掌管对象涉及内外宾客和王侯，每一工作环节均涉及礼仪，堪称汉代中央政府中重要的礼仪之官，故具有以儒家礼学为中心的传统文化素养者，为这一官职之重要条件之一。

第二个条件是形体容貌端庄。大鸿胪一方面为礼仪场合之组织者和指挥者，同时他们处于与四方宾客接触的第一线，经常面对四面八方的来宾，故在其仪容方面要求较高。车千秋“长八尺余，体貌甚丽，武帝见而说之……立拜千秋为大鸿胪”[⑤]。承宫“名播匈奴。时北单于遣使求得见（承）宫，显宗敕自整饰，宫对曰：‘夷狄眩名，非识实者也。臣状丑，不可以示远，宜选有威容者。’帝乃以大鸿胪魏应代之”[⑥]。承宫因自己外貌不雅而拒见匈奴使者，认为应选择“有威容者”代替，于是改派大鸿胪魏应去见匈奴使者。可见大鸿胪魏应是“有威容者”。大鸿胪的属官也有同样的要求，“大行郎亦如谒者，兼举形貌”[⑦]。鸿胪属官大行与谒者经常配合一起司仪，故两者的选拔条件相同，都要求形体、容貌方面出众者。

第三个条件是熟悉边事及外国事务。大鸿胪掌管外交事务，故对于

---

① 《史记》卷九六《张丞相列传》，第2686页。

② 《后汉书》卷五一《桥玄传》，第1695页。

③ 《后汉书》卷四四《胡广传》注引《谢承书》，第1511页。

④ 《后汉书》卷七九上《儒林列传上·洼丹传》，第2551页。

⑤ 《汉书》卷六六《车千秋传》，第2884页。

⑥ 《后汉书》卷二七《承宫传》，第945页。注引《续汉书》曰：“夷狄闻臣虚称，故欲见臣。臣丑陋形寝，不如选长大有威容者示之也。”

⑦ 《续汉书·百官志二》注引卢植《礼》注曰，点校本《后汉书志》第二十五，第3583—3584页。

外部世界的了解和熟悉程度是选拔的重要条件之一。张骞曾两度出使西域，前后二十余年，对西域情况了如指掌。“还到，拜为大行，列于九卿。”① “大行王恢，燕人也，数为边吏，习知胡事。”② 章帝时，“征（窦）固代魏应为大鸿胪。帝以其晓习边事，每被访及”③。

第四个条件是勇武善战。当时大鸿胪不仅主管外交礼宾，有时也要领兵出征。这与汉代文武界线并不绝对，文武兼备的情况仍然比较普遍，外交与军事征服是相辅相成有关，因此有的大鸿胪还颇具武略。李息“凡三为将军，其后常为大行”④。大行王恢也是久征惯战的将军。东汉庞雄为大鸿胪，“有勇略，称为名将”⑤。

由上所述可见大鸿胪官员选拔任用条件和要求的特点是，他们必须具备渊博的知识和深厚的文化礼仪修养，熟悉外部世界及边事，文武兼备，仪表堂堂，风度翩翩。这反映了这一职官所承担职务的特殊性，因其作为外交及礼宾官员，代表国家和政府的形象所决定的。

三　典属国及其归并于大鸿胪

典属国是与大鸿胪有着密切关联的一个官职。这个官职也是秦朝所置，西汉建立后继续设置。这是以民族事务为主而兼具外交职能的职官。典属国也是诸卿之一，其“秩中二千石”⑥。属官有九译令。关于它的职掌，提出以下几个方面加以讨论。

一是“掌蛮夷降者”⑦。关于典属国职掌，《汉表》曰：“典属国，秦官，掌蛮夷降者。武帝元狩三年昆邪王降，复增属国，置都尉、丞、侯、千人。”⑧《续汉志》谓：“承秦有典属国，别主四方夷狄朝贡侍子。”⑨ 两

① 《史记》卷一二三《大宛列传》，第3168—3169页。

② 《史记》卷一〇八《韩长孺列传》，第2861页。

③ 《后汉书》卷二三《窦融列传附窦固传》，第811页。

④ 《汉书》卷五五《卫青霍去病传附李息传》，第2491页。

⑤ 《后汉书》卷四七《梁慬传》，第1593页。

⑥ 《汉书》卷五四《苏武传》，第2467页。《通典》卷三六《职官典十八》将其列入二千石，低于中二千石的大鸿胪。

⑦ 《汉书》卷一九上《百官公卿表上》，第735页。

⑧ 《汉书》卷一九上《百官公卿表上》，第735页。

⑨ 《续汉书·百官志二》，点校本《后汉书志》第二十五，第3584页。

个记载虽然详略不同，但是所反映的典属国职掌情况基本上是一致的，均指出其所掌为四方“蛮夷”（“夷狄”），但前者明确指出这些“蛮夷”（“夷狄”）为“降者”，后者虽然没有使用“降者”一词，但是指出他们是前来汉庭“朝贡侍子”的“蛮夷”（“夷狄”），因为在汉皇朝看来，前来“朝贡”或“纳质”就意味着“投降”，因而两者的意涵基本上是一致的。故《续汉志》在另处也指出其“主蛮夷降者”[①]。这方面的职掌，有的学者把它说为“掌归义蛮夷”[②]，并不确切，这样似与大鸿胪的职掌无别，“蛮夷降者”与“归义蛮夷”是有所区别的，前者已归属汉朝而成为边疆少数民族，后者并非如此。实际上两者之间的职掌虽有相同之处，但也是有所区别，典属国所掌为“蛮夷”之投降者，史籍记载很明确。《十三州志》说典属国“掌纳匈奴降者也”[③]。这个说法稍嫌片面，典属国所掌“蛮夷”降者在事实上虽以匈奴为多，但并不仅限于匈奴。不过贾谊也曾说“属国之官以主匈奴”[④]，这是因为汉代的“蛮夷”问题主要是匈奴问题。

二是掌管周边之属国。正如其官名所称，其职责是掌管“属国”的，如淳谓其职“典主诸属国”[⑤]，王应麟也说其职“所以统边郡属国都尉等官也”[⑥]。秦汉时期对于降附或内属的国、族，于边境地区设置属国进行管理。何谓“属国”？“因其故俗为属国”，亦即“不改其本国之俗而属于汉，故号属国”[⑦]。也就是说周边国、族归属于汉皇朝之后，仍然按照本国、本族习俗而存在者，是为“属国”。故“凡言属国者，存其国号而属汉朝，故曰属国”[⑧]。或曰：“属国谓诸外国属汉也。”[⑨] 由此可知，典

---

① 《续汉书·百官志五》，点校本《后汉书志》第二十八，第3621页。

② 《汉书》卷七《昭帝纪》，颜师古注，第224页；《资治通鉴》卷二三，汉昭帝始元六年（前81）胡注，第759页。胡注曰：“班表：典属国本秦官，掌归义蛮夷；汉因之。”这是将《班表》关于“典客”（大鸿胪）的职掌讹为“典属国”职掌。

③ 《后汉书》卷四《孝和帝纪》，李贤注引，第170页。

④ 《汉书》卷四八《贾谊传》，第2242页。

⑤ 《汉书》卷七《昭帝纪》注引如淳语，第224页。

⑥ （宋）王应麟辑：《玉海》卷一三三《官制》“属国”条，广陵书社2003年版，第2447页。

⑦ 《汉书》卷五五《卫青霍去病传》及颜注，第2483页。

⑧ 《汉书》卷六《武帝纪》颜注，第177页。

⑨ 《汉书》卷九六上《西域传上》颜注，第3877页。

属国所主为周边国、族已经归属于汉皇朝而成为汉皇朝所辖之少数民族。它是汉皇朝设于边境的一种特区。汉武帝增置属国，始设属国都尉以领之，秩比二千石，丞一人，还有侯、千人[①]等。属国都尉的地位与郡守大体相当。武帝所置五属国为安定、天水、上郡、西河、五原。后来宣帝时又“置金城属国以处降羌”“置西河、北地属国以处匈奴降者”[②]。到东汉时所建属国更多。

三是“主四方夷狄朝贡侍子”[③]。两汉时期对于“侍子”，或称“质”或称“侍”，西汉前期承先秦余绪，一般仍然使用“质子”为称，西汉中期开始“质子”与“侍子”并用，到了东汉则基本上以“侍子”为称，故我们将两汉时期的纳质入侍统称为“质侍”。“质侍”并非两字简单相加，而是蕴含汉代质子制度及相关时代的变化，其义有三：第一是称谓上的由“质”而“侍”的变化；第二是纳质制度性质的变化，质子制度中双向的、对等的关系变为单向的、不对等的关系；第三是相关时代变化的反映。统一的汉皇朝的建立打破了先秦以来诸侯、列国长期并存、并峙的格局，以强势地位将四方国、族纳质视若内部侯王、臣属之“入侍”[④]。

西汉前期四方国、族遣子入侍的情况并不普遍，除了东南和南方百越封国之外，主要是西域的一些小国，元封三年（前108）十二月赵破奴虏楼兰王，“楼兰既降服贡献，匈奴闻，发兵击之。于是楼兰遣一子质匈奴，一子质汉”[⑤]。太初四年（前101）汉破大宛之后，“立昧蔡为宛王而去”。次年大宛贵人“以为昧蔡善谀，使我国遇屠，乃相与杀昧蔡，立毋寡昆弟曰蝉封为宛王，而遣其子入质于汉”[⑥]。大宛之战之后，纳质者逐渐增加，贰师将军李广利击大宛后回师东归，“诸所过小国闻宛破，皆使

① 分见《汉书》卷一九上《百官公卿表上》，第742、735页；《续汉书·百官志五》，点校本《后汉书志》第二十八，第3621页。

② 《汉书》卷八《宣帝纪》，第262、267页。

③ 《续汉书·百官志二》，点校本《后汉书志》第二十五，第3584页。

④ 详参黎虎《汉代和亲与“质侍”在外交中的互动关系》，载于《朱绍侯九十华诞纪念文集》，河南大学出版社2015年版，第266—285页，后收入黎虎《先秦汉唐史论》，北京师范大学出版社2016年版，第86—103页。

⑤ 《汉书》卷九六上《西域传上》，第3877页。

⑥ 《史记》卷一二三《大宛列传》，第3179页。

其子弟从军入献，见天子，因以为质焉”①。李广利还过杅弥，杅弥遣太子赖丹为质于龟兹。李广利责龟兹曰：“外国皆臣属于汉，龟兹何以得受杅弥质？”即将赖丹入至京师②。这些小国之向汉皇朝遣子贡献并纳质，符合典属国掌管“蛮夷降者”以及蛮夷降者“朝贡侍子”的界定，这些应当就是在其执掌的范围。到了西汉中期，四方国、族向汉皇朝“朝贡侍子”进入新的阶段，不仅周边小国，匈奴、乌孙等大国也纷纷朝贡纳质，于是掌管这方面事务的大鸿胪与典属国职能的交叉、重叠势必更为突出，于是有了解决这一矛盾的客观需求，到了成帝河平元年（前28）遂将典属国“省并大鸿胪”③。

从上述三个方面，我们可以看到典属国的第一、二项职能与大鸿胪还不算矛盾冲突，因为典属国所掌属于周边少数民族事务，与大鸿胪所掌那些并不归属汉皇朝的“归义蛮夷”是有所区别的。但是第三项其所“主四方夷狄朝贡侍子”，则与大鸿胪的职掌难以截然区别，随着四方国、族朝贡纳质进入高峰时期，两者职能的交叉、重叠乃至矛盾冲突就在所难免。故典属国之合并于大鸿胪实属势所必然，顺理成章。河平元年（前28）六月“罢典属国，并大鸿胪”④。从此典属国所主管的事务均归属于大鸿胪，大鸿胪的职责便相应扩大和加强了。

综上所述，典属国主要是负责少数民族工作，他所掌“蛮夷降者”和“典主诸属国”基本上属于少数民族事务，因为那些边郡属国已是汉皇朝的地方政权。他所掌“朝贡侍子”，则既有民族事务，也有外交事务。可以认为，典属国是以民族事务为主，兼管外交事务的机构。因此，典属国的任职条件与要求也与大鸿胪官员有相似之处。东方朔在与汉武帝讨论“诚得天下贤士，公卿在位咸得其人”的问题时，其中提出要以春秋时秦国大夫百里奚那样的人才担任典属国，何以然？因为“奚，秦人。秦近西戎，晓其风俗，故令为之”⑤。汉代出任典属国者多为熟悉边

---

① 《史记》卷一二三《大宛列传》，第3178页。

② 《汉书》卷九六下《西域传下》，第3916页。

③ 《汉书》卷一九上《百官公卿表上》，第735页；《续汉书·百官志二》，点校本《后汉书志》第二十五，第3584页。

④ 《汉书》卷一《成帝纪》，第309页。

⑤ 《汉书》卷六五《东方朔传》及注引应劭曰，第2860、2862页。

事与外国情况的人员，苏武“使匈奴，留单于庭十九年乃还，奉使全节，以（苏）武为典属国”。何以任其此职？“以其久在外国，知边事，故令典主诸属国。”① 后来常惠代替苏武为典属国，也因其“明习外国事，勤劳数有功”②。冯奉世亦然，奉使西域，“威振西域”，后“右将军典属国常惠薨，奉世代为右将军典属国，加诸吏之号”③。故西汉末它与大鸿胪之合并，从机构业务和官员素质而言均可谓顺理成章。

第三节　尚书主客曹及其外交职能

主客曹，或称客曹，是尚书中的一个分支部门，是汉代又一重要的专职外交管理机构。

一　尚书及其分曹

关于尚书的早期发展情况，《宋书·百官志》有一概括的叙述：“秦世少府遣吏四人在殿中主发书，故谓之尚书。尚犹主也。……秦时有尚书令、尚书仆射、尚书丞。至汉初并隶少府，汉东京犹文属焉。”④ 可见秦代已有尚书，汉承秦制亦设置尚书。在秦汉时期它是少府的一个属官。尚是主管之意，尚书即主管文书，“尚犹奉也，百官言事当省案平处奉之，故曰尚书”⑤。此说与前一说稍有差别，但与尚书职责为主管文书是一致的。尚书在西汉初期权力不大，只是“在殿中主发书”的近侍小吏。从汉武帝以后逐渐重要起来。汉武帝“游宴后庭”⑥ 而又总揽大权，因而信用近臣，尚书就是在这种情况下崭露头角的。“汉武帝时，左右曹诸吏分平尚书奏事，知枢要者始领尚书事。”⑦ 因而尚书成为“禁门内枢机近

---

① 《汉书》卷七《昭帝纪》及如淳语，第223、224页。

② 《汉书》卷七〇《常惠传》，第3005页。

③ 《汉书》卷七九《冯奉世传》，第3294—3296页。

④ 《宋书》卷三九《百官志上》，第1233—1234页。

⑤ 《太平御览》卷二一二《职官部十·总叙尚书》引韦昭《辩释名》，第1014页。

⑥ 《汉书》卷七八《萧望之传》，第3284页；《汉书》卷九三《佞幸传·石显传》，第3727页。

⑦ 《通典》卷二二《职官典四·尚书上·录尚书》，第591页。

臣”①，品秩不高而地位重要。但是总的来说“其任犹轻”，只是到了东汉以后其权力和地位才真正得到提高，“后汉则为优重，出纳王命，敷奏万机，盖政令之所由宣，选举之所由定，罪赏之所由正。斯乃文昌天府，众务渊薮，内外所折衷，远近所禀仰”②。这时尚书名义上还是“文属”少府，实际上已成为独立的机构。关于东汉尚书权力的膨胀，当时人或认为：“光武皇帝愠数世之失权，忿强臣之窃命，矫枉过直，政不任下，虽置三公，事归台阁，自此以来，三公之职，备员而已。”③ 这里的“台阁”即指“尚书”④。史称“三府任轻，机事专委尚书”。身为尚书仆射的陈忠说道：“今之三公，虽当其名而无其实，选举诛赏，一由尚书，尚书见任，重于三公。”⑤ 不过尚书的权力主要还是在于其所掌管的“出纳王言”，故一般称其为“枢机”“近密”“机衡”“喉舌”等，就是这个意思。正如马端临所说：“然当时尚书不过预闻国政，未尝尽夺三公之权也。”⑥

西汉时尚书机构还比较简单，到东汉时机构有了进一步的发展。有尚书令一人为长，秩千石。尚书仆射一人为副，秩六百石。尚书六人为列曹长官，秩六百石。以上八人号称“八座”，是为尚书台长官。下面还有左、右丞各一人，侍郎三十六人，秩均四百石，为尚书台的具体办事官员。再下面还有令史等供役使的吏职人员⑦。

由于尚书职事逐渐增加，于是需要分曹理事。“尚书四员，武帝置，成帝加一为五。有侍曹尚书，主丞相御史事；二千石尚书，主刺史、二千石事；户曹尚书，主人庶上书事；主客尚书，主外国四夷事；成帝加三公尚书，主断狱事。”⑧ 武帝时尚书有四曹，成帝时增加为五曹。东汉光武帝时又分为六曹，“世祖承遵，后分二千石曹，又分客曹为南主客

① 《汉书》卷七七《孙宝传》，第3262页。
② 《通典》卷二二《职官典四·尚书上·尚书省》，第588页。
③ 《后汉书》卷四九《仲长统传》，第1657页。
④ 《后汉书》卷四九《仲长统传》，李贤注，第1658页。
⑤ 《后汉书》卷四六《陈宠传》附《陈忠传》，第1565页。
⑥ （元）马端临撰：《文献通考》卷四九《职官考三·宰相》，中华书局1986年版，第450页。
⑦ 《续汉书·百官志三》，点校本《后汉书志》第二十六，第3596—3597页。
⑧ 《后汉书》卷一上《光武帝纪上》注引应劭《汉官仪》，第15页。

曹、北主客曹，凡六曹”[①]。尚书何时何帝分为若干曹，史料记载颇有出入，学术界也有不同的意见，这里我们暂不置论。大体说来从西汉到东汉，由四曹而五曹而六曹是没有问题的。

二　尚书主客曹的外交职掌

主客曹（或称客曹）为列曹尚书之一。不论尚书如何分曹，在两汉时期尚书主客曹都是始终存在的，而且到东汉时还一分为二，设置了南主客曹和北主客曹。关于主客曹的职掌，各种史料的记载是一致的，或谓“主客尚书，主外国四夷事”[②]。或谓“主客尚书，主外国事”[③]。或谓“客曹尚书，主外国夷狄事”[④]。可见它是掌管外交与民族事务的专职机构。早在战国时已有“主客”一官，齐威王曾“以（淳于）髡为诸侯主客”，唐人张守节注“主客”曰：“今鸿胪卿也。”[⑤] 秦汉时期，匈奴也有类似的官职，武帝时郭吉出使匈奴，“匈奴主客问所使”。唐人颜师古注曰：“主客，主接诸客者也。”[⑥] 唐人张守节注此职曰：“官名，若鸿胪卿。”[⑦] 由此可见，从战国以降，从中原皇朝到匈奴，均设有“主客”一职以掌外交。

由于尚书政务日渐繁忙，诸曹下面又设置郎官以协助办理具体事务。西汉时设尚书郎四人，“其一郎主匈奴单于营部，一郎主羌夷吏民。民曹一郎主天下户口垦田功作，谒者曹一郎主天下见钱贡献委输”[⑧]。沈约对此提出怀疑，其理由有二，一是“汉成帝之置四尚书也，无置郎之文”。二是“匈奴单于，宣帝之世，保塞内附，成帝世，单于还北庭矣。一郎主匈奴单于营部，则置郎疑是光武时，所主匈奴，是南单于也”[⑨]。此外还有一个问题就是这里所说四郎，与西汉四曹尚书不相对应，四郎中有

---

① 《续汉书·百官志三》，点校本《后汉书志》第二十六，第 3597 页。
② 《汉官仪》卷上，《汉官六种》，第 141 页。
③ 《汉书》卷一《成帝纪》注引《汉旧仪》，第 308 页。
④ 《续汉书·百官志三》，点校本《后汉书志》第二十六，第 3597 页。
⑤ 《史记》卷一二六《滑稽列传》及“正义”，第 3199 页。
⑥ 《汉书》卷九四上《匈奴传》及颜注，第 3772 页。
⑦ 《史记》卷一一〇《匈奴列传》“正义”，第 2912 页。
⑧ 《汉旧仪》卷上，《汉官六种》，第 64 页。
⑨ 《宋书》卷三九《百官志上》，第 1236 页。

二郎的工作属于主客曹。如果沈约的怀疑不错，那么它们是否一郎属于北主客曹，一郎属于南主客曹呢？这个问题只能暂时存疑。要之，由于外交、民族事务的日渐繁忙，主客曹下面也置郎以协助办理具体事务。东汉时郎官的数量有了较大的增加，据《晋书·职官志》："及光武分尚书为六曹之后，合置三十四人，秩四百石。并左右丞为三十六人。"① 但《续汉志》却说："侍郎三十六人，四百石。本注曰：一曹有六人。"② 故《宋书·百官志》说："《汉官》云，置郎三十六人，不知是何帝增员。然则一尚书则领六郎也。"③ 尚书郎的称号随任职时间长短而有所变化，"尚书郎初从三署诣台（即尚书台）试，初上台称守尚书郎，中岁满称尚书郎，三年称侍郎"④。不过亦有起家为尚书郎者，何远"起家为尚书主客郎"⑤。主客曹之由一而二，并相应增加了郎官数量，表明汉代外交与民族事务之日益繁忙。

主客曹是如何掌管外交、民族事务的呢？

众所周知，尚书原是主管文书的近臣，两汉时期其基本职务亦以此为基础而逐渐扩展，而以"出纳王言""通章奏"为主要职能，在皇帝和公卿之间起着上传下达的作用。因此主客曹的职务也是基本上围绕这个方面而进行的。或谓西汉"置列曹尚书四员，通掌图书章奏之事，各有其任"⑥。或谓"四人分为四曹，通掌图书、秘记、章奏之事及封奏，宣示内外"⑦。东汉时职权加重，"出纳王命，敷奏万机，盖政令之所由宣，选举之所由定，罪赏之所由正"⑧。这是在其掌管文书和上传下达的基础上进一步扩展的。那么这些也应当是主客曹的职责范围。

通章奏诏令、掌管文书是主客曹的基本职务。东汉时钟离意为尚书仆射，"时诏赐降胡子缣，尚书案事，误以十为百。帝见司农上簿，大怒，召郎将笞之。（钟离）意因入叩头曰：'过误之失，常人所容。若以

① （唐）房玄龄等撰：《晋书》卷二四《职官志》，中华书局1974年版，第731—732页。
② 《续汉书·百官志三》，点校本《后汉书志》第二十六，第3597页。
③ 《宋书》卷三九《百官志上》，第1236页。
④ 《续汉书·百官志三》注引蔡质《汉仪》，点校本《后汉书志》第二十六，第3598页。
⑤ 《太平御览》卷二一八《职官部十六·礼部尚书》引《后汉书》，第1038页。
⑥ 《初学记》卷一一《职官部上·诸曹尚书第五》，第263页。
⑦ 《通典》卷二二《职官典四·尚书上·尚书省》，第587—588页。
⑧ 《通典》卷二二《职官典四·尚书上·尚书省》，第588页。

懈慢为愆，则臣位大，罪重，郎位小，罪轻，咎皆在臣，臣当先坐。’乃解衣就格。帝意解，使复冠而贳郎”[①]。《意别传》记此事较为详细：“意为尚书仆射，其年匈奴羌胡归义，诏赐缣三百匹。尚书侍郎广陵暨酆受诏，误以为三千匹赐匈奴。诏大怒，鞭酆欲死。意独排省阁入谏曰：‘陛下德被四表，恩及夷狄，是以左衽之徒稽首来服。愚闻刑疑从轻，赏疑从重。今陛下以酆赏误，发雷电之威，海内遐迩谓陛下贵微财而贱人命，臣所不安。’明帝以意谏且酆错合大义，恚损怒消，贳酆，敕大官赐酒药，诏谓意曰：‘非钟离尚书，朕几降威于此郎。’”[②] 两个记载稍有差异，其中的“降胡子”，《意别传》作“匈奴羌胡归义”；或本《钟离意别传》作“其年匈奴来降”[③]；或引作“胡侍子”[④]。案事之“尚书”，《意别传》作“尚书侍郎”，且有籍贯姓名。赐缣“以十为百”，《意别传》作“三百匹……误以为三千匹”[⑤]；而《通典》则引作“当五十疋……误以三十疋”[⑥]。

尽管各书的记载在细节上多所差异，但是这一事件中所反映的尚书经办政务的过程还是明晰的。综合各书所记此事大体表明了如下几点。（1）其年匈奴（或羌胡）来降（或入侍），明帝下诏赐缣若干。（2）事下尚书台，尚书侍郎暨酆负责起草诏书。然后诏书下达大司农执行，因其“掌诸钱谷金帛诸货币”[⑦]。（3）大司农据诏书赏赐完毕，将其登记在簿，上呈皇帝。明帝发现赏赐数量有误，误以百为千（或以十为千），遂追究尚书侍郎。尚书仆射钟离意作为尚书台长官承担了责任。以上就是赏赐“降胡”或“侍子”这一行政事务的基本运作过程。当时尚书台设于宫中，作为“九卿”之一的大司农和其他公卿均在宫外，尚书处于皇帝和外朝公卿之间，起着上传下达的作用，即通常所谓“枢机”“近密”“喉舌”的地位。诏旨来源于皇帝，尚书负责起草诏书并下达外朝公卿执

---

① 《后汉书》卷四一《钟离意传》，第1409页。

② 《后汉书集解》卷三一《钟离意传》引惠栋所引《意别传》，第494页。

③ 《初学记》卷一一《职官部上·仆射第四》注引，第261页；《太平御览》卷二一一《职官部九·左右仆射》引，第1013页。

④ 《通典》卷二二《职官典四·尚书上·仆射》注，第594页。

⑤ 《后汉书集解》卷三一《钟离意传》引惠栋所引《意别传》，第494页。

⑥ 《通典》卷二二《职官典四·尚书上·仆射》注，第594页。

⑦ 《续汉书·百官志三》，点校本《后汉书志》第二十六，第3590页。

行。侍郎之职“主作文书起草”①，那么起草诏书的具体工作应当是由尚书侍郎负责的。东汉设置侍郎三十六人，六曹尚书每曹六人，这位负责起草赐缣者必是属于主客曹六位侍郎之一，其所起草诏书内容属于主客曹管辖范围。

因为尚书负责诏书章奏的出纳，所以它也就负责这些文件的收藏保管工作。主客曹所掌有关外交、民族事务的诏书，也同样保存在尚书台。东汉人应劭编撰有《五曹诏书》，于建安元年（196）奏上②。这就是包括主客曹在内的五曹尚书所起草诏书的汇编。到了东汉，还将《五曹诏书》公之于世：“光武中兴以来，五曹诏书题乡亭壁，岁补正多有缺谬。永建中兖州刺史过翔笺撰卷别，改著板上，一劳而久逸。”③ 由于这些诏书包含汉皇朝内政、外交方面丰富的内容，可以成为后世规章制度、政策法令的依据，故公布以利吏民学习、参考。除了这些公开的诏书之外，还有其他文书档案，“五曹自有条品，簿书自有故事”④。条品即列曹尚书职责范围内的法令规章条款，故事即已有行政事务执行过程中之成例和典章制度，应劭于建安元年奏上的撰述中还有《尚书旧事》，即尚书所经办、保管的“故事”汇编，这些文件资料都归尚书保管存档。

由于尚书台保管了大量的有关文件，因此在遇到外交上的疑难问题时，就可以从中查阅有关资料，以为定夺之参考和根据。东汉安帝永宁元年（120）十二月，西南夷掸国王遣使来献音乐及“幻人”，表演吐火、自支解、易牛马头等杂技。次年元会时，演出了这些杂技，安帝与群臣共同观赏，大为惊奇。谏议大夫陈禅当场举手大声反对道：“帝王之庭，不宜设夷狄之技。”但尚书陈忠批驳了陈禅的意见，他劾奏陈禅曰：“古者合欢之乐舞于堂，四夷之乐陈于门……今掸国越流沙，逾县度，万里贡献，非郑卫之声，佞人之比，而禅廷讪朝政，请劾禅下狱。”⑤ 掸国在

---

① 《续汉书·百官志三》，点校本《后汉书志》第二十六，第3597页。

② 《后汉书》卷四八《应劭传》，第1612—1613页。

③ 《后汉书集解》卷三八《应劭传》注引《风俗通》，第567页；参见《太平御览》卷五九三《文部九·诏》引《风俗通》，第2670—2671页。

④ 黄晖撰：《论衡校释》卷一二《程材篇》，中华书局1990年版，第541页。

⑤ 《后汉书》卷五一《陈禅传》，第1685页。

今缅甸东北部[①]。这件事在东汉朝廷中引发了一桩有关外交问题的纷争。应劭追述此事曰："邓太后时，西夷檀国来朝贺，诏令为之。而谏大夫陈禅以为夷狄伪道不可施行。后数日，尚书陈忠案《汉旧书》，乃知世宗时犛靬献见幻人，天子大悦，与俱巡狩，乃知古有此事。"[②] 应劭所说与《陈禅传》所记为同一事。这场关于可否在朝廷中表演掸国所献杂技的争执，终于因尚书陈忠查到了历史根据，才解决了这一争议。而陈忠所查阅的《汉旧书》，即保存于尚书台的档案资料，亦即汉代文献常称的"故事"或"旧事"。在《汉旧书》中记载了汉武帝时犛靬以幻人献于汉，受到武帝热烈欢迎的故事，表明此事已有先例，故安帝时演出掸国杂技亦属名正言顺。由此可见，尚书"故事""旧事"对于外交方针政策的执行是有很大参考价值的。陈忠所查阅的无疑是主客曹经手后而存留下来的有关外交政务方面的文书。

由上所述我们可以知道，主客曹对外交工作的管理，主要是在外交政令方面，即有关诏令之起草与颁行，外交成例、规章制度的贯彻执行，以及有关文书档案之收藏保管。

三　尚书主客曹与大鸿胪的关系

两汉时期尚书主客曹与列卿之一的大鸿胪都是掌管外交与民族事务的，那么当时在中央政府中就有两个部门同时管理外交、民族事务，它们之间是什么关系，如何分工的呢?

这个问题实际上就是尚书与诸卿的关系问题。上文已经说到，尚书在宫中，是宫官，是皇帝的"喉舌""近密"，大鸿胪在宫外，属于外朝公卿，是外官[③]。尚书处于皇帝与外朝公卿之间，起着上传下达的中介作用。因此，一方面尚书与大鸿胪之间在工作上是一种相互配合、协同运作的关系。即皇帝关于外交方面的有关指示，通过尚书撰写为诏令，下达大鸿胪具体贯彻执行。如册封"四方夷狄"的工作属于大鸿胪的职掌，

---

① 陈佳荣、谢方、陆峻岭:《古代南海地名汇释》，中华书局 1986 年版，第 690 页。掸国又作檀国。

② 《汉书》卷六一《张骞传》颜师古注引"应劭曰"，第 2696 页。

③ 参见杨鸿年《汉魏制度丛考》，武汉大学出版社 1985 年版，第 13—20 页。

这项工作的程序是："四方夷狄封者，台下鸿胪召拜之。"[①] 这里的"台"即尚书台。虽然汉代与尚书称为中台的同时还有称为宪台的御史、外台的谒者，即所谓三台，但是一般所谓"台"均指尚书台。可知有关册封"四夷"事项，是先由尚书根据皇帝指示草拟诏书以后下达大鸿胪，大鸿胪根据诏令而具体执行册封礼仪。这就是它们之间在工作上的配合与协作。其他各项外交工作大体上也是如此配合和协作的。与此同时，大鸿胪有关外交工作的奏疏，亦经尚书平处之后转交皇帝批示。配合与协作是尚书与大鸿胪之间工作上的基本关系。

另一方面，尚书又在一定程度上凌驾于大鸿胪之上，甚而侵夺了大鸿胪的某些行政事务。在汉代一般来说宫官总是居于上流，而外朝公卿则居于下流，受其掣肘。尚书与大鸿胪之间也是如此。尚书不仅通过掌管诏令章奏而可以指挥、掣肘大鸿胪，而且通过其所介入的人事任免的管理权而凌驾于大鸿胪，元帝时冯野王为大鸿胪，因御史大夫病故，"在位多举野王。上使尚书选第中二千石，而野王行能第一"。颜师古注曰："定其高下之差也。"[②] 随着尚书权力地位的日益上升，特别到了东汉以后尚书在一定程度上逐渐凌驾于三公九卿之上。尚书不仅侵夺了三公的不少权力，而且侵夺了九卿的许多权力。西晋人刘颂说："秦、汉以来，九列执事，丞相都总。"胡三省说："此西都以前制也。"后来"尚书制断，诸卿奉成"。胡三省对此解释道："自汉光武以来，以吏事责尚书，事归台阁，诸卿奉成而已。"[③] 又谓："汉初九卿各有所掌，东都以后，尚书诸曹分掌众事，九卿殆为具官。"[④] 主客曹与大鸿胪的关系也基本如此。尚书主客曹侵夺鸿胪权力的情况日益发展，东汉末"客曹掌羌、胡朝会，法驾出，护驾"[⑤]。故沈约评论道："汉末曹名及职司又与光武时异也"[⑥]，这时客曹已经不限于掌管外交、民族方面的文书等政令，而且介入具体

---

① 《续汉书·百官志二》，点校本《后汉书志》第二十五，第 3583 页。

② 《汉书》卷七九《冯奉世附子（冯）野王传》及注，第 3302、3303 页。

③ 《资治通鉴》卷八二，晋武帝太康十年（289）及胡注，第 2597 页。

④ 《资治通鉴》卷八〇，晋武帝咸宁五年（279）胡注，第 2560 页。

⑤ 《宋书》卷三九《百官志上》引应劭《汉官》，第 1235 页。《通典》卷二二《职官典四·尚书上·历代尚书》注引略同："掌羌胡朝贺。法驾出，则护驾。"第 602 页。

⑥ 《宋书》卷三九《百官志上》，第 1235 页。

的外交、民族事务，侵夺了大鸿胪的不少职事。

尚书台权力地位的上升，导致其政治礼遇亦凌驾于公卿百官之上，“凡三公、列卿、将、大夫、五营校尉行复道中，遇尚书仆射、左右丞郎、御史中丞、侍御史，皆避车豫相回避。卫士传不得迕台官，台官过后乃得去”。这里的“列卿”当然包括大鸿胪在内。御史中丞在遇见公卿百官时虽然与尚书一样享有回避的礼遇，但是他在遇见尚书时又要给尚书回避，“御史中丞遇尚书丞、郎，避车执板住揖，丞、郎坐车举手礼之，车过远乃去”。御史中丞是御史台的长官，而丞、郎是尚书台的属官，由此可见尚书地位的特殊。这里还要提出的是，本来尚书的政治待遇已高于其他官员，而尚书中的客曹官员的待遇又高于尚书其他曹官员，“客曹郎主治羌胡事，剧迁二千石或刺史，其公迁为县令，秩满自占县去，诏书赐钱三万与三台祖饯，余官则否。治严一月，准谒公卿陵庙乃发”[①]。客曹郎在升迁和待遇上的优惠为其他官员所不及，可见客曹郎不仅在百官中，而且在尚书台中都享有与众不同的地位，这与其所承担的外交、民族工作的特殊性、重要性当不无关系。

第四节　“使主客”及其外交职掌

西汉后期于中朝特置“使主客”专掌外交。

“使主客”在传世文献中仅一见：成帝时，“上召（金）岑，拜为郎，使主客”[②]。唐人颜师古注引东汉人服虔说：使主客为“官名，属鸿胪，主胡客也”[③]。由于记载甚为简略，又无其他记载可供参考，故长期以来学术界都不得不采用颜注服虔说，以“使主客”为鸿胪属官。虽然钱大昕曾指云：“《百官表》大鸿胪属无此官”[④]，但仍然无助于认清“使

---

① 以上均引自《续汉书·百官志三》注引蔡质《汉仪》，点校本《后汉书志》第二十六，第3597、3598页。

② 《汉书》卷六八《金日磾传》，第2963页。

③ 《汉书》卷六八《金日磾传》注引服虔曰，第2964页。王先谦《汉书补注》卷三八《金日磾传》曰：官本“无郎字，引宋祁曰‘拜为’下当添‘郎’字”。第1312页。

④ （清）钱大昕著，田汉云点校：《三史拾遗》卷三，江苏古籍出版社1997年版，第82页。

主客”之属性。幸赖敦煌汉简中孑遗一些关于“使主客”的简文，使今人有了进一步探究的可能性[①]。

悬泉汉简“五凤四年六月丙寅”条记曰：

> 五凤四年六月丙寅，使主客散骑光禄大夫□扶韦制诏御史曰：使云中太守安国、故□未央仓龙□卫司马苏于武强，使送车师王、乌孙诸国客，与军候周充国载先俱，为驾二封轺传，二人共载。
>
> 御史大夫延年下扶风厩，承书以次为驾，当舍传舍，如律令。[②]

是为宣帝五凤四年（前54）为了遣使护送车师、乌孙等国的来使返国，使主客、散骑、光禄大夫□扶韦转达皇帝的命令，由御史[③]下书丞相之副御史大夫，命令内容有四项：所送来使国别——“车师王、乌孙诸国客”；己方送使成员——“云中太守安国、故□未央仓龙□卫司马苏于武强”；随行人员——“军候周充国”；旅途交通待遇——“为驾二封轺传，二人共载”。汉制：使者或其他官员出使，需持御史大夫府出具的加封的“传信”以为通行、食宿交通之凭证，“诸当乘传及发驾置传者，皆持尺五寸木传信，封以御史大夫印章。其乘传参封之。参，三也。有期会累封两端，端各两封，凡四封也。乘置驰传五封也，两端各二，中央一也。轺传两马再封之，一马一封也”[④]。其乘车规定是“四马高足为置传，四马中足为驰传，四马下足为乘传，一马二马为轺传。急者乘一乘传”[⑤]。“传信”所加之封数即为驾车马匹之数，这里的“二封轺传”即驾二匹马的车。御史大夫接获诏旨之后，行文“扶风厩”执行，一是按

---

① 本书修订稿完成之后请部分友人审读期间，有友人以邬文玲先生大作《汉代“使主客”略考》（《中国史研究》2016年第3期）电子版见赐，该文对于“使主客”问题有精深的考论，与管见有不谋而合之处，如“在朝内履行使职”“承制代表皇帝处理”外交事宜，亦有某些尚可进一步商讨之处，如对于此官职之性质以及所谓“只是在有外国使客事务需要处置时，临时授命”云云。

② 释文据前揭《悬泉汉简研究》（Ⅱ90DXT0113④：122），第145—146页。

③ 此御史乃御史大夫属官“给事殿中”的侍御史，参见代国玺《说“制诏御史”》，《史学月刊》2017年第7期。

④ 《汉书》卷一二《平帝纪》注引如淳曰，第359—360页。

⑤ 《汉书》卷一下《高帝纪下》注引如淳曰，第57页。

照朝廷确定的档次“以次为驾”，二是按照律令规定“当舍传舍”，解决食宿粮草等供应。

这是汉代典型的政令发布过程：诏旨→承制下御史→御史大夫下有关部门贯彻执行。不过这里的诏旨宣达环节有点特殊，是由“使主客”承担的。另有“甘露二年三月丙午”简的情况与此相同：

> 甘露二年三月丙午，使主客郎中臣超承制诏侍御史曰：顷都内令霸、副候忠，使送大月氏诸国客，与庤候张寿、侯尊俱，为驾二封轺传，二人共载。
>
> 御属臣弘行御史大夫事，下扶风厩，承书以次为驾，当舍传舍，如律令。①

宣帝甘露二年（前52）为了护送大月氏诸国客返国，使主客郎中超将宣帝诏旨宣达侍御史②，侍御史转御史大夫，命令内容亦有四：一是所送来使国别——大月氏等国；二是汉方送使成员——正使为“都内令”名霸者，副使为“候”名忠者；三是随行人员——“庤候张寿、侯尊”；四是旅途交通待遇——“二封轺传，二人共载”。诏旨下达御史府之后，这次是由御史府属员名弘者代行御史大夫之责，行文“扶风厩”具体执行。其发布程序与上简所记完全相同，其承上启下之中间环节亦为“使主客”。

“永光五年六月”简反映的则是来使与边郡政府官员发生纠纷，来使上告朝廷之后，由“使主客”直接移书边郡政府，责成查实此事并上报朝廷。简文曰：

> 康居王使者杨佰刀、副扁阗，苏䪥王使者姑墨、副沙囷即，贵人为匿等皆叩头自言：前数为王奉献橐佗入敦煌关，县次购食至酒泉，昆归官太守与杨佰刀等杂平直肥瘦。今杨佰刀等复为王奉献橐佗入关，行直不得食至酒泉。酒泉太守独与小吏直畜，杨佰刀等不得见所献橐佗。姑墨为王献白牡橐佗一匹，牝二匹，以为黄；及杨

---

① 释文据前揭《悬泉汉简研究》（V92DXT1411②：35），第148页。

② 此“侍御史”与上引五凤四年简之“御史”同。

佰刀等献橐佗皆肥，以为瘦，不如实，冤。

永光五年六月癸酉朔癸酉，使主客谏大夫汉侍郎当移敦煌太守，书到验问言状。事当奏闻，毋留，如律令。

七月庚申，敦煌太守弘、长史章、守部候修仁行丞事，谓县：写移书到，具移康居、苏鳌王使者杨佰刀等献橐佗食用谷数，会月廿五日，如律令。/掾登、属建、书佐政光。

七月壬戌，效穀守长合宗，守丞敦煌左尉忠，谓置：写移书到，具写传马止不食谷，诏书报，会月廿三日，如律令。/掾宗、啬夫辅。①

元帝永光五年（前39）康居王、苏鳌王使者杨佰刀等人前来贡献骆驼，杨佰刀等人上诉称酒泉太守查验骆驼的做法存在问题，由本府吏员暗箱操作，而没有邀请来使参与，评议结果不公不实；使团由敦煌至酒泉得不到正常的饮食待遇。上诉朝廷之后，由使主客直接移文敦煌太守，责令查实问题并上报朝廷。

据上述悬泉汉简，我们可以知道："使主客"所掌为有关外交方面的职事。使节往还事宜是外事官员的一项重要工作内容，上述前两简反映了这方面的一些情况，第三简所反映的外交纠纷，数量虽然不及前一项，但也是外事官员必须处理的具体问题，亦属外事官员的职掌之一。故服虔说使主客"主胡客"是符合事实的。但是，认为其"属鸿胪"则存在问题。

从上述三简我们可以获得如下初步认识：使主客并非大鸿胪下属官员，而是在中朝特设的主管外交政令的官员。其理由有三。

一是鸿胪与"使主客"所掌外交政事之性质有所不同。虽然鸿胪与使主客所掌均为外交，但是两者所掌外交政事之性质是不同的，鸿胪所掌为外交事务，而使主客所掌为外交政务。上述五凤四年（前54）使主客所下达的是遣使护送车师、乌孙等国来使返国方面的政令，甘露二年使主客所下达的是遣使护送大月氏等国来使返国方面的政令，永光五年下达的是处理外交纠纷方面的政令。这与大鸿胪的职掌是不同的，大鸿

---

① 释文据前揭《悬泉汉简研究》（Ⅱ90DXT 0216②：877－883），第197页。按：部分标点引者作了改动。

胪的职掌基本上属于具体的外交事务而非外交政令，两者职掌有着很大的区别。

二是鸿胪与使主客在汉代官僚体系中的地位有所不同。西汉中后期形成发展起来的中外朝制度，把汉代官僚体系分别为中朝官员与外朝官员两个体系，处于内廷的核心决策成员为中朝官，处于内廷之外的行政部门官员为外朝官，前者与皇帝近密而后者与皇帝疏远，故在汉代的官僚体系中，前者居于上游而凌驾于后者，后者居于下游而听命于前者。上述第一个方面的不同，是由于这个方面的不同所决定的。大鸿胪为外朝公卿之一，其属官更居于下游之下而无疑。

而使主客处于内朝，何以知之？上述姓名为“□扶韦”的使主客，其本官为光禄大夫，“秩比二千石”[①]，其加官为散骑，因“骑并乘舆车”[②] 而得名，两者均为皇帝近密而极其显贵。大鸿胪尚不及之，遑论鸿胪之属官。更重要的是在西汉后期，加“散骑”者为“中朝官”，即进入核心决策班子。这位“□扶韦”应该就是中朝官，他是由中朝官而兼“使主客”之职，可知他不是外朝刀笔吏而是以决策核心成员而分管外交政务的。另一位名超的使主客，其本官为“郎中”，郎中为光禄勋属官，秩比三百石[③]，虽然其秩级远不如“□扶韦”，但也是宫内近臣。另一位使主客名汉者为“谏大夫”，谏大夫亦为光禄勋属官，“秩比八百石”[④]，亦为宫内近臣。

金岑之被成帝拜为“使主客”更证明了这一职务所具有的亲信近臣之特点。金岑为金日磾之侄孙。金日磾本为匈奴休屠王太子，休屠王与昆邪王谋欲降汉，“休屠王后悔，昆邪王杀之，并将其众降汉”。时金日磾年十四，“以父不降见杀，与母阏氏、弟伦俱没入官，输黄门养马”，由于其笃慎忠贞，甚得武帝信任，武帝临终，“属霍光以辅少主，（霍）光让（金）日磾。日磾曰：‘臣外国人，且使匈奴轻汉。’于是遂为（霍）光副”。金氏家族一直为武帝及其后之昭、宣、元、成诸帝所亲密

① 《汉书》卷一九上《百官公卿表上》，第727页。
② 《汉书》卷一九上《百官公卿表上》，第739页。
③ 《汉书》卷一九上《百官公卿表上》，第727页。
④ 《汉书》卷一九上《百官公卿表上》，第727页。

和信赖，几乎均为内廷之近密臣僚或是“中朝官”，故史家盛赞金氏家族“世名忠孝，七世内侍，何其盛也！”① 其弟金伦后嗣之盛更胜乃兄，金伦之子金安上“少为侍中，惇笃有智，宣帝爱之”。金安上之子金敞，于“元帝为太子时，为中庶子，幸有宠，帝即位，为骑都尉光禄大夫，中郎将侍中”。其子金涉本为左曹，成帝拜其为侍中，父子均为“中朝官”。金岑子被拜为“使主客”，与其家庭世代得到汉朝诸帝之宠幸有密切关系，同时我们应当注意的是，他是在贵为“中朝官”的其史金敞临终托付成帝的一个遗愿，金敞“为人正直，敢犯颜色，左右惮之，唯上亦难焉。病甚，上（成帝）使使者问所欲，以弟（金）岑为托。上召岑，拜为使主客”。这种情况下成帝不会轻易将他安排到外朝去担任一个普通吏职，必然是在内朝安排尊贵的职位，何况在此之前金岑及其弟金明均为诸曹中郎将②，此亦为贵胄之家所任职，例如刘岑即位为楚元王后，亦“为诸曹中郎将”③。故金岑所拜之“使主客”必为内廷权位俱优之职。金岑之被任命为使主客与其胡人血统亦有一定关系。金岑的家族和血缘背景有助于我们认识使主客这一官职的性质。

三是鸿胪与使主客在决策——政令流程之中的作用和地位有所不同。鸿胪作为外朝公卿之一，其与朝廷高层决策核心的关系和距离较使主客为疏远，使主客则或直接参与决策，或直接从皇帝或决策核心那里得到处理外交问题的决策意见，并据此向外朝乃至地方政府下达指令，亦即处于决策——政令流程之间的“承上启下”环节，而鸿胪则基本上处于决策——政令这一流程之外。

既然使主客不是鸿胪属官，那么它属于什么部门和系统呢？

从上述悬泉汉简我们可以看到，使主客的职务性质与鸿胪不同，但是与尚书却有某些相似之处。尚书五曹之一为主客曹，其职“主外国四夷事”④。从名称到职掌均相似，而且两者均处于内廷。但是其与主要负责文书及其上传下达的客曹尚书大不相同，其地位远在客曹尚书之上，

① 《汉书》卷六八《金日磾传》，第2967页。

② 《汉书》卷六八《金日磾传》，第2959—2963页。

③ 《汉书》卷三六《楚元王传》，第1928页。

④ 《汉旧仪》卷上，《汉官六种》，第64页。

他不仅根据诏旨下达指令，而且或参与决策或与决策核心有着密切联系，甚至还可能直接从皇帝那里得到外交工作的指示，从这方面来说又与领尚书事有某些类似之处。但是领尚书事是全面负责尚书台事，而使主客只是负责诸尚书事之中的“主客”之事。所以，我们认为“使主客”是一种在中朝特设的负责外交政令的专职官员，或可以理解为是皇帝处理外交问题的贴身助手。使主客或与今时的中央外事委有某些类似之处，当然，任何比拟都不可能十分确切，不过多少有助于我们去理解这个官职的性质与地位。

目前所见使主客之设置在于西汉后期的宣、元、成、平①时期，由此可知其存在于整个西汉后期，具有相当的连续性，非一时一事之设。之所以在这个时期特设此职，一方面与这个时期汉代外交的发展有密切关系。汉武帝“外事四夷”之后，打开了汉代外交的新局面，到了汉代后期，进入了外交丰收阶段，中外交往十分频繁，外交事务随之空前繁多，故外事官员处理来使的接待和礼送返国及其他外交任务极其繁重。使主客的设置，提高了外交决策与执行之运转效率，加快了外交政令之贯彻执行速度。另一方面则与西汉中外朝制度的出现有密切关系。从汉武帝开始逐渐形成发展起来的中外朝制度，使中朝承担的政务日益繁多，权力日益由外朝流向内朝，不仅决策权由外朝日益向内朝集中，行政权亦有流向内廷之势，处于内廷的尚书不仅日益收揽行政政务权力，甚至日益侵夺行政事务权力即为其代表。以往学术界均认为中朝官只是集中了决策权，而不涉行政权。现在看来，中朝官不仅进行决策，可能同时也染指行政权。上述作为中朝官的“□扶韦”，以“使主客”之身份而介入下达外交诏旨流程之中，即其表现。既然“使主客”是随着汉代外交的发展以及“中朝官”制度的产生而产生，则其随着汉代外交的收缩以及“中朝官”制度之淡出而淡出也是很自然的事情。

---

① 平帝“元始五年（公元5）十二月辛酉朔戊寅”条敦煌汉简亦有似为“使主客”的记载，见甘肃省文物考古研究所编《敦煌汉简》（上），一一〇八A/一一〇八B号，中华书局1991年版，第261页。

第三章　汉代外交关涉机构

外交是一种复杂而敏感的政务，它需要各个方面密切配合才能实施并圆满完成，因此除了专职机构之外还有其他一些机构相互协作，这里把后者称为关涉机构。所谓关涉机构，即其主管工作并非外交而是其他，但是外交工作中的某些方面或环节需要其配合、协同才能完成。这种关涉机构涉及中央与地方之诸多部门。

第一节　中央外交关涉机构

汉代中央政府中的关涉机构应当是不少的，但是正因为外交不过是其附带工作，所以在有关典志中没有或很少提及它们在这方面的职事，只是在外交事务实施过程中涉及某个单位时，我们才能确定其为外交关涉机构。因此这里只能介绍我们已知的一些关涉机构。

一　大司农

大司农亦为诸卿之一，中二千石。秦代称治粟内史，景帝时改名大农令，武帝时更名大司农，东汉仍置。其职“掌诸钱谷金帛诸货币”①，以“供军国之用”②。外交的费用亦属“军国之用”，故与大司农之职掌有关。大司农与外交事务有关的职责，今见于相关记载者主要有两个方面。

一是外交使节物资供应。悬泉汉简：

---

① 《续汉书·百官志三》，点校本《后汉书志》第二十六，第3590页。

② 《汉书》卷一九上《百官公卿表上》颜注，第732页。

建始二年八月丙辰朔壬申，敦煌太守延、守部候彊行长史事、丞义谓县□……羌胡众数遣在道，马谷使外国今少，恐乏，调给仓谷，大司农□□□□……①

成帝建始二年（前31）敦煌太守延、行长史彊、郡丞义行文属县，有出使外国的使者马谷不多，为防止供应缺乏，准备调用政府粮仓之谷。此事需得到大司农的准许。汉代于“郡国诸仓农监、都水六十五官长丞皆属”② 大司农，其所管辖包括诸郡国之粮仓。其中尤需保证“边郡”的需求，“边郡诸官请调度者，皆为报给，损多益寡，取相给足”③。“边郡诸官请调者，皆为调均报给之也。”④ 这是因为边郡多军国大事，其中即包括满足外交使节之需要。粮仓的管理也是严格的，“郡国四时上月旦见钱谷簿，其逋未毕，各具别之”⑤。每月上报钱谷之开支账簿。由于边郡粮食供应任务繁重，故大司农于边郡派驻有官员，悬泉汉简：

西合檄四，其一封凤博印，诣破羌将军莫府，一封临淮侯印，诣太守府☑，一封延寿，诣大司农卒史张卿治府□，一封破，旁封，阳关都尉□。⑥

这次经过悬泉置的四封书信中有一封是需要送交大司农属吏张卿“治府”的，可见大司农在敦煌郡有大司农的驻郡的官府。所以，在悬泉置发现的来往官员食宿记录中，有不少大司农官吏的来往记录就是很自然的事情了，甚至还有大司农本人途经悬泉置的记录：

“五凤四年二月癸亥☑

① 中国文物研究所胡平生、甘肃省文物考古研究所张德芳编撰：《敦煌悬泉汉简释粹》（Ⅱ0114②：291），上海古籍出版社2001年版，编号五三，第53页。

② 《汉书》卷一九上《百官公卿表上》，第731页。

③ 《续汉书·百官志三》，点校本《后汉书志》第二十六，第3590页。

④ 《续汉书·百官志三》注引胡广曰，点校本《后汉书志》第二十六，第3591页。

⑤ 《续汉书·百官志三》，点校本《后汉书志》第二十六，第3590页。

⑥ 释文据前揭《悬泉汉简研究》（Ⅱ90DXT0113④：152），第169页。

大司农延□始行趣☐

为驾二封轺传　　外十一”[①]

宣帝五凤四年（前54）途经悬泉置的大司农名延，他自五凤元年（前57）至黄龙元年（前49）任大司农[②]。

二是有所赏赐时负责钱谷财物的拨付。前文已经提到明帝“时诏赐降胡子缣，尚书案事，误以十为百，帝见司农上簿，大怒，召郎将笞之”[③]。这里我们看到皇帝下令赏赐“降胡子”缣时，是通过尚书下诏让大司农具体去办理的，大司农办理完毕还要将执行情况写成“簿书”上报皇帝。凡是外交、民族工作方面需要赏赐财物时，均由大司农负责拨付，因为一应钱谷金帛出纳均为其管辖范围。“大司农供军国之用”[④]，外交方面的赏赐即属“军国之用”的范畴。赏赐财物是汉代重要的外交方式和手段之一，其数量很大而且经常。

二　谒者台

谒者在西汉为郎中令属官，其职“掌宾赞受事，员七十人，秩比六百石，有仆射，秩比千石”[⑤]。东汉时虽然文属光禄勋，但已别为一台，与尚书、御史并称三台。以谒者仆射一人“为谒者台率，主谒者”。下属有常侍谒者五人，比六百石，“主殿上时节威仪”。还有谒者三十人，分别为给事谒者（四百石）、灌谒者郎中（比三百石）等，“掌宾赞受事，及上章报问”[⑥]。基本上属于礼仪之官。

谒者与外交、民族事务有关的工作主要是礼宾司仪，衔命出使，或送迎贵宾、使节。

礼宾司仪是谒者的重要职责。在汉皇朝举行的各种重大典礼中，人们总是能够看到谒者的身影，他们经常与典客（鸿胪）官员配合赞襄礼仪，

---

① 释文据前揭《悬泉汉简研究》（Ⅱ90DXT0215S：399），第140页。

② 《汉书》卷一九下《百官公卿表下》，第808—812页。

③ 《后汉书》卷四一《钟离意传》，第1409页。

④ 《汉书》卷一九上《百官公卿表上》，颜师古注，第732页。

⑤ 《汉书》卷一九上《百官公卿表上》，第727页。

⑥ 《续汉书·百官志二》，点校本《后汉书志》第二十五，第3578页。

而这些典礼多为涉外平台。一年一度的正旦朝是最为隆重的涉外典礼，“蛮、貊、胡、羌朝贡”① 是这一典礼中的重要内容。典礼开始，“先平明，谒者、治礼，引以次入殿门”②。以谒者与典客（鸿胪）属官“治礼”合作引导宾客按照次序进入宫殿大门而揭开典礼的帷幕。殿中的朝位排列停当后，“谒者一人立东陛者，南面。立定，典客言具，谒者以闻。皇帝出房，宾九宾及朝者”③。典客（鸿胪）向站立在东阶的谒者报告准备工作完成，由谒者向殿上转告之后，于是皇帝出场，典礼正式进行。礼毕进入饮法酒上寿的环节，“觞九行，谒者言‘罢酒’”④，也是由谒者宣告饮酒仪式的结束。到了东汉，正旦朝最后还增加了演出节目这一环节，演出结束，“小黄门吹三通，谒者引公卿群臣以次拜，微行出，罢。卑官在前，尊官在后”⑤。如同朝会开始时由其迎接宾客一样，也由其引导宾客拜谢皇帝，依次退场，从而朝会宣告结束。此即谒者在朝会中“宾赞受事”之具体情况。从中可见谒者的职责贯穿于朝会的始终，其职责不仅限于一般性的司仪，而且在实际上是起了朝会指挥者的作用。除了正旦朝，还有上陵礼、祀“三雍”礼（祀辟雍、明堂、灵台为“三雍”）等，也是重要的典礼。这些典礼也都是重要的外交平台，“外国朝者侍子”⑥ 照例出席，“匈奴朝者、西国侍子皆会”⑦ “百蛮贡职，乌桓、濊貊咸来助祭，单于侍子、骨都侯亦皆陪位。”⑧ 在这些典礼中，仍然是由“谒者、治礼引客”⑨。由此可见，汉代的各种典礼，基本上都是由谒者与典客（鸿胪）配合进行司仪的。

---

① （汉）蔡质撰，（清）孙星衍校集：《汉官典职仪式选用》，周天游点校：《汉官六种》，第210页。

② 《史记》卷九九《叔孙通列传》，第2723页；《汉书》卷四三《叔孙通传》所载略同，第2127—2128页。

③ 引自胡平生《中国湖北江陵张家山汉墓出土竹简概述》，收于大庭修主编《汉简研究国际シンポジウム92报告书——汉简研究の现状と展望》，第273页，日本关西大学出版部1993年版。简文中的标点，引者作了一些改动。

④ 《史记》卷九九《叔孙通列传》，第2723页；《汉书》卷四三《叔孙通传》所载略同，第2127—2128页。

⑤ 《续汉书·礼仪志中》注引蔡质《汉仪》，点校本《后汉书志》第五，第3131页。

⑥ 《续汉书·礼仪志上》，点校本《后汉书志》第四，第3103页。

⑦ 《太平御览》卷五三一《礼仪部十一·宗庙》引《汉杂事》，第2409页。

⑧ 《后汉书》卷二《显宗孝明帝纪》，第100页。

⑨ 《续汉书·礼仪志上》，点校本《后汉书志》第四，第3103页。

衔命出使是谒者的另一重要职责。西汉时期频见谒者奉命担任外交使节。汉初，冒顿单于遣使致书高后，出言不恭，高后大怒，经朝廷会议讨论决定还是善言回报，于是“令大谒者张泽报书”①，出使匈奴递送汉方回报文书。或谓“大谒者”为谒者之“长”②。文帝前元年（前179）陆贾出使南粤时，以“谒者一人为副使”③，这也是以谒者为使。文帝前六年（前174），以文书回复匈奴冒顿单于并赐物，乃“使中大夫意、谒者令肩遗单于”④。有时为了让某人出使，还特意加为谒者职衔而遣之，武帝近臣江充自请出使匈奴，于是“以充为谒者，使匈奴”⑤。

送迎侍子、使节也是谒者的重要职责之一。甘露元年（前53）宣帝派遣冯夫人出使乌孙，以谒者竺次为副使而送之⑥。东汉时送迎侍子是谒者的经常性任务，“单于岁遣侍子来朝，谒者常送迎焉”⑦。这种工作还相当繁忙，“单于岁尽辄遣奉奏，送侍子入朝……汉遣谒者送前侍子还单于庭，交会道路”。与此同时，护送匈奴使节也是谒者的经常性任务，“正元朝贺，拜祠陵庙毕，汉乃遣单于使，令谒者将送……岁以为常”⑧。由于谒者经常护送侍子、使节出境，因而可以收到对方大量的回赐，其“得赂弓马毡罽他物百余万。谒者事讫，还具表付帑藏，诏书敕自受”⑨。可见所得回赠礼物数量相当可观。这些回赠礼物照例须上表交付有关部门收藏，但经皇帝特许可以自受。

由于谒者经常担任与外交和礼仪有关的工作，因此其人员选拔也与大鸿胪官员的选拔有相似之处，特别注重其礼宾交际能力和仪表风度，大鸿胪属官“大行郎亦如谒者，兼举形貌”⑩。这一说法表明了两者职务

---

① 《汉书》卷九四上《匈奴传上》，第3755页。

② 参见《资治通鉴》卷一二，汉惠帝三年（前192）胡注，第413页。

③ 《汉书》卷九五《南粤传》，第3849页。

④ 《史记》卷一一〇《匈奴列传》，第2897页。

⑤ 《汉书》卷四五《江充传》，第2177页。

⑥ 《汉书》卷九六下《西域传下》，第3907页。

⑦ 《续汉书·百官志五》注引应劭《汉官》，点校本《后汉书志》第二十八，第3626页。

⑧ 《后汉书》卷八九《南匈奴传》，第2944页。

⑨ 《续汉书·百官志五》注引应劭《汉官》，点校本《后汉书志》第二十八，第3626页。

⑩ 《续汉书·百官志二》注引卢植《礼》注，点校本《后汉书志》第二十五，第3583—3584页。

性质及其选拔条件的一致性。汉明帝曾诏称谒者乃帝尧时之尊官，是自其使虞舜担任“宾于四门”的官职传承而来的礼宾官员，故很重视其官员的选拔，或谓“汉皆用孝廉年五十，威容严恪能宾者为之”[①]。这是从礼宾官员要求的角度而言之，或谓“皆选仪容端正，任奉使者”[②]。这是从衔命出使要求的角度而言之，这些显然是外交和礼仪工作的需要而拟定的选拔标准。不过，谒者的选拔条件比典客（鸿胪）更有过之而无不及，由于谒者在朝会赞唱方面较典客（鸿胪）更为突出，故在选拔谒者人才时对于声音方面的要求更高于典客（鸿胪）官员，如果谒者缺编而需要补充的话，则“令美须眉大声者以补之”[③]。强调了对其声音洪亮方面的要求，因为谒者需要在各种朝会中赞唱，以指挥典礼的进行，尤其是在大型朝会时，如果不能让全体与会者都能够听到，则典礼就难于做到整齐划一。东汉人何熙，“身长八尺五寸，体貌魁梧，善为容仪。举孝廉。为谒者，赞拜殿中，音动左右，和帝伟之”[④]。谒者何熙因赞唱声音洪亮动听而受到和帝的赞赏。由此可见声音洪亮动听是选拔谒者的重要条件。

三 符节台

符节玺印是代表皇帝权力的信物，它们不仅应用于内政，同时应用于外交。这些信物均由符节台掌管。汉元年（前 206）十月秦王子婴“封皇帝玺符节，降轵道旁”[⑤]。意味着向刘邦交出权力，从而宣告秦亡汉兴。秦王子婴所交出的“玺符节”即上述代表皇帝权力的信物，“天子印称玺……符，发兵符也。节，使者所拥也”[⑥]。秦有符玺令[⑦]，汉承秦制，西汉少府属官有符节，设令、丞以掌其事[⑧]，到东汉时已“别为

---

① 《续汉书·百官志二》注引荀绰《晋百官表注》，点校本《后汉书志》第二十五，第 3578 页。

② 《续汉书·百官志二》注引蔡质《汉仪》，点校本《后汉书志》第二十五，第 3578 页。

③ 《北堂书钞·1》卷六二《设官部十四·谒者仆射》引《汉旧仪》，第 475 页。

④ 《三国志》卷一二《魏书·何夔传》注引华峤《汉书》，第 378—379 页。

⑤ 《史记》卷八《高祖本纪》，第 362 页。

⑥ 《史记》卷八《高祖本纪》“索隐”韦昭云，第 362 页。

⑦ 《史记》卷八七《李斯列传》，第 2547 页。战国时期秦已有此官，秦嘉谟辑注《世本八种》卷七上《氏姓篇》：符氏，“鲁顷公之孙公雅仕秦为符玺令，因而氏焉。”

⑧ 《汉书》卷一九上《百官公卿表上》，第 731 页。

一台”[①]。符节台设符节令一人，“为符节台率”，秩六百石。其职掌为“主符节事。凡遣使掌授节”。属官有“尚符玺郎中四人。本注曰：旧二人在中，主玺及虎符、竹符之半者。符节令史，二百石。本注曰：掌书”。东汉时文属少府[②]。

符节台的职责与外交工作有关者主要有二。

第一，掌管外事印玺。符节台掌管朝廷的各种印玺，外事所用印玺亦由其掌管。“汉初有三玺，天子之玺自佩，行玺、信玺在符节台。”[③] 何时发展演变为“六玺”，没有明确的记载，不过，专门记载西汉制度的《汉旧仪》已经有了关于“六玺”的明确记载：“天子有六玺，皆白玉螭兽纽，文曰：皇帝行玺，皇帝之玺，皇帝信玺，天子行玺，天子之玺，天子信玺。”[④] 表明西汉时期“六玺”之制已经确立。这六玺各有不同用场，“所封事异，故文字不同”[⑤]。其中“皇帝”三玺主要用于内政，“天子”三玺主要用于外交。“六玺”之制的确立，是汉代外交发展的结果，“天子”三玺的出现就是为了适应汉代外交发展需要的产物，由于外交的发展，印玺制度也有了相应的发展变化，因此六玺制度应当是在汉代才可能形成。六玺制度的产生，是汉代外交的发展在礼仪制度上的一个反映。

“天子三玺”在汉代外交中是如何应用的，《汉书·百官公卿表》和《续汉志》都没有记载，幸赖《汉旧仪》（或称《汉官旧仪》）、《汉官仪》和《汉仪》三书有所记载。但是，此三书所记“天子”三玺在汉代外交中的用场颇有歧异，兹列表3－1以示之。

由表3－1可见，“策拜外国”（“封拜外国”）或谓以“天子之玺”，或谓以“天子行玺”；“外国事”抑或谓以“天子之玺”，或谓以“天子行玺”；而“赐匈奴单于、外国王书”以及“发外国兵”则仅见于《汉仪》，不见于其他二书。那么，“策拜外国”（“封拜外国”）之玺究竟以哪个玺文为是？仅见于《汉仪》的“赐匈奴单于、外国王书”以及“发

① 《通典》卷二一《职官典三·门下省·符宝郎》，第558页。

② 《续汉书·百官志三》，点校本《后汉书志》第二十六，第3599、3600页。

③ 《汉书》卷六八《霍光传》注引孟康曰，第2943页。

④ 《唐六典》卷八《门下省·符宝郎》引卫宏《汉旧仪》，第252页。

⑤ 《唐六典》卷八《门下省·符宝郎》引虞喜《志林》，第252页。

外国兵”所用之玺是否可信？所谓“外国事”又究竟为何？这些记载，孰是孰非？这给研究汉代“天子三玺”制度带来困惑，而这些相互抵牾的记载如果不加辨析，则无所适从，“天子三玺”在汉代究竟如何应用，就不可能弄清楚。我们试从下面三个方面加以探讨。一是从皇帝三玺的用法以观之；二是从后代的用法以观之；三是从“汉官六种”被引用的时间先后以观之。

表 3－1　　汉代天子三玺应用一览

天子之玺	天子行玺	天子信玺	出处
	策拜外国		《汉旧仪》（《续汉书·舆服志下》引，第 3673 页）
赐匈奴单于、外国王书	封拜外国及征召	有事及发外国兵	《汉仪》（《唐六典·门下省》引，第 252 页）
外国事	征大臣	鬼神事	《汉仪》（《唐六典·门下省》引，第 252 页）
	策拜外国及事天地鬼神		《汉官仪》（《通典》卷六三引，第 355 页）
事天地鬼神	外国事		《汉旧仪》（《御览》卷六八二引，第 3045 页）
策拜外国事	征大臣	事天地鬼神	《汉官旧仪》（自《汉官六种》，第 31 页）
策拜外国事	征大臣	事天地鬼神	《汉旧仪》（自《汉官六种》，第 62 页）

一是从汉代“皇帝三玺”的用法以观之。

汉代“六玺”是由“皇帝三玺”和“天子三玺”组成的，两者的应用是互相对应的，《唐律释文》说唐代“天子三宝”的用法与“皇帝三宝”相同，“惟施蕃国也”①，两者用法的区别只在于前者用于“蕃国”，后者用于本国而已，这是汉代以来的用玺制度传统。因此，从“皇帝三玺”在汉代的应用情况，有助于推知“天子三玺”的应用。“皇帝三玺”的应用情况，仍然仅见于《汉旧仪》《汉官仪》《汉仪》三书，兹列表 3－2 以示之。

① （元）王元亮重编：《唐律释文》，（唐）长孙无忌等撰，刘俊文点校：《唐律疏议》附录，中华书局 1983 年版，第 645 页。“开元岁中，改玺曰‘宝’”。（《唐律疏议》卷一，第 11 页）

表 3 - 2　　汉代皇帝三玺应用一览

皇帝之玺	皇帝行玺	皇帝信玺	出处
赐诸侯王书	凡封①	发兵征大臣	《汉旧仪》（《续汉书·舆服志下》引，第3673页）
赐诸侯王书	凡杂	发兵	《汉仪》（《唐六典·门下省》引，第252页）
	赐诸侯王书	发兵征大臣	《汉旧仪》（《御览》卷六八二引，第3045页）
赐诸侯王书	凡封	发兵	《汉官旧仪》（自《汉官六种》，第30—31页）
赐诸侯王书	凡杂	发兵	《汉旧仪》（自《汉官六种》，第62页）
赐王侯书	凡封	发兵征大臣	《汉官仪》（自《汉官六种》，第187页）

从表 3 - 2 观之，其中“皇帝之玺”用于文书方面，“皇帝信玺”用于发兵方面，基本上是一致的。表明关于此两玺用法的记载应当是可信的。唯“皇帝行玺”用法的记载存在一些差异，其中以“凡封”为多，“凡杂”次之，“赐诸侯王书”为个别。如果关于“皇帝之玺”与“皇帝信玺”用法的记载是可信的，那么“皇帝行玺”的用法应当就是用于册封，而恰恰有关“皇帝行玺”用法的记载中以“凡封”为多，看来不是偶然的。将此表与上面的“汉代天子三玺应用表”进行对照，可以看到，“皇帝三玺”的用法，在“天子三玺”中都有相应的用法。由“皇帝三玺”的用法推之，则“天子三玺”中的“天子之玺”用于文书，“天子行玺”用于册封，“天子信玺”用于发兵的可能性是最大的。

二是从后代的用法以观之。

汉代的“皇帝六玺”制度在其后的皇朝中基本上得以继续行用，因此我们考察后代的“六玺”用法有助于推知其在汉代的用法。但是，汉代以后由于政治上的分裂和社会的动乱，文化上也遭受影响，导致载籍有所缺失，唐人杜佑在梳理玺印制度时即已慨叹：“秦汉以降，逮于周隋，既多无注解，或传写讹舛，有义理难明，虽研覈莫辨。今但约其本史，聊存一代之制，他皆类此。览之者，幸详察焉。”② 因为在杜佑那个

① 《续汉书·舆服志下》引《汉旧仪》，中华书局标点本作：“凡六玺。皇帝行玺，凡封之玺赐诸侯王书；信玺，发兵征大臣。”（点校本《后汉书志》第三十，第3673页）窃意这段记载中的标点不妥，似应改作：“凡六玺。皇帝行玺，凡封；之玺，赐诸侯王书；信玺，发兵征大臣。”

② 《通典》卷六三《礼典二十三·沿革二十三·嘉礼八·天子诸侯玉佩剑绶玺印》自注，第1752页。

时代，不仅“汉官六种”已经残缺不全，而有“传写讹舛”之憾，而且诸多正史也存在缺陷，如《三国志》《梁书》《陈书》《北齐书》《北周书》等均无“志”，有的虽然有“志”，但其系统性、完整性未尽如人意，《宋书》《南齐书》《魏书》等虽然有“志”，但关于玺印制度则往往缺载或语焉不详，因此导致魏晋南北朝诸多制度缺失，包括“六玺”制度在内，以致“义理难明”“研覈莫辨”了。这是问题的一个方面。

另一方面，用玺制度又有很强的承袭性。现在我们就来看看汉唐间“六玺”制度有明确记载的北齐、北周和隋代的情况，分别列表3－3、表3－4如下。

表3－3　　北齐、北周、隋“皇帝三玺”应用一览

皇朝	皇帝之玺	皇帝行玺	皇帝信玺	出处
北齐	赐诸王书	封常行诏敕	下铜兽符，发诸州征镇兵，下竹使符，拜代征召诸州刺史	《隋书》卷一一《礼仪志六》，第239页
北周	与诸侯及三公书	封命诸侯及三公	发诸夏之兵	《隋书》卷一一《礼仪志六》，第250页
隋	赐诸侯及三师、三公书	封命诸侯及三师、三公	征诸夏兵	《隋书》卷一二《礼仪志七》，第255页

表3－4　　北齐、北周、隋“天子三玺”应用一览

皇朝	天子之玺	天子行玺	天子信玺	出处
北齐	赐诸外国书	封拜外国	发兵外国，若征召外国	《隋书》卷一一《礼仪志六》，第239页
北周	与蕃国之君书	封命蕃国之君	征蕃国之兵	《隋书》卷一一《礼仪志六》，第250页
隋	赐蕃国之君书	封命蕃国之君	征蕃国兵	《隋书》卷一二《礼仪志七》，第255页

从表3－3、表3－4可以看到，“皇帝三玺”与“天子三玺”的用法是完全一致的，即“之玺”用于文书方面，“行玺”用于封拜方面，“信

玺”用于发兵方面，只是前者用于国内，后者用于对外。在南北朝的内政运行中帝玺实际运用的一些资料进一步加强了上述论断，刘宋永初二年（421），侍中谢晦“坐行玺封镇西司马、南郡太守王华大封，而误封北海太守球，版免（谢）晦侍中”①。可知“行玺”确实是用于封拜的。值得注意的是，北齐、北周和隋代“皇帝三玺”的用法与汉代“皇帝三玺”的用法也是一致的，只是汉代的“皇帝行玺”用法因为记载得残缺不全和错讹，而显得有所差异，但是尽管如此，其被用于“凡封”的记载也处于多数地位，表明汉代的“皇帝行玺”也可能是用于封拜方面的，因此，《太平御览》所引《汉旧仪》谓“皇帝行玺”用于“赐诸侯王书”的说法，可以视为引用中发生的错讹，并非《汉旧仪》之原文原意。由汉代“皇帝三玺”用法的肯定，则汉代“天子三玺”的用法也可以得到基本上的肯定，上文指出的：“‘天子三玺’中的‘天子之玺’用于文书，‘天子行玺’用于册封，‘天子信玺’用于发兵的可能性是最大的。”这一说法又得到了进一步的加强。

三是从“汉官六种”被引用的时间先后以观之。

现在所见《汉官六种》是六部关于《汉官》著述的集大成，是我们今天研究汉代官制的重要参考，关于汉代“天子三玺”的记载，主要见于《汉官六种》中的《汉旧仪》《汉官仪》和《汉仪》三书。但是我们在前面已经指出，它们都是从历代残篇断简中引用而缀辑而成的，由于辗转传写、引用，因此其中存在错讹、脱漏的情况是很自然的。今天我们所见《汉官六种》为清代人所辑，其中所引诸书的时间先后是不同的，我们在制作汉代“天子三玺”表和“皇帝三玺”表时，是按照被引用时间的先后次序而排列的，也就是说最早被引用的资料排列在前面，最晚被引用的排列在最后面。在涉及“天子三玺”的“汉官”载籍中，《续汉书·舆服志下》所引《汉旧仪》是最早的，众所周知《续汉书志》为西晋司马彪所著，南朝梁刘昭注补。也就是说《汉旧仪》关于“天子行玺”被用于“策拜外国”这条材料是在南朝梁代被引用的。在刘昭引用《汉旧仪》之后则为《唐六典》所引的《汉仪》。《唐六典》于唐玄宗开元二十七年（739）成书，引用《汉仪》的文内小字注亦为撰写者所作，

① 《宋书》卷四四《谢晦传》，第1348页。

故《汉仪》之被引用是在上述刘昭引用《汉旧仪》之后。在《唐六典》引用《汉仪》之后则是杜佑《通典》所引《汉官仪》。《通典》于唐德宗贞元十七年（801）成书，距《唐六典》成书晚62年，或可将两书基本上视为同一时代之书。《通典》之后是《太平御览》引用的《汉旧仪》。《太平御览》完成于宋太宗太平兴国八年（983），距《通典》之成书又近180余年之后了。今本《汉官六种》为清人所辑，故最为晚出。

虽然我们不能认为早出者就没有或者错讹少，晚出者就一定错讹多，但是一般来说，时代越早者，其错讹频率相对小一些，时代越晚者，其错讹频率相对多一些，也应当是成立的。不过，具体到某一条材料究竟错讹与否，还得根据其他方面的条件和情况综合考量，不能一概而论。现在我们就对汉代"天子三玺"的用法加以综合分析。

首先，《唐六典·门下省》所引《汉仪》，谓"天子之玺"用于"赐匈奴单于、外国王书"可以得到确认。其一，这里关于文书问题，特别提到"赐匈奴单于书"，并将其置于赐"外国王书"之前，符合汉代外交的实际情况，汉代外交的重点是匈奴，与匈奴通文书亦最早、最为频繁，可以说这段引文是原汁原味的汉代文字。其二，从汉代"皇帝三玺"中"皇帝之玺"的用法观之，"汉官"三书均记作其用于"赐诸侯王书"，可以推知"天子之玺"亦用之于文书而无疑。其三，从后代的北齐、北周及隋代的"皇帝六玺"中的"之玺"均用于文书而无一例外，只存在用于内政或外交之别而观之，进一步强化了"天子之玺"为用于外交文书之印玺。

其次，《唐六典·门下省》所引《汉仪》，谓"天子信玺"用于"发外国兵"也可以得到确认。其一，从汉代"皇帝三玺"中的"皇帝信玺"用法观之，"汉官"三书均记作"发兵"所用，也是无一例外。其二，从后代的北齐、北周和隋代的"皇帝六玺"中的"信玺"观之，不论"皇帝信玺"还是"天子信玺"均用于发兵，唯一的区别在于前者用于国内，后者用于国外。信玺为发兵所用亦可无疑。

再次，《唐六典·门下省》所引《汉仪》《续汉书·舆服志下》所引《汉旧仪》以及《通典》所引《汉官仪》，均谓"天子行玺"用于"策拜外国"也可以得到确认。其一，在"天子之玺"用于文书和"天子信玺"用于发兵这两项得到确认之后，则"天子行玺"用于封拜随之可以自行成立。其二，从汉代的“皇帝行玺”用法观之，虽然诸书记载有所差异，但其中以用于“凡封”的记载为多，不会是偶然的。其三，从后代北齐、北周和隋代的“皇帝六玺”用法观之，除北齐以“皇帝行玺”用于“封常行诏敕”之外，北周和隋均用于封拜，而“封常行诏敕”是个宽泛的概念，封拜亦可以包括其中。至于“天子行玺”之用于封拜，则北齐、北周和隋代完全一致。因此，“行玺”用于国内外之封拜也应当是没有疑义的。

复次，在上面我们肯定《唐六典·门下省》所引《汉仪》关于“天子之玺”用于文书，“天子信玺”用于发兵，以及《唐六典·门下省》所引《汉仪》、《续汉书·舆服志下》所引《汉旧仪》和《通典》所引《汉官仪》均谓“天子行玺”用于册封的同时，还需要分析一下其他几种“汉官”的有关记载问题：一是《唐六典·门下省》所引《汉仪》关于“天子之玺”用于“外国事”；二是《太平御览》所引《汉旧仪》谓“天子行玺”用于“外国事”；三是今本《汉官六种》所引《汉官旧仪》及《汉旧仪》谓“天子之玺”用于“策拜外国事”。在上述三个问题中，第一、二两个问题，即《唐六典·门下省》所引《汉仪》以及《太平御览》所引《汉旧仪》均谓“天子之玺”用于“外国事”存在一些问题，“外国事”这一概念过于含混，是有关“外国”的什么事情不明，是用于致外国的文书，还是用于册封外国，还是用于向外国发兵？这个问题，或是引用者过于概括和笼统所致，还是引用时或转引时有所缺失而造成的？未敢遽断。第三个问题，即今本《汉官六种》所引《汉官旧仪》及《汉旧仪》谓“天子之玺”用于“策拜外国事”可以断定为错讹，乃将“天子行玺”的用法误置于“天子之玺”之下。因此，这里提出的四处记载，都存在不同程度的问题，基本上可以否定或不宜采用。至于其他关于“征大臣”或“事天地鬼神”等事项与外交没有多大关系，故略而不置论。

最后，我们的结论是：汉代“天子三玺”中的“天子之玺”用于外交文书，“天子行玺”用于册封外国，“天子信玺”用于发兵外国。关于这个问题的文献记载，《唐六典·门下省》所引《汉仪》对于“天子三玺”用法的记载均为正确，《续汉书·舆服志下》所引《汉旧仪》以及《通典》所引《汉官仪》关于“天子行玺”用于策拜外国的记载也是正确的。也就是说，“天子行玺”的用法，以《续汉书·舆服志下》所引《汉旧仪》、《唐六典·门下省》所引《汉仪》、《通典》所引《汉官仪》为是；“天子之玺”和“天子信玺”的用法，则以《唐六典·门下省》所引《汉仪》为是。从记载汉代“天子三玺”的“汉官”三书情况观之，唐代及其之前所引“汉官”相对比较准确，宋代以后则错讹比较严重。

两汉时期在册封外国四夷君长时，也都同时授予其印绶。汉宣帝册封匈奴呼韩邪单于时，即“赐以玺绶”①，其具体形制为“黄金玺盭绶”，即金质印玺，以戾草染绶，这是低于皇帝一等的“诸侯王之制”②。但是匈奴单于所得到的印绶，与当时一般的诸侯王和四夷君主的印绶并不完全等同，而是高于他们。王莽篡位后，遣使匈奴“因易单于故印，故印文曰‘匈奴单于玺’，莽更曰‘新匈奴单于章’”③。可见汉宣帝所授匈奴单于的印文是“匈奴单于玺”五字，汉制“天子独称玺，又以玉，群臣莫敢用也”④。授予匈奴单于的印玺虽然是黄金铸造，而非汉皇帝之印玺为白玉所制，但是其印文却称“玺”，其规格突破了赐予诸侯王和其他外国四夷君长的印玺制度。何以匈奴得此特殊礼遇？这是在呼韩邪单于来朝之前汉皇朝决策集团讨论给予呼韩邪单于何等待遇时做出的决定，按照惯例匈奴单于应当被给予“位在诸侯王下”的待遇，但是经过讨论，决定给予其“位在诸侯王上”⑤的待遇。单于印文称“玺”而不称“章”即为这一特殊地位的体现之一。也就是说，汉皇朝给予匈奴单于的地位是在汉皇帝之下、诸侯王和其他四夷君主之上的一种特殊地位。匈奴之所以能够得到此唯一特殊待遇，原因在于匈奴是这个时代东亚地区唯一能够与汉皇朝分庭抗礼的强国，是汉皇朝军事上、外交上的最强劲的对手，故即使在其“臣服”之后仍然能够得到这一殊遇。南越王赵胡的墓葬中出土了一枚“文帝行玺”金印⑥，此为南越王僭汉称帝时所刻印玺。

---

① 《汉书》卷八《宣帝纪》，第271页。

② 《汉书》卷九四下《匈奴传下》及颜注，第3798、3799页。

③ 《汉书》卷九四下《匈奴传下》，第3820页。

④ 《汉旧仪》卷上，《汉官六种》，第62页。

⑤ 《汉书》卷九四下《匈奴传下》，第3798页。

⑥ 广州市文物管理委员会、中国社会科学院考古研究所、广东省博物馆编：《西汉南越王墓》（上），文物出版社1991年版，第204—207页。

赵胡死后其子婴齐继位，“即藏其先武帝、文帝玺”①，可知赵胡之父赵陀亦有“帝玺”，这都是南越国僭越汉皇室用玺制度而刻制的，与汉皇朝授予匈奴单于印玺称“玺”不同。王莽改匈奴单于玺为“章”，降低了匈奴印玺的规格，被匈奴方面认为“与臣下无别”②，故引起匈奴的强烈不满。这种授予外国或少数民族君长的印绶也是归符节台管理的。

第二，掌管使者旌节。符节令的重要职掌之一是“凡遣使掌授节”。两汉时期使者出使时都要授予节，因为节是被授予权力的凭证和象征，“将命者持之以为信”。节的形制：“以毛为之，上下相重，取象竹节，因以为名。”③“以竹为之，柄长八尺，以旄牛尾为其眊三重。”④汉代使者出使都要持节，它是国家的象征，张骞出使西域时被匈奴扣留十余年仍然“持汉节不失”⑤，苏武出使匈奴，遭到迫害，被单于徙往北海牧羊，他“杖汉节牧羊，卧起操持，节旄尽落”⑥。张骞、苏武在被迫害的情况下仍然持节不弃，体现了他们对国家的忠贞不渝。元帝时匈奴郅支单于“困辱汉使者江乃始等”，后又杀汉使谷吉等，建昭三年（前36）陈汤、甘延寿斩郅支单于，“得汉使节二及谷吉等所赍帛书”⑦。表明汉使被杀害后，其所持之节亦被对方所缴获。对于节的争夺是双方外交斗争的一种体现。这些记载表明外交使节必持“节”出使，而“节”是由符节台负责授予和收藏保管的。

四 黄门

黄门是少府所属机构之一，汉元帝初元二年（前47）“诏罢黄门乘舆狗马”⑧，颜师古注曰：“黄门，近署也，故亲幸之物属焉。”汉武帝征和二年（前91），“上乃使黄门画者画周公负成王朝诸侯以赐（霍）

① 《汉书》卷九五《西南夷两粤朝鲜传》，第3854页。
② 《汉书》卷九四下《匈奴传下》，第3821页。
③ 《汉书》卷一上《高帝纪上》，颜师古注，第23页。
④ 《后汉书》卷一上《光武帝纪上》，李贤注，第10页。
⑤ 《汉书》卷六一《张骞传》，第2687页。
⑥ 《汉书》卷五四《苏建附子（苏）武传》，第2463页。
⑦ 《汉书》卷七〇《陈汤传》，第3014页。
⑧ 《汉书》卷九《元帝纪》，第281页。

光”①。颜师古注云：“黄门之署，职任亲近，以供天子，百物在焉，故亦有画工。”可知黄门为供应皇室之需的部门，“以养天子也”②。但是它与汉代外交亦有重要的关系，是为外交关涉机构之一。黄门与外交的关系主要体现于两个方面。

一是从境外采购皇室所需物资的同时也带动了外交关系的发展。黄门既然以供养天子为主要职掌，那么从境外采购珍异自然是其重要任务。汉代开辟了一条从海路出使东南亚和印度洋一带的重要使路，一方面采购海外珍异，另一方面则发展外交关系，黄门在其中扮演了重要角色。这条路线是：“自日南障塞、徐闻、合浦船行可五月，有都元国；又船行可四月，有邑卢没国；又船行可二十余日，有谌离国；步行可十余日，有夫甘都卢国。自夫甘都卢国船行可二月余，有黄支国……自黄支船行可八月，到皮宗；船行可二月，到日南、象林界云。黄支之南，有已程不国，汉之译使自此还矣。”③ 所历诸国地址学术界歧见颇多，大体上是从交州所属的日南（今越南境）、徐闻、合浦等北部湾口岸登船，傍中南半岛海行，或通过马六甲海峡，或陆行通过克拉地峡，自安达曼海西行抵达印度半岛，所抵之国重要者有半岛东南部的黄支国（马德拉斯西南的康契普腊姆）、已程不国（今斯里兰卡）④。这个记载中的“译使”就是黄门所派遣的，黄门的属官“有译长……与应募者俱入海市明珠、壁流离、奇石异物，赍黄金杂缯而往。所至国皆廪食为耦，蛮夷贾船，转送致之。亦利交易，剽杀人。又苦逢风波溺死，不者数年来还。大珠至围二寸以下”⑤。黄门下属有“译长”一职，经常被派遣担任“译使”，随汉皇室船队远涉重洋到东南亚、南亚诸国采购奇珍异物，远达印度、斯里兰卡。“译长”不仅负责翻译事宜，而且还是出使海外使团之负责人，故这种使团被称为“译使”。黄门署专设“译长”一职，表明向域外采购珍异非偶尔为之，

① 《汉书》卷六八《霍光传》，第 2932 页。

② 《汉书》卷一九上《百官公卿表上》颜注，第 732 页。

③ 《汉书》卷二八下《地理志下》，第 1671 页。

④ 参见黄时鉴主编《插图解说中西关系史年表》，浙江人民出版社 1994 年版，第 39 页；前揭《古代南海地名汇释》，第 694、550 页。

⑤ 《汉书》卷二八下《地理志下》，第 1671 页。

乃一经常性活动。这种使团无疑以外贸为其主要任务，但是同时也负有外交的使命和任务。古代世界，外交与外贸结合进行是一种常见现象，有的以外交为主而附带外贸任务，有的以外贸为主而附带外交任务，黄门译长所率使团属于后者。故我们不能一见其进行贸易活动则否认其外交作用，或一见其进行外交活动就认为与贸易无缘，将两者截然分离或对立。这种贸易活动与外交的关系表现在：首先，这条使路就是由贸易活动所开辟并推动发展起来的外交道路。以黄支国为例，“民俗略与珠厓相类。其州广大，户口多，多异物，自武帝以来皆献见”。所谓“献见”，泛指商人或使节前来贸易或进行外交活动。黄支国一般认为即建支、建志补罗，在今印度南部的康契普腊姆（Conjevaram）①，那里的商人、使节与汉使频繁互动，不仅促进了双方贸易，也促进了双方的外交关系。其次，海上贸易与外交的良性互动，推动了双方外交关系的发展。在频繁的商贸互动中奠定了双方外交关系的基础，“平帝元始中，王莽辅政，欲耀威德，厚遗黄支王，令遣使献生犀牛”②。王莽之所以能够根据他的政治需要“厚遗”黄支国王并示意其贡献生犀牛，如果没有以往建立的外交关系基础，就不可能在这时突然提升双方的外交关系。这条南海使路的开辟，与张骞陆上使路的开辟具有同样重要的历史意义，表明中国古代的西向外交，从汉代肇始并已夯实了基础，从海陆两个方面构筑，以钳形态势、海陆兼济而展开的。汉皇朝与东南亚、南海诸国乃至海西远国的外交于这条使路多所仰仗，上述“夫甘都卢国”即在今缅甸境内③，这里是东西方进行贸易和外交活动的枢纽，东汉安帝永宁元年（120）“掸国王雍由调复遣使者诣阙朝贺，献乐及幻人，能变化吐火，自支解，易牛马头。又善跳丸，数乃至千。自言我海西人。海西即大秦也，掸国西南通大秦”④。罗马帝国的杂技演员通过缅甸一带而传入汉地。这样又进一步推动了汉与罗马帝国的外交，延熹九年（166），“大秦王安敦遣使自日南徼外献象牙、犀角、玳瑁，始乃一通焉”⑤。表明

① 《古代南海地名汇释》，第694页。

② 《汉书》卷二八下《地理志下》，第1671页。

③ 《古代南海地名汇释》，第172—173页。

④ 《后汉书》卷八六《南蛮西南夷列传》，第2851页。

⑤ 《后汉书》卷八八《西域传》，第2920页。

罗马帝国在必要时也是通过这条海路与汉皇朝开展外交活动的。南海诸国与汉皇朝的外交到了东汉更有了进一步的发展，桓帝延熹二年（159）、四年（161）天竺国相继“来献”①，就是这种外交关系发展的表现。

二是在外贸、外交活动中所得四方国、族之贡献或礼品，由黄门等相关部门加以收藏。史称西汉外交关系发展之后，“明珠、文甲、通犀、翠羽之珍盈于后宫，蒲梢、龙文、鱼目、汗血之马充于黄门，钜象、师子、猛犬、大雀之群食于外囿。殊方异物，四面而至”②。这些四方珍异，除了主动向域外采购、罗致者外，大多为四方国、族使节之贡献或礼品，黄门是这些异域物品的主要收藏、管理部门。都城长安之“西郊则有上囿禁苑，林麓薮泽，陂池连乎蜀汉。缭以周墙，四百余里。离宫别馆，三十六所。神池灵沼，往往而在。其中乃有九真之麟，大宛之马。黄支之犀，条支之鸟。逾昆仑，越巨海。殊方异类，至于三万里”③。这些珍禽异兽是汉皇朝外交成就的体现。西域地区的马匹是这个时代的重要入境畜类，黄门是重要的养马部门④，外交所得珍贵马匹即由其负责饲养，这里所说的“汗血之马”“大宛之马”即属此类。与此并列的外交所得珍品，还有上述黄支国所献犀牛，“黄支自三万里贡生犀”⑤ 成为夸示外交成就的重要依据。

同古代世界很多国家一样，我国古代外交与外贸也往往是结合在一起的，所以黄门所负责的外贸工作实际上也是一项外交工作。汉代黄门译使出使南海诸国实开一千五百余年后明代郑和出使西洋诸国之先河，两者性质相同，前后辉映，均属中国古代西向外交之壮举。

---

① 《后汉书》卷六《桓帝纪》，第306、309页。

② 《汉书》卷九六下《西域传下》“赞曰”，第3928页。

③ 班固：《西都赋》，《文选》卷一，第24页。

④ 金日磾，本匈奴休屠王太子。武帝元狩（前122—前117）中休屠王与昆邪王“谋降汉。休屠王后悔，昆邪王杀之，并将其众降汉”。金日磾“以父不降见杀，与母阏氏、弟伦俱没入官，输黄门养马”（《汉书》卷六八《金日磾传》，第2959页）。吾丘寿王，为侍中中郎，“坐法免。上书谢罪，愿养马黄门”（《汉书》卷六四上《吾丘寿王传》，第2794页）。

⑤ 《汉书》卷九九上《王莽传上》，第4077页。

第二节　地方行政与边防机构的外交职能

外交工作固然主要由中央有关机构进行管理，但是还需要地方各级机构，尤其是边境地方机构密切配合、协同运作才能圆满完成。除中央关涉机构以外，地方各级各类机构也在不同程度上、或多或少地承担重要的外交职责。两汉时期这种地方关涉机构主要为两大系统，即作为地方基层政权和边防军事单位的缘边州郡、边防关塞，以及作为边境镇抚机构的持节领护诸官等。本节先述地方行政与边防机构之外交职能。

一　缘边州郡

汉代的地方基层政权机构主要为郡、县两级制，后来作为监察区的州逐渐演变为凌驾于郡县之上的行政区域，于是形成州、郡、县三级政权体制。由于边境许多少数民族地区陆续纳入汉皇朝的统治，于是在边疆地区又设置了许多边郡。汉武帝“征伐四夷，开置边郡”[①]。两汉时期边郡数量不少，仅“北边边塞西自敦煌、东至乐浪凡二十一边郡”[②]。边郡又称外郡，而与称为“内郡”的内地郡相表里，“中国为内郡，缘边有夷狄障塞者为外郡”[③]。边郡与内郡同为地方基层行政部门，集政治、经济、军事、文化大权于一身，而最大的不同在于边郡还担负着边防军事与外交的重任。不仅边郡如此，凡缘边州郡均具有这一特点。

缘边州郡在外交上具有重要意义，这里是双方外交往来与角逐的第一线。文帝后元六年（前158）匈奴大举进犯，不久景帝即位，即于前元年（前156）派遣御史大夫陶青“至代下与匈奴和亲”[④]，恢复了和好关系。代下在北部边郡的代郡，这是以边郡作为外交谈判场所。职是之故，边郡长官也就负有重要的外交职责。汉皇朝对于边郡处理外交问题曾给予具体的指导，“孝宣皇帝敕边守尉曰：‘匈奴大国，多变诈。交接得其

---

① 《汉书》卷六四上《严助传》，第2775页。

② 陈梦家：《汉简缀述》之《汉简所见居延边塞与防御组织》，中华书局1980年版，第39页。

③ 《汉书》卷八《宣帝纪》注引“韦昭曰”，第241页。

④ 《汉书》卷五《景帝纪》，第140页。

情，则却敌折冲；应对入其数，则反为轻欺。’”[①] 要求边郡官员头脑清醒，在双方交往中注意不要落入对方圈套，分寸得宜，并尽力获取对方实情，以求掌握主动、稳操胜券，这可以视为是汉皇朝对于边郡外交工作的指导方针和方法。同时，又赋予边郡“得以便宜从事”[②] 的权力，这无疑包括灵活处理外交问题的权力。由于边郡长官在外交上具有重要作用，因而对边郡长官的选拔就格外重视，尤其对于肩负外交重任之边郡，注意以其外事官历和外交能力作为重要条件。成帝河平四年（前25）春正月匈奴单于来朝，在此之前即“以单于当朝”，特将沛郡太守段会宗徙为雁门太守，因这里是单于入朝必经之门户。何以作此安排？因为段会宗曾担任西域都护，“西域敬其威信”[③]，名播异域而具有卓越的军事和外交才能。可见汉皇朝对于边郡在外交上的重要性是有充分认识的。

缘边州郡是进行外交接触和联系的第一道门户和必经之地，举凡双方的外交往来均须通过这里或直接在这里进行。缘边州郡担负着重要的多方面的外交职责，其主要表现有以下诸方面。

（一）接待来使

外国或周边少数民族政权向汉皇朝朝贡、遣使，或有其他任何外交等事项需要与汉皇朝进行联系时，首先须经由缘边州郡，由其负责接待或转达。桓帝延熹二年（159）、四年（161）天竺国“频从日南徼外来献”[④]，延熹九年（166）“大秦王安敦遣使自日南徼外来献”[⑤]。日南为交州属郡，治所在今越南广治省境，经海路而来的西方和南亚、东南亚使节一般均自日南郡入境，由其负责接待和转致。东汉末刘虞为幽州牧时，“诸外国羌、胡，有所贡献，道路不通，皆为传送，致之京师”[⑥]。这是由边州将外国的贡献转送朝廷。东汉后期州已成为地方行政机构，而且逐渐取代郡的职权，故刘虞作为边州之长而履行了同样的职责。

有时由于种种原因对方不便与汉朝廷直接交涉，便通过边郡进行试

---

① 《后汉书》卷八九《南匈奴列传》，第2946页。

② 《史记》卷一二二《酷吏列传·郅都传》，第3133页。

③ 《汉书》卷七〇《段会宗传》，第3029页。

④ 《后汉书》卷八八《西域传》，第2922页。

⑤ 《后汉书》卷八八《西域传》，第2920页。

⑥ 《三国志》卷八《魏书·公孙瓒传》注引《吴书》，第242页。

探或转圜。匈奴就曾不止一次遣使至边郡，提出有关要求，通过边郡上达朝廷，因此北部边郡常常需要负责接待这些来使。建武二十二年（46）匈奴发生内争，加以遭受严重天灾，蒲奴立为单于后，“畏汉乘其敝，乃遣使诣渔阳求和亲。于是遣中郎将李茂报命”①。匈奴使者通过渔阳郡提出和亲的要求，进行试探，经渔阳郡上报朝廷，接受了其要求，于是朝廷遣使报命。北匈奴曾在永元十六年（104）时至朝廷贡献，求和亲，但和帝“以其旧礼不备，未许之”。直闯汉廷碰壁之后，于是北匈奴改变方式，于次年（元兴元年，105）“遣使诣敦煌贡献”，通过边郡进行试探，“辞以国贫未能备礼”②，对去年的失礼进行解释，并再次提出通好的要求。由此可见，边郡具有双方之间的缓冲和桥梁作用。

来使出入边境时，如有外交问题未获解决，边郡有权令其去留，但其去留须经请示朝廷作出答复之后才能行动。建武二十七年（51）“北匈奴遣使诣武威乞和亲”③。为什么北匈奴要通过武威来求和亲呢？因为当时“自北地以东，南部分居塞内，北使不敢至塞下，故诣武威求和”④。这是碍于南匈奴而不得不绕远至武威通信息。武威太守迅速将这一信息上报朝廷，为此朝廷进行了反复商议，为了不致引起南匈奴的猜疑，决定不接受北匈奴的要求，于是光武帝“告武威太守勿受其使”⑤。由此可知北匈奴使者一直在武威郡等待东汉朝廷的回音，武威太守也是只有等到朝廷作出明确答复之后才能决定是否准许其入境。由于边郡长官熟悉外情，故可以就相关外交问题的处理向朝廷提出意见。建武十七年（41）莎车王贤遣使奉献，请求汉朝向西域派遣都护。光武帝决定让莎车王担任西域都护，并交莎车使者带去赐给莎车王的西域都护的印绶和车骑、黄金、锦绣等。莎车使者返抵敦煌时，太守裴遵得知这种情况，立即上书光武帝说：“夷狄不可假以大权，又令诸国失望。”反对以西域国王担任西域都护。光武帝接受了裴遵的意见，立即“诏书收还都护印绶，更赐贤以汉大将军印绶”。裴遵接诏后便向莎车使者更换印绶等物，但“其

① 《后汉书》卷八九《南匈奴传》，第 2942 页。

② 《后汉书》卷八九《南匈奴传》，第 2942 页。

③ 《后汉书》卷一下《光武帝纪下》，第 79 页。

④ 《资治通鉴》卷四四，汉光武帝建武二十七年（51）胡注，第 1417 页。

⑤ 《后汉书》卷八九《南匈奴传》，第 2946 页。

使不肯易，（裴）遵迫夺之”[①]。这表明如果边郡发现来使之问题时，可以截留该使者，同时上报朝廷等候定夺。莎车使者被敦煌太守截留后，一直在敦煌待命，直至朝廷做出答复之后，由敦煌太守将其所得印绶更换之后始得离境。

（二）供应使者

缘边州郡为使者出入必经之地，因此它又担负着供应使者的任务。汉制，不论外国来使或汉使出境，均由边郡负责其生活服务和粮草供应。为此汉朝在使节来往频繁的边郡，设置专门机构以管理使节生活服务以及生产粮食以供来往使节之需，自贰师将军李广利伐大宛之后，西域诸国“多遣使来贡献”，汉朝派往西域的使节也日益频繁。于是“自敦煌西至盐泽，往往起亭，而轮台、渠犁皆有田卒数百人，置使者校尉领护，以给使外国者”。这些由校尉管理的屯田，就是为了供应来往使节的，“收其所种五谷以供之”[②]。由于当时来往使节频繁而且数量巨大，因而这种供应负担是相当繁重的，“敦煌、酒泉小郡及南道八国，给使者往来人马驴橐驼食，皆苦之”[③]，几达不堪重负的地步。

汉代在缘边对外交通要道上，设立了许多邮置。它们一方面具有传递军事和外交情报的职能，“事有便宜，因骑置以闻”[④]。所谓“骑置”即“置”所及其中配备的驿马，通过这一渠道可以迅速将边境地区情报送达中央。另一方面则负有接待来往使节的任务。汉代敦煌郡效谷县悬泉置就是这种性质的设施。据甘肃省考古所悬泉置遗址发掘队的报告称，该遗址从 1990 年 10 月开始进行连续两年的考古发掘，出土了大量邮驿文书，仅简牍就有一万五千余枚，此外还有麻纸、帛书，以及其他珍贵文物二千余件。从这些出土文物可以知道“置有接待过往官员，提供食宿、车辆、马匹、草料及传递官府文书等两项职能，同时耕种少量田地，解决部分口粮、饲料供给。由于悬泉置地处中西交通的要冲，规模较大，额定传马、驿马 36 匹。接待的过往人员除朝廷使者、行边御史、太守、

① 《后汉书》卷八八《西域传》，第 2923—2924 页。

② 《汉书》卷九六上《西域传上》，第 3873 页。

③ 《汉书》卷九六上《西域传上》，第 3893 页。

④ 《汉书》卷九六下《西域传下》，第 3912 页。

都尉、司马等高级官员外，尚有西域各国如大月氏、乌孙、车师、莎车、且末等国的贵人、使者，规模有时多达100余人，并有朝廷官员护送。数量巨大的各种簿籍，翔实生动地记录了接待官员、使者的过程，支付的食品、粮谷、车马、草料的数额和价值”①。随着悬泉置资料的陆续披露，其供应并服务于中外使节的具体情况日益呈现于世，大大弥补了传统文献记载之不足。

汉宣帝甘露元年（前53），乌孙已故肥王翁归靡与匈奴妇所生子乌就屠杀了在位昆弥狂王，自立为昆弥，乌孙政局突变，于是汉宣帝“征冯夫人，自问状”，然后派遣“冯夫人锦车持节”② 出使乌孙，冯夫人即解忧公主的侍者冯嫽。与此同时派遣破羌将军辛武贤出兵敦煌应对，汉方使出了软、硬两手。下面是出使乌孙的冯夫人在悬泉置得到接待的记载：

> 甘露二年二月庚申朔丙戌，鱼离置啬夫禹移县（悬）泉置，遣佐光持传马十匹，为冯夫人柱，廪穬麦小卌二石七斗，又茭廿五石二钧。今写券墨移书到，受薄（簿）入，三月报，毋令缪（谬），如律令。③

这是鱼离置行文悬泉置，说明派遣置佐名光者持传马十匹为汉使冯夫人西行应用，希望悬泉置提供这些马匹的饲料，并于三月份上报相关账目。

由于乌孙政情危急，为了加快使者西行速度，故调集所有能够调动的马匹，传马不足，加以骑马，昼夜兼程，以致马匹极度疲劳，损失不少。下面一简反映了这方面的情况：

> 甘露二年四月庚申朔丁丑，乐官令充敢言之：诏书以骑马助传马，送破羌将军、穿渠校尉、使者冯夫人。军吏远者至敦煌郡，军

① 《汉悬泉置遗址发掘获重大收获》，《中国文物报》1992年1月5日。

② 《汉书》卷九六下《西域传下》，第3907页。

③ 前揭《悬泉汉简研究》（Ⅱ90DXT0115③：96），第234页。

吏晨夜行，吏御逐马，前后不相及，马罢亟，或道弃，逐索未得。谨遣骑士张世等，以物定逐各如牒，唯府告部、县官、旁郡：有得此马者，以与（张）世等。敢言之。①

这是在冯夫人西行两月之后，酒泉郡乐涫县令请求郡府要求沿途有关单位协助寻找为冯夫人和破羌将军辛武贤等人西行时丢失的马匹。

边郡有关单位对于来往使节提供供应，均是根据朝廷的指示而行事的：

神爵二年四月戊戌，大司马车骑将军臣□承制诏请□：大月氏、乌孙长□凡□□□富候臣或与斥候利邦国，侯君、侯国、假长□□□中乐安世归义□□□□□□□□□。为驾二封轺传，十人共□，二人共载。御史大夫□下扶风厩，承书以次为驾，当舍传舍，如律令。十月□②

这是宣帝神爵二年（前60）朝廷下令地方有关部门为大月氏、乌孙使者返国及汉方的护送使团提供食宿交通的传信。

外国来使到达边郡之后，边郡政府亦行文有关部门为来使入京提供服务：

使大月氏副右将军史柏盛忠，将大月氏双靡翎侯使者万若、山副使苏赣，皆奉献言事，诣在所，以令为驾一乘传。永光元年四月壬寅朔壬寅，敦煌太守千秋、长史张、仓长光兼行丞事，谓敦煌，以次为驾，当传舍，如律令。四月丙午过东。③

这是元帝永光元年（前43）汉方出使大月氏的副使右将军史柏盛忠所率领的大月氏双靡翎侯和山国使者欲面见汉元帝“奉献言事”，他们入

---

① 《悬泉汉简研究》（V92DXT1311④：82），第169页。

② 《悬泉汉简研究》（Ⅰ91DXT0309③：59），第201页。

③ 《悬泉汉简研究》（V92DXT1210③：132），第202页。

境之后，敦煌太守行文敦煌县有关部门为他们提供服务。

> □□□遣守候李□送自来大月氏休密翎侯。□□□国贵人□□国贵人□□□□□□□弥勒弥□……建昭二年三月癸巳朔辛丑，敦煌太守彊、长史□□□□□□□□乌孙国客皆奉献诣
>
> ……三月戊申东。守部候脩仁行丞事，谓敦煌，以次为驾，如律令。①

这是元帝建昭二年（前 37）敦煌派遣守候李□护送大月氏、乌孙使者进京奉献而下发的提供服务的指示。

> ☑校尉丞义，使送大月氏诸国客。从者一人，凡二人，人一食。食三升。东。②

这是大月氏等国来使入境之后，地方政府派遣人员护送他们入京，路过悬泉置而得到相关服务的记载。

> （1）出粟三升，以食守属因送大月氏客，一食，食三升。西。③
>
> （2）大月□禹一食，西。送大月氏副使者……④
>
> （3）出粟一斗八升。（六石八斗四升，五石九斗四升）以食守属周生广送自来大月氏使者，积六食，食三升。⑤
>
> （4）出粟二斗四升，以食乌孙大昆弥使者三人，人再食，食四升，西。⑥

这是大月氏、乌孙等国来使返国时，汉方遣使护送他们返国，路过

---

① 《悬泉汉简研究》（Ⅱ90DXT0216②：702），第 203 页。
② 《悬泉汉简研究》（V92DXT1311③：129），第 205 页。
③ 《悬泉汉简研究》（V92DXT1311③：140），第 206 页。
④ 《悬泉汉简研究》（87－89DXC：39），第 207 页。
⑤ 《悬泉汉简研究》（Ⅱ90DXT0214①：126），第 206 页。
⑥ 《敦煌悬泉汉简释粹》（Ⅴ1611③：118），编号 204。

悬泉置而得到相关服务的记载。

(1) □以给都吏董卿所送罽宾使者□☐[①]

(2) 遮要第一传车为乌弋山离使者☐[②]

(3) 黄龙元年六月壬申，使臣宏、给事中侍谒者臣荣☐
制诏侍御史，自使送康居诸国客卫候义与□□☐
为驾二封轺传，二人共载。[③]

(4) 传送康居诸国客卫候臣弘、副□池阳令臣忠上书一
封。黄龙元年☐[④]

上述四简分别是罽宾、乌弋山离、康居等国来使或汉方派遣护送他们的人员在悬泉置得到的服务。服务内容除了交通、饮食之外，还有传送书信的服务，第四简所载即护送康居等国使者返国的汉使的上书，传送经悬泉置的记载。这里的罽宾、乌弋山离、康居等国加上上述频繁出现的大月氏，都是《汉书・西域传》所载“不属都护”之西域远国，史称“而康居、大月氏、安息、罽宾、乌弋之属，皆以绝远不在数中，其来贡献则相与报，不督录总领也”[⑤]。所谓“其来贡献则相与报”，即指上述诸简所载遣使护送其返国以示报答的情形。

除了一般的遣使迎送之外，如有特殊的贡献，则从京城派遣特定人员至边境迎接：

☐其一只以食折垣王一人师使者
☐只以食钩盾使者迎师子
☐□以食使者弋君。[⑥]

---

① 《悬泉汉简研究》（Ⅱ90DXT0213②：37），第208页。
② 《悬泉汉简研究》（Ⅱ90DXT0115②：37），第209页。
③ 《悬泉汉简研究》（Ⅱ90DXT0114④：277），第196页。
④ 《悬泉汉简研究》（Ⅱ90DXT0214③：109），第196页。
⑤ 《汉书》卷九六下《西域传下》，第3928页。
⑥ 《悬泉汉简研究》（Ⅱ90DXT0214S：55），第209页。

这是折垣王遣使来贡献狮子，汉方遣使前往迎接的记载。传世文献不见西域折垣国之记载，西汉时期也不见有贡献狮子之具体的西域国家，到东汉始见有月氏、安息、疏勒等国曾向东汉皇朝贡献狮子[①]，不过《汉书·西域传·赞》有一个笼统的说法，称西汉时期由于外交的发展，于是“钜象、师子、猛犬、大雀之群食于外囿。殊方异物，四面而至”[②]。其中即有“师子”（即狮子），此简的记载补充了贡献狮子的一个具体国家。前往迎接狮子的使者是少府属官“钩盾”，其职“主近苑囿”[③]。中国不产狮子，是为珍稀动物，故特遣皇家苑囿官员前往迎接。此次供应折垣王送狮使者的饮食似较常规供应优厚，供应之物以“只”为计量单位，应当是家禽。得到贡狮被当时视为外交上的重大收获，极其荣耀之盛事，故对其使者另眼相待亦属自然之事。

有时有的使者还能得到酒水的招待：

> 出钱百六十，沽酒一石六斗，以食守属董竝√叶贺所送沙车使者一人、罽宾使者二人、祭越使者一人，凡四人，人四食，食一斗。[④]

从该简观之，此次供应的酒水并非悬泉置自己酿造，而是购买的；此酒亦只供莎车、罽宾、祭越使者四人饮用，汉方送使者并不能享用；此次送使者地位并不高，只是一般小吏，汉代从地方到中央政府的属吏中均有“属”和“守属”，“正曰掾，副曰属”[⑤]。从中似乎看不出给予特殊招待的原因。唯一可以供人思考的是使者的特殊性。三者之中莎车为常见，祭越不见于传世载籍，三国中唯罽宾使者二人，其他两国均一人。罽宾“户口胜兵多，大国也”。与汉皇朝关系比较特殊，“自武帝始通罽宾，自以绝远，汉兵不能至，其王乌头劳数剽杀汉使”。后“遣使者上书

---

① 分见《后汉书》卷八八《西域传·安息国传》《西域传·焉耆国传》，第2918、2927页；《后汉书》卷四《孝和帝纪》，第168、189页；《后汉书》卷六《孝顺帝纪》，第263页；《后汉书》卷四七《班超传》，第1580页，等等。

② 《汉书》卷96下《西域传下》“赞曰”，第3928页。

③ 《汉书》卷一九上《百官公卿表上》，第731—732页。

④ 《悬泉汉简研究》（Ⅱ90DXT0113②：24），第208页。

⑤ 《续汉书·百官志一》注引《汉书音义》，点校本《后汉书志》第二十四，第3559页。

谢。孝元帝以绝域不录，放其使者于县度，绝而不通”。至“成帝时，复遣使献谢罪，汉欲遣使者报送其使，杜钦说大将军王凤”加以反对，认为“前罽宾王阴末赴本汉所立，后卒畔逆”云云，可见罽宾与汉皇朝关系并不亲密，时好时坏，而且其通汉之目的不纯，“罽宾实利赏赐贾市，其使数年而一至云”①。但是它仍然是汉皇朝需要努力争取的一个西域大国，故对于其使者给予比较优厚的款待，也是可以理解的。

综上所述，可知边郡及其邮置设施对于汉皇朝之外交发挥了十分巨大的作用，而外交只是其所承担的诸多任务之一，尚有内政和军事方面的承担，可见其负担是多么沉重。史称汉皇朝“列邮置于要害之路，驰命走驿，不绝于时月”②，悬泉置相关资料表明此绝非虚言。

（三）接送侍子

与汉皇朝建立外交关系的国家和地区，常以派遣侍子入质于汉皇朝的方式，借以巩固、发展双方之关系。

边郡是侍子来往出入的必经之地，敦煌悬泉置出土简牍有不少西域诸国侍子来往的记录。

> 元始二年二月己亥，少傅左将军臣丰、右将军臣建，承制诏御史曰，侯旦□送乌孙归义侯侍子，为驾一乘轺传，得别驾，载从者二人，御七十六。大……如……③

成帝永始元年（前16）乌孙小昆弥末振将指使贵人乌日领刺杀了亲汉的大昆弥雌栗靡，小昆弥之弟卑爰疐也参与了杀害大昆弥之事，平帝元始年间（1—6），卑爰疐“杀乌日领以自效，汉封为归义侯”④。将功折罪，故被汉方封拜。他为了结好汉皇朝而派遣侍子入汉，这是汉方遣使护送其侍子返国，御史大夫根据诏旨发文说明汉方护送使团组成以及交通待遇，责成沿途按照指示执行。这是悬泉置在接待乌孙侍子之后而

① 《汉书》卷九六上《西域传上》，第3884—3887页。

② 《后汉书》卷八八《西域传》“论曰”，第2931页。

③ 《悬泉汉简研究》（Ⅰ90DXT0116：S14），第142页。

④ 《汉书》卷九六下《西域传下》，第3910页。

遗存的简文。

> 阳朔四年四月庚寅朔戊戌……
> 送康居王质子乘……如律令。[①]

这是成帝阳朔四年（前21）汉方遣使护送康居侍子返国的相关记载，史称“至成帝时，康居遣子侍汉，贡献”[②]。此简表明史籍记载是符合事实的。

此外，悬泉汉简还有一枚记载了接待姑墨、危须、乌垒等西域国家使者的竹简，其中可能有乌垒的“侍子”[③]。此事不见于传世载籍。

有汉一代入汉的侍子数量很多，也很频繁，因此边郡便成为接待侍子的中转站。南北朝人康绚，其先世为康居国人。据《梁书·康绚传》记载：“初，汉置都护，尽臣西域，康居亦遣侍子待诏于河西，因留为黔首，其后即以康为姓。”[④] 康绚即康居侍子的后代。由此可知康居侍子曾有“待诏”于河西的。东汉前期莎车称雄于西域，葱岭以东诸国受其侵逼，建武二十一年（45）西域车师前王、鄯善、焉耆等十八国遣子入侍，意图通过纳质而请求东汉派遣都护镇抚西域，以平衡莎车势力，但光武帝“以中国初定，北边未服，皆还其侍子”，这就意味着暂时不派遣都护。当这批侍子返抵敦煌时，“诸国闻都护不出，而侍子皆还，大忧恐，乃与敦煌太守檄，愿留侍子以示莎车，言侍子见留，都护寻出，冀且息其兵”。意即争取将这些被汉方遣返的侍子留在敦煌，以向莎车显示汉皇朝即将派遣都护的架势，以阻滞莎车的兵锋。“裴遵以状闻，天子许之。”经光武帝批准，这批侍子便留居于敦煌。后来这些侍子因“久留敦煌，愁思，皆亡归”[⑤]。可知返回西域的侍子均集中于敦煌，敦煌当局亦须等待朝廷的命令后才能定其去留。边郡可以说是四方侍子的集散地。

---

① 《悬泉汉简研究》（Ⅱ90DXT0215④：17），第199页。
② 《汉书》卷九六上《西域传上》，第3892页。
③ 《敦煌悬泉汉简释粹》（V1410③：57），第134—135页。
④ （唐）姚思廉撰：《梁书》卷一八《康绚传》，中华书局1973年版，第290页。
⑤ 《后汉书》卷八八《西域传·莎车国传》，第2924页。

（四）接送和亲公主

以汉皇帝之女下嫁邦交国君主，以加强双方的关系，是汉代外交中常用的一种方式，史称“和亲”。汉与西域乌孙建立了比较长期的和亲关系，故西北边境政府就常有接送和亲公主的任务。悬泉汉简中遗留了一些反映这一历史事实的简牍：

> 上书二封。其一封长罗侯，一乌孙公主。甘露二年二月辛未日夕时受平望译骑当富，县泉译骑朱定付万年译骑。[①]

甘露元年（前53）乌孙政局动荡，经汉方调解，乌孙各方同意分立为大、小昆弥。宣帝派遣和亲乌孙的解忧公主的侍者冯嫽（尊称冯夫人）出使乌孙，与屯驻于赤谷城的长罗侯常惠合作进行调解，立解忧公主之子“元贵靡为大昆弥”，匈奴女所生“乌就屠为小昆弥”。但是乌孙内争并未止息，汉方再次为之“分别其人民地界”[②]。上述两封上书，一封是长罗侯常惠所发，一封是乌孙公主（即解忧公主）所发。显然是与乌孙政局有关的紧急文书，辛未那天傍晚接平望驿骑名当富者递到，悬泉驿骑朱定接手递至万年驿，由那里的驿骑接手往京师方向继续传递。由此可见，汉方通向西域的整个邮驿系统均动员起来传递这两封急件。

> 甘露三年十月辛亥，丞相属王彭，护乌孙公主及将军、贵人、从者道上。传车马为驾二封轺传，有请诏。
>
> 御史大夫万年下谓（渭）成（城），以次为驾，当舍传舍，如律令。[③]

甘露三年（前51）解忧公主之子“元贵靡、鸱靡皆病死，公主上书言年老土思，愿得归骸骨，葬汉地。天子闵而迎之，公主与乌孙男女三

---

① 《悬泉汉简研究》（Ⅱ90DXT 0113③：65），第234页。

② 《汉书》卷九六下《西域传下》，第3907页。

③ 《悬泉汉简研究》（Ⅴ92 DXT 1412③：100），第149页。

人俱来至京师”[①]。上简反映的就是朝廷派遣丞相府的属官王彭前往迎接解忧公主及其随行人员返国，以及御史大夫府发出的传信。时御史大夫为陈万年[②]。

> 甘露三年十月辛亥朔，渊泉丞贺移广至、鱼离、县泉、遮要、龙勒，厩啬夫昌持传马送公主以下过，廪穬麦各如牒，今写券墨移书到，受簿入，十一月报，毋令缪，如律令。[③]

上简则是敦煌郡属县渊泉县的县丞名贺者的移文，向广至、鱼离、县泉、遮要、龙勒等县或置通告：厩啬夫名昌者“持传马送公主以下过”，请各地按照规定供应粮食马料，登记造册，下月上报，不得有误。从中可见为了迎接解忧公主返国，敦煌郡境内沿途有关部门均行动起来为之服务。

（五）接受文书

周边国家和地区如有任何需要与汉皇朝进行沟通、联络的事项，也可以直接致书于边郡，或通过边郡上达朝廷。王莽之乱时，匈奴趁机控制了西域，只有莎车不肯附属，因其国王延曾在元帝时为侍子居住于长安，对汉文化非常仰慕。他“常敕诸子，当世奉汉家，不可负也”。莎车王延死后，子康继位，率领西域诸国共拒匈奴，并护卫着汉末残留于西域的都护吏士妻子一千余口。时值两汉之际，中原政局多变，西域诸国未得悉内地底细，建武五年（29）莎车王康“檄书河西，问中国动静，自陈思慕汉家”。莎车试图通过致书边郡而与汉皇朝恢复联系，当时割据河西的窦融已被光武帝授予凉州牧，他将收到的莎车王的文书转致朝廷，经光武批复，窦融“承制”立康为“汉莎车建功怀德王、西域大都尉，五十五国皆属焉”。莎车王康死后，其弟贤继位，“自负兵强，欲并兼西域，攻击益甚”。于是出现了上文所述建武二十一年（45）西域十八国遣子入侍、请求派遣都护，以抗拒莎车侵逼的事件，但这些要求均被光武

① 《汉书》卷九六下《西域传下》，第3908页。

② 《汉书》卷一九下《百官公卿表下》，第811页。

③ 《悬泉汉简研究》（Ⅱ90DXT 0114③：522），第236页。

帝拒绝，十八国“大忧恐，乃与敦煌太守檄”。也是通过向边郡致文书而继续提出上述要求。于是敦煌太守“裴遵以状闻，天子许之”[①]。边郡起着双方文书往还的枢纽作用。

（六）招纳内附

缘边州郡一方面负有以武力守土之责，另一方面则抚以恩信，广事招纳，把军事与外交紧密结合在一起，这对于多民族国家的发展有着积极的意义。这当然主要是由汉皇朝的向心力所决定的，但同时也与边郡太守的工作分不开，东汉时祭彤为辽东太守近三十年，“抚夷狄以恩信，皆畏而爱之……彤之威声，畅于北方，西自武威，东尽玄菟及乐浪，胡夷皆来内附，野无风尘。乃悉罢缘边屯兵”[②]。建武二十五年（49）句骊进犯右北平、渔阳、上谷、太原等郡，与此形成鲜明对比的是，辽东太守祭彤“以恩信招之，皆复款塞”[③]，起到了化干戈为玉帛的作用。可见边郡太守是否善于招纳，对于双方关系有着重要影响。

两汉时期周边地区前来边郡内附的记载史不绝书。东北地区主要内附于乐浪、玄菟、辽东等郡，武帝元朔元年（前128）“濊君南闾等畔右渠，率二十八万口诣辽东内属”[④]。王莽地皇时，辰韩右渠帅廉斯鑡至乐浪内附[⑤]。建武二十年（44）秋，“东夷韩国人率众诣乐浪内附”[⑥]。建武二十三年（47），句骊蚕支落首领戴升等人，率领部众“万余口诣乐浪内属”。永初五年（111）句丽王宫“遣使贡献，求属玄菟”。延光元年（122）句丽王遂成“还汉生口，诣玄菟降”。建宁二年（169）句丽王伯固“降服，乞属玄菟”[⑦]。北部地区主要内附于云中、五原、朔方、北地、西河等郡，建武二十三年匈奴日逐王比“密遣汉人郭衡奉匈奴地图……诣西河太守求内附”。章和元年（87）北匈奴被鲜卑打败，“北庭大乱，屈兰、储卑、胡都须等五十八部，口二十万，胜兵八千人，诣云中、五

---

① 《后汉书》卷八八《西域传·莎车国传》，第2923—2924页。

② 《后汉书》卷二〇《祭彤传》，第745页。

③ 《后汉书》卷八五《东夷列传·句骊传》，第2814页。

④ 《后汉书》卷八五《东夷列传·濊传》，第2817页。

⑤ 《三国志》卷三〇《魏书·东夷传》注引《魏略》，第851页。

⑥ 《后汉书》卷一下《光武帝纪下》，第72页。

⑦ 《后汉书》卷八五《东夷列传·句骊传》，第2814—2815页。

原、朔方、北地降”[①]。岭南地区主要内附于九真、日南等郡，延光元年“九真徼外蛮夷贡献内属”[②]。延光三年（124）“日南徼外蛮夷内属”[③]。诸如此类，史不绝书。

由此可见，在汉皇朝的四境，内附是相当频繁的，而且数量还相当巨大，有时一次竟达数十万人。边郡在招纳安抚方面负有巨大的责任。

（七）转付赏赐

赏赐是汉皇朝与境外国家或地区维系外交关系的重要方式和手段。赏赐的方式主要有两种，一种是外国君主或使节前来朝贡时在朝廷直接给予，另一种则是由边疆政府代为赏赐。因此汉代的缘边州郡经常负责转付赏赐，这成为其重要的外交职责之一。

汉朝赐予高句丽、夫余的礼仪服物和丧葬衣物就是由玄菟郡负责转赐的。汉所赐高句丽“衣帻、朝服、鼓吹，常从玄菟郡受之”[④]。所赐之物为礼服和仪仗，此外还赐予“鼓吹技人”。则所赐不仅有物，而且还有技艺人员。原先是由高句丽派员到玄菟郡领取，“后稍骄恣，不复诣郡，于东界筑小城，置朝服衣帻其中，岁时来取之，今胡犹名此城为帻沟溇。沟溇者，句丽名城也”[⑤]。即于邻近玄菟郡之东部边界上专筑一城，以为领取汉朝所赐物品之所。由此可见这种赏赐不是偶然的，而是经常性的。向夫余国的赏赐也是由玄菟郡转付，“其王葬用玉匣，汉朝常豫以玉匣付玄菟郡，王死则迎取以葬焉”[⑥]。至曹魏时，“公孙渊伏诛，玄菟库犹有玉匣一具”。东汉末公孙度割据辽东时，玄菟郡为其所辖，故魏明帝景初二年（238）平定公孙渊时，尚缴获其玄菟郡库中所藏玉匣一具。直至西晋陈寿撰《三国志》时，“今夫余库有玉璧、珪、瓒数代之物，传世以为宝，耆老言先代之所赐也。其印文言‘濊王之印’”[⑦]。所谓“先代”，当包括两汉与曹魏。据此则除赏赐玉匣之外，尚有各种玉器和印绶。

---

① 《后汉书》卷八九《南匈奴传》，第2942、2951页。

② 《后汉书》卷八六《南蛮西南夷传》，第2837页。

③ 《后汉书》卷五《安帝纪》，第239页。

④ 《梁书》卷五四《诸夷传·高句丽传》，第801—802页。

⑤ 《三国志》卷三〇《魏书·东夷传》，第843页。

⑥ 《后汉书》卷八五《东夷传·夫余国传》，第2811页。

⑦ 《三国志》卷三〇《魏书·东夷传》，第842页。

赏赐钱谷也常从边郡就近拨付。元帝初元元年（前48）“呼韩邪单于复上书，言民众困乏。汉诏云中、五原郡转谷二万斛以给焉”①。永平元年（58）“鲜卑大人皆来归附，并诣辽东受赏赐，青徐二州给钱岁二亿七千万为常”②。

（八）遣使出境

缘边州郡也可以直接派遣使者出境办理交涉事宜。王莽地皇（20—23）年间，辰韩右渠帅廉斯鑡投奔汉乐浪郡后，报告有户来等一千五百余名被辰韩所俘汉人，尚在那里为奴服苦役的情况。乐浪郡即遣使至辰韩交涉遣返这批俘虏，“郡即以鑡为译，从芩中乘大船入辰韩，迎取户来”。廉斯鑡作为乐浪郡使团的译员随同前往。其时一千五百人已死去五百人，经过交涉，辰韩答应赔偿损失，廉斯鑡“收取直还，郡表鑡功义，赐冠帻、田宅，子孙数世，至安帝延光四年时，故受复除”③。虽然这起交涉是由乐浪郡负责办理的，但是乐浪郡是上报并得到了朝廷批准的，故对于廉斯鑡的嘉奖直到东汉时期仍然得以继续。东汉初，匈奴、鲜卑、赤山乌桓勾结一起经常犯边，“朝廷以为忧”。辽东太守祭彤因此设计分化瓦解他们的联盟关系，于建武二十五年（49）遣使“招呼鲜卑，示以财利”。鲜卑大都护偏何乃“遣使奉献，愿得归化。（祭）彤慰纳赏赐，稍复亲附”。通过双方使命往还，祭彤争取了鲜卑倒向汉朝，令其连连攻打匈奴，“自是匈奴衰弱，边无寇警，鲜卑、乌桓并入朝贡”④。从而导致鲜卑、乌桓亲附，成功地瓦解了他们的联盟，解除了北边的威胁。灵帝时故中山相张纯、泰山太守张举与乌桓大人丘力居连盟叛乱寇边，是年以刘虞为幽州牧，“刘虞到部，遣使至鲜卑中，告以利害，责使送张举、张纯首，厚加购赏。丘力居等闻虞至，喜，各遣译自归”⑤。刘虞不是运用战争而是通过遣使这种和平方式达到了瓦解和吸附对方的目的。

---

① 《汉书》卷九四下《匈奴传下》，第3800页。

② 《后汉书》卷九〇《鲜卑传》，第2986页。

③ 《三国志》卷三〇《魏书·东夷传》注引《魏略》，第851页。

④ 《后汉书》卷二〇《祭彤传》，第744—745页。

⑤ 《资治通鉴》卷五九，汉灵帝中平六年（189），第1893页。

（九）签订条约

边郡有时还可与对方签订条约。西汉初辽东太守曾与朝鲜签订条约，时朝鲜王满在位，“会孝惠、高后时天下初定，辽东太守即约满为外臣，保塞外蛮夷，无使盗边；诸蛮夷君长欲入见天子，勿得禁止”。这是辽东太守与朝鲜王满所签订的条约，规定朝鲜为汉王朝的“外臣”，一方面负责保证其他国、族不得侵犯汉边，另一方面则不得妨碍和阻拦其他国、族朝汉。条约签订以后要上报皇帝批准，辽东太守“以闻，上许之”①。

（十）开展互市

边郡互市是汉代的外交诸方式之一，但两汉时期不论在中央还是地方政府中都还没有设置管理互市的机构，边境互市一般均由缘边州郡政府负责管理。边境互市的开展大体有两种情况，或应对方的要求而进行，或由己方主动进行。元和元年（84）武威太守孟云“上言北单于复愿与吏人合市，诏书听（孟）云遣驿使迎呼慰纳之”②。这是由北匈奴向武威太守提出互市要求，武威太守再上报朝廷，经皇帝批准之后而进行的。刘虞为幽州牧时，积极“开上谷胡市之利”③，这是由己方主动开展的互市。

从以上十个方面，我们看到缘边州郡所承担的外交职责可以说是全方位的，而且是相当繁重的，举凡中央政府所进行的外交活动都需要它们的配合，都与它们有着密切的关系。它们是汉皇朝外交管理体系中不可缺少的、重要的组成部分。对内来说，它们是汉皇朝外交的触角和前哨，对外来说，它们又是汉皇朝的代表和象征。由于缘边州郡与境外接触频繁，熟悉彼方情况，又肩负一系列外交职责，因此他们需要经常把外交方面的有关信息上报朝廷，并提出具体的建议和主张，以供朝廷讨论决策。中央朝廷依靠它们提供的信息，得以及时地掌握边境与外部世界的动态，采取因应措施，以维护汉皇朝之利益。因为他们身处边境，情况比较熟悉，所以他们的意见一般均受到重视，常被朝廷采纳。缘边州郡在履行外交职责时虽然要接受朝廷的指示，但也并非消极地奉命行

① 《史记》卷一一五《朝鲜列传》，第2986页。
② 《后汉书》卷八九《南匈奴传》，第2950页。
③ 《后汉书》卷七三《刘虞传》，第2354页。

事，而是根据具体情况灵活、主动地开展工作，把政令一统的原则性与因地制宜、因事权变的灵活性很好地结合在一起，积极地开展外交活动，使汉代的外交呈现空前活跃的面貌，为发展对外关系、维护汉皇朝的利益发挥了积极作用。

当然，并非所有缘边州郡都承担上述所有的外交职责，事实上，各个边郡因其所处地理位置不同，其所承担的外交任务和发挥的作用也是有所差别的，其中以敦煌郡所承担的外交职责较其他边郡要更为繁重，更具典型性。东汉人杜笃《论都赋》有云："肇置四郡，据守敦煌，并域属国，一郡领方。"李贤注曰："以敦煌一郡领西方也。"[①] 敦煌郡处于中西交通的枢纽和中转站，以其特殊重要的地理位置，的确处于统领西方外交事务的重要地位，尤其是在都护未设或撤离西域的时期就更为突出。

敦煌郡除了承担上述诸外交职事以外，还要负责管理有关西域方面的其他外交事务。居延汉简载："诏伊循候章□卒曰持楼兰王头诣敦煌留卒十人女译二人留守□。"[②] 此简所载当为元凤四年（前77）傅介子斩楼兰王事，时楼兰王与匈奴勾结，经常拦截杀害汉使，于是大将军霍光指使傅介子"扬言以赐外国为名"[③]，借机刺杀楼兰王。简文所载为昭帝令将楼兰王头先送敦煌，以等待朝廷的命令发落。伊循为楼兰国内一城。可见敦煌为处置西域事宜的据点。经此事件后楼兰国名改为鄯善。元嘉元年（151）西域长史赵评在于阗病死，其子至于阗迎丧，路经拘弥国。拘弥王与于阗王有仇隙，便向赵评之子挑拨说是于阗王令胡医以毒药害死其父。赵评之子"信之，还入塞，以告敦煌太守马达"。次年汉朝派遣王敬代替赵评任西域长史，于是敦煌太守马达"令（王）敬隐覈其事"[④]。可见西域发生的问题也可向敦煌太守报告，而他也有权命令西域长史去调查核实所发生的问题。

敦煌太守还参与废立西域国王。顺帝永建四年（129）于阗王放前杀拘弥王兴，自立其子为拘弥王，而遣使者贡献于汉。敦煌太守徐由上书

---

① 《后汉书》卷八〇上《文苑列传上·杜笃传》，第2600页。

② 《居延汉简释文合校》，简303·8，第496页。

③ 《汉书》卷九六上《西域传上》，第3878页；《汉书》卷七〇《傅介子传》，第3002页。

④ 《后汉书》卷八八《西域传·于阗国传》，第2916页。

请求讨之，顺帝赦于阗罪，令将所立王遣归拘弥国，但放前不肯。于是阳嘉元年（132），徐由“遣疏勒王臣槃发二万人击于阗，破之……更立兴宗人成国为拘弥王而还”①。桓帝永兴元年（153）车师后部王阿罗多与戊部候严皓不和，忿而逃亡北匈奴。敦煌太守宋亮“上立后部故王军就质子卑君为后部王”②。

由此可见，敦煌郡对于西域事务的管理是全方位的，而且权力很大，俨然朝廷西方事务的总代表和总管。

二　边防关塞

缘边州郡担负着重要的边防任务，因而同时有一套边防军事系统，边郡郡守之下设若干部都尉分管军事，在扼要之地设关，置关都尉。“边县有障塞尉。本注曰：掌禁备羌夷犯塞。”③ 其“大者曰障，小者曰塞，并置有障尉、塞尉”④。史称“中国四方皆有关梁障塞”⑤，但其重点则在北部边境，“北边自敦煌至辽东万一千五百余里，乘塞列隧”⑥。这些关隘障塞主要是军事意义，所谓“建塞徼，起亭隧，筑外城，设屯戍，以守之，然后边境得用少安”。同时“非独以备塞外也，亦以防中国奸邪放纵，出为寇害，故明法度以专众心也”⑦。从对外、对内两方面都强调了它们作为边防的军事意义。但是它们同时也具有一定的外交职能和作用，在一定意义上这些关塞又是双方和好交往的通道，两汉时期“叩关”“款塞”的记载史不绝书正是这种事实的反映。由于关塞处于边境必经之地和险扼之处，在必要时双方可以在这里进行接触，外交方面的许多信息就是从这里传递的，因此关塞也具有一定的外交功能。敦煌汉简有：“☐龙勒写大鸿胪挈令津关。”⑧ 敦煌郡有龙勒县，县境“有阳关、玉门关，

---

① 《后汉书》卷八八《西域传·拘弥国传》，第2915页。

② 《后汉书》卷八八《西域传·车师传》，第2931页。

③ 《续汉书·百官志五》，点校本《后汉书志》第二十八，第3625页。

④ 陈直：《汉书新证》，天津人民出版社1979年版，第134页。

⑤ 《汉书》卷九四下《匈奴传下》，第3805页。

⑥ 《汉书》卷六九《赵充国传》，第2989页。

⑦ 《汉书》卷九四下《匈奴传下》，第3803、3805页。

⑧ 甘肃省文物考古研究所编：《敦煌汉简》下册《释文·建国前出土汉简》，二〇二七号，中华书局1991年版，第298页。

皆都尉治”①。何谓“挈”？韦昭曰：“在板挈也。”颜师古曰：“挈，狱讼之要也。书于谳法挈令以为后式也。”② 也就是说龙勒县将大鸿胪下达之“挈令”通告包括阳关、玉门关在内的诸关津，而大鸿胪主管涉外事务，则可能有关涉外的法令事项要求关津重视并遵照执行。

关塞在外交方面的作用主要体现于以下几个方面。

（一）接待来使

关塞为使者出入必经之处，关塞接待来使的情况在出土汉简中也有反映。敦煌汉简：

> 甘露二年正月庚戌，敦煌太守千秋、库令贺兼行丞事敢告酒泉大☑
>
> 罢军候臣赵千秋上书：送康居王使者二人、贵人十人、从者☑
>
> 九匹、驴卅一匹、橐他廿五匹、牛一。戊申入玉门关。已阁□☑③

宣帝甘露二年（前52）正月庚戌敦煌太守移书酒泉太守，通报称：康居王所派遣之使团，为使者二人、贵人十人以及从者若干人，所携物资为（简文未辨明之牲畜）九匹，以及驴卅一匹、骆驼廿五匹、牛一匹，已于戊申日进入玉门关。

> 府移玉门书曰：降归义大月氏闻须勒等☑④

这当是郡府移文玉门，告知大月氏的闻须勒等人之动态，“归义”多指境外国家、地区人员来归、来降，与汉方亲近之意。

境外国、族如有所求或其他需要，也常直接派遣使者至边塞进行联

① 《汉书》卷二八下《地理志下》，第1614页。

② 《汉书》卷五九《张汤传》，第2639页。

③ 《悬泉汉简研究》（Ⅱ90DXT0213③：6），第195页。

④ 《悬泉汉简研究》（Ⅰ91DXT0405④A：22），第207页。

系或交涉，因此边塞也有接待来使的任务。建武二十四年（48）“匈奴薁鞬日逐王比遣使款五原塞，求扞御北虏”[①]。时匈奴分裂为南北，薁鞬日逐王比被立为呼韩邪单于，此“北虏”指北匈奴。南匈奴这一请求被传送到了朝廷，为此召开了决策会议，决定接受其要求，令其“东扞鲜卑，北拒匈奴，率厉四夷，完复边郡”。两汉之际北部边郡多所残破，“时边郡皆创残，有南匈奴为扞蔽，则可以完复矣”[②]。故“完复边郡”亦为东汉朝廷决定接受其要求的重要原因之一。从此开启了东汉与南匈奴友好关系的发展及其日后之内附。与南匈奴关系的重要进展是从五原塞接转对方来使而开启的。

和帝永元（89—105）初，北匈奴与东汉曾频繁在边塞进行外交接触。永元元年（89），大将军窦宪出征北匈奴，击败北匈奴后，北匈奴单于遣其弟奉贡入侍。窦宪因为北单于未能亲来，便上奏还其侍弟。次年北匈奴又“遣使款居延塞，欲修呼韩邪故事，朝见天子，请大使。（窦）宪上遣（班）固行中郎将事，将数百骑与虏使俱出居延塞迎之”[③]。这是北匈奴遣使至居延塞提出自己的要求，居延塞接北匈奴使后，转报窦宪，再由窦宪上报皇帝，经朝廷决策后，双方使者出居延塞迎北单于。匈奴使者在上报下达期间，可能一直待在居延塞等候汉朝方面的答复。永元三年（91）北匈奴单于再次被汉军打败，逃亡不知所在，其弟自立为单于，“止蒲类海，遣使款塞”[④]。由此可见，北匈奴来使款塞是相当频繁的，边塞是汉与北匈奴进行外交联系的一个重要孔道。

关塞接待来使的情况在出土汉简中也有反映。敦煌汉简记：“乌孙小昆便仗者雨墨。”[⑤] 林梅村等谓“便”疑当释“弥”；劳干《敦煌汉简校文》释“仗”为“使”。准上则此简所记为：“乌孙小昆弥使者雨墨。”汉宣帝甘露元年（前53）起，乌孙分立大、小两昆弥。此即小昆弥所遣使者入关时受到接待的有关记录。

---

① 《后汉书》卷一下《光武帝纪下》，第76页。

② 《资治通鉴》卷四四，汉光武帝建武二十四年（48）及胡注，第1407页。

③ 《后汉书》卷四〇下《班固传》，第1385页。

④ 《后汉书》卷八九《南匈奴传》，第2954页。

⑤ 林梅村、李均明编：《疏勒河流域出土汉简·疏勒河流域出土汉简释文》，简·379，文物出版社1984年版，第55页。以下引此书简称《疏》。

（二）接转文书

对方的外交文书有时也通过关塞递交，关塞接到以后再转交有关方面上报中央。汉文帝即位之初，匈奴趁机犯边，前三年（前177）五月，“匈奴右贤王入居河南地，侵盗上郡葆塞蛮夷，杀略人民”。于是文帝派遣丞相灌婴率领车骑八万五千反击，文帝御驾亲征至于太原。“是时济北王反，文帝归，罢丞相击胡之兵。”双方均暂时撤退。匈奴单于派遣郎中系雩浅携带致汉文帝的文书，“以六月中来至薪望之地。书至，汉议击与和亲孰便”①。薪望之地，为“汉界上塞下地名，今匈奴使至于此也”②。这是在双方剑拔弩张之际，匈奴派遣使者通过关塞而与汉方通文书，边塞方面接受匈奴文书之后，再转送至朝廷，朝廷据匈奴来书而讨论了应对方针政策。

通过关塞进行外交文书的传递，这在出土汉简中亦多所反映。敦煌汉简：“入西蒲书二封。其一封文德大尹章诣大使五威将莫府。一封文德长史印诣大使五威将莫府。始建国元年十月辛未日食时关啬夫□受□□卒赵彭。”③ 王莽改敦煌为文德，郡守为大尹，文德大尹即敦煌太守。蒲书即簿书。④ 始建国元年（9）秋王莽“遣五威将王奇等十二人班《符命》四十二篇于天下……外及匈奴、西域，徼外蛮夷，皆即授新室印绶，因收故汉印绶”⑤。上述汉简所载是当时朝廷给出使西域的五威将之一的有关文书，敦煌太守和敦煌长史在文书封泥上盖章以后，送达边关时，关吏卒详细登记了接到文书的时间和受授吏卒的姓名，然后再往西传送。居延汉简又载：“皇帝陛下车骑将军下诏书曰乌孙小昆弥乌。”⑥ 宣帝甘露元年（前53）汉朝立乌孙乌就屠为小昆弥，此简所记当为汉朝给乌孙小昆弥乌就屠的诏书，通过边关时为关吏所作的有关记录。

---

① 《史记》卷一一〇《匈奴列传》，第2895—2896页。

② 《史记》卷一一〇《匈奴列传》“索隐”引服虔曰，第2897页。

③ 《疏》，简357，第54页。

④ 王国维：《观堂集林》卷一七《史林九·敦煌汉简跋十一》，中华书局1959年版，第853—855页。

⑤ 《汉书》卷九九中《王莽传中》，第4112—4114页。

⑥ 《居延汉简释文合校》，简387.19、简562.27，第548页。

文书之外的其他信息也可通过边塞而转达。武帝元鼎五年（前112）南越吕嘉叛乱，“尽杀汉使者”，又歼灭汉所派遣2000人的军队，然后“使人函封汉使节置塞上，好为谩辞谢罪，发兵守要害处”[①]。将所杀汉使所持之节函封置于塞上，以表示绝交之决心。

（三）接转口信

除了接转文书以外，边塞也负责接转有关口信。汉武帝为了解除匈奴的威胁，于元狩二年（前121）派遣霍去病大举进攻匈奴浑邪王、休屠王所辖之河西地区，大败匈奴。匈奴单于追究浑邪王、休屠王失败之责，他们二人恐，谋欲降汉，于是“使人先要道边”。何谓“先要道边”？颜师古注曰：“先为要约来言之于边界。”“要”即“约”，“道”为“言”之意，这是匈奴王遣使至边界约会边吏，传递其归降的口信。当时大将军李息正在边境筑城，迅速将这一口信“驰传以闻”[②]，上报了汉武帝。宣帝时，匈奴经过“五单于争立”之后，国势削弱，在内争中获胜的呼韩邪单于决定附汉，甘露二年（前52）“匈奴呼韩邪单于款五原塞，愿奉国珍朝三年正月”[③]。这是匈奴通过五原塞转达愿于明年参加正旦朝会的意向。这一信息通过五原塞转达到了朝廷，经朝廷召开决策会议决定接受其要求。新莽时汉匈关系恶化，匈奴之亲汉派通过边塞转达和好的口信。始建国五年（13），王昭君女儿伊墨居次云及其婿右骨都侯须卜当，共立左犁汗王咸为乌累单于，并劝其与汉和亲。于是天凤元年（14）伊墨居次云、须卜当夫妇“遣人之西河虎猛制虏塞下，告塞吏曰：‘欲见和亲侯。’和亲侯王歙者，王昭君兄子也。中部都尉以闻”[④]。这是匈奴方面派人到西河郡虎猛县境的制虏塞，求见塞吏传达匈奴方面的请求，塞吏将此口信转报其上级中部都尉，中部都尉再上报中央。王歙与王昭君为姑表亲，故匈奴使者提出要求见王歙，以转达其姑有关和亲之意向。

---

① 《汉书》卷九五《西南夷两粤朝鲜传》，第3856页。（唐）李吉甫撰，贺次君点校：《元和郡县图志》卷三四《岭南道一·韶州》：大庾岭“越之北疆也。越相吕嘉破汉将军韩千秋于石门，封送汉节，置于塞上，即此岭”。中华书局1983年版，第902页。

② 《汉书》卷五五《卫青霍去病传》，第2482—2483页。

③ 《汉书》卷八《宣帝纪》，第270页。

④ 《汉书》卷九四下《匈奴传下》，第3827页。

（四）接转奉献

在接待来使的同时，边关也负责接收奉献物品，转交朝廷。敦煌汉简载：

降归义乌孙女子
复裙献驴一匹骍牡
两抾齿□岁封颈以
敦煌王都尉章。[①]

这里的“归义”为乌孙归义侯，是为乌孙小昆弥末振将之弟卑爰疐。末振将先前指使乌孙贵人乌日领刺杀了解忧公主之曾孙、大昆弥雌栗靡。及至元始（1—5）中，卑爰疐“杀乌日领以自效，汉封为归义侯”[②]。卑爰疐虽然没有即位为小昆弥，但是在乌孙政坛中处于强势地位而凌驾于两昆弥之上。简文所记为下嫁乌孙归义侯的汉女献驴之事，关吏接收以后登记驴的年齿，并由敦煌都尉盖章封颈以后转送朝廷。汉朝在武、宣时期与乌孙建立了和亲关系，以公主嫁乌孙。这里的“归义乌孙女子复裙”当为下嫁卑爰疐之汉女，因归义侯卑爰疐不是昆弥，故以非公主身份的汉女下嫁之。这与传统意义上以汉公主嫁对方君主的和亲不同，可以视为是汉与乌孙的一种准和亲关系。

（五）供应使节

关塞为使节出入必经之地，因而对于过往使节负有供应食宿、粮草等任务。敦煌汉简记：“出粟五石二斗二升以食使车师□君卒八十七人☑”[③]“出粟一斗二升以食使莎车续相如上书良家子二人八月癸卯□☑”[④]，这两简都是边关供应出使西域人员粮食的登记册。第二简所记出使莎车的续相如，据《汉书》记载，他曾“以使西域发外王子弟，诛

① 《疏》，简 370，第 55 页。《敦煌汉简》下册《释文·建国前出土汉简》作“二岁”，一九〇六号，第 293 页。

② 《汉书》卷九六下《西域传下》，第 3910 页。

③ 《疏》，简 390，第 56 页。

④ 《疏》，简 391，第 56 页。

斩扶乐王首，虏二千五百人”[①] 而于太始三年（前94）五月被封为承父侯。简文所记即为其在此次出使西域时，曾派良家子二人回京城而携带给朝廷的上书，在入关时受到廪食接待之记录。

（六）接受降附

边塞也是接受降附的重要渠道。东汉前期随着社会经济的恢复和国力的增强，明帝永平十六年（73）开始实施对北匈奴大规模的攻击战。经过数年的战争，给予北匈奴沉重打击，于是其部众纷纷向南归附汉朝。东汉章帝建初八年（83）夏六月，北匈奴部众在三木楼訾大人稽留斯等率领之下，有38000人以及马20000匹、牛羊十余万，“款五原塞降”。元和二年（85）正月，又有北匈奴在其大人车利、涿兵等率领下“亡来入塞”[②]，先后共有73批。这些降附都是通过关塞而进行的。

（七）会谈、交涉场所

由于边塞具有双方交会便捷的有利条件，因而经常成为会谈和交涉的场所。始建国三年（11）王莽企图将匈奴分为十五单于以削弱之，便派遣蔺苞、戴级二人“多赍珍宝至朔方塞下，招诱呼韩邪单于诸子，欲以次拜之”。蔺苞、戴级“使译出塞诱呼右犁汗王咸、咸子登、助三人，至则胁拜咸为孝单于……拜助为顺单于”，将他们诱骗至朔方塞而拜为单于并厚加赏赐，然后“传送助、登长安”[③]。朔方塞为此次王莽使团与匈奴方面会谈、交涉的场所。天凤五年（18）王莽又乘匈奴使者来长安奉献之机，派遣和亲侯王歙带领匈奴使者“俱至制虏塞下，与云、当会”[④]。云即王昭君之女伊墨居次云，当即其婿须卜当。王歙等以武力胁迫云、当等人至长安，拜当为单于。这些虽然都是王莽所采取的欺诈行为，但也说明当时以边塞作为双方会谈、交涉场所的情况是较为普遍的。

边塞也经常为双方办理交接之场所。匈奴单于咸之子登被王莽杀害于长安，至天凤二年（15）双方关系缓和，王莽遣使护送登等人的丧车“至塞下，单于遣云、当子男大且渠奢等至塞迎”[⑤]。这是匈奴方面遣使至

---

① 《汉书》卷一七《景武昭宣元成功臣表》，第662页。
② 《后汉书》卷八九《南匈奴传》，第2950页。
③ 《汉书》卷九四下《匈奴传下》，第3823页。
④ 《汉书》卷九四下《匈奴传下》，第3829页。
⑤ 《汉书》卷九四下《匈奴传下》，第3828页。

边塞迎接新莽使团和丧车。始建国元年（9），王莽遣使至匈奴，使团返国途经匈奴左犁汗王咸的居地时，看见那里有很多乌桓民，遂询问左犁汗王咸是怎么回事？左犁汗王咸告诉王莽使者这是从前驱掠所得乌桓妇女弱小。王莽使者遂根据平帝元始二年（2）王莽曾经向匈奴颁布的四条诏令："中国人亡入匈奴者，乌孙亡降匈奴者，西域诸国佩中国印绶降匈奴者，乌桓降匈奴者，皆不得受。"① 提出："前封四条，不得受乌桓降者，亟还之。"左犁汗王咸遂请示匈奴单于如何处理此事，单于遣使让左犁汗王询问新莽使者："当从塞内还之邪，从塞外还之邪？"使者们不敢专决，请示王莽，"诏报，从塞外还之"②。责令匈奴从汉方边塞之外将所掠乌桓民遣返给乌桓方面。汉匈双方均以边塞为基点以决定遣返乌桓俘虏的场所。东汉桓帝永寿二年（156）鲜卑犯边，因李膺曾任乌桓校尉，治边有方，便命其为度辽将军，"自（李）膺到边，皆望风惧服，先所掠男女，悉送还塞下"③。这也是以边塞作为交接俘虏场所。

第三节　边境镇抚机构的外交职能

两汉时期对于边境地区的少数民族及其政权，往往派遣一些"持节使者"以"领护"之，如西域都护、使匈奴中郎将、度辽将军、戊己校尉、护乌桓校尉、护羌校尉等，秩为二千石或比二千石，相当于郡守。它们多由临时性质的"加官"，逐步演变为正式职官。设置这类官职的目的，是"镇抚诸国"④。他们的主要任务是"监护"这些少数民族及其政权，军事上的镇服和政治上的抚慰并施，除了边防的作用之外，还具有外交方面的职能。故担任这类职务之官员，多为具有外事经验与才能者，例如昭、宣时期的范明友"以家世习外国事，使护西羌。事昭帝，拜为度辽将军"⑤。两汉时期于边境地区普遍设置这类镇抚机构，以"开四夷之境，款殊俗之附"，因而"录名中郎、校尉之署，编数都护、部守之

---

① 《汉书》卷九四下《匈奴传下》，第 3819 页。

② 《汉书》卷九四下《匈奴传下》，第 3822 页。

③ 《后汉书》卷六七《党锢列传·李膺传》，第 2192 页。

④ 《汉书》卷七〇《郑吉传》，第 3008 页。

⑤ 《史记》卷二〇《建元以来侯者年表》，第 1063 页。

曹，动以数百万计”[①]。所指多为上述持节领护诸官，他们管理或联系的地区和政权是相当繁多的。

两汉时期还在周边地区设置属国，以安置内属或降附的少数民族，“凡言属国者，存其国号而属汉朝，故曰属国”[②]。在这些属国设置属国都尉以治理，相当于边郡太守。西汉曾一度于中央设置典属国以专门管理各地属国和属国都尉。这些属国都尉与边境镇抚机构的性质有所不同，属国都尉是管理已经内属的少数民族，兹不论及，属国已经划入汉皇朝版图，而上述边境镇抚机构管理的多是“叛服无常”的少数民族或政权。因此属国都尉是正式的职官，而管理后者的官员原先都是作为加官的持节使者，在一定意义上是汉朝中央政府派驻该地区的使节和派出机构。下面分述这些边境镇抚机构及其外交职能。

一　西域都护

汉代把玉门关以西地方统称为西域，狭义的西域主要指今天我国新疆一带，即葱岭以东36国（后分为50余国），广义的西域则凡路经今新疆所能达到的地方都是，包括中亚、西亚、南亚及其以西的广阔地区。前者即所谓“纳质内属”诸国，但是“当时自译长、城长、且渠、当户而上，佩汉印绶者三百七十六人，然不过虚奉名号而已，非能有其土宇，设官以治之也”[③]。后者即为“不督录总领”的“绝远”[④]之国。

西域原来被匈奴所控制，从张骞通西域之后，汉朝陆续在西域派使者、校尉以领护之，到汉宣帝时开始设置西域都护。当时“汉独护南道，未能尽并北道也，然匈奴不自安矣。其后日逐王畔单于，将众来降，护鄯善以西使者郑吉迎之……乃因使（郑）吉并护北道，故号都护。都护之起，自吉置矣”。西域都护始置于神爵二年（前60）[⑤]，“都护”的含义

① 《后汉书》卷八六《南蛮西南夷传》，第2860页。

② 《汉书》卷六《武帝纪》，颜师古注，第177页。

③ 《历代职官表》卷七〇《新疆各官》“历代建置”按语，第1355页。

④ 《汉书》卷九六下《西域传下》，第3928页。

⑤ 《资治通鉴》卷二六，汉宣帝神爵二年（前60）《考异》曰：“百官表曰：‘西域都护，加官，地节二年初置。’盖误以神爵为地节也。西域传又云‘神爵三年’，亦误。”第859页。

则如颜师古所说：“都犹总也，言总护南北之道。”① 郑吉就是第一任西域都护。西域都护最先是一种加官，后来成为正式的官职，“秩二千石”②。其属官“有副校尉，秩比二千石，丞一人，司马、候、千人各二人”③。王莽时与西域关系断绝，西域都护亦罢，至东汉明帝永平十七年（74）复置，其间或罢或置，至安帝永初元年（107）之后不复置。

汉皇朝在西域地区除了设置西域都护之外，还设置诸多使者、校尉，其中比较重要的有戊己校尉、西域长史（或称将兵长史）等，亦废置不恒。从汉元帝开始在西域设戊己校尉，属官“有丞、司马各一人，候五人，秩比六百石”。颜师古解释戊己校尉官名含义说：“甲乙丙丁庚辛壬癸皆有正位，唯戊己寄治耳。今所置校尉亦无常居，故取戊己为名也。有戊校尉，有己校尉。一说戊己居中，镇复四方，今所置校尉亦处西域之中抚诸国也。”④ 戊己校尉一方面受西域都护指挥，一方面又单独开府，具有较大的独立性。东汉章帝建初八年（83）以班超为西域长史，在没有西域都护时它实际上起着西域都护的作用。

西域是汉代外交的门户，控制了它，就打开了通往西方世界，特别是通往西亚、南亚、欧洲和北非的通道，否则就将局促于东亚一隅，隔断了与西方世界的联系和外交。两汉时期西域一直是汉与匈奴互相争夺的焦点，故汉代在西域并非一直设有都护，而是时置时废，有时则仅有西域副校尉或西域长史、军司马等（其职权与西域都护无异，故我们在下文叙述时统归入西域都护，不再细分）。王莽末年和东汉初，西域又被匈奴所控制，史称东汉时“自建武至于延光，西域三绝三通”⑤。总观两汉西域可谓“叛服不恒，屡经征战”⑥。设置西域都护以及其他领护西域诸官就是为了“宣威布德，以系诸国内向之心，以疑匈奴觊觎之情”⑦。其中以西域都护为核心建置，从而可以“镇抚诸国，诛伐怀集之”⑧。具

---

① 《汉书》卷九六上《西域传上》，第 3873—3874 页。

② 《汉官仪》卷上“西域都护”条，《汉官六种》，第 155 页。

③ 《汉书》卷一九上《百官公卿表上》，第 738 页。

④ 《汉书》卷一九上《百官公卿表上》，第 738 页。

⑤ 《后汉书》卷八八《西域传序》，第 2912 页。

⑥ （唐）魏徵、令狐德棻撰：《隋书》卷六七《裴矩传》，中华书局 1973 年版，第 1578 页。

⑦ 《后汉书》卷四七《班超附子（班）勇传》，第 1589 页。

⑧ 《汉书》卷七〇《郑吉传》，第 3006 页。

有军事的、外交的职能。因西域处于东西交往的特殊重要地理位置，故其外交职能更显突出，是中央朝廷在西域地区的外交派出机构和代表。

（一）督察动静

都护在西域的一项重要职责是督察动静，并及时把这些情报上报中央。西域都护所统主要是指“佩汉印绶”的36国，“而康居、大月氏、安息、罽宾、乌弋之属，皆以绝远不在数中，其来贡献则相与报，不督录总领也”①。西域都护“察西域诸国动静以闻”②的职能，主要却是针对那些没有内属的外国，即所谓“都护督察乌孙、康居诸外国动静，有变以闻。可安辑，安辑之；可击，击之”③。以外交为先，必要时则以武力从事，两手并用。东汉和帝永元六年（94）班超重新控制西域后，“于是五十余国悉纳质内属。其条支、安息诸国至于海濒四万里外，皆重译贡献”④。仍然将西域区分为“纳质内属”与“重译贡献”的外国两大部分。

督察动静是为中央外交决策提出建议或提供参考。西域都护郭舜曾上书报告康居在接待都护所派使者时的傲慢表现，他说：“而康居骄黠，讫不肯拜使者。都护吏至其国，坐之乌孙诸使下，王及贵人先饮食已，乃饮啖都护吏，故为无所省以夸旁国。”颜师古注曰：“言故不省视汉使也。”《资治通鉴》胡注曰：“夸者，自矜耀其能傲汉也。”⑤西域都护派遣其“吏”出使康居，从中还有机会接触乌孙及其他国家派遣至康居的使者，这种行动本身就是其“督察动静”重要措施。都护郭舜根据出使康居的“都护吏”的报告，向朝廷分析了康居的外交动机以及对康居外交的利弊得失：他揭露了康居通汉的意图，认为其遣子入侍的目的是商贸利益，“以此度之，何故遣子入侍？其欲贾市为好，辞之诈也”。进而指出其对待汉使的这种态度起着不良国际影响，“匈奴百蛮大国，今事汉甚备，闻康居不拜，且使单于有自下之意”。根据上述情报，他最后提出建议：“宜归其侍子，绝勿复使，以章汉家不通无礼之国。敦煌、酒泉小郡及南道八国，给使者往来人马驴橐驼食，皆苦之。空罢耗

① 《汉书》卷九六下《西域传下》，第3928页。

② 《后汉书》卷一下《光武帝纪下》，李贤注，第73页。

③ 《汉书》卷九六上《西域传上》，第3874页。

④ 《后汉书》卷八八《西域传序》，第2910页。

⑤ 《资治通鉴》卷三二，汉成帝元延二年（前11）胡注，第1037页。

所过，送迎骄黠绝远之国。非至计也。”① 认为与康居保持外交关系弊大于利。

（二）对外遣使

西域都护在外交上享有相当大的权力，根据需要可以直接遣使出境，联系或解决有关外交问题。这也是其督察外国动静的重要手段之一。上文提到西域都护郭舜曾派遣“都护吏”出使康居，此即其对外遣使的行动。东汉章帝元和元年（84）莎车王忠反叛，西保乌即城，投靠康居，“康居遣精兵救之”。班超久攻乌即城而不能下。时无西域都护，以班超为将兵长史，掌管西域事务，实际上起着西域都护的作用。“是时月氏新与康居婚，相亲，（班）超乃使使多赍锦帛遗月氏王，令晓示康居王，康居王乃罢兵，执（莎车王）忠以归其国，乌即城遂降于（班）超。”② 这是班超配合军事斗争而主动开展的外交行动，他遣使说服月氏王，通过月氏王的斡旋而使康居撤兵，拆散了康居与莎车的联盟，从而获得了胜利。这是一次成功的外交行动。

西域都护主动的外交行动，大大扩展了汉朝与西方远国的外交关系，其最著名的壮举是班超派遣其掾属甘英出使大秦。和帝永元九年（97）“都护班超遣甘英使大秦，抵条支。临大海欲度，而安息西界船人谓英曰：‘海水广大，往来者逢善风三月乃得度，若遇迟风，亦有二岁者，故入海人皆赍三岁粮。海中善使人思土恋慕，数有死亡者。’英闻之乃止”③。时班超从将兵长史擢升为西域都护。大秦即罗马帝国，“大秦国一名犁鞬，以在海西，亦云海西国。地方数千里，有四百余城”④。甘英虽然功亏一篑没有到达罗马帝国，但是也已到达罗马帝国属地条支（今叙利亚地区），以及安息（今伊朗）和地中海之滨，开拓了对西方外交的新局面，加深了对外部世界的了解，史家盛赞“班超遣掾甘英穷临西海而还。皆前世所不至，《山经》所未详，莫不备其风土，传其珍怪焉。于是远国蒙奇、兜勒皆来归服，遣使贡献”⑤。甘英出使不仅加强了与他所到

---

① 《汉书》卷九六上《西域传上》，第3892—3893页。
② 《后汉书》卷四七《班超传》，第1579页。
③ 《后汉书》卷八八《西域传·安息国传》，第2918页。
④ 《后汉书》卷八八《西域传·大秦国传》，第2919页。
⑤ 《后汉书》卷八八《西域传序》，第2910页。

达的那些国家和地区的外交关系，影响所及，导致蒙奇、兜勒等“远国”与汉皇朝建立了外交关系，和帝永元十二年（100）“冬十一月，西域蒙奇、兜勒二国遣使内附，赐其王金印紫绶”①。

由于都护掌握较多西方诸国的国情及其动静，故能因时、因地制宜，相机行事，及时处置有关外交问题。乌孙狂王暴恶失众，与汉朝和亲公主解忧失和，甘露元年（前53）乌孙肥王匈奴妻所生子乌就屠袭杀狂王，自立为昆弥，而解忧公主子元贵靡不得立，汉朝派遣破羌将军辛武贤率兵至敦煌准备讨之。在此乌孙政局动荡，汉、乌关系岌岌可危之际，由于西域都护郑吉熟悉乌孙政情，他知道乌就屠与乌孙右大将私交甚笃，而右大将恰巧是解忧公主侍者冯嫽的丈夫，冯嫽又颇有外交才能，她“能史书，习事，尝持汉节为公主使，行赏赐于城郭诸国，敬信之，号曰冯夫人”。于是都护郑吉派遣冯夫人去劝说乌就屠，晓以利害：“以汉兵方出，必见灭，不如降。”冯嫽果然不辱使命，谈判取得成功，“乌就屠恐，曰：‘愿得小号。’”② 从而为以后立元贵靡为大昆弥、乌就屠为小昆弥奠定了基础。这是西域都护调遣和亲女子为使者并取得外交成功的范例。可见西域都护有权根据外交需要而调度在西域的各类人员以维护汉方外交利益。

（三）接转来使

西方各国来汉朝的使节，一般首先要由西域都护负责接待，然后转送朝廷。永元十二年（100）西域都护班超给和帝的上书中说：“谨遣子（班）勇随献物入塞”③。这里所说的“献物”，即《后汉书·和帝纪》所载永元十三年（101）冬十一月“安息国遣使献师子及条支大爵”④ 一事，“时安息遣使献大爵、师子，（班）超遣子（班）勇随入塞”⑤。这次安息来使是由班超遣子随同进京的。西域都护认为可以入境的外交使节，

---

① 《后汉书》卷四《孝和帝纪》，第188页。蒙奇、兜勒地点不甚明确，或以为蒙奇即马其顿（Macedonia），兜勒为吐火罗（Tuhara），见张星烺编注，朱杰勤校订《中西交通史料汇编》第一册，中华书局1977年版，第24页。

② 《汉书》卷九六下《西域传下》，第3906—3908页。

③ 《后汉书》卷四七《班超传》，第1583页。

④ 《后汉书》卷五《孝和帝纪》，第189页。

⑤ 《后汉书》卷四七《班超传》注引《东观记》，第1584页。

则由其派员护送入朝；如果认为不可，则有权拒绝其入朝。

西域都护不仅负责迎送外国使节，而且有权直接与外国交往，接受其使节。和帝永元二年（90）月氏派遣其副王谢率兵七万进攻班超，月氏副王谢失利，“大惊，即遣使请罪，愿得生归，（班）超纵遣之。月氏由是大震，岁奉贡献”①。这是在交战过程中接待对方来使。永元二年（90），“初，月氏尝助汉击车师有功，是岁贡奉珍宝、符拔、师子，因求汉公主。（班）超拒还其使，由是怨恨”②。月氏即贵霜王国。班超拒绝月氏来使，有两个可注意之点。

一是班超何以拒绝月氏与汉“和亲”的请求？“和亲”是汉代诸多外交方式、手段之一，它的实施必须服务于国家的外交目的和利益。两汉的“和亲”基本上是与有着重要的外交价值和需求的大国、强国而采用的，故有汉一代与汉和亲的国家主要是匈奴和乌孙两个大国、强国，在东亚地区主要在西汉前中期与汉皇朝紧邻的匈奴实行和亲，在西域地区主要在西汉中期与汉皇朝相对近邻的乌孙和亲。前者因对汉构成直接的严重威胁，需借助“和亲”以缓和双方关系，求得边境安宁，后者为汉皇朝牵制匈奴的需要而在西部的援手和同盟。贵霜王国虽然也属于中亚地区大国、强国，但是从人口和军力而言，均次于乌孙，乌孙有户十二万，口六十三万，胜兵十八万八千八百人③，而月氏有户十万，口四十万，胜兵十万人④。更重要的是月氏对于汉皇朝的外交需求和价值而言逊于乌孙，它与汉皇朝距离遥远，对汉皇朝没有十分直接的利害关系，其武力对汉皇朝亦不能构成直接的威胁。由此而决定其战略上的意义和迫切性与前汉时期的乌孙不能比拟。

二是表明西域都护的外交权力是相当大的，不仅外来使节要先经过他的接待，而且他还有权决定是否接受这些使节，如果认为有所不宜，他可以拒还外国使节，不许入境。班超之所以敢于断然拒绝月氏的“和亲”使者，与东汉皇朝的外交方针政策是一致的。自西汉后期匈奴衰落，

---

① 《后汉书》卷四七《班超传》，第 1580 页。

② 《后汉书》卷四七《班超传》，第 1580 页。

③ 《汉书》卷九六下《西域传下》，第 3901 页。

④ 《汉书》卷九六上《西域传上》，第 3890 页。

对汉皇朝的威胁基本上解除之后，汉皇朝就基本上不采取“和亲”这一外交方式了①，表明班超对于朝廷的外交方针政策是了然于胸的，可以说西域都护是汉皇朝处于第一线的外交官。

西域与汉断绝65年后，于永平十六年（73）复通，次年耿恭出任戊己校尉，“（耿）恭至部，移檄乌孙，示汉威德，大昆弥已下皆欢喜，遣使献名马，及奉宣帝时所赐公主博具，愿遣子入侍，恭乃发使赍金帛，迎其侍子”②。戊己校尉与西域都护一样也有对外权力，他一方面发出对外文书，“移檄乌孙，示汉威德”，另一方面又可接受对方来使，在接受其贡献之后，又对乌孙遣子入侍的愿望予以支持，随即遣使携带礼品出境并迎接其侍子。这是一次完整的外交程序，不仅与乌孙方面使节往还，而且办理并完成了与乌孙恢复中断多年的“质侍”关系。可见戊己校尉与西域都护一样有着很大的外交权力。

“质侍”与“和亲”都是汉代重要的外交方式，何以与班超之拒绝月氏的“和亲”请求相反，耿恭却欢迎并积极促成了乌孙的纳质愿望呢?在汉代，“和亲”与“质侍”是根据外交对象国的强弱变化以及与此相联系的有求于对方与否而变换用之的，一方面是就某一外交对象国而言，国强时用和亲，国弱时用“质侍”；另一方面是就整体外交关系国而言，和亲用于强国，“质侍”用于弱国。③ 东汉时期由于国际局势的发展变化，基本上不用和亲而用质侍。因此我们可以看到，就乌孙而言，在西汉时期当其比较强大，并且对牵制匈奴有着重要价值时，主要与之实行和亲，随着乌孙内部分裂，国势下降时则同时采取了“质侍”方式，到了东汉时期乌孙因内部分裂而更为羸弱，加以匈奴对汉的威胁与西汉时期已不可同日而语，其在汉皇朝外交棋盘中的作用和价值大为降低，故不用和亲而采用质侍。由此可见，戊己校尉耿恭与西域都护班超一样，都对于汉皇朝的外交方针政策有充分的掌握，故都能够很好地拿捏对外关系的分寸，无愧为汉皇朝派驻西域的外交代表。

---

①　详参黎虎《汉代和亲与“质侍”在外交中的互动关系》，载于《先秦汉唐史论》，北京师范大学出版社2016年版。

②　《后汉书》卷一九《耿恭传》，第720页。

③　详参拙文《汉代和亲与“质侍”在外交中的互动关系》。

（四）收发文书

外交文书有时也通过都护而转交朝廷。汉元帝时，匈奴郅支单于杀害汉使谷吉，西奔康居。于是“汉遣使三辈至康居求谷吉等死，郅支困辱使者，不肯奉诏，而因都护上书言：‘居困厄，愿归计强汉，遣子入侍。’其骄嫚如此”。颜师古注曰：“故为此言以调戏也。归计谓归附而受计策也。”[①] 这虽然是郅支单于的恶意戏言，但西域都护负有接转外交文书责任则是无疑的。西域都护不仅收转有关外交文书，而且自己也可以径自向外发出文书，上文提到，永平十七年（74）耿恭为戊己校尉时，“至部，移檄乌孙，示汉威德”[②] 即为其证。通过向乌孙发出“檄书”而重建双方已断绝六十余年的关系。

（五）迎送侍子

西方国家的侍子入质汉朝，也由西域都护负责迎送。永平十七年（74）耿恭为戊己校尉，乌孙遣使至耿恭驻地金蒲城，表示愿意遣子入侍，上文提到于是耿恭“乃发使赍金帛，迎其侍子”[③]。建初八年（83）李邑出使乌孙，上书诬告班超在西域“拥爱妻，抱爱子，安乐外国，无内顾心”。汉章帝了解并信任班超的忠诚，于是怒责李邑，“令（李）邑诣（班）超受节度。诏（班）超：‘若（李）邑任在外者，便留与从事。’”章帝的意思是让班超留下李邑在西域以示惩罚。但是班超不想借机报复，而是“即遣（李）邑将乌孙侍子还京师”，借护送侍子之便而让李邑得以回京。对于班超的决定，其副手军司马徐干对班超说：“（李）邑前亲毁君，欲败西域，今何不缘诏书留之，更遣它吏送侍子乎?”[④] 徐干的意思是顺应诏书所令，留下李邑为班超下属，而改派别的官员护送侍子回京。可见西域都护是负有护送侍子入京责任的。

（六）护卫外交道路

西域是汉皇朝与西方通使的必经要道，“自玉门、阳关出西域有两道。从鄯善傍南山北，波河西行至莎车，为南道；南道西出逾葱岭则出

---

① 《汉书》卷七〇《陈汤传》及注引“师古曰”，第3009、3010页。

② 《后汉书》卷一九《耿恭传》，第720页。

③ 《后汉书》卷一九《耿恭传》，第720页。

④ 《后汉书》卷四七《班超传》，第1578—1579页。

大月氏、安息。自车师前王廷随北山，波河西行至疏勒，为北道；北道西逾葱岭则出大宛、康居、奄蔡焉"[1]。此即世人盛言之"丝绸之路"。都护的重要职责之一就是保护南北两条交通要道的畅通无阻，护送接应使节的来往，这也是"都护"命名的由来之一。

出使西域是一项艰苦而充满危险的事情，一方面粮草接济维艰，另一方面生命安全没有保障，沿途经常受到袭击。这在西域初开之时更为突出，"初，武帝感张骞之言，甘心欲通大宛诸国，使者相望于道，一岁中多至十余辈。楼兰、姑师当道，苦之，攻劫汉使王恢等，又数为匈奴耳目，令其兵遮汉使"[2]。其中"楼兰国最在东陲，近汉，当白龙堆，乏水草，常主发导，负水儋粮，送迎汉使，又数为吏卒所寇，惩艾不便与汉通。后复为匈奴反间，数遮杀汉使"[3]。针对这种情况，早在都护设立之前汉皇朝就在西域设置使者校尉，建立屯田据点，派遣人员保护这条出使要道，"自敦煌西至盐泽，往往起亭，而轮台、渠犁皆有田卒数百人，置使者校尉领护，以给使外国者"[4]。这种使者校尉可以说是日后西域都护的前身，其主要任务之一就是生产粮食以供应来往的外交使节。在使节出入最繁忙、负担最重的楼兰也设置了屯田，楼兰改国名鄯善后，新王向汉皇朝提出："国中有伊循城，其地肥美，愿汉遣一将屯田积谷，令臣得依其威重。"鄯善王之所以主动提议在那里设置屯田据点，一方面他知道这是汉皇朝经略西域的需要，另一方面则可借以得到汉方的保护。于是"汉遣司马一人、吏士四十人，田伊循以填抚之。其后更置都尉。伊循官置始此矣"[5]。都护建立以后更加强了这方面的职能，西域各处屯田均归其管理，"于是徙屯田，田于北胥鞬，披莎车之地，屯田校尉始属都护"。到汉元帝时"复置戊己校尉，屯田车师前王庭"[6]。可见汉皇朝政府自始至终坚持在西域进行屯田，从粮草物资方面支持这条最重要的外交通道。

---

① 《汉书》卷九六上《西域传上》，第 3872 页。

② 《汉书》卷九六上《西域传上·鄯善国传》，第 3876 页。

③ 《汉书》卷九六上《西域传上·鄯善国传》，第 3878 页。

④ 《汉书》卷九六上《西域传上》，第 3872 页。

⑤ 《汉书》卷九六上《西域传上·鄯善国传》，第 3878 页。

⑥ 《汉书》卷九六上《西域传上》，第 3874 页。

但是屯田并不能完全解决使者的粮草供应，还需要西域各国继续分担，尤其是那些处于南、北大道的国家，正如都护郭舜说："南道八国，给使者往来人马驴橐驼食，皆苦之。"① 因此西域都护还要负责监视这些国家，保护使节安全及外交道路的通畅。王莽篡位后，"以广新公甄丰为右伯，当出西域。车师后王须置离闻之，与其右将股鞮、左将尸泥支谋曰：'闻甄公为西域太伯，当出，故事给使者牛羊谷刍茭，导译，前五威将过，所给使尚未能备。今太伯复出，国益贫，恐不能称。'欲亡入匈奴"。车师后王的动向被戊己校尉获悉，"戊己校尉刀护闻之，召置离验问，辞服，乃械致都护但钦在所埒娄城"②。西域都护负责对于不愿供应使节所需、怀有二心的国家加以惩处。除了保证出使通道的粮草、畜力、译员供应之外，还要负责保护使者的人身安全。汉成帝时派遣使者护送罽宾国使者返国，杜钦说大将军王凤曰："凡遣使送客者，欲为防护寇害也。起皮山南，更不属汉之国四五，斥候士百余人，五分夜击刀斗自守，尚时为所侵盗。"③ 在皮山以内，使者来往还比较安全，这与其在都护的保护范围内有密切关系。皮山以外已在都护保护范围之外，则使者安全便难以保障了。可见西域都护在维护使节安全及外交道路通畅方面有着重要作用。

为了保证出使的便利，都护也负责开通道路。西域北道原先是出玉门关后经过白龙堆而至车师前王庭，后来开辟了一条新道，可以避开白龙堆之险，又比旧道节省一半路程，是为戊己校尉徐普所开。平帝元始（1—5）年间，戊己校尉徐普"欲开以省道里半，避白龙堆之阸"，于是徐普"欲分明其界然后奏之，召姑句使证之"。车师后王姑句担心开通这条新道后，使节往来更为频繁，加重其负担，加以其"地又颇与匈奴南将军地接"，心中不愿意。姑句不肯配合，被徐普拘禁，后逃亡匈奴④。可见驻西域官员诸如开通道路之类举措需得到朝廷批准才能进行，同时

① 《汉书》卷九六上《西域传上·康居国传》，第 3893 页。

② 《汉书》卷九六下《西域传下·车师传》，第 3925 页。

③ 《汉书》卷九六上《西域传上·罽宾国传》，第 3886 页。

④ 《汉书》卷九六下《西域传下·车师传》，第 3924 页。本传所载："车师后王国有新道"，论者或以为应是"车师前王国"之误。参见冯承钧《西域南海史地考证论著汇辑》之《高昌事辑》，中华书局 1957 年版，第 50 页。

也需要得到西域国家的协助。这条新道的开通，对于加强内地与西域的联系，进一步发展与中亚和西方国家的外交关系，有着巨大意义。

（七）接受降附

西域都护也负有接受降附的职责。“神爵中，匈奴乖乱，日逐王先贤掸欲降汉，使人与（郑）吉相闻。吉发渠黎、龟兹诸国五万人迎日逐王，口万二千人、小王将十二人随吉至河曲。”① 这是神爵二年（前60）之事，此即“使都护西域骑都尉郑吉迎日逐”② 之谓。一般认为西域都护始置于神爵三年（前59），郑吉因此事而立功被封侯，其封侯在神爵三年四月③。宣帝在封侯诏中也说“都护西域骑都尉郑吉”④ 云云，看来神爵二年郑吉已任都护。从这个事件可以看到，降附者先遣使向西域都护通达意向，然后由西域都护负责组织人力，实施受降事宜。元帝时“匈奴东蒲类王兹力支将人众千七百人降都护，都护分车师后王之西为乌贪訾离地以处之”⑤。西域都护不仅接受匈奴王的归附，而且还在西域划分土地安置降众。

另一种情况是由中央派员前往受降，西域都护加以配合。成帝时段会宗为西域都护，“康居太子保苏匿率众万余人欲降，会宗奏状，汉遣卫司马逢迎。会宗发戊己校尉兵随司马受降”。西域都护接获降附信息后，要及时上报中央批复。这次是由中央派遣卫司马前来受降，西域都护派兵随同前往。但段会宗“以擅发戊己校尉之兵”⑥ 而得罪，可见发兵需经朝廷批准。

（八）安辑卫护

西域都护的重要职责之一是“拊循外蛮，宣明威信”⑦。此即所谓对于“乌孙、康居诸外国……可安辑，安辑之；可击，击之”⑧ 之谓。“击”属于军事行动，“安辑”则属于外交行动，即通过外交手段使邻国

① 《汉书》卷七〇《郑吉传》，第3005页。
② 《汉书》卷八《宣帝纪》，第262页。
③ 《汉书》卷一七《景武昭宣元成功臣表》，第672页。
④ 《汉书》卷七〇《郑吉传》，第3006页。
⑤ 《汉书》卷九六上《西域传上》，第3874页。
⑥ 《汉书》卷七〇《段会宗传》，第3030页。
⑦ 《汉书》卷七〇《郑吉传》，第3006页。
⑧ 《汉书》卷九六上《西域传上》，第3874页。

与汉朝保持友好关系。成帝元延二年（前 11）乌孙小昆弥末振将派人刺杀大昆弥雌栗靡，“汉欲以兵讨之而未能，遣中郎将段会宗持金币与都护图方略，立雌栗靡季父公主孙伊秩靡为大昆弥”①。这就是武力达不到的目的，通过外交手段得以实现。扶立解忧公主之孙伊秩靡为大昆弥，这有利于乌孙与汉朝继续保持友好关系，而这件事情的实现得力于汉朝使节与西域都护的“图方略”。不久投靠康居的小昆弥季父卑爰疐企图借兵兼并两昆弥，于是“汉复遣（段）会宗使安辑，与都护孙建并力”②。这种安辑工作又是在都护的配合下进行的。当卑爰疐“谋欲借兵兼并两昆弥，两昆弥畏之，亲倚都护”③。乌孙方面也把西域都护作为自己的保护者。乌孙是汉朝在西方的重要盟友，因此西域都护时时都在密切注视其政治动态，故能很好地协助朝廷使者完成安辑任务。此外在其权限范围内，他也主动进行各种安辑工作，成帝阳朔四年（前 21）乌孙日贰杀死小昆弥后逃亡康居，汉朝遣使立安日为小昆弥。安日派遣乌孙贵人姑莫匿等三人诈为叛逃投奔日贰，乘机将其刺杀。于是西域都护廉褒赏赐姑莫匿等每人金二十斤，缯三百匹。运用外交手段支持亲汉政治势力，这是在都护职权范围之内所进行的一种安辑工作。

由上所述可见，所谓安辑卫护就是以武力为后盾，运用恩威并施的外交手段，维系西域诸国的向心力，遏止匈奴在西域的势力和影响。西域都护所开展的安辑卫护，起到了“系诸国内向之心，以疑匈奴觊觎之情”，使“外夷归心，匈奴畏威”④ 的积极作用。

（九）抗衡匈奴

设置西域都护的重要目的是与匈奴争夺西域，正如扬雄所说：“图西域，制车师，置城郭都护三十六国，费岁以大万计者，岂为康居、乌孙能逾白龙堆而寇西边哉？乃以制匈奴也。”⑤ 西域都护的重要职责就是“制匈奴”。西域原先役属于匈奴，汉通西域以后，匈奴与汉对西域仍然长期进行争夺，一方面匈奴指使西域一些王国“遮杀汉使”，阻碍汉朝与

---

① 《汉书》卷九六下《西域传下・乌孙国传》，第 3909 页。

② 《汉书》卷七〇《段会宗传》，第 3031 页。

③ 《汉书》卷九六下《西域传下・乌孙国传》，第 3909 页。

④ 《后汉书》卷四七《班超附子（班）勇传》，第 1589、1588 页。

⑤ 《汉书》卷九四下《匈奴传下》，第 3816 页。

西域发展关系，另一方面则继续派出使者到西域活动，拉拢西域诸国。因此汉朝与匈奴在西域除了进行军事斗争以外，还展开激烈的外交角逐，驱逐匈奴在西域的使者就是其重要内容之一。

班超通西域所做的第一件事就是大力驱逐匈奴在西域的使者。在鄯善他设计策斩匈奴“使及从士三十余级，余众百许人悉烧死”。然后“召鄯善王广，以虏使首示之，一国震怖，超晓告抚慰，遂纳子为质”①。通过驱逐匈奴使者，迫使鄯善倒向汉皇朝。接着班超到达于阗，当时于阗王广德“雄张南道，而匈奴遣使监护其国”。因而对于班超等人非常冷淡，班超责备于阗王广德，“广德素闻超在鄯善诛灭虏使，大惶恐，即攻杀匈奴使者而降超。超重赐其王以下，因镇抚焉”②。班超挟攻杀匈奴使者之余威，迫使于阗亲自杀掉匈奴使者而投降汉朝。后来班超之子班勇为西域长史时，延光四年（125）在车师后部捕得“匈奴持节使者，将至索班没处斩之以报其耻，传首京师”③。原来元初六年（119）索班率千余人屯伊吾，北匈奴单于与车师后部联合攻杀索班，故班勇把俘虏的匈奴使者押至索班死难处斩决。

匈奴使者不仅活动于城郭诸国，而且在乌孙以西的“远国”中也很活跃，与汉朝展开外交争夺战。由于“自乌孙以西至安息，近匈奴。匈奴尝困月氏，故匈奴使持单于一信到国，国传送食，不敢留苦。及至汉使，非出币物不得食，不市畜不得骑，所以然者，以远汉，而汉多财物”④。可见在汉通西域之初，汉、匈在西方远国中的外交地位还比较悬殊，相互争夺是相当激烈的，这种状况直至呼韩邪单于朝汉以后才得以改观。匈奴郅支单于西迁后，仍企图联合乌孙，于是遣使见小昆弥乌就屠，但“乌就屠见呼韩邪为汉所拥，郅支亡虏，欲攻之以称汉，乃杀郅支使，持头送都护在所”⑤。乌孙看准了呼韩邪朝汉后郅支孤弱的形势，于是杀掉匈奴使者，交给西域都护，表示尊汉之决心。这是汉朝与匈奴在西方远国外交争夺战中的胜利。

---

① 《后汉书》卷四七《班超传》，第1573页。
② 《后汉书》卷四七《班超传》，第1573页。
③ 《后汉书》卷四七《班超附子（班）勇传》，第1590页。
④ 《汉书》卷九六上《西域传上·大宛国传》，第3896页。
⑤ 《汉书》卷九四下《匈奴传下》，第3800页。

（十）贡献计策

由于西域都护身负繁重的外交职责，又熟悉西方远国的风土人情和政情，因此可以就对于这些国家的外交问题向中央提出建议，贡献计策。

汉成帝时，康居虽然向汉朝进贡，派遣侍子，但是依仗其与汉朝相距遥远，因而态度傲慢，并不友善。为此西域都护郭舜于元延二年（前11）向成帝上书，详细分析了康居、乌孙、匈奴三者之间关系以及它们与汉朝关系的变化和特点，从而提出对于这三者的不同处置策略，他说："本匈奴盛时，非以兼有乌孙、康居故也；及其称臣妾，非以失二国也。汉虽皆受其质子，然三国内相输遗，交通如故，亦相候司，见便则发；合不能相亲信，离不能相臣役。以今言之，结配乌孙竟未有益，反为中国生事。然乌孙既结在前，今与匈奴俱称臣，义不可距。而康居骄黠，讫不肯拜使者……以此度之，何故遣子入侍？其欲贾市为好，辞之诈也。匈奴百蛮大国，今事汉甚备，闻康居不拜，且使单于有自下之意，宜归其侍子，绝勿复使，以章汉家不通无礼之国。"郭舜对三国情况的分析还是有根据的，但是他因康居态度傲慢而建议断绝与康居外交关系，则未必恰当，因而他的意见未被朝廷采纳，"汉为其新通，重致远人，终羁縻而未绝"①。

解忧公主之子元贵靡死后，元贵靡之子星靡继任大昆弥，但幼弱无能，因此都护韩宣上书建议："乌孙大吏、大禄、大监皆可以赐金印紫绶，以尊辅大昆弥"。朝廷同意了韩宣的意见。采取这些措施以后，情况未见有大的好转，于是韩宣再次上书提出新的建议："星靡怯弱，可免，更以季父左大将乐代为昆弥"②。这次朝廷没有采纳韩宣的意见。

汉章帝时，班超计划平定西域诸国，认为如能"得龟兹，则西域未服者百分之一耳"。为了实现进攻龟兹的目标，班超考量"乌孙兵强，宜因其力，乃上言：'乌孙大国，控弦十万，故武帝妻以公主，至孝宣皇帝，卒得其用。今可遣使招慰，与共合力。'帝纳之"。③ 认为得西域

① 《汉书》卷九六上《西域传上·康居国传》，第3892—3893页。

② 《汉书》卷九六下《西域传下·乌孙国传》，第3908页。

③ 《后汉书》卷四七《班超传》，第1575、1577页。

必须先平龟兹，平龟兹必须联络乌孙。朝廷采纳了班超的建议，开展了对乌孙大规模的外交行动。建初八年（83），“拜超为将兵长史，假鼓吹幢麾。以徐干为军司马，别遣卫候李邑护送乌孙使者，赐大小昆弥以下锦帛”①。

以上我们约略缕述了西域都护的外交职能，可以看到一方面它与边郡的外交职能有不少相似之处，另一方面又与一般边郡有所不同，这主要表现在以下几方面。第一，它的外交权力比一般边郡要大，对于外国来使它可以决定是否接纳，它更为频繁地遣使出境，主动地积极地开展外交工作。第二，它所担负的外交任务比一般边郡繁重，这是因为其所面临的地域辽阔，国家众多，情况复杂，其处于东西方交通的枢纽地位，因而外交事务繁忙，使节往来异常频繁。这里是汉代外交的重点所在。第三，它所取得的外交成就比一般边郡要巨大突出，一方面西域都护的外交活动有力地驱逐了匈奴在西域的势力，加强了西域三十六国的内属，促进了多民族国家的发展，当时人的评论认为：“通西域则虏势必弱”，如不在西域设官，“则西域望绝”“屈就北虏”②，就是这种情况的反映。另一方面，西域都护的外交活动进一步打开了中国与西方的外交，把中国古代的外交推到一个崭新的阶段，史称班超通西域后，“于是五十余国悉纳质内属。其条支、安息诸国至于海濒四万里外，皆重译贡献”③。范晔评论道：“都护西指，则通译四万。”④ 这些评论是符合历史实际的，西域都护的外交作用与业绩是十分突出和巨大的。

二 使匈奴中郎将

汉朝与匈奴之间经常处于交战状态，故出使匈奴时常派武职官员中郎将充任，以后成为惯例，便出现了“匈奴中郎将”这一官名，西汉末年金参曾任此职，颜师古说：“以其出使匈奴，故拜为匈奴中郎将也。”⑤ 这种临时的使节，到了东汉初年转变为常驻使节。建武二十六年（50）

① 《后汉书》卷四七《班超传》，第1577页。

② 《后汉书》卷四七《班超附子（班）勇传》，第1588页。

③ 《后汉书》卷八八《西域传序》，第2910页。

④ 《后汉书》卷四《孝和帝纪》“论曰”，第195页。

⑤ 《汉书》卷六八《金日磾传附金涉传》注引“师古曰”，第2964页。

“诏遣中郎将段彬、副校尉王郁使南匈奴，立其庭……始置使匈奴中郎将，将兵卫护之”①。正式设立“使匈奴中郎将”，此后成为经常设置的一种官职。“使匈奴中郎将一人，比二千石。本注曰：主护南单于。置从事二人，有事随事增之，掾随事为员。”② 这一官职在这个时期设置的原因是，建武二十四年（48）匈奴日逐王比自立为南单于，于是分裂为南北匈奴，南匈奴“愿永为藩蔽，扞御北虏”③。南匈奴成为汉朝的藩国，它一方面以汉朝为宗主国，称臣纳贡，另一方面又保持着自己的政权，具有相对的独立性。使匈奴中郎将主要就是负责南匈奴事务的，这种事务具有民族的外交的双重性质。

（一）驻扎监护

使匈奴中郎将这个职官是应南匈奴的要求而设置的，建武二十五年（49）“南单于复遣使诣阙，奉藩称臣，求使者监护，遣侍子，修旧约”④。旧约，《资治通鉴》胡注谓指“宣帝旧约”⑤。南匈奴方面主动要求派使者监护，于是第二年便派遣使匈奴中郎将进驻南单于庭。“使匈奴中郎将，拥节，秩比二千石。”⑥ 所谓拥节就是持节出使，使匈奴中郎将实际上就是汉朝派驻南匈奴的使节，代表汉朝对于南匈奴行使各种监护职能。监，即观察匈奴动静，当时使匈奴中郎将“置安集掾史将弛刑五十人，持兵弩随单于所处，参辞讼，察动静”⑦。护，即护南单于，保证南匈奴政局的稳定及对汉朝的向心。顺帝永和五年（140）以来，南匈奴句龙王吾斯等反叛，南单于虚位，汉安二年（143）立兜楼储为单于，“遣行中郎将持节护送单于归南庭”⑧。是年冬，使匈奴中郎将马寔又派人刺杀了句龙王吾斯。这就是保护南单于的具体体现。桓帝延熹元年（158）张奂为使匈奴中郎将，“以单于不能统理国事，乃拘之，上立左谷蠡王。桓帝

---

① 《资治通鉴》卷四四，汉光武帝建武二十六年（50），第1415页。段彬，《后汉书》卷八九《南匈奴传》作段郴，第2943页。

② 《续汉书·百官志五》，点校本《后汉书志》第二十八，第3626页。

③ 《后汉书》卷八九《南匈奴传》，第2942页。

④ 《后汉书》卷八九《南匈奴传》，第2943页。

⑤ 《资治通鉴》卷四四，汉光武帝建武二十五年（49）胡注，第1409页。

⑥ 《汉官仪》卷上，《汉官六种》，第154页。

⑦ 《后汉书》卷八九《南匈奴传》，第2944页。

⑧ 《后汉书》卷八九《南匈奴传》，第2962—2963页。

诏曰：‘《春秋》大居正，居车儿一心向化，何罪而黜！其遣还庭。’”①使匈奴中郎将可以就单于的废立提出建议，但因南单于居车儿一心向汉，即使不能统理国事也应维护。这也是保护南单于的一种体现。南匈奴的军事行动也由使匈奴中郎将负责监护，和帝永元二年（90）南匈奴遣兵进袭北匈奴，即由使匈奴中郎将耿谭“遣从事将护之”。《资治通鉴》胡注曰：“将，领也；护，监也。”②

北匈奴于次年又遭窦宪指挥的东汉军队进攻，大败之后逃离漠北。北单于之弟右谷蠡王于除鞬自立为单于，率残部数千人集结于蒲类海，遣使款塞，东汉立其为北单于。永元四年（92）“使中郎将任尚持节卫护屯伊吾，如南单于故事”③。对于新立之北单于，也派遣使匈奴中郎将行使“卫护”职能。

（二）封赐吊慰

使匈奴中郎将还代表朝廷对南单于行使一系列封、赐、吊、慰的职责。朝廷授予南单于玺绶，即由使匈奴中郎将具体执行，建武二十六年（50）“遣中郎将段郴授南单于玺绶”④，此即南匈奴第一任单于比，段郴即为第一任使匈奴中郎将。单于去世亦由使匈奴中郎将代表朝廷吊祭，同时给予各种劳赐，“单于比立九年薨，中郎将段郴将兵赴吊，祭以酒米，分兵卫护之。比弟左贤王莫立，帝遣使者赍玺书镇慰，拜授玺绶，遗冠帻，绛单衣三袭，童子佩刀、绲带各一，又赐缯綵四千匹，令赏赐诸王、骨都侯已下。其后单于薨，吊祭慰赐，以此为常”⑤。

（三）领送侍子

南匈奴向汉朝称藩后，即每年遣子入侍，而由使匈奴中郎将派遣属吏领送入朝。“单于岁尽辄遣奉奏，送侍子入朝，中郎将从事一人将领诣阙。”⑥ 单于侍子前者返后者至，交会于道路，领送任务颇为繁忙。

---

① 《后汉书》卷八九《南匈奴传》，第2963—2964页。
② 《资治通鉴》卷四七，汉和帝永元二年（90），第1526页。
③ 《后汉书》卷八九《南匈奴传》，第2954页。
④ 《后汉书》卷一下《光武帝纪下》，第78页。
⑤ 《后汉书》卷八九《南匈奴传》，第2948页。
⑥ 《后汉书》卷八九《南匈奴传》，第2944页。

（四）接受谢罪

汉皇朝因事向南匈奴提出抗议时，单于则直接向使匈奴中郎将谢罪，使匈奴中郎将代表朝廷接受单于的谢罪。永和五年（140）夏，南匈奴左部句龙王吾斯、车纽等叛乱，进攻汉边城邑，“天子遣使责让单于，开以恩义，令相招降。单于本不豫谋，乃脱帽避帐，诣（梁）并谢罪”[①]。当时梁并为使匈奴中郎将。

由于使匈奴中郎将担负一定的外交职责，因而他不仅需具备用兵作战的能力，还需熟悉蕃情。汉灵帝时臧旻“迁匈奴中郎将。还京师，太尉袁逢问其西域诸国土地风俗人物种数，（臧）旻具答言西域本三十六国，后分为五十五，稍散至百余国。大小，道里近远，人数多少，风俗燥湿，山川草木鸟兽异物名种不与中国同者，口陈其状，手画地形。（袁）逢奇其才，叹息言：‘虽班固作《西域传》，何以加此乎？’”[②] 臧旻还京师后，袁逢居然向其了解西域情况，可见这是使匈奴中郎将所可能或应当具备的知识；而他也能够详细地介绍西域的情况，以致袁逢感叹其可与班固《西域传》媲美。可见使匈奴中郎将不仅负责匈奴事务，而且其职责涉及与匈奴有关的从东北的乌桓、鲜卑以至西北的西域地区的整个北方的外交事务。

三　度辽将军

西汉时始置度辽将军，昭帝元凤三年（前78）辽东乌桓反，以范明友为度辽将军往击之。关于这个官名的含义，应劭说：“当度辽水往击之，故以度辽为官号。”[③] 东汉明帝永平八年（65）又置度辽将军，但“皆权行其事”[④]，安帝元初元年（114）以邓遵为正度辽将军，“始为真将军焉”[⑤]。度辽将军屯五原曼柏。据《汉官仪》，度辽将军“银印青绶，秩二千石”。属官有“长史、司马六百石”[⑥]。度辽将军的职掌：“以卫南

---

① 《后汉书》卷八九《南匈奴传》，第2960页。

② 《后汉书》卷五八《臧洪传》注引谢承《后汉书》，第1884页。

③ 《汉书》卷七《昭帝纪》注引应劭曰，第229页。

④ 《后汉书》卷八九《南匈奴传》注，第2958页。

⑤ 《后汉书》卷八九《南匈奴传》，第2958页。

⑥ 《汉官仪》卷上，《汉官六种》，第127页。

单于众新降有二心者。后数有不安，遂为常守。”① 度辽将军与使匈奴中郎将有密切关系，其职掌与使匈奴中郎将有很多相同之处，而且有时还要接受使匈奴中郎将的管辖，张奂为护匈奴中郎将，“以九卿秩督幽、并、凉三州及度辽、乌桓二营”②。度辽将军和护乌桓校尉均由其负责督领。

度辽将军除了主要的军事职能以外，也有一定的外交职能。

（一）防备南北匈奴交通

东汉时匈奴分裂为南北之后，重设度辽将军的目的便是防备南北匈奴交通。建武二十七年（51）大司农耿国曾上言宜置度辽将军，左右校尉，屯五原以防南匈奴逃亡。耿国去世后，明帝“追思（耿）国言，后遂置度辽将军，左右校尉，如其议焉”③。明帝所以采取这一措施是因为当时南北匈奴已经有所勾结，由于北匈奴与汉朝的交往，引起南匈奴的猜忌和怨恨，于是南匈奴秘密遣使北匈奴，约定叛变北逃。汉使郑众获知这一情报后，即“上书宜更置大将，以防二虏交通。由是始置度辽营，以中郎将吴棠行度辽将军事”④。这除了军事上的意义外，还有在外交上牵制南北匈奴，防止他们相互交通的作用。所以牵涉南北匈奴的外交事务便由度辽将军负责办理。元和二年（85）南匈奴出兵进攻北匈奴，斩获而还，当时北匈奴已与汉朝修好，汉朝担心这会使北匈奴认为汉朝欺骗他，于是要求南匈奴遣返所得北匈奴俘虏，为此汉章帝下诏曰：“其敕度辽及领中郎将庞奋倍雇南部所获生口，以还北虏。其南部斩首获生，计功受赏如常科。”⑤ 度辽将军一方面要从南匈奴那里以加倍的价钱赎回北匈奴俘虏，去还给北匈奴，以与北匈奴修好；另一方面又要按照以往惯例奖赏南匈奴俘斩北匈奴的战功，以维护与南匈奴已有的友好关系。度辽将军所处理的显然是一项复杂的外交工作，这一工作不仅维护了汉朝与南、北匈奴的关系，同时也防止了南、北匈奴的交往，如果让南匈奴直接把俘虏遣返北匈奴，则在客观上促进了南、北匈奴交往，这对汉

---

① 《续汉书·百官志一》，点校本《后汉书志》第二十四，第3565页。

② 《后汉书》卷六五《张奂传》，第2139页。

③ 《后汉书》卷一九《耿弇列传附弟（耿）国传》，第716页。

④ 《后汉书》卷八九《南匈奴传》，第2949页。

⑤ 《后汉书》卷八九《南匈奴传》，第2951页。

朝是不利的。

（二）护卫商路

两汉时期中原地区与北边塞外在争战的同时，友好交往与商贸关系亦始终不断。北边的交通道路是双方使节来往和商贾往还的渠道，度辽将军负有保护这些交通道路的职责。顺帝阳嘉四年（135）乌桓进犯云中，“遮截道上商贾车牛千余两”①，度辽将军耿晔率两千余人追击，不利，又调发度辽营和积射士共三千余人，才将乌桓击退。这条云中道是中原与北边塞外进行商贸的重要路线，从一次就被乌桓拦截“贾车”一千余辆来看，其时边塞贸易的数量是相当巨大的。这种“贾车”在居延汉简中也有记载：

日食时贾车出

日东中时□过②

这些都是沿边地区商贾来往频繁的反映。

（三）招纳降献

度辽将军除了在军事上防御、征讨外，还要采取外交手段分化瓦解，招诱降附。马续为度辽将军，朝廷指示其“以恩信招降，宣示购赏，明其期约”。“设购开赏，宣示反悔”以“招降畔虏”。对此马续和沿边诸郡“并各遵行”。于是“右贤王部抑鞮等万三千口诣（马）续降”③。由于度辽将军执行这一方针，因此常需接受降献，并代表朝廷实施封赐。邓遵为度辽将军时，“辽西鲜卑大人乌伦、其至鞬率众诣邓遵降，奉贡献。诏封乌伦为率众王，其至鞬为率众侯，赐綵缯各有差”④。永初三年（109）南单于与乌桓大人反，次年被汉军打败，当时梁慬行度辽将军，“单于惶怖，遣左奥鞬日逐王诣（梁）慬乞降，慬乃大陈兵受之。单于脱

① 《后汉书》卷九〇《乌桓传》，第2983页。

② 中国科学院考古研究所编：《居延汉简甲编》叁《释文》，附录·附十四B，科学出版社1959年版，第106页。

③ 《后汉书》卷八九《南匈奴传》，第2961页。

④ 《后汉书》卷九〇《鲜卑传》，第2987页。

帽徒跣，面缚稽颡，纳质”[1]，也是到度辽将军那里投诚。

四　护乌桓校尉

班彪语曰：“旧制益州部置蛮夷骑都尉，幽州部置领乌桓校尉，凉州部置护羌校尉，皆持节领护，理其怨结，岁时循行，问所疾苦。”[2] 在这些持节领护官中，护乌桓校尉的外交职能较其他领护官为明显。汉武帝时击破匈奴左地，因迁徙乌桓于上谷、渔阳、右北平、辽东塞外，设置护乌桓校尉监领之。至王莽时，乌桓叛，护乌桓校尉由是罢。光武帝建武二十五年（49）辽西乌桓大人郝旦等人率众内属，汉政府将其布于缘边诸郡，司徒掾班彪上言：“但委主降掾吏，恐非所能制。臣愚以为宜复置乌桓校尉，诚有益于附集，省国家之边虑。”光武帝接受了这一建议，再度设置护乌桓校尉，屯驻上谷宁城，“开营府”[3]。护乌桓校尉秩比二千石，“主乌桓胡”[4]，“拥节”出使，同时“并领鲜卑客”，属官有“长史一人，司马二人，皆六百石”[5]。乌桓、鲜卑是我国北方的少数民族，两汉时期他们在不同程度上建立了自己的部族政权，东汉后期鲜卑族在檀石槐统领下还一度建立了强大的军事部落联盟。他们对汉朝“叛服无常”，通过长期的交往，先后逐步不同程度地与汉族融合或纳入汉皇朝的统治。护乌桓校尉的职责亦具有民族的、外交的双重性质。

（一）牵制匈奴

护乌桓校尉的职责是“以护内附乌丸”，并“招附东胡”[6]。乌桓曾长期役属匈奴，因此护乌桓校尉的一项重要任务便是对乌桓“拥节监护之”，特别是监视其与匈奴的关系，“使不得与匈奴交通”；同时令其“为汉侦察匈奴动静”[7]。从外交上孤立、牵制匈奴是护乌桓校尉的重要职责之一。

---

① 《后汉书》卷四七《梁慬传》，第1592—1593页。

② 《后汉书》卷八七《西羌传》，第2878页。

③ 《资治通鉴》卷四四，汉光武帝建武二十五年（49），第1413—1414页。

④ 《续汉书·百官志五》，点校本《后汉书志》第二十八，第3626页。

⑤ 《汉官仪》卷上，《汉官六种》，第154页。

⑥ 《后汉书》卷四《孝和帝纪》注引阚骃《十三州志》，第179—180页。

⑦ 《后汉书》卷九〇《乌桓传》，第2981页。

（二）赐质互市

《汉官仪》记载护乌桓校尉的另一重要职责是“赐质子，岁时胡市焉”[①]。《后汉书·乌桓传》记此曰：“赏赐质子，岁时互市焉。”[②] 对于鲜卑也同样进行这两方面的工作，护乌桓校尉的职责同时为：“并领鲜卑赏赐、质子，岁时互市焉。”[③] 护乌桓校尉亦对鲜卑“通胡市，因筑南北两部质馆”。李贤注曰：“筑馆以受降质。”[④] 可知当时乌桓、鲜卑的质子都由护乌桓校尉负责接待和管理，为此特意在护乌桓校尉所在地建筑了“质馆”。当时所受质子数量相当多，据称“鲜卑邑落百二十部，各遣入质”[⑤]。

---

① 《汉官仪》卷上，《汉官六种》，第 154 页。

② 《后汉书》卷九〇《乌桓传》，第 2982 页。

③ 《资治通鉴》卷四四，汉光武帝建武二十五年（49），第 1414 页。

④ 《后汉书》卷九〇《鲜卑传》，第 2986 页。

⑤ 《后汉书》卷九〇《鲜卑传》，第 2986 页。

中　编

魏晋南北朝外交制度

第四章　魏晋南北朝时期的外交决策制度

魏晋南北朝时期是我国由秦汉统一皇朝进入分裂割据（中间只有西晋短期统一）的时期，这一变局导致我国古代外交格局亦随之发生了变化，其主要表现是外交类型和层次由原先的两种而转变为三种，即由秦汉统一皇朝时期主要与周边国家、民族和地区的外交，转变为除上述之外还包括各分裂政权之间的外交。统一帝国之分裂，加以社会经济的破坏，导致各个政权国力相对削弱，这在不同程度上影响了与周边及四方远国外交的发展。而各个分裂政权又把主要精力集中于彼此的兼并和争霸战争，相互之间虽有一定的外交关系，但它总是与频繁的战争结合、交织在一起，战争多于外交，重于外交。这些都使这一时期的外交呈现了鲜明的时代特色。与此同时，这一时期的政治制度和职官制度也在发生相应的变化，处于从两汉向隋唐转变的过渡阶段，一方面继承了汉制，另一方面又发生了一系列的变化，其突出表现是三公九卿制逐渐被三省制度所取代，后者正是在这一时期得以日益发展和趋于完成。由于上述两个方面的原因，这一时期外交决策制度也显示了与两汉不同的诸多特色。昔日统一皇朝在政治制度上的恢宏气象已黯然失色，旧有外交决策制度也随之在一定程度上遭到破坏而重新做出调整；由于各个政权立国的条件、背景、地理环境之差异，国力强弱之不同，各自的政治制度和所面临的外交态势也不尽相同，因而不同时期、不同政权之间的外交决策制度也存在一定的差异，使这一时期的外交决策制度呈现了多样性和变动性的特点。从汉唐这一大的历史跨度而观之，则这一时期的外交决策制度正处于从汉代的两级决策体制向隋唐的三级决策体制的转变阶段。

第一节 三国时期的外交决策

汉末三国时期由于战争频繁，三国之间的外交关系与争霸战争密不可分，因而外交决策权力高度集中，像两汉那样的公卿百官集议制度虽然继续存在，但是在外交领域中更多的则是由帝王、权臣个人专决，不仅像曹操、诸葛亮、孙权这样的强权政治家总揽外交决策大权，即使其后如魏明帝这样的二三流皇帝也是“政自己出”[①]。但是，由于三国政治制度和外交处境的差异，因而各国之间的外交决策制度也各有自己的某些特点。

一 曹魏的外交决策

曹魏的外交决策基本上是由帝王个人专决。其外交重点是对孙吴的关系。在其与孙吴的外交往还中，我们可以看到在曹魏建国前大多是由曹操决策，在曹魏建国后大多是由皇帝决策的。在帝王专断外交决策的同时，亦辅之以垂询、谏议等方式。

建安二十四年（219）“孙权上书称臣，称说天命”，曹操“以（孙）权书示外曰：‘是儿欲踞吾着炉火上邪！’”[②] 侍中陈群、尚书桓阶、前将军夏侯惇等都劝曹操不必谦让，但是曹操却说：“若天命在吾，吾为周文王矣。”[③] 这里曹操并非让公卿集议，不过是听听臣下的反映而已，正如胡三省所说：“然（曹）操必以（孙）权书示外者，正欲以观众心耳。”[④] 显然曹操自有主张，并不为群臣意见所动。

与此同时，“太祖以孙权称臣遣贡咨（王）朗”[⑤]，此与上文所述为一事。看来围绕孙权称臣的问题，曹操曾广泛征询臣下的意见。王朗时官大理。尽管这是一个外交上的重大问题，但是曹操并没有与群臣集议商讨对策，只是征询了臣属的意见而已，而由自己思谋对策。

---

① 《三国志》卷三《魏书·明帝纪》注引孙盛曰，第115页。

② 《三国志》卷一《魏书·武帝纪》注引《魏略》，第52页。

③ 《三国志》卷一《魏书·武帝纪》注引《魏略》《魏氏春秋》，第52页。

④ 《资治通鉴》卷六八，汉献帝建安二十四年（219）胡注，第2173页。

⑤ 《三国志》卷一三《魏书·王朗传》注引《魏略》，第408页。

黄初二年（221）孙权因遭刘备大举进犯，而向曹魏“遣使称臣，卑辞奉章”[①]。魏文帝曾就此征询侍中刘晔，刘晔对曰：“（孙）权无故求降，必有内急……外有强寇，众心不安，又恐中国承其衅而伐之，故委地求降，一以却中国之兵，二则假中国之援，以强其众而疑敌人。”认为这是其在内忧外患下玩弄的外交手法，主张“宜大兴师，径渡江袭其内。蜀攻其外，我袭其内，吴之亡不出旬月矣”。不如出兵与蜀东西夹击，乘机灭之。文帝不同意，说：“人称臣降而伐之，疑天下欲来者心，必以为惧，其殆不可。孤何不且受吴降，而袭蜀之后乎？”认为不如受吴之降而袭蜀之后。刘晔对曰：“今（刘）备已怒，故兴兵击吴，闻我伐吴，知吴必亡，必喜而进与我争割吴地，必不改计抑怒救吴，必然之势也。”认为刘备不可能改变伐吴之初衷。双方争论无结果，“帝不听，遂受吴降”[②]。最后还是按照文帝之意行事。

刘晔作为侍中而侍从皇帝左右，此职被称为“谋议之官”[③]，故文帝征求他的意见，但是并没有接受他的意见。不仅如此，不久文帝又进而决定“遣太常邢贞奉策即拜孙权为吴王，加九锡”[④]。由此引起了魏文帝与刘晔之间的又一场争论，刘晔对此进谏道：“不可……不得已受其降，可进其将军号，封十万户侯，不可即以为王也……我信其伪降，就封殖之，崇其位号，定其君臣，是为虎傅翼也。权既受王位，却蜀兵之后，外尽礼事中国，使其国内皆闻之，内为无礼以怒陛下。”但是魏文帝“又不从。遂即拜（孙）权为吴王”[⑤]。

孙权利用这一外交上的有利时机，大败刘备于彝陵，而孙权“外礼愈卑，而内行不顺，果如（刘）晔言”[⑥]。而当刘备“军败退，吴礼敬转废”之时，魏文帝却又“欲兴众伐之，（刘）晔以为‘彼新得志，上下齐心，而阻带江湖，必难仓卒。’帝不听”[⑦]。魏文帝的独断专行，导致曹

① 《资治通鉴》卷六九，魏文帝黄初二年（221）八月，第2192页。
② 《三国志》卷一四《魏书・刘晔传》注引《傅子》载，第447页。
③ 《三国志》卷二五《魏书・辛毗传》，第697页。
④ 《资治通鉴》卷六九，魏文帝黄初二年（221）八月，第2193页。
⑤ 《三国志》卷一四《魏书・刘晔传》注引《傅子》，第447页。
⑥ 《三国志》卷一四《魏书・刘晔传》注引《傅子》，第447页。
⑦ 《三国志》卷一四《魏书・刘晔传》，第446页。

魏外交上的失策，而被孙吴所利用，胡三省对此批评道，“若魏用刘晔之言，吴其殆矣”①，此话不无道理。在这场外交角力中吴胜魏败，当与曹魏外交决策中存在比较严重的帝王专断不无关系。从处理魏吴这一外交问题的过程中，我们大体可以了解曹魏外交决策的一般情况及其存在的问题。

曹魏要求孙权派遣儿子孙登入侍的问题，也是魏吴之间反复交涉的一桩外交大事。关于这个问题曹魏方面很少召开群臣集议，同样多由皇帝一人决策处理。于禁护军浩周、军司马东里衮被俘在吴，后被遣送回魏，魏文帝“有诏皆见之”②。召见时“帝问（浩）周等，‘（孙）权可信乎？’周以为权必臣服，而（东里）衮谓其不可必服。帝悦周言，以为有以知之，故立（孙权）为吴王，复使周至吴”。魏文帝派遣浩周使吴的目的在于使孙权遣子入侍。然而“（浩）周还而侍子不至”③。魏文帝这个目的没有达到。这是魏文帝询问从吴返国的战俘，听信错误不实的国情判断而径自做出的外交决策。

当然魏文帝为了这个问题还是垂询过臣下的意见，“时孙权称藩，请送任子，当遣前将军于禁还，久而不至。天子以问（司马）孚”。时司马孚“为中书郎、给事常侍，宿省内，除黄门侍郎，加骑都尉”，为皇帝近臣，故得以垂询。司马孚的核心意见是认为“不可以嫌疑责让，恐伤怀远之义”。尽管后来于禁得以遣返，但是任子还是没有送来，魏文帝“大军临江，责其违言，吴遂绝不贡献”④。司马孚的意见亦并未被采纳。

其他臣下对此有所谏诤，亦不为采纳。黄初三年（222）“孙权欲遣子（孙）登入侍，不至。是时车驾徙许昌，大兴屯田，欲举军东征”。魏文帝企图以武力迫使孙权纳侍。对此王朗上疏谏曰：“设师行而（孙）登乃至，则为所动者至大，所致者至细。”反对采取军事威胁手段。但是魏文帝不听，“是时，帝以成军遂行”。结果“（孙）权子不至，车驾临江而还”⑤。曹魏外交决策上的皇帝独断专行，不听谏言，导致在这一问题

① 《资治通鉴》卷六九，魏文帝黄初二年（221）八月胡注，第2192页。

② 《三国志》卷四七《吴书·吴主传》注引《魏略》，第1128页。

③ 《资治通鉴》卷六九，魏文帝黄初三年（222）九月，第2207页。

④ 《晋书》卷三七《宗室·安平献王（司马）孚传》，第1082页。

⑤ 《三国志》卷一三《魏书·王朗传》，第411—412页。

上一再失误。

虽然存在皇帝独断专行的问题，但是汉代的朝议制度在曹魏时期还是继续存在，外交决策中也仍然可见群臣集议。黄初三年（222）当浩周随魏使至吴，要求孙权遣子入侍，以及侍中辛毗、尚书桓阶出使孙吴与其盟誓并责求侍子均告失败后，魏文帝决定举兵伐吴。于是孙权“卑辞上书，求自改厉”。为此魏文帝向孙权发出一通最后通牒，其中说道：“又遣尚书、侍中践修前言，以定任子。君遂设辞，不欲使进，议者怪之。又前都尉浩周劝君遣子，乃实朝臣交谋，以此卜君，君果有辞……浩周之还，口陈指麾，益令议者发明众嫌，终始之本，无所据仗，故遂俛仰从群臣议……（孙）登身朝到，夕召兵还。”① 从魏文帝这里一再提到“朝臣交谋”“议者”“从群臣议”等语观之，表明在处理这一外交问题时，似也曾举行过朝议。

三国时期外交与军事问题经常交织在一起，在这种情况下采用群臣集议的方式就更多一些。建安二十四年（219）“关羽围曹仁于樊，孙权遣使辞以‘遣兵西上，欲掩取（关）羽……樊军之围，不解自救。乞密不漏，令羽有备’。”究竟该不该将吴军西进的消息让樊城中的曹仁和城外之关羽知道？为此，“太祖诘群臣，群臣咸言宜当密之”。唯董昭认为不应替孙权保密，而应将其透露围城内外，他说：“宜应（孙）权以密，而内露之。”如果关羽得知吴军西上，还保江陵、公安，则樊城之围自解；令曹仁得知，则可鼓舞城内士气。若“秘而不露，使权得志，非计之上”。曹操很同意董昭的意见，“即敕救将徐晃以（孙）权书射着围里及（关）羽屯中，围里闻之，志气百倍。羽果犹豫。权军至，得其二城，羽乃破败”②。看来曹操为此曾与群臣商议对策。曹操接受了董昭之议，收到了一箭双雕的良好效果。

“建安末，孙权始遣使称藩，而与刘备交兵。诏议‘当兴师与吴并取蜀不’？”王朗建议宜坐观成败，“帝纳其计”③。这也是与军事密切缠结的外交问题，也是通过集议进行决策的。

---

① 《三国志》卷四七《吴书·吴主传》，第1125—1126页。

② 《三国志》卷一四《魏书·董昭传》，第440页。

③ 《三国志》卷一三《魏书·王朗传》，第411页。

至于军事方面更为突出的问题，集议决策相对又更经常一些。黄初元年（220）“诏问群臣令料刘备当为关羽出报吴不?”① 黄初六年（225）秋，“帝欲征吴，群臣大议”。御史中丞鲍勋“面谏”提出反对意见，“帝益忿之，左迁勋为治书执法”②。这些都是群臣集议的事实。因为战争成败直接关系国家的生死存亡，故必须集思广益。而比较单纯的外交来往，看似不如军事之紧迫，集议决策就少得多了。这在一定程度上表明曹魏将外交置于军事之后，对于外交重要性的认识有所不足。

二　蜀汉的外交决策

蜀汉与曹魏一样，外交基本上由帝王个人专决，不过刘备在世时以刘备专决为主，刘备去世后则以诸葛亮专决为主。

建安二十年（215）“会闻魏公操将攻汉中，刘备惧失益州，使使求和于（孙）权”③。结果双方达成和议，以湘水为界，中分荆州。时刘备引兵五万在公安（今湖北公安县），与东吴对峙，得知曹操动向而在前线做出的决定。

蜀汉章武元年（221）刘备“耻关羽之没，将击孙权”。这不仅是一桩军事行动，也是重大的外交问题，它关系着吴、蜀联盟共抗曹魏的战略方针能否坚持的问题。这也是刘备自己作出的伐吴决策。当时“群臣谏者甚众，汉主皆不听”④。赵云曾就此事谏道：“国贼是曹操，非孙权也；且先灭魏，则吴自服。”⑤ 刘备也没有听。诸葛亮时为丞相，在这一决策中也没有起作用，事后诸葛亮说：“法孝直若在，则能制主上，令不东行；就复东行，必不倾危矣。”⑥ 这一决策在外交上是错误的，它违反了隆中对策中确定的联吴抗曹的外交方针。加以军事指挥上的失着，给刚立国的蜀汉造成重大损害。不仅如此，后来在伐吴前线，“孙权遣书请

① 《三国志》卷一四《魏书·刘晔传》，第446页。
② 《三国志》卷一二《魏书·鲍勋传》，第385—386页。
③ 《资治通鉴》卷五九，汉献帝建安二十年（215）五月，第2138页。
④ 《资治通鉴》卷六九，魏文帝黄初二年（221）六月，第2189页。
⑤ 《三国志》卷三六《蜀书·赵云传》注引《云别传》，第950页。
⑥ 《三国志》卷三七《蜀书·法正传》，第962页。

和，先主盛怒不许”①。又丧失了一次弥补损失的外交机会。而这一决策又是刘备在前线做出的。

章武二年（222）刘备伐吴之役遭到惨败，退居白帝（今四川奉节县），孙权“遣使请和，先主许之，遣太中大夫宗玮报命”②。其时“吴王孙权请和，先主累遣宋玮、费祎等与相报答”③。这些都是刘备个人在白帝做出的外交决策。刘备从失败中汲取教训，做出了正确的决策，但已于事无补。

章武三年（223）刘备死后，蜀汉的外交决策大权便集中于诸葛亮之手。蜀汉丞相权力较魏、吴突出，这是由于蜀汉的特殊条件造成的，一方面刘禅幼弱无能，另一方面诸葛亮既受托孤之重，又具杰出的治国才能。其时“嗣子幼弱，事无巨细，（诸葛）亮皆专之。于是外连东吴，内平南越……”④“政事无巨细，咸决于亮。”外交大权同样也操于诸葛亮手中。诸葛亮大力调整外交政策，进一步贯彻隆中对策所制定的联吴抗曹的外交方针，修复与吴的友好关系。此时，南中诸郡乘机叛乱，诸葛亮“以新遭大丧，故未便加兵，且遣使聘吴，因结和亲，遂为与国”⑤。通过修复与孙吴的外交关系，以便集中力量解决南中问题。这一决策是由诸葛亮做出的。这次遣使聘吴的决策经过，史籍有较具体、生动的记载：

> 丞相诸葛亮深虑（孙）权闻先主殂陨，恐有异计，未知所如。（邓）芝见亮曰：“今主上幼弱，初在位，宜遣大使重申吴好。”亮答之曰：“吾思之久矣，未得其人耳，今日始得之。”芝问其人为谁？亮曰：“即使君也。”乃遣芝修好于权。⑥

由此可见，遣使赴吴修好的大计方针，诸葛亮已经成竹在胸，只是一时尚未物色到合适的人选，邓芝的想法与诸葛亮不谋而合，所以诸葛

① 《三国志》卷三二《蜀书·先主传》，第890页。
② 《三国志》卷三二《蜀书·先主传》，第890页。
③ 《三国志》卷四五《蜀书·邓芝传》，第1071页。
④ 《三国志》卷三五《蜀书·诸葛亮传》，第930页。
⑤ 《三国志》卷三五《蜀书·诸葛亮传》，第918页。
⑥ 《三国志》卷四五《蜀书·邓芝传》，第1071页。

亮当场拍板派遣邓芝使吴。

诸葛亮南征回来后，又派费祎以昭信校尉使吴。后来诸葛亮北驻汉中，请费祎为参军，又“因奉使称旨，频烦至吴”①。这些也都是由诸葛亮做出的决策。

在诸葛亮专决的情况下，并非完全不举行群臣的集议。事实上群臣集议进行外交决策的情况也是有的。建兴七年（229）孙权称帝，遣使至蜀“以并尊二帝来告”。蜀国“议者咸以为交之无益，而名体弗顺，宜显明正义，绝其盟好”。从这一记载来看，蜀汉为此曾举行群臣集议以商讨对策。但是最后还是由诸葛亮做出决断，他在会上发表了长篇讲话，分析了魏蜀吴三方的利害得失关系，认为蜀国的最高利益还是联吴抗曹，承认孙权称帝所失小于与孙吴交恶，因此应当承认孙权的帝号，以巩固与孙吴的友好关系，认为“若就其不动而睦于我，我之北伐，无东顾之忧，河南之众不得尽西，此之为利，亦已深矣。（孙）权僭之罪，未宜明也”。于是诸葛亮“乃遣卫尉陈震庆（孙）权正号”②。陈震出使东吴，双方订立盟约，中分天下，进一步巩固了吴蜀联盟。

三　孙吴的外交决策

孙吴的外交决策与魏、蜀一样，也是以帝王个人专决为主。

孙权当政凡三十余年，举凡外交大事多由其亲自决策。孙权统事前期颇能“任才尚计”③，其中包括外交方面垂询谋士，接纳谏言。

对于蜀汉的外交方针，他主要采纳了鲁肃的主张。赤壁战前他接受鲁肃的建议，对刘备“宜抚安，与结盟好”，执行联刘抗曹的外交方针，从而取得赤壁之战的大胜。赤壁战后继续遵循鲁肃联刘抗曹的方针，建安十五年（210）刘备“诣京见（孙）权，求都督荆州，惟（鲁）肃劝权借之，共拒曹公”④。当时吕范“密请留（刘）备”⑤，鲁肃坚决反对。《汉晋春秋》记此事曰：“吕范劝留（刘）备，肃曰：‘不可。将军虽神

---

① 《三国志》卷四四《蜀书·费祎传》，第1061页。

② 《三国志》卷三五《蜀书·诸葛亮传》注引《汉晋春秋》，第924—925页。

③ 《三国志》卷四七《吴书·吴主传》，第1149页。

④ 《三国志》卷五四《吴书·鲁肃传》，第1269、1270页。

⑤ 《三国志》卷五六《吴书·吕范传》，第1310页。

武命世，然曹公威力实重，初临荆州，恩信未洽，宜以借备，使抚安之。多操之敌，而自为树党，计之上也。’权即从之。”[①] 鲁肃从孙刘联盟、共抗曹魏的长远战略方针考量这个问题，不仅反对扣押刘备，而且主张把荆州借给他，以树曹操之敌。孙权深谙这个方针的意义，于是力排众议而采纳了鲁肃的意见。

对于曹魏的外交方针，他主要接受了孙邵的建议。“及（孙）权统事，（孙邵）数陈便宜，以为应纳贡聘，权即从之。”[②] 于是孙吴在联刘抗曹的同时，又对曹魏执行“卑辞厚币”的外交方针，以军事和外交两手结合，与曹魏进行长期的周旋，赢得了鼎足江东的环境条件。与蜀汉方面对待曹魏只用军事斗争一手，而缺乏外交一手可谓大相径庭。这也是孙权在外交决策方面善于接纳谏议的表现。此外，中大夫赵咨曾频繁出使曹魏，对曹魏内情十分了解，他据此而向孙权建议：“观北方终不能守盟，今日之计……宜改年号，正服色，以应天顺民。”孙权“纳之”[③]。孙权之称帝也是以外交决策作为考量依据的。

但是对于不符合自己想法的谏言，孙权并不轻易采纳。如上述刘备到京会见孙权一事，周瑜也曾上书建议“宜徙（刘）备置吴”，不令其还。孙权却“以曹公在北方，当广揽英雄，又恐（刘）备难卒制，故不纳”[④]。可见他对这个问题是有自己的既定方针的。黄初二年（221）孙权打算与魏和好，于是派使者遣返曹魏俘虏于禁。当时虞翻反对，孙权也没有采纳[⑤]。

孙权在外交决策方面有不少明断，然而也因其刚愎自用造成诸多失误。其中最能反映孙权在外交上独断专行、拒绝正确谏言的是对于辽东公孙渊关系的问题上。孙吴嘉禾三年（234）公孙渊遣使者宿舒、孙综“奉表称臣于吴；吴主大悦，为之大赦”[⑥]。同时孙权决定派遣张弥、许晏、贺达“将兵万人，金宝珍货，九锡备物，乘海授渊”。群臣对于派出

---

① 《三国志》卷五四《吴书·鲁肃传》注引《汉晋春秋》，第1271页。
② 《三国志》卷四七《吴书·吴主传》注引《吴录》，第1131页。
③ 《三国志》卷四七《吴书·吴主传》注引《吴书》，第1124页。
④ 《三国志》卷五四《吴书·周瑜传》，第1264页。
⑤ 参见《三国志》卷五七《吴书·虞翻传》注引《吴书》，第1321页。
⑥ 《资治通鉴》卷七二，魏明帝青龙元年（233）二月，第2284页。

如此庞大的使团、携带如此丰厚的物资，均表反对，“举朝大臣，自丞相顾雍已下皆谏，以为（公孙）渊未可信，而宠待太厚，但可遣吏兵数百护送舒、综”。建议派遣数百人的使团护送即可。但是孙权“终不听”①。在谏阻孙权的举朝大臣中，以顾命老臣张昭之谏最为激烈，而孙权在这个问题上的独断专行表现得也最为突出。张昭谏曰：“（公孙）渊背魏惧讨，远来求援，非本志也。若渊改图，欲自明于魏，两使不反，不亦取笑于天下乎？”提醒孙权，公孙渊有改而讨好曹魏的可能，吴使之安全毫无保障。但孙权不听，与张昭“相反覆”，张昭也愈益坚持己见。孙权“不能堪，案刀而怒曰：‘吴国士人入宫则拜孤，出宫则拜君，孤之敬君，亦为至矣，而数于众中折孤，孤尝恐失计。’昭熟视权曰：‘臣虽知言不用，每竭愚忠者，诚以太后临崩，呼老臣于床下，遗诏顾命之言故在耳。’因涕泣横流。权掷刀致地，与昭对泣。然卒遣弥、晏往。昭忿言之不用，称疾不朝。权恨之，土塞其门，昭又于内以土封之”②。

从这一决策过程我们可以看到，皇帝在外交决策中具有最高的和最终的权力，对于这么重大的外交行动，竟然没有经过统治集团的集议，而由皇帝个人做出决策。皇权体制下的谏议制度并不能制约决策中的独断专行。裴松之强烈批评了孙权在这个问题上“愎谏违众”③的错误。后来的事实证明了孙权的决策是错误的，“（公孙）渊果斩（张）弥等，送其首于魏，没其兵资”④，使孙吴在外交上遭到惨重损失。消息传来，孙权大怒，又打算亲自率兵讨伐公孙渊，经上大将军陆逊、尚书仆射薛综、选曹尚书陆瑁等人反复切谏，他才放弃了这一愚蠢的想法。

在帝王专决的同时，群臣集议决策的制度在孙吴也是实行了的。在孙权称帝以前，对于外交上的大事也常召集群臣会议。建安七年（202）曹澡“下书责（孙）权质任子。权召群臣会议”⑤，以商讨是否向曹操派质子的问题。建安十三年（208）曹操向孙权下最后通牒，孙权“得书以

---

① 《三国志》卷四七《吴书·吴主传》，第1138页。

② 《三国志》卷五二《吴书·张昭传》，第1223页。

③ 《三国志》卷四七《吴书·吴主传》，裴松之注，第1139页。

④ 《三国志》卷四七《吴书·吴主传》，第1138页。

⑤ 《三国志》卷五四《吴书·周瑜传》注引《江表传》，第1260页。

示群臣”[①]，从“诸议者皆望风畏惧，多劝权迎之。惟（周）瑜、（鲁）肃执拒之议，意与权同”[②] 来看，对此事孙权是召集了群臣集议以商讨对策。黄初二年（221）曹魏派遣邢贞使吴，拜孙权为吴王，孙权“群臣议，以为宜称上将军九州伯，不应受魏封”[③]。这是召集群臣集议以决定是否接受曹魏的封号。同年魏文帝欲封孙权子孙登，孙权以孙登年幼为由，上书辞封，同时派遣西曹掾沈珩前往曹魏陈谢[④]。魏文帝在接见沈珩时问道：“闻太子当来，宁然乎？”沈珩答道：“臣在东朝，朝不坐，宴不与，若此之议，无所闻也。”[⑤] 沈珩推托自己没有参与这个问题的集议，当然是一种外交上的托词，但从中也可见这类外交问题是可能经过群臣集议的。孙权称帝以后，关于外交问题的集议相对较少了，但也不是没有进行过，嘉禾元年（232）与公孙渊的外交斗争中，陆瑁的上书中曾说过“群臣愚议，窃谓不安”[⑥] 云云，可见也曾举行过群臣会议。

从三国的外交决策，我们可以看到，这个时期帝王和权臣专决的情况，比两汉时期突出，更经常运用。这是由于三国时期特定的历史条件所造成的。一方面是这个时期兼并战争激烈频繁，因而帝王、权臣专权成为普遍现象，而且许多外交问题与战争问题紧密联系，交织在一起。各国首先必须对军事问题迅速做出决策，外交问题相对不如战争问题突出，常为帝王、权臣处理军事的附属问题；另一方面三国时期的君主和权臣，特别是那些创业之主，大多足智多谋、有丰富的斗争经验，有能力就复杂的外交问题作出个人的决断。不过帝王和权臣在个人专决时，也经常征询臣下的意见，或接受臣下的建议，两汉的谏议制度在一定程度上有所继续。而且两汉的集议制度也还在一定程度上继续实行。

但是三国的外交决策又存在差异，各有自己的某些特点。曹魏和蜀汉以帝王专决比较突出，孙吴与他们相比则群臣集议相对经常一些。曹魏方面，因其为权臣篡位所建立的政权，不仅在篡位之前靠专权起家，

---

① 《三国志》卷四七《吴书・吴主传》注引《江表传》，第 1118 页。

② 《三国志》卷四七《吴书・吴主传》，第 1117—1118 页。

③ 《三国志》卷四七《吴书・吴主传》注引《江表传》，第 1123 页。

④ 《三国志》卷四七《吴书・吴主传》，第 1123 页。

⑤ 《三国志》卷四七《吴书・吴主传》注引《吴书》，第 1124 页。

⑥ 《三国志》卷五七《吴书・陆瑁传》，第 1337 页。

篡位之后仍继续这一传统不坠；加以其国力和政治、军事上均压倒吴、蜀二国，又以“正统”自居，因而他们并不十分看重对此二国的外交。蜀汉方面，则因其在三国中力量最为弱小，疲于奔命，刘备、诸葛亮经常各在一方，权力中心分散，进行集议决策有客观条件的限制；刘备死后，幼主庸劣，诸葛亮受“托孤”之重，只能由其专决。孙吴方面，则在政治上、军事上均处于劣势，在政治上既无曹魏“挟天子以令诸侯”、又无西蜀“汉室宗亲”的资本，在军事上处于北方和上游的重压之下，为求生存与发展，不得不在运用军事手段的同时十分注意外交手段的配合，因而在外交上兢兢业业、集思广益，以应付错综复杂的三角关系，弥补劣势，立足江东，相机图霸。

第二节　两晋十六国时期的外交决策

一　两晋时期的外交决策

两晋时期的社会、政治及政治制度都发生了某些变化，因而其外交决策也有一些相应的变化。司马氏建立的西晋皇朝，除开国皇帝稍有作为外，大都昏庸无能。东晋皇权尤为羸弱，士族、外戚、宗室都对皇权构成严重的威胁。在中央职官制度方面的显著变化，是尚书台取代汉代的三公成为宰相，总理中央政务①。这些变化都对两晋的外交决策有所影响。

首先，外交事务多由尚书直接上奏皇帝，经皇帝批准执行。泰始二年（266）孙吴派大鸿胪张俨、五官中郎将丁忠来吊祭司马昭之丧，“有司奏为答诏。帝曰：‘……（孙）晧遣使之始，未知国庆，但以书答之。’”② 这里的“有司”是指哪个部门呢？从晋武帝时围绕齐王司马攸“就国”问题引起的风波中有助于我们了解当时的“有司”是指哪个部门。晋武帝令齐王司马攸“就国”，遂“下礼官议崇锡之物”，博士庾旉等人“上表谏”，武帝“以博士不答所问，答所不问，大怒，事下有司”。

---

①　参见祝总斌《两汉魏晋南北朝宰相制度研究》第六章第二节，中国社会科学出版社1990年版，第159—204页。

②　《晋书》卷三《武帝纪》，第53页。

于是尚书朱整、褚䂮等奏："请收（庾）旉等八人付廷尉科罪。"廷尉刘颂据此奏庾旉等"大不敬，弃市论，求平议"。于是"尚书又奏请报听廷尉行刑"。这时另一位尚书夏侯骏谓朱整曰："国家乃欲诛谏臣！官立八座，正为此时，卿可共驳正之。"朱整不从，夏侯骏怒起曰："非所望也！"乃独为驳议。左仆射魏舒、右仆射王晃等从夏侯骏议。他们的驳议奏上之后，在武帝那里压了七天，才下诏免庾旉等人死罪，但是"并除名"[①]。从中可见晋武帝"事下有司"中的"有司"是指尚书。此后一系列公事往还中也是以尚书为中心而展开的，尚书奏请报听廷尉行刑之后，廷尉要求"平议"，也是由尚书进行平议并将平议决定上奏，尚书中有不同意见，又可以进行驳议。清楚地显示尚书为当时的行政主管部门。夏侯骏所称"八座"即"尚书八座"。泰始二年"有司奏为答诏"中的"有司"亦当指尚书的有关部门。"有司"请示拟用诏书答孙吴，晋武帝不同意，认为孙吴遣使之时不知司马氏已代魏建晋，孙吴与晋"未正君臣之仪"[②]，故不应用"诏"而应用"书"答之。太康四年（283）"有司奏：鄯善国遣子元英入侍，以英为骑都尉，佩假归义侯印，青紫绶各一具"[③]。这也当是有关尚书向皇帝奏报对鄯善国侍子处置的初步意见，请皇帝批准。这一报告得到了皇帝的批准，于是有《晋书·武帝纪》太康四年八月"鄯善国遣子入侍，假其归义侯印"[④]的记载。晋代尚书台取代了汉代诸卿的权力，总揽国家政务，其中包括外交事务，由他们直接上报皇帝，经皇帝批准执行。

其次，士族权臣对于外交决策的专断也很突出。由于皇权的羸弱，士族权臣操纵国政，其中包括外交方面的权力，尤以东晋时期为甚。谢安当政时，"时强敌寇境，边书续至"，谢安"每镇以和靖，御以长算"[⑤]。他总揽国家对外政策。庾翼以晋康帝舅的身份，"年少超居大任"，代其兄庾亮出镇武昌时，"遣使东至辽东，西到凉州，要给二方，欲同大举。

---

① 《晋书》卷五〇《庾纯附子（庾）旉传》，第 1402—1403 页。

② 《晋书》卷三《武帝纪》，第 53 页。

③ 《初学记》卷二六《器物部·绶第四》注引《晋永安起居注》，第 626 页。

④ 《晋书》卷三《武帝纪》，第 75 页。

⑤ 《晋书》卷七九《谢安传》，第 2074 页。

慕容皝、张骏并报使请期”[①]，以一方镇守而采取重大的外交行动。刘裕总揽东晋朝政，北伐南燕时，与后秦的外交亦由其全权专决，时后秦姚兴遣使威胁刘裕说：后秦与南燕为“邻好”，晋方如不撤军，后秦铁骑十万将“长驱而进”，刘裕答后秦使者说：“语汝姚兴，我定燕之后，息甲三年，当平关、洛。今能自送，便可速来。”刘裕的录事参军刘穆之听说有后秦使者，急驰入，刘裕告诉他后秦使者已走，并将他的答词告知刘穆之，刘穆之埋怨道：“常日事无大小，必赐与谋之。此宜善详之，云何卒尔便答。公所答（姚）兴言，未能威敌，正足怒彼耳。若（南）燕未可拔，羌救奄至，不审何以待之?”刘裕笑曰：“此是兵机，非卿所解，故不语耳。夫兵贵神速，彼若审能遣救，必畏我知，宁容先遣信命。此是其见我伐燕，内已怀惧，自张之辞耳。”录事参军刘穆之，“有经略才具”，刘裕“以为谋主，动止必咨焉”[②]。如此重要的外交事项，连与他的亲信高参刘穆之都没有商议，更不必说向东晋朝廷请示了。灭后秦后刘裕又径自“遣使遗（赫连）勃勃书，请通和好，约为兄弟”[③]，更是撇开了东晋皇帝。

再次，汉代的朝议制度在晋代仍被继承，不过与汉制不同的是举凡军国大事，包括外交大事一般由尚书“八座”集议，“晋西朝八坐丞郎，朝晡诣都坐朝，江左唯旦朝而已”[④]。所谓“都坐”是指尚书台议政之所，“八座”是指尚书台首长令、仆射以及列曹尚书。咸康七年（341）慕容皝派刘翔至建康，向东晋“求大将军、燕王章玺”，东晋“朝议以为……不可许”。刘翔留住建康一年多，“众议终不决”。这里面有一个重要原因是诸葛恢“独主异议”，以为“夷狄相攻，中国之利；惟器与名，不可轻许”。当时诸葛恢为尚书令兼吏部尚书。显然这件事在尚书八座中曾进行多次讨论。后来刘翔通过中常侍彧弘“入言于帝，帝意亦欲许之”[⑤]。加以慕容皝上表指责庾氏兄弟“擅权召乱”，庾冰“甚惧，以其绝远，非所

① 《晋书》卷七三《庾亮附弟（庾）翼传》，第1932页。
② 《宋书》卷一《武帝纪上》，第16—17页。
③ 《晋书》卷一三〇《赫连勃勃载记》，第3208页。
④ 《宋书》卷三九《百官志上》，第1237页。
⑤ 《资治通鉴》卷九六，晋成帝咸康七年（341）二月，第3042—3044页。

能制，遂与何充等奏听皝称燕王”[①]，这件事才算了结。何以这个问题要经庾冰、何充同意才得以通过呢？当时庾冰是中书监兼录尚书事，何充是中书令兼领军将军。东晋时录尚书事权力膨胀，其“职无不总”[②]，控制朝政。这是东晋皇权削弱的政治表现。与此同时，中书省的权力也有很大发展，中书监、令“自晋建国，尝命宰相参领。中兴以来，益重其任”[③]，中书监同时兼录尚书事为宰相，把不宜兼任的二职集于一身，反映了东晋的君弱臣强[④]。庾冰当时身兼此二职，故能对外交决策起决定作用。前述建元元年（343）庾翼遣使东约慕容皝，西约张骏，刻期大举。“朝议多以为难，唯庾冰意与之同”[⑤]，可见此事也曾举行过朝议。尽管朝议“以为难”，庾翼仍然敢于独断专行，这与庾冰的支持是分不开的。兄弟二人，一握兵于外，一专政于内，其垄断外交决策就很自然了。由上述外交决策可见东晋时期的朝议也深深地打上了士族门阀势力的烙印。

二　十六国时期的外交决策

十六国政权多为少数民族所建立，但其政治制度基本上沿袭魏晋，故其外交决策也与魏晋基本相同。其决策方式主要有两种，一为帝王直接决策，二为通过朝议以进行决策。

（一）帝王决策

十六国时期列国纷争，军事和外交斗争非常频繁而错综复杂，需要对于外交问题迅速作出抉择，因此十六国的统治者经常直接对于外交问题进行决策。而十六国的君主中，有的富有政治经验，有能力就此做出决策；有的属于昏暴专横，故而在外交决策中也独断专行。

前秦建元十八年（382）车师前部王弥窴、鄯善王休密驮入朝于苻坚，因见前秦强盛，“甚惧，因请年年贡献”。但苻坚“以西域路遥，不许，令三年一贡，九年一朝，以为永制”。这是苻坚直接做出的外交决策。他们又向苻坚请求道：“大宛诸国虽通贡献，然诚节未纯，请乞依汉

---

① 《晋书》卷一〇九《慕容皝载记》，第2821页。
② 《宋书》卷三九《百官志上》，第1234页。
③ 《通典》卷二一《职官典三·中书令》自注，第561页。
④ 参见《两汉魏晋南北朝宰相制度研究》第九章第二节，第345页。
⑤ 《资治通鉴》卷九七，晋康帝建元元年（343），第3055页。

置都护故事。若王师出关，请为乡导。”于是苻坚决定派吕光等人率兵七万，平定西域。苻融“固谏以为不可”，其他朝臣又屡谏，苻坚“皆不纳”①。这是苻坚拒绝谏诤而独自做出的决策。

后秦弘始七年（405）“刘裕遣使求和于秦，且求南乡等诸郡，秦王（姚）兴许之”。后秦的群臣都反对这样做，但姚兴不听，“遂割南乡、顺阳、新野、舞阴等十二郡归于晋”②。这是姚兴独自做出的外交决策。

当然十六国君主在进行决策时，也常听取臣下的规谏，魏晋的谏议制度也有所承袭。

后赵建武六年（340），前凉张骏惧怕石季龙势盛，派遣其别驾马诜朝之，“季龙初大悦，及览其表，辞颇蹇傲，季龙大怒，将斩（马）诜”。于是其侍中石璞进谏曰：“为陛下之患者，丹杨也。区区河右，焉能为有无！今斩马诜，必征张骏，则南讨之师势分为二，建邺君臣延其数年之命矣。胜之不为武，弗克为四夷所笑，不如因而厚之。彼若改图谢罪，率其臣职者，则我又何求！迷而不悟，讨之未后也。”③ 石璞的谏言，分析了后赵与前凉、东晋的三角关系，认为后赵的主要敌手是江南的东晋，而非河右的前凉，对于前凉应当采取联合的方针，以便集中力量对付东晋。因此不能斩前凉的使节。这实际上是擘画了后赵的外交方针政策。石季龙接受了石璞的谏言。

前秦建元十一年（375），丞相王猛临终前，苻坚“问以后事”，王猛特别提出：“晋虽僻陋吴越，乃正朔相承。亲仁善邻，国之宝也。臣没之后，愿不以晋为图。鲜卑、羌虏，我之仇也，终为人患，宜渐除之，以便社稷。”④ 王猛的临终遗言，实际是为前秦制定的重要外交方针。史文没有说苻坚是否接受了王猛的意见，但是从后来苻坚悍然发动进攻东晋的淝水之战，苻融以王猛临终之言谏阻，苻坚也不听的情况来看，他是没有接受王猛的意见。这终于导致苻坚身死国灭的严重后果。

后凉神鼎元年（401），后秦大举进攻后凉，包围后凉都城姑臧一个

---

① 《晋书》卷一一四《苻坚载记下》，第2911页。吕光率兵七万，《资治通鉴》卷一〇四晋孝武帝太元七年（382）九月作“总兵十万，铁骑五千”，第3300页。

② 《资治通鉴》卷一一四，晋安帝义熙元年（405）七月，第3585页。

③ 《晋书》卷一〇六《石季龙载记上》，第2771页。

④ 《晋书》卷一一四《苻坚载记下》附《王猛传》，第2933页。

月，后凉粮尽援绝，政局动荡，“于是群臣表求与姚兴通好”。但是后凉君主吕隆不同意，其弟吕超谏曰：“何惜尺书单使，不以危易安！且令卑辞以退敌，然后内修德政，废兴由人，未损大略。”吕隆不听，吕超又谏，吕隆才接受，于是向后秦遣使“请降”①。

北燕太平六年（414），拓跋魏派遣于什门出使北燕，被北燕扣留，导致双方关系长期紧张。太平十年（418），太史令张穆借“有赤气四塞”的天象，向北燕君主冯跋进言，说这是“兵气也。今大魏威制六合，而聘使断绝。自古未有邻国接境，不通和好。违义怒邻，取亡之道。宜还前使，修和结盟”。冯跋答道：“吾当思之。”② 张穆是利用“灾异”申述与拓跋魏结好的外交方针政策。

君主在外交上的专断和拒谏，有可能做出错误的决策，导致严重后果。北燕与拓跋魏的外交关系一直存在问题，双方时有战事，关系紧张，许多北燕朝臣都主张与北魏修好。但是北燕君主冯弘在这个问题上举措失当，导致失国。北燕太兴二年（432），尚书郭渊“劝燕王送款献女于魏，乞为附庸”。但燕王不同意，说：“负衅在前，结忿已深，降附取死，不如守志更图也。”③ 后来北魏要求北燕以太子为质，但“燕王不遣太子质魏”。于是散骑常侍刘滋谏曰：“愿亟遣太子，而修政事……社稷犹庶几可保。”对此燕王不但不听，反而大怒“杀之”④。于是燕、魏关系日益恶化。次年，因“魏人数伐燕，燕日危蹙，上下忧惧。太常杨岷复劝燕王速遣太子入侍。燕王曰：‘吾未忍为此。若事急，且东依高丽以图后举。’岷曰：‘魏举天下以击一隅，理无不克。高丽无信，始虽相亲，终恐为变。’燕王不听，密遣尚书阳伊请迎于高丽”⑤。对于这么重大的外交问题，燕王继续实行个人专决，拒绝臣下的谏言，“后为魏所伐，东奔高句丽。居二年，高句丽杀之”⑥。重蹈前秦因外交决策上的错误，而招致身死国灭的严重后果。

---

① 《晋书》卷一二二《吕隆载记》，第3070页。

② 《晋书》卷一二五《冯跋载记》，第3133页。

③ 《资治通鉴》卷一二二，宋文帝元嘉九年（432）九月，第3840页。

④ 《资治通鉴》卷一二二，宋文帝元嘉十一年（434）六月，第3854页。

⑤ 《资治通鉴》卷一二二，宋文帝元嘉十二年（435），第3859页。

⑥ 《晋书》卷一二五《冯跋载记》，第3133页。

（二）朝议决策

十六国政权的中央官制，基本上模仿魏晋制度。朝议制度亦仿照魏晋，咸和五年（330）石勒称赵天王，行皇帝事后，下书曰："自今有疑难大事，八座及委丞郎赍诣东堂，诠详平决。其有军国要务须启，有令仆尚书随局入陈，勿避寒暑昏夜也。"① 这条史料反映了两方面的问题，一是尚书台为石赵政权的中枢权力机构，二是军国大事由尚书台集议，然后上报帝王决断。这完全是西晋的制度。外交大事亦由尚书台朝议决策。

南凉建和三年（402），后凉吕隆被北凉沮渠蒙逊所伐，遣使向南凉求救，南凉君主秃发利鹿孤"引群下议之"。尚书左丞婆衍崘主张"使二寇相残，以乘其衅"，不宜相救。车骑将军、录尚书事秃发傉檀主张速救，以免姑臧落入沮渠蒙逊之手。最后"利鹿孤曰：'车骑之言，吾之心也'。遂遣傉檀率骑一万救之"②。这是南凉实行尚书朝议决策。

南燕君主慕容超的母亲和妻子早先被后秦姚兴扣留于长安，姚兴以此要挟慕容超。南燕太上三年（407）姚兴"责（慕容）超称藩，求太乐诸伎，若不可，使送吴口千人。超下书遣群臣详议"。尚书左仆射段晖主张"掠吴口与之"。尚书张华反对，认为这样会挑起与东晋的战争，不如派中书令韩范出使后秦，"降号修和"。慕容超大悦，说："张尚书得吾心矣。"③ 于是派韩范出使后秦。这是南燕实行尚书朝议决策。

晋安帝义熙三年（407）八月后秦派员外散骑常侍韦宗"聘于燕"。慕容超"与群臣议见（韦）宗之礼"。尚书张华曰："陛下前既奉表，今宜北面受诏。"封逞等人反对，最后慕容超说："'吾为太后屈，愿诸君勿复言！'遂北面受诏。"④ 这也是南燕进行尚书朝议决策。

北燕太平三年（411），柔然可汗勇斛律遣使献马三千匹，求娶北燕君主冯跋女乐浪公主。冯跋"命其群下议之"，录尚书事、大司马冯素弗等议以为不可许，冯跋曰："朕方崇信殊俗，柰何欺之！"⑤ 于是答应了柔

---

① 《晋书》卷一〇五《石勒载记下》，第 2746 页。

② 《晋书》卷一二六《秃发利鹿孤载记》，第 3147 页。

③ 《晋书》卷一二八《慕容超载记》，第 3178—3179 页。

④ 《资治通鉴》卷一一四，晋安帝义熙三年（407）八月，第 3600—3601 页。

⑤ 《晋书》卷一二五《冯跋载记》，第 3130 页。

然的要求。这是北燕实行尚书朝议决策。

前秦建元四年（369），前燕因遭东晋进攻，派散骑侍郎乐嵩出使前秦求救，并许愿割让虎牢以西之地给前秦。于是“秦王（苻）坚引群臣议于东堂”[①]。这是前秦实行尚书朝议决策。“东堂”为西晋宫中一殿，郤诜迁雍州刺史，“武帝于东堂会送”[②]。十六国政权宫中亦有此殿，苻坚兄苻法被杀前，苻坚“与（苻）法诀于东堂”[③]。到十六国时，东堂已成为朝议决策场所，前引石勒下书令尚书八坐议政于东堂，此处苻坚引群臣议于东堂等，均属此例。

但是十六国的政治制度复杂多变，并非整齐划一，一律由尚书八座丞郎集议决策。中书等亦常参与集议。

成汉将领李宏被东晋所俘，后逃奔于后赵。成汉主李寿致书石季龙，要求引渡李宏。成汉的书信中题曰“赵王石君”，石季龙对此“不悦，付外议之，多有异同”。这里的“外”当指尚书台。会上，中书监王波议以为遣返李宏于国有利，并且不以“诏”而以“书”[④]答之。这是中书参与朝议。这时恰巧“挹娄国献楛矢石砮于赵，（王）波因请以遗汉，曰：‘使其知我能服远方也。’（石）虎从之，遣李闳归，厚为之礼。闳至成都，（李）寿下诏曰：‘羯使来庭，贡其楛矢。’虎闻之，怒，黜王波，以白衣领职”[⑤]。西晋时中书监、令权力比曹魏时期扩大，掌管诏命之外亦参与朝议，十六国时期当承袭其制。

第三节　南北朝时期的外交决策

经历魏晋十六国时期二百年的演进，到了南北朝时期，形成了南北隔江而治、相对强大、稳定的胡汉对立政权。这一政治态势导致这一时期外交呈现了某些特点：南北双方在军事对抗的同时，亦展开激烈的外

---

① 《资治通鉴》卷一〇二，晋海西公太和四年（369）七月，第3216页。

② 《晋书》卷五二《郤诜传》，第1443页。

③ 《晋书》卷一一三《苻坚载记上》，第2885页。

④ 《晋书》卷一〇六《石季龙载记上》，第2771页。

⑤ 《资治通鉴》卷九六，晋成帝咸康六年（340），第3041—3042页。此李闳即《晋书》所载李宏。

交斗争，两者密切配合、相互为用，以争正统地位；各自向周边国家和地区展开频繁的外交活动，积极争取与国，以期在战略上包围、压倒对方。因而这一时期的外交较前一时期活跃，有了长足的发展。

与此相应，这一时期的政治制度也呈现南北互有异同的某些特点。南朝为汉人政权，其政治制度是在继承魏晋制度的基础上逐步演进。北朝为胡族政权，其政治制度则是在不断改造浓厚的胡族色彩的同时，借鉴、吸收汉族传统政治制度，并最后与之并轨。皇权的加强与中央三省制度的日益发展并向着完成的门槛迈进，则是南北方的共同特点和发展趋势。

在这种历史条件下，南北朝的外交决策也呈现了互有异同的某些特点：在南朝的外交决策中，以皇帝专决和佞幸用事较为突出，而在北朝则运用御前会议这一方式较南朝为多。北朝虽然也建立了专制皇权政治，但因受鲜卑族早期军事民主制度的影响，决策中的民主、协商精神较南朝明显。与此同时，不论南北朝，在外交决策中都不同程度地逐步施行了三省博议制度，这标志着日后隋唐时期的宰相决策方式在这个时期已露端倪，为从汉代的两级决策体制向隋唐的三级决策体制的转变准备了条件。

一　南朝的外交决策

南朝的政治制度一方面继承晋制，另一方面又有很大的发展变化。由于士族地主的腐朽衰落，和寒人的兴起，南朝在政治上表现为皇权的相对加强和皇帝亲信权力的加强，而这些亲信多出身寒素，出现了“寒人掌机要”的情形。南朝的尚书省仍然是宰相机构，但是门下、中书两省权力有了进一步的发展，侵蚀了尚书省的部分权力。南朝政治的发展变化，导致了其外交决策的某些变化。

（一）皇帝决策

南朝改变了东晋主弱臣强的局面，皇权有所增强，因而在外交决策方面，皇帝往往独断专行。这种现象在南朝是比较普遍的。大同六年（540）梁武帝在关于尚书议政过分依赖皇帝的诏令中说道：“顷者不尔，每有疑事，倚立求决……岂朕寡德，所能独断。”[①] 梁武帝谋求改变这种

① 《梁书》卷三《武帝纪下》，第84页。

状况，这表明在以往的决策中皇帝“独断”、朝臣“倚立求决”的情况是经常现象。

元嘉二十年（443）宋文帝“欲伐林邑，朝臣不同”[①]。只有广州刺史陆徽和侍中沈演之赞成宋文帝的旨意。宋文帝违反众议而决定出兵林邑。元嘉二十七年（450）“始议北侵，朝士多有不同”，但宋文帝仍然决定北伐，结果遭到北魏强大兵力的反击，宋文帝叹曰：“北伐之计，同议者少，今日士庶劳怨，不得无惭，贻大夫之忧，在予过矣。”[②] 这里所谓“同议者”是指江湛和徐湛之二人。北伐失败后，太子刘劭欲归罪于江、徐二人，文帝说：“北伐自是我意，江、徐但不异耳。”胡注曰：“言不持异议也。”[③] 可见这一决策是宋文帝违反群臣意见而专断的。

太建五年（573），陈宣帝谋伐北齐，“公卿各有异同，唯镇前将军吴明彻决策请行。帝谓公卿曰：‘朕意已决，卿可共举元帅。’”[④] 这是陈宣帝违反众议而独断伐齐，只许朝臣讨论北伐将领的人选问题。在人选问题上，“众议咸以中权将军淳于量位重，共署推之”，唯尚书仆射徐陵推举吴明彻，“于是争论累日不能决。都官尚书裴忌曰：‘臣同徐仆射’。（徐）陵应声曰：‘非但（吴）明彻良将，裴忌即良副也’。是日，诏明彻为大都督，令（裴）忌监军事”。结果陈军获胜，攻占淮南数十州之地，陈宣帝“因置酒，举杯属陵曰：‘赏卿知人’。陵避席对曰：‘定策出自圣衷，非臣之力也。’”[⑤] 徐陵的对答虽有奉承的成分，但也多少反映了皇帝在决策中独断专行的实际情况。

不仅和战大计皇帝经常独断专行，甚至一些具体的外交事务皇帝也往往大权独揽。齐永明八年（490），河南国王易度侯死，其子休留茂继位，齐武帝派振武将军丘冠先出使吊唁、封拜。“上初遣（丘）冠先，示尚书令王俭，俭答上曰：‘此人不啻堪行’。乃再衔命”[⑥]。永明三年

---

① 《宋书》卷六三《沈演之传》，第 1685 页。

② （唐）李延寿撰：《南史》卷二《宋本纪中·太祖文皇帝纪》，中华书局 1975 年版，第 52 页。

③ 《资治通鉴》卷一二五，宋文帝元嘉二十七年（450）十二月，第 3961 页。

④ 《资治通鉴》卷一七一，陈宣帝太建五年（573）三月，第 5316 页。

⑤ （唐）姚思廉撰：《陈书》卷二六《徐陵传》，中华书局 1972 年版，第 333—334 页。

⑥ （梁）萧子显撰：《南齐书》卷五九《河南传》，第 1027 页。

(485) 丘冠先已出使过河南国，故令其再次前往。按照正常制度，派遣外交使节应当先经过朝议，这是尚书省的职权范围。宋后废帝元徽(473—477) 初，“遣北使，朝议令（刘）善明举人”，这说明推举使节要先经过朝议。而这次朝议决定由刘善明荐举人选，则是一个特例，因这次遣使的目的之一是为刘善明赎母。刘善明母亲在泰始五年（469）青州陷落时被北魏俘走，“善明布衣蔬食，哀戚如持丧。明帝每见，为之叹息，时人称之……朝廷多哀善明心事”①。一般情况下则是由尚书省推荐，刘宋末“王俭举员外郎孔逷使虏，（虞）玩之言论不相饶，逷、俭并恨之”②。当时王俭为萧齐尚书右仆射，虞玩之为尚书仪曹郎，在朝议中他们对王俭所荐举的人选有所争议。这些都应当是选任使节中的正常程序。然而丘冠先的任命则是齐武帝先决定，他在决定之后才征求尚书令王俭的意见，这是皇帝包办尚书省职权的事实。不仅如此，丘冠先后来出使河南被杀，齐武帝“以冠先不辱命，赐其子（丘）雄钱一万，布三十匹。雄不受，诣阙上书曰”云云，“书奏不省”③。看来事后的处理也可能是由其一手包办的。

皇帝在外交决策上的独断专行还表现在对臣下谏诤的处理上。

永明五年（487）北魏遣使向南朝求书籍，“朝议欲不与”。中书郎王融上疏曰：“臣侧闻佥议，疑给虏书，如臣愚情，切有未喻。”认为应当把书籍送给北魏，以使“汉家轨仪，重临畿辅”，不待用兵即可实现“三秦大同，六汉一统”。齐武帝对此答道：“吾意不异卿。今所启，比相见更委悉。”然而“事竟不行”④。

永明九年（491）北魏派李道固、蒋少游来报使。崔元祖向齐武帝谏道：“少游，臣之外甥，特有公输之思。宋世陷虏，处于大匠之官。今为副使，必欲模范宫阙……臣谓且留少游，令使主反命。”崔元祖因蒋少游精通建筑，疑其借出使之名，前来搜集南朝宫廷建筑资料，故建议将其扣留。但是“世祖以非和通意，不许”⑤。

---

① 《南齐书》卷二八《刘善明传》，第523页。
② 《南齐书》卷三四《虞玩之传》，第611页。
③ 《南史》卷七三《丘冠先传》，第1820页。
④ 《南齐书》卷四七《王融传》，第818—820页。
⑤ 《南齐书》卷五七《魏虏传》，第990页。

南齐建武（494—498）初，孔稚珪出任南郡太守，“以虏连岁南侵，征役不息，百姓死伤。乃上表”，就对北魏的外交方针问题提出建议，认为：对于北魏的方针无非用武与通使二途，然而“今之议者，咸以丈夫之气，耻居物下”，反对通和，以为“请和示弱，非国计也”。他驳斥了这种观点，总结了元嘉、永明年间南北通和给边境人民及国家带来的好处，主张停止南北武力对抗，恢复双方通和关系。但是“帝不纳”[①]。

（二）朝议决策

外交大事按照正常制度应当是通过群臣朝议进行决策。梁武帝大同六年（540）诏曰：“经国有体，必询诸朝，所以尚书置令、仆、丞、郎，旦旦上朝，以议时事，前共筹怀，然后奏闻……自今尚书中有疑事，前于朝堂参议，然后启闻。”[②] 这是明确规定国家政事需先经尚书省朝议，再上报皇帝批准。“朝堂”即尚书议政之所，又称“都坐”。南朝尚书省有上省与下省之分。上省在禁中，为尚书八座丞郎议政之所“朝堂”所在[③]。齐高帝建元（479—482）年间，河南王“拾寅子易度侯好星文，尝求星书，朝议不给”[④]。永明五年（487）北魏“使遣求书，朝议欲不与”[⑤]。这些都是有关外交问题的朝议决策。

有时这种朝议的争论还是很激烈的。刘宋元嘉二十七年（450）北魏“遣使求婚”，就此曾举行朝议：“上召太子（刘）劭以下集议，众并谓宜许。（江）湛曰：‘戎狄无信，许之无益。’劭怒，谓湛曰：‘今三王在厄，讵宜苟执异议。’声色甚厉。坐散俱出，劭使班剑及左右推之，殆将侧倒。”[⑥] 这是就是否与北朝和亲之事进行朝议。当时北魏大军压境，拓跋焘亲至刘宋都城建康北岸之瓜步，扬言渡江，首都形势紧急。刘劭所称“三王”，指江夏王刘义恭、武陵王刘骏、南平王刘铄，当时他们分别率军在彭城、寿阳前线与魏相峙。江湛时为吏部尚书，他反对与魏和亲，竟然遭到粗暴压制，此虽与刘劭的“弑逆”性格有关系，但也反映了朝议

---

① 《南齐书》卷四八《孔稚珪传》，第838、840页。

② 《梁书》卷三《武帝纪下》，第84页。

③ 参见《两汉魏晋南北朝宰相制度研究》第七章第一节，第227—228页。

④ 《南齐书》卷五九《河南传》，第1026页。

⑤ 《南齐书》卷四七《王融传》，第818页。

⑥ 《宋书》卷七一《江湛传》，第1849页。

中争论之激烈。北魏提出和亲，实际并无诚意，最后“魏亦竟不成婚”①。

朝议之所虽然在尚书朝堂，但是对于外交大事进行决策时并非只是尚书八座丞郎参加，而是统治集团决策成员均可与议，此即所谓“博议”。元嘉三十年（453）四月宋孝武帝即位后，“时索虏求通互市，上诏群臣博议”②。参加这次博议的都有些什么人呢？当时会上分为两派，“江夏王（刘）义恭、竟陵王（刘）诞、建平王（刘）宏、何尚之、何偃以为宜许；柳元景、王玄谟、颜竣、谢庄、檀和之、褚湛之以为不宜许”③。这是参加这次博议的主要代表人物。他们当时所居官职分别是：刘义恭为录尚书六条事，刘诞为侍中，刘宏为尚书仆射、中书监，何尚之为尚书令领吏部，何偃为侍中，柳元景为侍中领左卫将军，王玄谟为徐州刺史加都督，颜竣为侍中，檀和之为右卫将军，褚湛之为尚书右仆射。由此可见，尚书、中书、门下三省长官，宿卫将领等均参与博议。其中，尚书省长官录尚书事、令、仆都参加了，可见尚书省在外交决策中还占有相当重要地位。门下省长官侍中也很活跃，而柳元景以侍中领左卫将军，宋文帝说：“侍中领卫，望实优显，此盖宰相便坐”④，更成为决策集团核心分子。宿卫将领中最重要的左右卫进入决策中枢也是南朝中央权力机构变化中一个突出现象。侍中与宿卫将领多为皇帝“恩幸”，他们在决策中枢地位的加强，正是南朝皇权强化的反映。中书省长官这里只见刘宏一人，而且是以尚书仆射兼中书监。南朝中书监、令的作用已日趋降低，陶氏《职官要录》谓此职“比尚书令特进之流无事任，清贵华重，大位多领之”⑤。

孔稚珪曾就对北魏通和的方针向齐明帝上表提出建议，其表末云：“所表谬奏，希下之朝省，使同博议。”⑥ 这里的“博议”大概也是这种类型的外交决策会议。

在中书监、令“清贵无事”的同时，中书舍人的权力却迅速膨胀。

① 《资治通鉴》卷一二五，宋文帝元嘉二十七年（450）十二月，第3961页。

② 《宋书》卷八五《谢庄传》，第2168页。

③ 《宋书》卷九五《索虏传》，第2354页。

④ 《宋书》卷六三《沈演之传》，第1685页。

⑤ 《太平御览》卷二二〇《职官部十八·中书监》引，第1047页。

⑥ 《南齐书》卷四八《孔稚珪传》，第840页。

中书舍人宋、齐时居四品，梁时居第四班，地位较低。宋、齐时期中书舍人多出身寒人，作为皇帝的恩幸而受到信任，掌管诏命起草，且“参决于中”①。梁、陈时期舍人出身有所提高，多为低级士族，而其职权比宋、齐更有发展。中书舍人“始专掌中书诏诰”②，因而外交文书亦由其典掌。刘係宗在齐武帝时兼中书通事舍人，“虏使书常令（刘）係宗题答，秘书书局皆隶之”③。裴子野在梁朝长期兼任中书通事舍人，“敕掌中书诏诰”。其参与外交文书起草，史籍有具体、生动的记述：

> 普通七年（526），王师北伐，敕子野为喻魏文，受诏立成。高祖以其事体大，召尚书仆射徐勉、太子詹事周捨、鸿胪卿刘之遴、中书侍郎朱异，集寿光殿以观之，时并叹服。高祖目子野而言曰：“其形虽弱，其文甚壮。”俄又敕为书喻魏相元叉。其夜受旨，子野谓可待旦方奏，未之为也。及五鼓，敕催令开斋速上，子野徐起操笔，昧爽便就。既奏，高祖深嘉焉。自是凡诸符檄，皆令草创。④

从这条史料可以具体地了解中书舍人典掌外交文书的详情，他们直接奉皇帝之命起草文书，再交由皇帝批准即成正式文书。可见，他们的权力取决于皇帝的信任。而掌握了外交文书的起草权，实际就是参与了外交的决策。梁武帝召集决策核心成员审定文书时，裴子野也是参与其会的。

中书舍人有时也参与外交大事的谋议，并且具有重要的决策权力。梁太清二年（548）东魏要求“更通和好”，梁武帝“敕有司及近臣定议”。朱异主张答应东魏的要求而通和，傅岐持异议，认为这是东魏离间梁与侯景关系的计谋，不可答应。但是“朱异等固执，高祖遂从（朱）异议”⑤。朱异和傅岐都是中书通事舍人，而且他们不论其他官职如何升

---

① 《通典》卷二一《职官典三·中书省》“中书舍人”条，第563页。

② 《初学记》卷一一《职官部上·中书舍人》，第276页。

③ 《南齐书》卷五六《倖臣·刘係宗传》，第976页。

④ 《梁书》卷三〇《裴子野传》，第443页。

⑤ 《梁书》卷四二《傅岐传》，第602—603页。

迁，始终兼任舍人如故。朱异“居权要三十余年”“咨谋帷幄”①。傅岐“在禁省十余年，机事密勿，亚于朱异”②。中书舍人在外交决策中地位重要，是南朝外交决策中的一大特色。

二　北朝的外交决策

北魏政权为鲜卑族所建，其政治制度一方面与魏晋南朝制度有着传承、借鉴和吸收的关系，另一方面又有诸多带有民族色彩而与汉制不同的地方，拓跋族早期的军事民主制度在其决策制度中存留着不同程度的影响，因而其外交决策也有着不少独特之处。

（一）御前决策

北魏政权是由鲜卑游牧氏族部落逐步发展变化而来的，其皇帝也是由部落联盟酋长转化而来的。北魏的皇帝一方面有着汉族皇权体制中皇帝的专制本质，另一方面又保留不少部落联盟军事首长的特性，因而其皇权格外强大。在外交决策方面皇帝也是大权独揽的。

御前会议是北魏政权的最高决策形式。泰常七年（422）明元帝拓跋嗣因病而立皇太子拓跋焘为国副主，代行皇帝职权，“居正殿临朝”。以司徒长孙嵩、山阳公奚斤、北新公安同“为左辅，坐东厢西面”；以崔浩和太尉穆观、散骑常侍丘堆“为右弼，坐西厢东面。百僚总己以听焉”。这“六辅”就是拓跋焘作为“国副主”而“临朝”听政决策的核心班子。这个班子安排好之后，明元帝“避居西宫，时隐而窥之，听其决断，大悦”。当时有的大臣还向明元帝“奏所疑”，明元帝说：“此非我所知，当决之汝曹国主也。”③ 明元帝所谓“国主”即指拓跋焘。从这个材料可知拓跋焘是在正殿中与六辅共同商讨政事、进行决策的。群臣在施政中有何问题也是向这个决策班子请示报告的。当时拓跋焘虽然还未正式做皇帝，但是明元帝已把皇帝的很多权力移交给他，他临朝决策的这种方式，必然是当时北魏皇帝进行决策时的基本方式。因此，我们可以说，这就是北魏前期的御前决策方式。不过这种御前会议表面上看与汉代的

---

① 《梁书》卷三八《朱异传》，第540页。

② 《梁书》卷四二《傅岐传》，第602页。

③ （北齐）魏收撰：《魏书》卷三五《崔浩传》，中华书局1974年版，第813页。

御前会议相似，但实际上有很大不同，这“六辅”之中，有四位是鲜卑皇室贵族，长孙氏、奚氏、丘氏为献帝拓跋邻兄弟的姓氏，穆氏为八大著姓之一；安同是鲜卑化之胡人；只有崔浩是汉族清河大姓。从“六辅”的构成成分可见，这种御前会议实际上是拓跋部落联盟氏族贵族议事制度在新条件下的运用。

魏孝文帝实行汉化之后，北魏政治制度也完成了汉化改革进程，因而其御前会议也进行了相应的改革，仿效汉制并开始制度化。太和十七年（493）“高祖临朝堂，谓（穆）亮曰：‘三代之礼，日出视朝，自汉魏以降，礼仪渐杀。《晋令》有朔望集公卿于朝堂而论政事，亦无天子亲临之文。今因卿等日中之集，中前则卿等自论政事，中后与卿等共议可否。’遂命读奏案，高祖亲自决之”①。孝文帝规定上午由公卿议政，下午则召开御前会议，由公卿“读奏案”，对于公卿所议之政事进行讨论，并由皇帝作出最后决断。从这时开始实行的御前会议已与汉族皇朝政治体制融为一体，成为北魏政权决策体系中的最高层次。

御前会议是北魏政权在外交决策中经常运用的一种方式。北魏泰常七年（422）七月，当刘宋出使北魏的使者返国途中，北魏方面获知宋高祖死，于是“魏主遣人追执之，议发兵取洛阳、虎牢、滑台”②。在会上崔浩坚决反对明元帝“乘丧伐之”的主张，而提出“遣人吊祭，存其孤弱，恤其凶灾，布义风于天下”。即以外交手段争取人心、等待时机的主张，认为“若此，则化被荆扬，南金象齿羽毛之珍，可不求而自至”。但是“太宗锐意南伐，诘（崔）浩曰：‘刘裕因姚兴死而灭其国，裕死我伐之，何为不可？’”但崔浩仍坚持己见，曰：“（姚）兴死，二子交争，裕乃伐之。”认为当年刘裕之所以能克服后秦，是因其内部矛盾激烈，今天的刘宋与往日的后秦不同，故不能用武。于是“太宗大怒，不从浩言，遂遣奚斤南伐”③。明元帝在会上与崔浩直接辩论，显然这是其亲自主持的一次御前决策会议。值得注意的是这件事是在明元帝任命太子拓跋焘为国副主、组成“六辅”决策班子之后的当年，可见遇有外交大事时，

① 《魏书》卷二七《穆崇传》附《穆亮传》，第670页。

② 《资治通鉴》卷一一九，宋武帝永初三年（422）九月，第3747页。

③ 《魏书》卷三五《崔浩传》，第813—814页。

皇帝即使是在交出日常权力之后，也要亲自召开御前会议以决策的，这种外交方针大事还是得由明元帝亲自拍板。

太延二年（436）北魏灭北燕，北燕主冯文通投奔高丽，太武帝遣使要求高丽将冯文通遣送于魏。但是，“高丽不送文通，遣使奉表，称当与文通俱奉王化。帝以高丽违诏，议将击之，纳乐平王（元）丕计而止”[①]。这里的“议”也应是太武帝主持的一次御前外交决策会议。

北魏太和十年（486）柔然遣使于魏，当时柔然可汗正领兵出击敕勒，北魏左仆射穆亮等人“请乘虚击之”。中书监高闾反对，魏孝文帝也不同意，说：“先帝屡出征伐者，以有未宾之虏故也。今朕承太平之业，奈何无故动兵革乎！”于是“厚礼其使者而归之”[②]。这是尚书省提出决策方案后，向孝文帝报告，孝文帝召开御前会议否决了这个方案。

遇有疑难问题时皇帝也会主动召开御前会议以作决断。神䴥二年（429）“议击蠕蠕，朝臣内外尽不欲行”。而且尚书令刘洁、左仆射安原等又推举去年所俘夏主赫连昌之太史张渊、徐辩以天象不利为由劝说太武帝改变伐柔然的主意，只有崔浩赞成此计。在这种情况下，“世祖意不决，乃召（崔）浩令与（张）渊等辩之”[③]。此事《资治通鉴》记作：“魏主意不快，诏浩与渊等论难于前。”[④] 可知这是太武帝亲自主持的御前会议。在会上崔浩与张渊互相辩论，各自申述自己的理由，经过反复交锋，张渊等人理屈词穷。崔浩最后质问张渊在当年夏国灭亡之前有无向国君赫连昌提醒过有何天象征兆否？“时赫连昌在座，（张）渊等自以无先言，惭赧而不能对。世祖大悦，谓公卿曰：‘吾意决矣。亡国之师不可与谋，信矣哉。’”[⑤] 通过这次御前会议而最后做出了伐柔然的决断。恰在此时，北魏派往刘宋的使者从江南回到，报告刘宋威胁北魏交还河南地，否则将发动进攻。“魏主方议伐柔然，闻之，大笑，谓公卿曰：‘龟鳖小竖，自救不暇，夫何能为！就使能来，若不先灭蠕蠕，乃是坐待寇至，

---

① 《魏书》卷四上《世祖纪上》，第 87 页。

② 《资治通鉴》卷一三六，齐武帝永明四年（486）三月，第 4272 页。

③ 《魏书》卷三五《崔浩传》，第 815—816 页。

④ 《资治通鉴》卷一二一，宋文帝元嘉六年（429）四月，第 3807 页。

⑤ 《魏书》卷三五《崔浩传》，第 817 页。

腹背受敌，非良策也。吾行决矣。'"① 使者的报告为太武帝说服群臣接受他的主张增添了根据，而这无疑又是一次御前会议。

北魏前期的御前会议还有两种补充形式。一为由监国主持的决策会议。前文已经谈到明元帝以太子拓跋焘为国副主，组成一个决策班子以掌管日常政务，代行皇帝职权。北魏泰常七年（422）明元帝亲自做出讨伐刘宋的决定后，“魏军将发，公卿集议于监国之前，以先攻城与先略地”。这里的“监国”即指拓跋焘。可见在重大方针由明元帝亲自决策之后，其次的问题则由“监国”负责决策。在这次会上，攻城与略地两种意见争执不下，最后因“公孙表固请攻城，魏主从之”②。最终还得由明元帝拍板定案。二为皇太后前会议。神䴥二年（429）太武帝锐意北伐柔然，不仅群臣反对，而且保太后也坚决反对。在太武帝召开以太史张渊、徐辩为一方，崔浩为另一方的辩论会议之后，已经做出了讨伐柔然的决定。但是“保太后犹难之”。于是太武帝“复令群臣于保太后前评议”③。保太后原为拓跋焘幼时保母，拓跋焘“感其恩训，奉养不异所生。及即位，尊为保太后，后尊为皇太后”。在太武帝朝她在政治上有不小影响和权力，如“世祖征凉州，蠕蠕吴提入寇，太后命诸将击走之”④。这次太武帝决心伐柔然，保太后坚执反对，太武帝不能不考虑，因而又令群臣在保太后面前再次讨论此事。会前太武帝对崔浩作了交代，说：“此等意犹不伏，卿善晓之令悟。”⑤ 其目的是让保太后等人理解并接受这个决策。这种决策方式的运用，当与包括拓跋族在内的北方少数民族尊重母权的古老习俗有某种渊源关系。

（二）朝议决策

皇帝主持的御前会议虽然是最高的决策层次，但是决策的基本方式仍然是朝议决策。北魏的中央职官制度的发展变化可以孝文帝太和十七年（493）为界划分为前、后两个阶段，前一阶段以鲜、汉杂糅为主要特色；后一阶段太和二十三年（499）以后则完全为汉制。北齐、北周的制

---

① 《资治通鉴》卷一二一，宋文帝元嘉六年（429）四月，第3809页。

② 《资治通鉴》卷一一九，宋武帝永初三年（422）十月，第3748—3749页。

③ 《魏书》卷三五《崔浩传》，第817页。

④ 《魏书》卷一三《皇后传·世祖保母窦氏传》，第326页。

⑤ 《魏书》卷三五《崔浩传》，第817页。

度则是在北魏后期制度基础上的发展变化。因此整个北朝的职官制度的发展变化基本上也可以太和改制为界而划分为前、后两个阶段。北朝的朝议决策大体也呈现这么两个相应的发展阶段。

1. 北魏前期的朝议决策

登国元年（386）拓跋珪复国，北魏建立。皇始元年（396）“始建曹省，备制百官”①，开始实行汉族皇权体制的职官制度，其中包括建立三省。但是在北魏前期三省制度并不完备，又兴废无常，因而其作用并没有得到很好的发挥。其时占主导地位的是鲜卑官制，即大人制和内侍官制。外交决策方面也以后者为主。道武帝时设立外朝大人一职，其重要职责之一即为外事工作，参与外交决策和奉命出使。他们“出入禁中，迭典庶事”②“参军国大谋”③。但是在外交决策上具有更大权力的是内朝而非外朝。泰常元年（416）东晋刘裕准备进攻后秦，舟师从淮河、泗水入清水，打算溯黄河西上，以便攻打关中的后秦。这条道路要通过北魏的辖区，于是东晋向北魏提出借道。为此明元帝“诏群臣议之”。“外朝公卿咸曰”不可借，应断河上流，勿令晋军西过。然后“又议之内朝，咸同外计。太宗将从之。（崔）浩曰：‘此非上策……’议者犹曰‘不可借道。’太宗遂从群议”④。这条材料所表达的外交决策程序非常明晰：先由外朝公卿集议，提出处理这一问题的方案，再由内朝集议进行审核，最后交由皇帝决断批准。虽然内外朝都参与决策，但是内朝的决策权力显然是居于外朝之上的。所谓内朝是指鲜卑官系的内侍官，这是北魏前期的权力核心，所谓外朝是指按照汉族官系而建立的三省，以及鲜卑官系中的外朝大人等。

虽然在北魏前期外朝的决策权力不如内朝，但是，由于外朝负责日常外交事务，因而在外交决策方面常需预先提出建议或初步方案，报请皇帝审批。“太祖初，经营中原，未暇及于四表。既而西戎之贡不至，有司奏依汉氏故事，请通西域，可以振威德于荒外，又可致奇货于天府。”

① 《魏书》卷一一三《官氏志》，第2972页。

② 《魏书》卷三〇《安同传》，第712页。

③ 《魏书》卷二八《和跋传》，第681页。

④ 《魏书》卷三五《崔浩传》，第809—810页。

这里的“有司”即是负责外交事务的外朝，他们根据当时外交的现状而提出了通西域的建议。但是“有司”这一发展对外关系的建议上报之后被否决了，道武帝不从，而且这一方针政策一直沿袭下来，“历太宗世，竟不招纳”[①]。直到太武帝时仍然采取这一方针，太延（435—440）年间，西域等九国纷纷来朝，太武帝认为招之无益，不打算报使答之。在这种情况下，“有司奏九国不惮遐崄，远贡方物，当与其进，安可豫抑后来，乃从之”[②]。从此才开始了北魏遣使通西域的新局面。可见外朝有司在外交决策中也是有很大作用的。延兴五年（475）柔然可汗予成遣使来求婚，“有司以予成数犯边塞，请绝其使，发兵讨之”。这一建议被献文帝否决了，答应其求婚要求，但是“予成每怀谲诈，终显祖世，更不求婚”[③]。可见“有司”对于外情的了解还是比较深刻的。

北魏前期在外交决策中的另一方式是公卿会议。北魏有三公、八公，他们实际上是由部落大人转化而来的，不仅是荣誉官号，而且参与政事谋议。北魏前期遇有重大外交问题往往召开公卿会议进行决策。太武帝神䴥四年（431）吐谷浑王慕璝将所俘夏国君主赫连定送交北魏，北魏封慕璝为西秦王。次年（延和元年，432）慕璝上表称“爵秩虽崇而土不增廓，车骑既饰而财不周赏”，提出领土和财产等方面的要求。于是太武帝“诏公卿朝会议答施行”。太尉长孙嵩及议郎、博士二百七十九人议曰：“前者有司处以为秦王荒外之君，本非政教所及，来则受之，去则不禁。皇威远被，西秦王慕义畏威，称臣纳贡，求受爵号。议者以为……今西秦王若以土无桑蚕，便当上请，不得言‘财不周赏’……西秦所致，唯（赫连）定而已。塞外之人，因时乘便，侵入秦凉，未有经略拓境之勋，爵登上国，统秦、凉、河、沙四州之地，而云‘土不增廓’。比圣朝于弱周，而自同于五霸，无厌之情，其可极乎？”根据公卿所议，太武帝做出决断，制曰：“公卿之议，未为失体。西秦王所收金城、枹罕、陇西之地，彼自取之，朕即与之，便是裂土，何须复廓。西秦款至，绵绢随使

① 《魏书》卷一〇二《西域传序》，第2259页。
② 《魏书》卷一〇二《西域传序》，第2260页。
③ 《魏书》卷一〇三《蠕蠕传》，第2296页。

疏数增益之，非一匹而已。”① 这个材料所反映的决策过程是：第一，由于吐谷浑提出增加赏赐和领土等方面的要求，北魏须对此作出决策回应；第二，“有司”先行裁处，提出初步处理意见；第三，皇帝对“有司”的意见或直接作出裁决，或如果他认为还须斟酌商议，则下达公卿进行集议；第四，公卿就皇帝所下议题进行讨论，形成决议，上报皇帝；第五，皇帝根据公卿会议的决议作出决断，完成最终决策。从这一决策过程可见，公卿会议是高于有司决策的一个外交决策层次，它对有司提出的方案进行更深入的论证，成为统治集团的决策方案。参加公卿会议的成员广泛、人数众多，吸收百官乃至议郎、博士等人员参加，仅此次会议就有 279 人参加，规模颇为不小。这大体就是北魏前期公卿决策的程序。

献文帝皇兴四年（470）柔然进犯于阗，于阗遣使向北魏求援。于是北魏就是否出兵援助于阗问题进行决策。“显祖诏公卿议之”，公卿将议案上奏曰：“于阗去京师几万里，蠕蠕之性，惟习野掠，不能攻城，若为所拒，当已旋矣。虽欲遣师，势无所及。”献文帝批准了公卿的议案，于是将此议案给于阗使者看，于阗使者看后亦以为然。于是根据这一议案精神，作诏答复于阗，文曰：“朕承天理物，欲令万方各安其所，应敕诸军以拯汝难。但去汝遐阻，虽复遣援，不救当时之急，已停师不行，汝宜知之。朕今练甲养卒，一二岁间当躬率猛将，为汝除患，汝其谨警候以待大举。”②

这里也是公卿会议在做出决议之后，要形成书面报告上呈，由皇帝最后审查决断，以“制”“诏”等形式颁布执行。

北魏前期的公卿会议与两汉制度在形式上有相似之处，但在实质上则有所不同，它是原始社会末期氏族部落大人民主制的残存与汉族皇权制度相结合的产物，因而其决策中的协商、民主精神较为突出。

太延五年（439）因北凉沮渠牧犍表面臣服而“内有贰意，世祖将讨焉”。在征得其得力谋臣崔浩同意后，乃“命公卿议之”。在公卿会议上，弘农王奚斤等三十余人皆曰：“牧犍西垂下国，虽心不纯臣，然继父职贡，朝廷接以蕃礼……宜羁縻而已。今士马劳止，宜可小息。又其地卤

---

① 《魏书》卷一〇一《吐谷浑传》，第 2235—2237 页。

② 《魏书》卷一〇二《西域·于阗国传》，第 2263 页。

斥，略无水草，大军既到，不得久停。彼闻军来，必完聚城守，攻则难拔，野无所掠。”不同意出征北凉。尚书古弼、李顺等也附和奚斤等人的意见，皆曰：“（奚）斤等议是也。”在举朝公卿反对出征北凉的情况下，太武帝乃命崔浩“以其前言与（奚）斤等共相难抑”，继续展开辩论。经过辩论，“诸人不复余言，唯曰‘彼无水草’”。强调其地荒凉无水草。崔浩又批驳了当地“无水草”的说法，指出“此言大抵诬于人矣”。李顺等人继续狡辩道：“耳闻不如目见，吾曹目见，何可共辩！”崔浩气愤地揭露了李顺接受北凉贿赂的底细：“汝曹受人金钱，欲为之辞，谓我目不见便可欺也！”在这场辩论中，太武帝一直在外“隐听，闻之乃出，亲见（奚）斤等，辞旨严厉，形于神色。群臣乃不敢复言，唯唯而已。于是遂讨凉州而平之”①。从这一决策过程人们不难窥见其决策制度中包含的某些民主、协商精神。一是，太武帝事先征求了崔浩的意见，尽管崔浩的意见与其完全一致，他还是要通过公卿会议进行决策，以取得统治集团的认可。二是，这一议案遭到弘农王奚斤等三十余人及尚书古弼、李顺等人的反对，尽管反对派提出的凉州缺乏水草等理由并不正确，太武帝还是让崔浩与反对派进行辩论，以求统治集团认识之统一。辩论进行得非常激烈，以致崔浩把李顺因曾多次出使北凉，接受过他们的贿赂，有包庇之嫌的老底也揭了出来。三是，太武帝没有参加这个辩论会，他的回避有利于公卿们畅所欲言，充分辩论。他非常关注这一问题的辩论，因而在幕后窃听，只是在忍无可忍之时才出面斥责反对派。皇帝在决策中享有最高和最终的裁决权。

这种“民主”协商精神还表现在公卿会议决策在一定程度上实行从众的原则。神䴥三年（430），南边诸将报告宋军进犯，守兵不足，要求调发幽州以南精兵协助防守，并在漳水造船以拒宋军。“公卿议者佥然”，均表同意边将的请求。这时崔浩提出反对，认为此非上策，并从各个方面反复申述自己的理由。但是“世祖不能违众，乃从公卿议。（崔）浩复固争，不从”②。这种从众的原则，与拓跋族早年的军事民主制度不无一定的渊源关系。

---

① 《魏书》卷三五《崔浩传》，第822—823页。

② 《魏书》卷三五《崔浩传》，第820页。

公卿会议虽然在北魏后期仍然发挥作用，但是从外交决策来看，它主要行用于北魏前期。

2. 北魏后期与北齐北周的朝议决策

自从孝文帝进行官制改革以后，北魏的中央官制基本上纳入汉族皇权体制的三省制体系。因此在外交决策方面，也转变为主要是尚书省朝议与尚书、门下博议这两种形式。

（1）尚书省朝议

虽然三省制在太和改制后才得以全面确立，但是在此之前三省的某些部门也已有不同程度的发展，例如尚书省从太武帝拓跋焘开始即有了一定的发展，神䴥元年（428）“置左右仆射、左右丞、诸曹尚书十余人，各居别寺”①，负责全国的政务，掌管有关决策权力。拓跋焘“乃敕诸尚书曰：‘凡军国大计，卿等所不能决，皆先谘（崔）浩，然后施行。’”②尚书所“决”之“大计”当然包括外交在内。因而在外交方面由尚书省朝议决策的方式逐渐行用。太延三年（437），北凉沮渠牧犍娶太武帝之妹武威公主，派其相宋繇出使北魏，并上表请求为武威公主以及沮渠牧犍的母亲定位号。“朝议谓礼母以子贵，妻从夫爵。牧犍母宜称河西国太后，公主于其国内可称王后，于京师则称公主。诏从之。”③太和十年（486）柔然遣使北魏，孝文帝曰：“今欲遣蠕蠕使还，应有书问以不?”于是“群臣以为宜有，乃诏（高）闾为书”④。这种群臣会议实际就是尚书省朝议。这可以太和十三年（489）的“群臣会议”为证。是年孝文帝“诏以与萧赜绝使多年，今宜通否，群臣会议”。都曹尚书陆叡、仪曹尚书游明根都参加了这次会议，并建议应当与南齐通使，“高祖从之”⑤。此外，太和十四年（490）“宕昌国遣使朝贡，诏议国之行次”⑥。同年文明太后崩，北魏遣使至吐谷浑告凶，“群臣以其受诏不恭，不宜纳所献”⑦

① 《魏书》卷一一三《官氏志》，第2975页。

② 《魏书》卷三五《崔浩传》，第819页。

③ 《魏书》卷九九《沮渠牧犍传》，第2208页。

④ 《魏书》卷五四《高闾传》，第1203页。

⑤ 《魏书》卷五五《游明根传》，第1214页。

⑥ 《魏书》卷七下《高祖纪下》，第166页。

⑦ 《魏书》卷一〇一《吐谷浑传》，第2239页。

等，这些外交决策会议，都是以尚书省为主的朝议。

太和改制以后这种朝议成为定制，运用更加频繁。因而在外交决策中也经常采用这种朝议方式。正始元年（504）北魏围萧梁的钟离，俘虏了梁武帝萧衍的舅子张惠绍。萧衍“乃移书求之，朝议欲示威怀，遂听惠绍等还”①。此“朝议”即所谓“八座会议”②。永平元年（508）北魏悬瓠城民白早生反，执宣武帝派去宣慰的主书董绍送于萧衍。萧衍将董绍遣返北魏，并“请割宿豫内属，以求和好。时朝议或有异同，世宗以（萧）衍辞虽款顺，而不称藩，诏有司不许”③。熙平二年（517）柔然主丑奴“遣使来朝，抗敌国之书，不修臣敬。朝议将依汉答匈奴故事，遣使报之”④。正光元年（520）十二月，“肃宗以阿那瓌国无定主，思还绥集，启请切至，诏议之。时朝臣意有同异，或言听还，或言不可”⑤。西魏大统元年（535）“时与东魏争衡，戎马不息，蠕蠕乘虚，屡为边患。朝议欲结和亲”⑥。东魏天平四年（537）“欲与梁和好，朝议将以崔㥄为使主”⑦。这些都是通过朝议进行外交决策的事实。由此可见，北朝尚书省不仅总理外交政务，而且在外交决策中也起着重要作用。

北齐基本上承袭北魏制度。武平二年（571）“陈遣使连和，谋伐周，朝议弗许”⑧。这是通过朝议进行决策。所谓朝议，实际上是以尚书省为中心举行的决策会议。武平四年（573）陈人进犯淮南，“诏令群官共议御捍”，领军将军封辅相主张出击，开府仪同三司王纮反对，他说：“官军频经失利，人情骚动，若复兴兵极武，出顿江、淮，恐北狄西寇，乘我之弊，倾国而来，则世事去矣。莫若薄赋省徭，息民养士，使朝廷协睦，遐迩归心，征之以仁义，鼓之以道德，天下皆当肃清，岂直伪陈而已。”王纮发表意见后，高阿那肱“谓众人曰：‘从王武卫者南席。’众皆

---

① 《魏书》卷九八《岛夷萧衍传》，第2173页。

② 《魏书》卷一九中《景穆十二王列传·任城王云附子澄》，第473页。

③ 《魏书》卷九八《岛夷萧衍传》，第2175页。

④ 《魏书》卷二四《张衮传附张伦传》，第617页。

⑤ 《魏书》卷一〇三《蠕蠕传》，第2300页。

⑥ （唐）令狐德棻等撰：《周书》卷三三《库狄峙传》，中华书局1971年版，第569页。

⑦ （唐）李延寿撰：《北史》卷四三《李谐传》，中华书局1974年版，第1604页。

⑧ （唐）李百药撰：《北齐书》卷八《后主纪》，中华书局1972年版，第104页。

同焉”①。这一决策会议是由高阿那肱主持的，当时高阿那肱为录尚书事，可知是由尚书省主持决策会议。北齐时尚书省“又有录尚书一人，位在令上，掌与令同”②。此外，在这一决策会议中，运用了类似表决的方式，把“从众”的民主原则更加具体化、数量化。

北周虽然附会周礼实行复古主义官制，但在实际上是“用六官来比拟尚书八座，用御正、纳言来比拟中书、门下”。而到了北周后期，“表面上尽管是《周礼》的一套六官制度，实际却还是依靠着魏晋以来所形成的三省制度在发挥封建地主阶级专政的作用”③。因而其外交决策亦大体仿照魏晋以来政治制度，以朝议的方式进行。北周与北齐争夺与突厥建立和亲关系，保定三年（563）“朝议以魏氏昔与蠕蠕结婚，遂为齐人离贰。今者复恐改变，欲遣使结之”④。这是经“朝议”而制定和亲突厥、抗衡北齐的外交方针。保定五年（565）北周派窦毅等出使突厥迎娶木杆可汗女阿史那，“及（窦）毅之至，齐使亦在焉。突厥君臣，犹有贰志。毅抗言正色，以大义责之，累旬乃定，卒以皇后（阿史那）归。朝议嘉之”⑤。这是经“朝议”而嘉奖外交使节。北周宗室权臣宇文护之母被扣押于北齐，北周向北齐交涉遣返宇文护之母，但是“往返再三，而母竟不至。朝议以其失信，令有司移齐……移书未送而母至。举朝庆悦，大赦天下”⑥。这是经“朝议”决定向北齐提出交涉。

（2）尚书、门下博议

与南朝中书权重、门下权轻的情况相反，北朝则门下权重而中书权轻，史称“时政归门下，世谓侍中、黄门为小宰相”⑦。门下省在北魏后期中央决策中占有举足轻重的作用。这时在外交决策中实行了尚书、门下博议制度。早在北魏前期已经实行过这种博议制度，天兴元年（398）东晋“遣使来朝，太祖将报之，诏有司博议国号”。崔玄伯参加了这次会

---

① 《北齐书》卷二五《王纮传》，第366—367页。
② 《隋书》卷二七《百官志中》，第752页。
③ 王仲荦：《北周六典·前言》，中华书局1979年版，第4页。
④ 《周书》卷三三《王庆传》，第575页。
⑤ 《周书》卷三〇《窦炽附兄子（窦）毅传》，第522页。
⑥ 《周书》卷一一《晋荡公（宇文）护传》，第172—174页。
⑦ 《魏书》卷三八《王慧龙附曾孙（王）遵业传》，第879页。

议，建议国号为魏。“太祖从之。于是四方宾王之贡，咸称大魏矣。”① 当时崔玄伯任黄门侍郎，与同居此官的张衮“对总机要，草创制度”②。黄门侍郎为门下省副长官，可见参加这次博议的“有司”是包括门下省在内的。到了北魏后期这种方式运用更多，正光二年（521）柔然主阿那瓌因本国大乱，请求向北魏借兵一万人平定漠北。孝明帝“诏付尚书、门下博议”③。同年十月高阳王元雍等奏请处置归顺的柔然二主阿那瓌和婆罗门的办法，在这个奏请中署名的有录尚书事高阳王元雍、尚书令李崇、侍中侯刚、尚书左仆射元钦、侍中元叉、侍中安丰王延明、吏部尚书元脩义、尚书李彦、给事黄门侍郎元纂、给事黄门侍郎张烈、给事黄门侍郎卢同等，这十一人中，尚书省五人，门下省六人，这显然又是一次尚书、门下博议。这种尚书、门下博议制度为日后隋唐三省共议外交决策的方式奠定了基础。

① 《魏书》卷二四《崔玄伯传》，第620—621页。

② 《魏书》卷二四《崔玄伯传》，第620页。

③ 《魏书》卷一〇三《蠕蠕传》，第2301页。

第五章　魏晋南北朝外交专职机构

魏晋南北朝时期的外交管理机构处于两汉到隋唐的过渡和转变阶段，它在两汉的基础上发生了若干变化，为隋唐时期外交管理机构的成熟和完善作了必要的准备。这一变化主要是由汉代外交管理机构的幅度过大和层次不清向着幅度适中和层次逐渐分明的方向调整和转变。其具体表现是外交专职机构由汉代以负责外交事务的大鸿胪为主要机构，以西汉中后期以后日益崛起的、负责外交政务的尚书主客曹为辅，以及两者之间职责的模糊和交叉，向着以负责外交政务的尚书主客曹为主、负责外交事务的大鸿胪为辅，以及两者管理幅度的相应调整和职责区分逐渐分明的方向发展；中央关涉机构在汉代原有的少数几个部门的基础上增加了若干新的部门，中书省、门下省的介入外交政务乃至事务是其突出表现；地方管理机构因中央集权的相对削弱而地方外交管理权限有所加强和活跃，但地方行政机构和边防、军事系统因政权多变和南北差异而复杂化，呈现较汉代无序的状态。

发生这些变化的原因和条件主要有三：一是，魏晋南北朝时期是一个分裂割据的时期，处于统一的两汉到再统一的隋唐的过渡阶段。这一时期由于统一皇朝被打破，造成汉族一统皇朝的分裂以及许多周边民族入主中原建立政权，从而决定了外交格局的变化。统一时期的外交主要是与周边国家或民族政权的关系，而魏晋南北朝时期的外交虽然仍有上述成分，但是主要方面已经转变为各个分裂割据政权之间的关系了。外交格局的这种变化决定了这一时期外交制度的一系列变化，其中包括外交管理机构的某些变化。二是，由于统一皇朝的瓦解，或多国分立，或南北对峙，或偏安一隅，年祚不永，兴废无恒，纷纷失却了往日统一皇朝的气象，中央集权制度相对削弱，其政权机构也难免相应凌替，有所并省。又由于各个政权的政治、经济、文化以及民族、地理等诸多差异，为了适应各自的政治环境，其政权机构也必然要作某些相应的调整，有所建置。因此影响这一时期的外交管理机构的某些变化。三是，从政治制度方面来说，这一时期是从两汉的三公九卿制向隋唐的三省六部制的转变阶段，正处于三省六部制生长发育的时期，更是直接影响了这一时期外交管理机构的相应变化。魏晋南北朝时期由于尚书取代了汉代的三公成为宰相，总管全国的政务，因此在外交管理机构方面，尚书主客曹不仅负责主管外交政务，与九卿之一的大鸿胪形成对口管理的关系，而且取代大鸿胪而承担了许多外交事务。但是作为九卿之一的大鸿胪不仅依然存在，而且仍为实职，继续承担不少外交事务。两者关系的复杂而微妙，体现了其时外交行政管理层次虽向着比较分明的方向发展，但又尚处于未完全分明的过渡状态。

第一节　尚书主客曹及其外交职能

魏晋南北朝时期尚书主客曹是重要的专职外交管理机构，随着尚书台（省）的地位与机构的变化，它也经历了曲折的变化过程。

一　从客曹尚书到主客郎中

魏晋南北朝时期尚书省主管外交工作的机构，经历了由客曹尚书到主客郎中的嬗变过程。

尚书台在东汉时还“文属”少府，到了魏晋时期已经正式成为独立的机构，而且据《桓温集》称“事归内台”[1]，尚书成为全国的行政中枢，因而其组织机构也有所发展和完善。

魏晋时期尚书台已称为省，“后汉尚书称台，魏晋已来为省”[2]。尚书省以令一人为长官，仆射一至二人为副长官，置二则分为左右，令阙则以左主之。其下有尚书五六人，分曹理事。他们被称为“八坐（座）”，为尚书省的领导班子。下面又有左、右丞，为令、仆之佐。诸尚书曹郎

① 《太平御览》卷二〇三《职官部一・总叙官》引，第979页。

② 《唐六典》卷一《尚书都省》“尚书令”条注，第6页。

则是各项具体政务的负责人。丞、郎以下还有都令史、令史、书令史、书吏、干等办事人员。

综合各种典志的记载，魏晋南北朝尚书主客曹的演变过程大体如下。

曹魏和西晋前期继承东汉制度，在尚书台设置客曹尚书，负责外交工作。“魏世有吏部、左民、客曹、五兵、度支五曹尚书。晋初有吏部、三公、客曹、驾部、屯田、度支六曹尚书。”① 但是到了西晋太康年间，客曹尚书被裁撤，“太康中，有吏部、殿中及五兵、田曹、度支、左民为六曹尚书，又无驾部、三公、客曹”②。从此以后尚书台中再不设置客曹尚书，外交工作由尚书主客曹郎负责。曹魏时设置尚书郎二十三人，青龙二年（234）又增置二曹郎，合为二十五曹郎，其中之一为南主客曹郎。西晋时增加为三十五曹，其中有四个主客曹，即左主客、右主客、南主客、北主客。曹魏时期只设南主客一曹，当与这个时期外交格局的变化以及处于分裂时期，外交事务相对减少不无关系。南主客曹可能与主要接待吴、蜀使者有关。西晋重建统一皇朝，主客曹增加为四。东晋偏安江左，又是只置一主客曹，而且只设主客曹郎一人。康、穆（343—361）以后尚有主客曹，但后来则取消了主客曹。东晋何时取消，不得而知。这种状况显然与东晋政权偏安一隅、外交事务相应减少有密切关系。

南朝恢复了尚书主客曹，“宋高祖初，加置骑兵、主客、起部、水部四曹郎”③。与东晋旧有的十五曹，合为十九曹。但是到了宋文帝元嘉十年（433）又一度裁撤尚书主客曹，不过第二年就又恢复了建置。此后历齐、梁、陈均沿置而不替。整个南朝时期只设主客曹郎一人，所以杜佑说：“宋、齐、梁、陈单有主客。”④

主客曹归左仆射领导，宋时“仆射、尚书，分领诸曹。左仆射领殿中、主客二曹”⑤。齐时“左仆射领殿中、主客二曹事”⑥。魏晋南朝“郎以下则有都令史、令史、书令史、书吏干”等办事人员协助曹郎工作，

① 《宋书》卷三九《百官志上》，第1235页。

② 《晋书》卷二四《职官志》，第731页。

③ 《宋书》卷三九《百官志上》，第1237页。

④ 《通典》卷二三《职官典五·尚书下·礼部尚书》自注，第640页。

⑤ 《宋书》卷三九《百官志上》，第1235页。

⑥ 《南齐书》卷一六《百官志》，第319页。

“分曹所掌如尚书也”。其人员数，“晋初正令史百二十人，书令史百三十人。自晋至今，或减或益，难以定言”[①]。楼兰尼雅出土文书有“泰始四年七月四日……客曹史张抚”[②]的记载，此即客曹令史。主客曹同样有这些办事人员。主客令史见于史传者有刘宋时的周伯齐[③]。

北朝的情况比南朝复杂。北魏前期官制胡汉杂糅，姑置不论。从太武帝拓跋焘到太和官制改革之前，其尚书省的建置始有较大改进，但与汉制仍有不少差异。此期间在尚书省中设有主客一曹。卢统于“高宗（文成帝）即位，典选部、主客二曹。兴安二年（453）卒”[④]。不过这个主客曹与魏晋以来的主客曹不同，它不是列曹尚书之下的郎曹，而是相当于魏晋时期列曹尚书之一的客曹。这种主客曹实际就是主客尚书，所以有时就径直把它称为主客尚书，刘乞归于“献文末，除主客尚书”[⑤]。北魏前期又另有“主客给事”（或称“主客给事中”）的设置，李安世曾“迁主客给事中”[⑥]。尉羽“起家秘书中散，驾部令，转主客给事，加通直散骑常侍”[⑦]。原来北魏前期有内外朝之分，与外朝的尚书省相对应，在内廷亦设置一套班子，负责对外朝相关部门进行指导，“给事”“给事中”就是内朝官员，“主客给事”代表内廷对尚书省的主客曹实行对口领导。

北魏自孝文帝太和十七年（493）、二十三年（499）两次官制改革之后，基本上确立了汉化的政治体制，在魏晋制度的基础上设置三省，其中的尚书省也已成为宰相机构，负责全国的政务。不过尚书省的主客部门，则早在孝文帝初年便已设主客郎中一职，与南朝之制相仿。裴宣于“高祖初，征为尚书主客郎”[⑧]。“太和九年，萧赜使至，乃诏（薛）麟驹

① 《宋书》卷三九《百官志上》，第1237页。

② 林梅村编：《楼兰尼雅出土文书》之《楼兰尼雅文书释文》，570（正面），文物出版社1985年版，第76页。

③ 《宋书》卷五三《庾登之附弟（庾）炳之传》，第1518页。

④ 《魏书》卷三四《卢鲁元附子（卢）统传》，第802页。

⑤ 《北史》卷二〇《刘库仁传附刘乞归传》，第734页。按：严耕望《北魏尚书制度考》认为此主客曹“盖属仪曹尚书或祠部尚书”，即尚书之下的郎曹。似不确。

⑥ 《魏书》卷五三《李安世传》，第1175页。

⑦ 《魏书》卷五〇《尉元附子（尉）羽传》，第1116页。

⑧ 《魏书》卷四五《裴骏附子（裴）宣传》，第1023页。

兼主客郎以接之。”[①] “高祖纳（崔）休妹为嫔，以为尚书主客郎”[②]。郦道元于“太和中，为尚书主客郎”[③]。这样看来孝文帝初已设置主客曹。李彦于孝文初入仕，后“行主客曹事，徙郊庙下大夫。时朝仪典章咸未周备，彦留心考定，号为称职”。其后方载“高祖南伐事”[④]，则李彦行主客曹事显在太和改革之前。太和官制改革后，主客曹被一分为四，设左、右、南、北主客郎中，远效西晋制度，这一方面表明到此时北魏官制已趋成熟，另一方面也是北魏推行改革政策之后国势强盛、外交发展的需要，与西晋立国相似，东、西、南、北四方都需要发展外交关系。

关于北魏主客分曹之事，“太和中，吏部管南主客、北主客，祠部管左主客、右主客”[⑤]。从太和以后北魏王朝频见南、北、左、右主客郎中，直至北魏末年均有此官。

这里有一个问题须提出略加讨论，即与此同时史籍中又还常见尚书主客郎的记载，如元晖“世宗即位，拜尚书主客郎”[⑥]。裴让之“梁使至，帝令（裴）让之摄主客郎”[⑦]。那么是否北魏末年已省四曹为一曹了呢?似未必然，一则从宣武至魏末不论南北左右四主客郎还是主客郎均同时见于载籍，虽然前者多于后者，但不可能同时两设；二则记载中省称左右南北主客郎为主客郎是可能的，兹举一例证之：邢伟的官职，《魏书·邢峦传》和《北史·邢峦传》均记为“尚书郎中”[⑧]，但是出土的《邢伟墓志》却明确记载其为“尚书南主客郎中”[⑨]。可见两书的记载都有所省略。

北齐官制多循北魏，但对北魏的南、北、左、右四主客曹作了并省调整，据北齐《河清令》曰：“改左主客为主爵，南主客为主客，掌诸蕃

---

① 《魏书》卷四二《薛辩传附薛麟驹传》，第944页。

② 《魏书》卷六九《崔休传》，第1525页。

③ 《魏书》卷八九《酷吏·郦道元传》，第1925页。

④ 《魏书》卷三九《李宝附孙（李）彦传》，第888页。

⑤ 《唐六典》卷四《尚书礼部》“主客郎中”条注引后魏《职品令》，第129页。

⑥ 《魏书》卷一五《昭成子孙列传·常山王（元）遵传附元晖传》，第378页。

⑦ 《北齐书》卷三五《裴让之传》，第465页。

⑧ 《魏书》卷六五《邢峦传》，第1448页；《北史》卷四三《邢峦传》，第1585页。

⑨ 赵超：《汉魏南北朝墓志汇编》之《魏故博陵太守邢（伟）府君墓志》，天津古籍出版社1992年版，第78页。

杂客事。”[①] 这样外交工作便又由一个主客曹负责，而划归祠部统辖[②]。清四库馆臣《历代职官表》说：“历代主客曹，南北左右各有分署，故不统于一尚书，齐始合为一曹，领之祠部，则后代主客司之专属礼部，实自北齐始也。”[③] 过去封爵之事无专官负责，多由主客曹兼管，现在设立主爵曹以司其事，则主客曹的外交职能更为集中。北齐主客曹的设置，可以说是魏晋南北朝主客官制发展的总结。此外，北齐在首都邺城之外又于晋阳另立一套机构，形成都省与并省两套班子，平起平坐。因此在并省也有主客曹，卢思道就曾任“并省主客郎中”[④]。

二　尚书主客曹的外交职能

魏晋时期客曹尚书继承汉制“主外国夷狄事”，南北朝时期主客曹“掌诸蕃杂客等事”[⑤]，一脉相承主管外交工作。那么，它是如何掌管这一工作，发挥其外交工作的职能的呢?

（一）外交行政管理

魏晋南北朝时期尚书省成为正式的宰相机构，总管全国的政务，与诸卿形成领导与被领导的关系，正如西晋人刘颂所说：“今尚书制断，诸卿奉成。”[⑥] 而作为尚书省中一个部门的客曹或主客曹，自然也成为外交行政的领导部门，因此它在外交工作中的首要任务便是负责外交行政的管理。“晋西朝八坐、丞、郎，朝晡诣都坐朝，江左唯旦朝而已。”[⑦] 由此可知，客曹尚书及其下的主客曹郎，每天都要到都坐（即尚书省的办公厅）参加朝会（尚书省的办公会议），讨论行政事务。外交行政事务当然也是在这种朝会中进行商议并作出决定的。客曹尚书和主客曹郎主要是通过收发文书来管理外交政务的。一方面他们要负责接受各方面送来的有关外交方面的文书，另一方面则将都坐朝会的议决通过下达尚书符等

---

① 《唐六典》卷四《尚书礼部》“主客郎中”条注引北齐《河清令》，第 129 页。

② 《隋书》卷二七《百官志中》，第 753 页。

③ 《历代职官表》卷九《礼部》“北齐”按语，第 180 页。

④ 《北史》卷八三《文苑传序》，第 2780 页。

⑤ 《隋书》卷二七《百官志中》，第 753 页。

⑥ 《晋书》卷四六《刘颂传》，第 1303 页。

⑦ 《宋书》卷三九《百官志上》，第 1237 页。

形式以指挥外交政务。东晋时，“将缮宫城，尚书符下陈留王，使出城夫”①。陈留王是曹魏的后人，晋篡魏后封王以礼遇之。魏晋南朝继承汉制，封国王侯事务也归主客曹负责，南齐时武陵王萧晕参加“冬节问讯”迟到，齐武帝“敕主客：‘自今诸王来不随例者，不得复为通。’”② 陈霸先的长女死于梁朝，他当上皇帝后，追封其为永世公主，“将葬，尚书主客请详议”③，欲加公主之夫及他们已死之子官爵。由此可知，令陈留王出城夫助修宫城的“尚书符”，必定是由主客曹草拟之后由尚书省发出的。此类事项虽然不属外交事务而属封国王侯事务，不过主客曹在管理外交事务时同样运用这一方式应该是没有疑问的。

尚书主客郎就是这种管理外交工作的尚书符的起草者。这种文案工作是尚书郎的重要职责之一，曹操《选举令》说：“国家旧法，选尚书郎，取年未五十者，使文笔真草，有才能谨慎，典曹治事，起草立义，又以草呈示令仆讫，乃付令史书之耳。”④ 这里强调尚书郎要有很好的文字能力，负责“起草立义”，工作重要。起草之后经令、仆审查后，交由令史抄写誊正。当尚书郎缺员时，“白试诸孝廉能结文案者五人，谨封奏其姓名以补之”⑤。由此可见文案工作是尚书郎的重要职事。虽然由于魏晋门阀士族发展的影响，尚书郎一度疏于文案工作，“魏正始及晋之中朝，时俗尚于玄虚，贵为放诞，尚书丞郎以上，簿领文案，不复经怀，皆成于令史。逮乎江左，此道弥扇”⑥。于是东晋时“簿领文案”多由寒素出身的尚书令史来负责。这恰恰反映“簿领文案”是尚书郎应尽职分。事实上，从整个魏晋南北朝来看，尚书郎负责“簿领文案”的情况并没有改变。南朝人萧子良说：“尚书列曹，上应乾象。如闻命议所出，先咨于都，都既下意，然后付郎，谨写关行。愚谓郎官尤宜推择。”⑦ 皇帝的有关命令或尚书都省的决议，最后都要交给尚书

① 《晋书》卷三九《荀勖传附荀奕传》，第1161页。
② 《南齐书》卷三五《武陵昭王晕传》，第625—626页。
③ 《陈书》卷一七《袁枢传》，第240页。
④ 《太平御览》卷二一五《职官部一三·总叙尚书郎》引，第1028页。
⑤ 《晋书》卷二四《职官志》，第732页。
⑥ 《梁书》卷三七《何敬容传》引“陈吏部尚书姚察曰”，第534页。
⑦ 《南齐书》卷四〇《武十七王·竟陵文宣王（萧）子良传》，第697页。

郎“谨写关行”，所以尚书郎的选拔十分严格。尚书台工作运转时，“应须命议相值者，皆郎先立意，应奏黄案及关事，以立意官为议主”①。尚书郎负责对有关命令先拿出具体方案，并在有关会议上就该问题作主要发言。可见尚书郎是尚书台中“簿领文案”的具体负责人，尚书符的实际起草者。

尚书主客郎的外交行政管理职责还体现在各部门、各方面的有关外交文书均由其负责接受，并据此提出处理意见。北魏时源子恭任尚书北主客郎中，同时摄南主客事，当时梁朝有许周、许团等人投奔北魏，许周自称在梁任给事黄门侍郎，朝士咸共信待。源子恭提出质疑，上奏道：“徐州表投化人许团并其弟周等。究其牒状，周列云已萧衍黄门侍郎……比加采访，略无证明；寻其表状，又复莫落。案牒推理，实有所疑……请下徐、扬二州密访，必令获实，不盈数旬，玉石可睹。”于是“诏推访，周果以罪归阙，假称职位，如子恭所疑”②。这里我们可以具体地看到尚书主客郎处理外交政务的过程，边境地区关于敌国投诚事件的上报文件转到了尚书主客郎中那里，他研究了这份报告，并进行了调查，发现了疑点，于是草奏提出处置意见上报皇帝，经皇帝批准下文徐、扬二州复查，终于查实了问题，使事件获得圆满解决。这就是尚书主客郎管理外交行政事务的具体运作过程。所以我们可以说尚书主客曹是魏晋南北朝时期的外交行政指挥机关。

（二）外交接待事务

汉代外交接待事务是由大鸿胪负责的，到了魏晋南北朝时期尚书主客曹也负责外交接待工作了。不过这种情况在魏晋时期尚不多见，而到了南北朝时期却已经非常普遍了。这样主客郎中就不仅通过行政管理指挥外交工作，而且亲自参与外交事务，大鸿胪的职权更多地转到了尚书主客曹。

1. 接待来使

接待来使是主客郎经常承担的职责。裴宣于“高祖初，徵为尚书主

---

① 《南齐书》卷一六《百官志》，第321页。

② 《魏书》卷四一《源贺传附源子恭传》，第932—933页。

客郎，与萧赜使颜幼明、刘思效、萧琛、范云等对接”[①]。“萧衍遣使朝贡，侍中李神儁举（李）系为尚书南主客郎。系前后对接凡十八人，颇为称职。”[②] 南齐派庾蓽出使北魏，他见任城王子元澄“音韵遒雅，风仪秀逸”。便对北魏主客郎张彝说：“往魏任城以武著称，今魏任城乃以文章见美也。”[③] 这必是主客郎在接待来使过程中的谈助。这是北朝以主客郎负责接待南朝使节。同样南朝也以主客郎负责接待北朝来使。《酉阳杂俎》记梁主客郎陆缅在接待魏使尉瑾时，双方曾就彼此石阙高低而论及荀勖所造尺之长短问题[④]，亦必是接待过程中的谈资。这类记载很多，不烦一一列举。

特别值得提出的是，南朝已经形成了主客郎完成接待任务之后的工作总结报告制度。当时规定在接待工作完毕后，接待来使的负责人要把接待过程中的谈话内容记载下来，写成书面报告——《语辞》。王融于永明十一年（493）以主客郎身份接待北朝来使后，便写了一篇《接虏使语辞》。后来王融参与拥立萧子良失败，郁林王即位后将王融投入监狱，并指使人历数王融罪状，其中有“动迹惊群，抗言异类”“诽谤朝政”等。王融在答辩中称：“但圣主膺教，实所沐浴，自上……《接虏使语辞》，竭思称扬，得非‘诽谤’？”[⑤] 可知王融曾特撰《接虏使语辞》一文，以记述他在担任主客郎时接待北朝使者过程中的言辞往还，这是记述外交接待、谈判的外交工作报告和著述。这种报告要“竭思称扬”，即在接待来使的会谈中竭力宣扬己方的种种业绩与荣耀，以在外交上处于凌驾对方之有利地位。主客郎在接待来使之后，撰述接待来使《语辞》在南朝已经形成一种制度了，萧齐时刘绘以主客郎身份接待北朝来使后，“事毕，当撰《语辞》。绘谓人曰：‘无论润色未易，但得我语亦难矣。’”[⑥] 这里所说的《语辞》，与王融的《接虏使语辞》是同样性质的，都是在接

① 《魏书》卷四五《裴骏附子（裴）宣传》，第1023页。

② 《魏书》卷四九《李灵传附李系传》，第1100页。

③ 《魏书》卷一九中《景穆十二王列传·任城王（元）云附子（元）澄传》，第464页。

④ （唐）段成式撰，许逸民校笺：《酉阳杂俎校笺》卷一一《广知》，中华书局2015年版，第840页。

⑤ 《南齐书》卷四七《王融传》，第823—824页。

⑥ 《南齐书》卷四八《刘绘传》，第842页。

待来使之后追记接待过程中的交涉、谈判、辩难情形的报告或著述。从中可知，按照规定主客郎在接待工作完毕之后都要撰写这样的工作报告或文章，这表明我国古代外交的接待、谈判发展到南北朝时期已经相当规范，而主客郎在外交接待工作中已经起着相当重要的作用。

接待工作中的一项重要活动是宴接来使。北朝遣使到南朝，南朝常以主客郎负责宴接。南朝宋顺帝昇明二年（478）北魏派遣郑羲来使。此事南朝史籍不载，《魏书》记曰：太和二年（478）“冬十月壬辰，诏员外散骑常侍郑羲使于刘准”①。但郑羲到了南朝的具体活动情况，《南》《北》史乘均付阙如，赖《八琼室金石补正》所录今山东掖县寒同山磨崖石刻《兖州刺史荥阳文公郑羲下碑》保存了这方面的史实，碑铭云：郑羲“南使宋国，宋主客郎孔道均就邸设会，酒行乐作，均谓公曰：‘乐其何如?’公答曰：‘哀楚有余，而雅正不足，其细已甚矣，而能久乎?’均默然而罢”②。可知刘宋方面是以主客郎负责宴接来使的。齐永明九年（北魏太和十五年，491），北魏遣李彪来使，齐武帝“遣其主客郎刘绘接对，并设燕乐。（李）彪辞乐。及坐，彪曰”③ 云云。其时北魏值文明太后丧期，故李彪辞乐并作了一番解释，于是刘绘与李彪就丧服问题相互反复答问。北魏遣李骞、崔劼使梁，“梁宴魏使李骞、崔劼，乐作……梁主客王克曰：‘听音观俗，转是精者。’劼曰：‘延陵昔聘上国，实有观风之美。’”④ 同样，南朝遣使至北朝，北朝也常以主客郎负责宴接。东魏武定六年（548），梁遣通直散骑常侍徐陵来使，“魏人授馆宴宾，是日甚热，其主客魏收嘲（徐）陵曰：‘今日之热，当由徐常侍来。’陵即答曰：‘昔王肃至此，为魏始制礼仪；今我来聘，使卿复知寒暑。’（魏）收大惭”⑤。由此可见，双方在宴接对方使节时，每于折冲樽俎之间进行外交较量。因此这种宴会是十分重要的外交方式，主持宴接工作的主客郎的外交职责之重要可见一斑。

---

① 《魏书》卷七上《高祖纪上》，第146页。

② （清）陆增祥编：《八琼室金石补正》卷一四《兖州刺史荥阳文公郑羲下碑》，文物出版社1985年版，第79页。

③ 《魏书》卷六二《李彪传》，第1389页。

④ 《酉阳杂俎校笺》卷一二《语资》，第879页。

⑤ 《陈书》卷二六《徐陵传》，第326页。

来使在京期间的其他活动，如参观访问等，主客郎也要负责陪同。魏使李骞、崔劼出使梁时，曾至建康同泰寺参观，“主客王克、舍人贺季友及三僧迎门引接”①。然后陪同进寺参观，并在参观过程中对宾客作了介绍，相互交谈。

2. 礼宾安排

礼仪工作原是大鸿胪的专职，到了南北朝时期尚书主客郎也负起这方面的职责来。北魏文明太后死后（490），萧齐派遣裴昭明、谢竣等人前来吊唁，他们“欲以朝服行事”。北魏主客不同意，执之云：“吊有常式，何得以朱衣入山庭！”裴昭明等说：“本奉朝命，不容改易。”双方发生争执，“如此者数四，执志不移”②。来使服饰不合礼仪，经主客发现并加以制止，为此双方进行了反复的交涉。永明七年（489），萧齐遣颜幼明、刘思敩出使北魏，在参加元会时，北魏方面把齐使与高丽使安排在一起，齐使提出抗议，“（颜）幼明谓伪主客郎裴叔令曰：‘我等衔命上华，来造卿国，所为抗敌，在乎一魏，自余外夷，理不得望我镳尘，况东夷小貊，臣属朝廷，今日乃敢与我躡踵！’”③ 礼仪安排不当，来使找主客郎交涉，可见主客郎负礼仪之责。

3. 交涉谈判

既然来使由主客负责接待、陪同，那么对方使节在京期间，如有交涉、谈判事宜，亦由主客郎出面进行。上述北魏主客与齐使裴昭明关于服饰问题的谈判，主客裴叔令与齐使颜幼明关于元会座次问题的谈判，都是主客郎负责与来使交涉、谈判的事实。南朝情况也是如此。王融在接待魏使房景高、宋弁时，齐武帝对北魏所赠马匹不满意，便派他去与魏使交涉此事，“上以虏献马不称，使（王）融问曰：‘秦西冀北，实多骏骥。而魏主所献良马，乃驽骀之不若。求名检事，殊为未孚。将旦旦信誓，有时而爽，駉駉之牧，不能复嗣？’宋弁曰：‘不容虚伪之名，当是不习土地。’融曰：‘周穆马迹遍于天下，若骐骥之性，因地而迁，则造

---

① 《酉阳杂俎校笺》卷三《贝编》，第395页。

② 《魏书》卷七九《成淹传》，第1751—1752页。据《校勘记》：《资治通鉴》“山”作“凶”，当是。

③ 《南齐书》卷五八《东夷高丽国传》，第1009—1010页。

父之策，有时而踬。’弁曰：‘王主客何为勤勤于千里？’融曰：‘卿国既异其优劣，聊复相访。若千里日至，圣上当驾鼓车。’弁曰：‘向意既须，必不能驾鼓车也。’融曰：‘买死马之骨，亦以郭隗之故。’弁不能答”①。由此可见，南朝主客郎也负有与对方谈判的职责。这也表明主客郎必须具备良好的谈判技巧和才能。

主客郎与来使在外交会谈之余，还可进行广泛的交往，包括对彼此风土人情、地理物产之了解。北魏太和年间曾担任尚书主客郎的郦道元，在其所著《水经注》中写道：“若浿水东流，无渡浿之理（指汉武帝元封二年遣军讨灭右渠事）。其地（王险城）今高句丽之国治。余访蕃使，言城在浿水之阳。”② 这是他利用访问高句丽使者所得到的第一手资料，以纠正浿水“东入于海”的说法。接待外交使节是主客郎的职责，故有较多机会通过这一工作了解别国的各方面情况。

3. 降附与侨民管理

南北朝时期，由于中外交流的发展以及周边民族的内迁，中原政权辖境内的四方侨民日益增多，又由于南北政权的对立，双方均以优惠条件吸引政治上的降附者，于是降附与侨民的管理也就更加受到统治者的重视。而降附者实际上也是一种侨民，不过是高级侨民。北魏对于降附和侨民的管理最为突出，“四夷馆”就是这方面的重要设施，而“四夷馆”当时是归尚书管辖的。

北魏迁都洛阳以后，在洛阳城南建造了“四夷馆”，以作为降附者与外侨的居住区。“四夷馆”在洛阳城南，永桥以南，圜丘以北，伊、洛两水之间，夹峙于城南御道两侧，御道东有四馆，为金陵馆、燕然馆、扶桑馆、崦嵫馆；御道西有四里，为归正里、归德里、慕化里、慕义里。这四馆、四里的使用安排是这样的，“吴人投国者处金陵馆，三年已后，赐宅归正里”“北夷来附者处燕然馆，三年已后，赐宅归德里”“东夷来附者处扶桑馆，赐宅慕化里”“西夷来附者处崦嵫馆，赐宅慕义里”③。由

① 《南齐书》卷四七《王融传》，第822页。

② （北魏）郦道元注，（民国）杨守敬、熊会贞疏，段熙仲点校，陈桥驿复校：《水经注疏》卷一四《浿水》，江苏古籍出版社1989年版，第1280页。

③ 范祥雍校注：《洛阳伽蓝记校注》卷三《城南》，上海古籍出版社1978年版，第160—161页。

此可见，“四夷馆”主要是用来安置四方的投附者，而这些投附者被授以官爵、赐宅居住、娶妻生子，在洛阳安家立业，因此成为北魏的侨民。这是根据传统的四夷观念，按照四方不同国家、民族与地区分别安置侨居者。四馆与四里相互配套，配合为用。这些投附者先被安置于四馆中，待三年之后才被安置于四里中，成为北魏的正式居民。萧衍攻下萧齐都城建业后，齐明帝之子萧宝夤为逃避萧衍加害，渡江投奔北魏，被北魏封为会稽公，后来才正式为其在归正里筑宅，后又进爵为齐王，娶了南阳长公主。跟他同来的会稽山阴人张景仁，后来也被“赐宅城南归正里”①。萧衍之子萧正德因统治集团内争而投奔北魏，也是被“处金陵馆，为筑宅归正里”②。梁武帝子萧综投靠北魏后，向北魏举荐其旧部徐之才，于是徐之才于孝昌二年（526）“至洛，敕居南馆，礼遇甚厚”③。这个“南馆”就是四夷馆之一的金陵馆。当时北魏对于吸引南朝投奔者格外用心，“时朝廷方欲招怀荒服，待吴儿甚厚，褰裳渡于江者，皆居不次之位”。所以当时南朝投附之人被安置于归正里的相当多，由于“南来投化者多居其内”，故“民间号为吴人坊”④。归正里的规模在四里中是最大的，里内竟有三千余家居民，俨然一个南朝人的居民小区。金陵馆与归正里是如此配套使用，其他各馆、各里也是如此，如正光元年（520）柔然主阿那瓌因内乱而投奔北魏，则被“处之燕然馆，赐宅归德里”⑤。阿那瓌来时跟随之人很多，也被安置于此。待其返国时，北魏决定其“在京馆者任其去留”⑥，允许离开或继续居住于四夷馆。后来另一柔然主婆罗门也投奔北魏，于正光五年（524）“死于洛南之馆”⑦。这个“洛南之馆”就是四夷馆之一的燕然馆。由此可见这四馆、四里不同的相应安排是确如其事的，并非文人的夸张之词。四馆具有宾馆的性质，四里则是侨民居住区。

---

① 《洛阳伽蓝记校注》卷二《城东》，第117页。
② 《洛阳伽蓝记校注》卷三《城南》，第160页。
③ 《北齐书》卷三三《徐之才传》，第444页。
④ 《洛阳伽蓝记校注》卷二《城东》，第117页。
⑤ 《洛阳伽蓝记校注》卷三《城南》，第160页。
⑥ 《魏书》卷一〇三《蠕蠕传》，第2302页。
⑦ 《魏书》卷一〇三《蠕蠕传》，第2302页。

“四夷馆”除了接待上述高级侨民之外，也居住着许多普通侨民。当时“自葱岭已西，至于大秦，百国千城，莫不欢附，商胡贩客，日奔塞下，所谓尽天地之区已。乐中国土风，因而宅者，不可胜数。是以附化之民，万有余家”[①]。这里成了洛阳城一个特定的外侨居住区，这些侨民被统称为“附化之民”。他们来自四面八方，风俗习惯各异，所谓“四方风俗，万国千城”[②]。这个侨民特区的规模是相当巨大的，这里聚居着一万多家外侨，如以一家五口计算，则有五万余人，这在今天看来也是一个不小的城镇了。由于这里是外侨居住区，因此馆区的建设、生活服务设施的配置都比较完善。馆区内“门巷修整，阊阖填列，青槐荫陌，绿树垂庭”。建筑整齐，环境幽雅。为了满足不同国家民族人民生活的需求，又特意“别立市于洛水南，号曰‘四通市’，民间谓永桥市”。这是为四馆、四里居民特设的市。洛阳珍贵的土产在这里上市，“伊、洛之鱼，多于此卖，士庶须脍，皆诣取之。鱼味甚美，京师语曰：‘洛鲤伊鲂，贵于牛羊。’”加以侨民聚居、外商云集，于是“天下难得之货，咸悉在焉”[③]。除了四通市这个大市之外，在归正里内还有一个市，它“自立巷市，所卖口味，多是水族，时人谓为鱼鳖市也”[④]。归正里所住多为吴人，这是为了满足南方人喜吃鱼虾之类水产而特设的。

“四夷馆”的设置是当时中外交流、南北交往发展的结果，是有利于进一步巩固和发展这个成果的进步举措。但是，由于时代思想观念的局限，当时有些人对这个特区表现出某些歧视态度，有个住在城南中甘里叫荀子文的青年，有一同学李才嘲笑他住在城南，因“城南有四夷馆，（李）才以此讥之”[⑤]。这是洛阳普通市民中一些人对四夷馆的心态。那些南朝来的投附者，这种态度更为强烈，如北降的南齐宗室萧宝夤，当局已经为他在归正里建好住宅，但他“耻与夷人同列”[⑥]，便让其妻南阳公主去向宣武帝请求搬迁到城内，经批准而迁入城内的永安里。与萧宝夤

---

① 《洛阳伽蓝记校注》卷三《城南》，第 160 页。
② 《洛阳伽蓝记》卷三《城南》，第 178 页。
③ 《洛阳伽蓝记》卷三《城南》，第 161 页。
④ 《洛阳伽蓝记校注》卷二《城东》，第 117 页。
⑤ 《洛阳伽蓝记校注》卷三《城南》，第 178 页。
⑥ 《洛阳伽蓝记》卷三《城南》，第 160 页。

同时投北的张景仁，也“住此以为耻，遂徙居孝义里”[①]。

“四夷馆”究竟属哪个部门管理，并无明确的记载。《历代职官表》在谈及四夷馆的归辖问题时说：“魏世鸿胪，实主藩国一切馆饩朝谒，当为其专职。”[②] 认为“四夷馆”属鸿胪管辖，但是它并没有提出根据以支持这一推测。事实上“四夷馆”是受尚书管辖的。其根据如下：前面我们谈到萧宝夤投奔北魏后被安置于“四夷馆”，而景明三年（502）宣武帝在派人到寿春去迎接他到洛阳来之前，曾为此下诏曰：“其资生所须之物，及衣冠、车马、在京邸馆，付尚书悉令豫备。”[③] 这“在京邸馆”显然就是指“四夷馆”。可见萧宝夤被安置于“四夷馆”是由尚书负责的，表明“四夷馆”也可能是归尚书管辖的。与萧宝夤同样安置于“四夷馆”的柔然主阿那瓌在返国前，孝明帝的诏书中指示：“其行装资遣，付尚书量给。”[④] 可知投附者的遣送也由尚书负责。那么这些诏书中的“尚书”具体是指尚书的哪一级、哪一部门呢？前面我们已经谈到由主客郎负责处理南朝降人事宜，如源子恭处理萧衍降人许团、许周事就是其例。那么像萧宝夤等人投附之事也当是由主客郎具体负责的。这样我们可以推知“四夷馆”很可能就是由主客郎具体管理的。北魏制度主客郎统辖于吏部尚书，而吏部尚书则统辖于尚书左丞。[⑤] 上述诏书中的“尚书”当指尚书左丞及吏部及主客郎这一系统。所以“四夷馆”由尚书的这一系统负责，而由这一系统的主客郎具体管理是很可能的。柔然主阿那瓌返国的途中，迁延于边境，要求救济，当时北魏就是派尚书左丞元孚前往赈恤的[⑥]。可见尚书左丞这个系统是负责管理外事及与此有关的降附者等问题的。那么由这一系统具体主管这方面工作的主客郎负责管理“四夷馆”应当是自然的。

---

① 《洛阳伽蓝记校注》卷二《城东》，第117页。

② 《历代职官表》卷一七《理藩院》“北魏”按语，第327页。

③ 《魏书》卷五九《萧宝夤传》，第1314页。

④ 《魏书》卷九《肃宗纪》，第231页。

⑤ 参见《通典》卷二二《职官典四·尚书上·尚书左右丞》，第598—601页。此由北齐制度推测。

⑥ 《魏书》卷八二《常景传》，第1803页。

三　尚书主客郎

（一）主客郎职责的分工

主客郎所负外交职责，主要为上述三个方面。但这里还有一个问题需略作说明，即主客郎职责分工问题。在只设一个主客曹时，如东晋南朝和北齐时期，这个问题不会存在，外交工作当然均由此一曹掌管，但是在西晋和北魏时期却是多曹并设，均有南、北、左、右四主客，而曹魏则只设南主客一曹。那么他们是如何分工管理的呢，史籍并没有明确的交代。所幸北魏时期关于南主客郎中的职责，透露出来一些线索，使我们得知南主客郎中就是具体负责对于南朝诸国外交事务的部门。前面我们已经提到北魏时源子恭曾担任尚书北主客郎中，同时摄南主客事，恰在此时发生了南朝人假冒官职投奔北魏的事情，于是南边州镇关于此事的报告上报到了他那里，由他负责处理了这件事情。由此可见，关于对南朝的外交行政管理工作是由南主客郎中负责的。而同时对于南朝来使的接待工作，也是由南主客郎中来承担的。李系曾任南主客郎，史称："萧衍遣使朝贡，侍中李神儁举（李）系为尚书南主客郎。系前后对接凡十八人，颇为称职。"① 这里明指李系是因接待南朝来使而被任命为南主客郎中的，而且先后接待了南朝使者十八人之多。可知南主客郎中是负责南朝使节的接待工作的。正因为南主客郎中是负责对南朝外交的，所以在选拔南主客郎中时便会考虑到其在南朝的影响声望等因素，如北魏李元和担任南主客郎就可能与此有关。北魏曾向萧齐求书遭到拒绝，王融上书齐武帝主张将书送予北魏，他在上书中谈道，北魏的"李元和、郭季祐上于中书……今经典远被，诗史北流，冯、李之徒，必欲遵尚"②。认为将典籍送给北魏将有助于在北魏中央任官的李元和等人与南朝友好。看来李元和在南朝人眼中还是颇有地位的，李元和的墓志铭中也说他"誉溢一京，声辉二国"，并且详细地记述了这次求书和王融主张给书的事情，紧接着便说他被"转授尚书南主客郎"③，可见两者之间是有必然

① 《魏书》卷四九《李灵传附李系传》，第1100页。

② 《南齐书》卷四七《王融传》，第819页。

③ 《汉魏南北朝墓志汇编》之《李璧墓志》，第118页。

联系的。既然南主客郎负责南朝事务，那么北主客郎自然就是负责北方如柔然、高车、突厥等事务。曹魏时期也设有南主客郎，而且只此一曹，很可能它是主管对南方吴、蜀政权的，曹魏的外交重点在南方，而北方诸族其时纷纷入居中原，尚无劲敌，故不设北主客郎。西晋的南、北主客也可能是分别负责南、北民族和国家事务的。北魏左、右主客的职责未见记载，不过根据北齐《河清令》“改左主客为主爵”来看，很可能北魏的左主客郎就是负责封爵事务的。杜佑说：“汉尚书有封爵之任而无其官”之后，紧接着便说：“晋尚书有左右主客曹，北齐河清中改为主爵……主封爵之事。”[①] 看来他是把西晋的左、右主客与北齐的主爵郎中联系在一起的，西晋的左右主客亦当负责封爵事务。

（二）主客郎的人选要求

由于主客郎负责外交管理的工作，因此对于主客郎的人选，除了一般郎官所要求的文案工作能力之外，还有一些特殊的要求，即为了胜任外交工作而必须具备的一些素质和条件。主要是如下几个方面。

1. 博学高才

魏晋时期由于处于外交格局和职官制度的急剧转变阶段，客曹尚书与主客郎的人选还不见有十分明显的、特别的要求，到了南北朝时期我国古代外交进入一个新的发展阶段，其突出表现之一是南北双方以文化、学术为外交斗争的手段，尤其当北朝政权在魏孝文帝改革和汉化成功之后，随着北方政权文化、学术水平提高之后更为突出，因此对于主客郎的人选就特别注重具有渊博的学识和才具。我们先看北朝的情况。李彦“颇有学业。高祖初，举司州秀才，除中书博士……寻行主客曹事”[②]。薛骥驹“好读书。举秀才，除中书博士。太和九年，萧赜使至，乃诏骥驹兼主客郎以接之”[③]。他们的经历大体相同，都是由秀才而中书博士而主客。许琰“有干用。初除太学博士，累迁尚书南主客郎”[④]。他则由太学博士而为主客。其他人选也大多学养有素。源子恭“聪惠好学”[⑤]，后出

① 《通典》卷二三《职官典五·尚书下·吏部尚书》“司封郎中”条自注，第634页。

② 《魏书》卷三九《李宝附孙（李）彦传》，第888页。

③ 《魏书》卷四二《薛辩传附薛骥驹传》，第944页。

④ 《魏书》卷四六《许彦传附许琰传》，第1038页。

⑤ 《魏书》卷四一《源贺传附源子恭传》，第932页。

任北主客郎中，摄南主客事。裴宣“通辩博物，早有声誉。少孤，事母兄以孝友称。举秀才，至都，见司空李䜣，与言自旦及夕，䜣嗟善不已。司空李冲有人伦鉴识，见而重之。高祖初，征为尚书主客郎”。他不仅“家世以儒学为业”，而且“素明阴阳之书”，通晓佛经，“甚有理诣”①。辛子馥“早有学行”，任右主客郎中。后“以三《传》经同说异，遂总为一部，《传》注并出，校比短长，会亡未就”②。高师“有学识”③，任尚书主客郎。李系“少聪惠，有才学”④。任南主客郎。魏彦“博学善属文”，以《晋书》著作多家，欲勒成一家之典，“俄而彭城王闻李崇称之，复请为掾，兼知主客郎中，书遂不成”⑤。李晓“博涉经史，早有时誉”⑥，永安初任左右主客郎。郑元礼“少好学，爱文藻，有名望”⑦，为南主客郎中。元晖出身拓跋皇室，但“少沉敏，颇涉文史。世宗即位，拜尚书主客郎”。他还“颇爱文学，招集儒士崔鸿等撰录百家要事，以类相从，名为《科录》，凡二百七十卷”⑧。孝庄帝时出任南主客郎的温子昇早年“受学于崔灵恩、刘兰，精勤，以夜继昼，昼夜不倦。长乃博览百家，文章清婉”。被誉为一代“大才士”，名震南北，萧衍称之曰：“曹植、陆机复生于北土。恨我辞人，数穷百六。”⑨ 太和年间出任主客郎的郦道元则是撰述《水经注》的著名学者。孝庄帝时出任北主客郎的魏收，更是一代史学大家。从上引事例可以看到，以博学文士出任主客郎中，主要发生于魏孝文帝以后，这是北魏汉化在外交职官制度上的反映，也是北朝外交进入一个新阶段的必然要求。

南朝更是如此。南朝政权一向以文化、学术陵轹北朝，随着北方文化、学术水平的提高，更不容北朝在外交领域的文化、学术角力中占了上风，故其选拔博学高才出任主客郎更是不遗余力。范述曾“幼好学，

---

① 《魏书》卷四五《裴骏附子（裴）宣传》，第1023—1024页。
② 《魏书》卷四五《辛绍先附孙（辛）子馥传》，第1028—1029页。
③ 《魏书》卷四八《高允附从侄（高）师传》，第1092页。
④ 《魏书》卷四九《李灵传附李系传》，第1100页。
⑤ 《北史》卷五六《魏长贤附父（魏）彦传》，第2040—2041页。
⑥ 《北史》卷一〇〇《序传》，第3338页。
⑦ 《北史》卷三五《郑羲附郑元礼传》，第1307页。
⑧ 《魏书》卷一五《昭成子孙列传·常山王（元）遵传附元晖传》，第378、380页。
⑨ 《魏书》卷八五《文苑·温子昇传》，第1975—1876页。

从余杭吕道惠受《五经》，略通章句”。齐初，任主客郎。注《易·文言》，著杂诗赋数十篇[①]。萧介“少颖悟，有器识，博涉经史，兼善属文”[②]。天监十二年（513）任主客郎。刘霁“年九岁，能诵《左氏传》，宗党咸异之……既长，博涉多通”。天监中为主客郎。著《释俗语》八卷，文集十卷[③]。主客郎孔子祛“少孤贫好学，耕耘樵采，常怀书自随，投闲则诵读。勤苦自励，遂通经术，尤明古文尚书”。为一代儒师，著书四种、三百卷[④]。蔡征“幼聪敏，精识强记”“聪敏才赡”[⑤]，天嘉初为主客郎。诸如此类，不胜枚举。

2. 口齿辩捷

由于南北朝时期主客郎往往亲自参与外交接待工作，而在这个过程中经常需要与对方交谈、辩难、谈判，因此主客郎除了需要有丰富的学识之外，还要有良好的口头表达能力，要能言善辩。当时出任主客郎的人员多具有这方面的才能。南朝方面：刘宋时担任过主客郎的张畅是一位出色的谈判能手，在宋、魏前线与拓跋焘的代表多次周旋，“随宜应答，吐属如流，音韵详雅”，令北魏的对手李孝伯“及左右人并相视叹息”[⑥]。陈朝主客郎蔡征，“有口辩，多所详究。至于士流官宦，皇家戚属，及当朝制度，宪章仪轨，户口风俗，山川土地，问无不对”[⑦]。北朝亦复如是。早在太武帝时任主客的屈道赐，“机辩有辞气”[⑧]。孝文帝初年的主客郎裴宣，“通辩博物，早有声誉”[⑨]。东魏主客郎裴让之，“少好学，有文俊辩，早得声誉”[⑩]。

3. 容仪蕴藉

主客郎因为需要参加对来使的接待和各种礼仪活动，而俊雅沉稳的

① 《梁书》卷五三《良吏·范述曾传》，第769—770页。
② 《梁书》卷四一《萧介传》，第587页。
③ 《梁书》卷四七《孝行·刘霁传》，第657页。
④ 《梁书》卷四八《儒林·孔子祛传》，第680页。
⑤ 《陈书》卷二九《蔡征传》，第391、393页。
⑥ 《宋书》卷五九《张畅传》，第1605页。
⑦ 《陈书》卷二九《蔡征传》，第392页。
⑧ 《魏书》卷三三《屈遵附屈道赐传》，第778页。
⑨ 《北史》卷三八《裴骏附子（裴）宣传》，第1374页。
⑩ 《北齐书》卷三五《裴让之传》，第465页。

仪表、风度对于外交工作所起的作用是不言而喻的，所以对其仪表、风度就有较高的要求，这在当时南北双方都是非常留意的。北魏裴夙“沉雅有器识。仪望甚伟，高祖见而异之。自司空主簿，转尚书左主客郎中”[①]。东魏裴让之“容仪蕴藉”[②]，其与杨愔友善，两人“相遇则清谈竟日。(杨) 愔每云：‘此人风流警拔，裴文季为不亡矣。’梁使至，常令让之摄主客郎”[③]。南朝如上文我们提到的刘宋时曾任主客郎的张畅，不仅善于辞令，而且“风仪华润”[④]。后他在彭城前线与北魏尚书李孝伯数相周旋，以其言谈风度令对方赞叹不已。萧齐时的庾杲之“风范和润，善音吐。世祖 (齐武帝) 令对虏使”[⑤]。此即指“(庾) 杲之尝兼主客郎对魏使”[⑥] 之事。

但也并非担任主客郎者均为风仪俊雅之选，亦有少数容貌寝陋者。北魏甄琛“形貌短陋，尠风仪”[⑦]，却于“高祖 (魏孝文帝) 时兼主客郎，迎送萧赜使彭城刘缵”[⑧]。其担任主客郎当与其“明解有干具，在官清白”[⑨]，并为孝文帝所“知赏”[⑩] 有关。不过他在接待萧齐使节刘缵时却“钦其器貌，常叹咏之”[⑪]。毕竟外交官员之仪表风度是很重要的。

(三) 主客郎职务的兼摄

主客郎职务的兼摄是南北朝时期的一个突出现象，这在魏晋时期尚未见到。在南朝主要是从萧齐时，北朝主要是从魏孝文帝时开始盛行的。齐武帝时庾杲之“尝兼主客郎对魏使”[⑫]。庾杲之本来的官职是御史中丞，主客郎是一种临时兼职。钱大昕在《廿二史考异》中解释庾杲之“尝兼侍中夹侍”的“兼”字时说：“此兼字当读去声，盖假职未真授之称，与

---

① 《魏书》卷六九《裴延儁附裴夙传》，第 1530 页。
② 《北齐书》卷三五《裴让之传》，第 466 页。
③ 《北史》卷三八《裴让之传》，第 1384 页。
④ 《宋书》卷五九《张畅传》，第 1605 页。
⑤ 《南齐书》卷三四《庾杲之传》，第 615 页。
⑥ 《南史》卷四九《庾杲之传》，第 1210 页。
⑦ 《魏书》卷六八《甄琛传》，第 1509 页。
⑧ 《魏书》卷六八《甄琛传》，第 1514 页。
⑨ 《魏书》卷六八《甄琛传》，第 1516 页。
⑩ 《魏书》卷六八《甄琛传》，第 1509 页。
⑪ 《魏书》卷六八《甄琛传》，第 1514 页。
⑫ 《南史》卷四九《庾杲之传》，第 1210 页。

一人兼两职之兼有别。”① 庾杲之兼主客郎的含义也是如此，并非身兼二职，而是以御史中丞而临时代行主客郎职事，负责接待北魏来使。下面这个材料，把“兼主客郎”的临时代理性质说得更为明白。范胥于萧梁“大同中，常兼主客郎，应接北使”②。当时东魏派李谐出使萧梁，“（李）谐至石头，萧衍遣其主客郎范胥当接。谐问胥曰：‘主客在郎官几时？’胥答曰：‘我本训胄虎门，适服今任。’谐言：‘国子博士不应左转为郎。’胥答曰：‘特为应接远宾，故权兼耳。’谐言：‘屈己济务，诚得事宜。由我一介行人，令卿左转。’胥答曰：‘自顾菲薄，不足对扬盛美，岂敢言屈。’”③ 范胥的官职本是国子博士，主客郎只是临时的兼职，这个“兼”的含义他自己已经说得非常明白，即“特为应接远宾，故权兼耳”。摄主客郎亦复如是。对于庾杲之、范胥来说，此“兼”“摄”之职为“非真官”，而庾杲之所任御史中丞、范胥所任之国子博士则为“真官”。这是秦汉以降中国古代官制史上的常见现象④。

北朝是从魏孝文帝时始见这种情况的。“太和九年，萧赜使至，乃召（薛）骥驹兼主客郎以接之。”⑤ 甄琛“高祖时兼主客郎，迎送萧赜使彭城刘缵”⑥。东魏时崔长谦于“天平中，被征为兼主客郎，接萧衍使张皋等”⑦。魏收“又敕兼主客郎接梁使谢珽、徐陵”⑧。裴让之，“梁使至，帝令让之摄主客郎”⑨。《北史》本传记作“常令让之摄主客郎”⑩。北齐时薛道衡于“武平初……除尚书左外兵郎。陈使傅縡聘齐，以道衡兼主

---

① （清）钱大昕著，孙开萍、孙永如、张连生、陈文和点校：《嘉定钱大昕全集》第贰册《廿二史考异（上）》卷三六《南史二》“庾杲之传”条，江苏古籍出版社 1997 年版，第 792 页。

② 《南史》卷五七《范胥传》，第 1422 页。

③ 《魏书》卷六五《李谐传》，第 1460 页。

④ 关于“真吏”“真官”与“非真吏”“非真官”问题，见黎虎《说“真吏”——从长沙走马楼吴简谈起》，《史学月刊》2009 年第 5 期，后收入黎虎《先秦汉唐史论》（下册），北京师范大学出版社 2016 年版，第 563—588 页。

⑤ 《魏书》卷四二《薛辩传附薛骥驹传》，第 944 页。

⑥ 《魏书》卷六八《甄琛传》，第 1514 页。

⑦ 《魏书》卷六九《崔休附任（崔）长谦传》，第 1528 页。

⑧ 《北齐书》卷三七《魏收传》，第 487 页。

⑨ 《北齐书》卷三五《裴让之传》，第 465 页。

⑩ 《北史》卷三八《裴让之传》，第 1384 页。

客郎接对之”[①]。

主客郎职务的兼摄何以在南北朝时期频繁出现呢？其原因主要是到了南北朝时期，南北方的外交进入一个新的阶段，这个新阶段的突出特征就是在外交领域中进行高层次的文化、学术交锋。

自从秦汉建立统一皇朝之后，到南北朝时期为止，我国古代外交大体经历了两个发展阶段。第一阶段秦汉时期，那时外交的主要对象是周边的民族政权以及四方远国。那时的外交是不同民族、不同文化之间的交锋，双方在文化、学术上并无多少共同语言，还谈不上在文化、学术上一争高下。到了魏晋南北朝时期，进入外交发展的第二阶段，由于汉族统一政权的分裂，外交对象除了继续前一阶段的之外，又增加了新的内容，即各个分裂政权之间的外交，而且后者还占据了更重要的地位。而这是同一民族、同一文化之间的交锋，因此双方就以文化、学术为手段进行外交斗争。三国时期魏、蜀、吴之间是这种形式的外交的早期，但由于当时文化、学术发展和外交机制与水平的限制，这种交锋还处于较低的层次。永嘉之乱后，文化、学术随之南迁，南方政权不仅在政治上，而且在文化、学术上也以正统自居。北方政权为少数民族所建，十六国时期在这些问题上尚无资格与南方争衡。但是随着北魏统一北方，尤其是魏孝文帝改革、汉化的成功，北方政权的文化、学术水平大为提高。这时南北政权之间不仅在政治上争正统，在文化、学术上也争高低。这反映到外交领域，则是双方在外交斗争中的文化、学术交锋。南北聘使接触过程中，相互以文化、学术问题陵轹对方，论难所及包括文化、学术的各个方面和领域，上至天文，下至地理，诸子百家、文学艺术、诗词歌赋、历史知识、释道经义……几乎无所不包。

因此当时南北交聘中，双方都要“妙简行人”，选拔学识渊博、能言善辩、仪容风流之士充任使节。针对这种情况，那么接待来使的主客者，在这些方面自然不能逊于对方，必须精心选拔优异人才充任其职，史称“既南北通好，务以俊乂相矜，衔命接客，必尽一时之选，无才地者不得与焉”。当时南北统治者对于这种接待工作都是非常重视的，如梁使至北朝，“宴日，齐文襄使左右觇之，宾司一言制胜，文襄为之拊掌。魏使至

---

① 《北史》卷三六《薛辩传附薛道衡传》，第1337页。

梁，亦如梁使至魏”[1]。其时对于接待礼宾及遴选主客的高度重视的情况可见一斑。前面我们已经谈到，当时的主客郎一般都是具备学识、口才、仪容三项条件的，但是一则不见得每位主客郎都具备这些条件，在皇权政治下官员的任用受着错综复杂关系的影响。二则一个人的知识才能毕竟有所偏向或局限，而对方的来使都是经过精心挑选，而且随时变换各种具有不同专长和才具的人选，一个主客郎也未必能应付这些各具特长的来使，因此根据对方来使的情况和己方当时的需要，选派恰当人选充任主客，负责临时的接待工作就是很自然的事情。这是南北朝时期主客郎职务临时兼摄频繁的一个重要原因。

因此，根据外交工作的需要，临时选拔合适人员充任“非真官”以负责接待来使，成为南北朝外交中的常态。武定三年（545）秋，梁“遣散骑常侍徐君房、通直常侍庾信朝贡”[2]。北朝史籍记曰：“时徐君房、庾信来聘，名誉甚高，魏朝闻而重之，接对者多取一时之秀，卢元景之徒并降阶摄职，更递司宾。”[3] 由于南朝来使“名誉甚高”，东魏方面“闻而重之”，于是选拔“一时之秀”，“降阶摄职”担任“司宾”负责接待。根据来使情况而选拔合适官员“兼”“摄”主客郎，即属这种情况。

当时被临时派遣充兼主客郎者，的确是“尽一时之选”，多为出色的外交礼宾人才。南朝如王融“神明警惠，博涉有文才”[4]“文藻富丽，当世称之”[5]。永明十一年（493）“上以融才辩”“使兼主客，接虏使房景高、宋弁”。王融在接待中的确充分发挥了其“才辩”的特长：“（宋）弁见融年少，问主客年几？融曰：‘五十之年，久逾其半。’因问：‘在朝闻主客作《曲水诗序》。’景高又云：‘在北闻主客此制，胜于颜延年，实愿一见。’融乃示之。后日，宋弁于瑶池堂谓融曰：‘昔观相如《封禅》，以知汉武之德，今览王生《诗序》，用见齐王之盛。’融曰：‘皇家盛明，岂直比踪汉武；更惭鄙制，无以远匹相如。”[6] 原来永明九年（491）王融

---

① 《北史》卷四三《李崇附从侄（李）谐传》，第1604页。

② 《魏书》卷九八《岛夷萧衍传》，第2178页。

③ 《北齐书》卷三九《祖珽传》，第521页。

④ 《南齐书》卷四七《王融传》，第817页。

⑤ 《南齐书》卷四七《王融传》，第821页。

⑥ 《南齐书》卷四七《王融传》，第821—822页。

曾作《曲水诗序》，可见北朝方面事先已经掌握了这方面的情况，而王融的诗文在这次兼主客郎工作中也着实发挥了良好的作用。刘绘不仅文才被誉为“祢衡何以过此”，而且口才出众，“应接流畅”，言吐“顿挫有风气”，因而“北虏使来，绘以辞辩，敕接虏使”①。此即《魏书·李彪传》所载太和年间李彪出使南齐，齐“遣其主客郎刘绘接对”② 一事。南朝杰出的无神论者范缜之子范胥，“传父学，起家太学博士。胥有口辩，大同中，常兼主客郎，对接北使”③。庾杲之“少而贞立，学涉文义”④，“美容质，善言笑”⑤，因其“风范和润，善音吐”，故“世祖令对虏使”⑥。其在接待中的表现，从其有一次兼主客郎负责接待北魏来使时可见一斑，魏使见建康城中许多住宅门口张贴告示出卖，问庾杲之曰：“百姓那得家家题门帖卖宅?”庾杲之答道：“朝廷既欲扫荡京洛，尅服神州，所以家家卖宅耳。”谈锋虽锐，然矫饰太露，以致“魏使缩鼻而不答”⑦。

北朝的情况亦然。薛骥驹“好读书。举秀才，除中书博士。太和九年，萧赜使至，乃诏骥驹兼主客郎以接之”⑧。裴让之文采风流，能言善辩，风度翩翩，曾任主客郎，“省中语曰：‘能赋诗，裴让之。’”他“与杨愔友善，相遇则清谈竟日。愔每云：‘此人风流警拔，裴文季为不亡矣。’梁使至，帝令让之摄主客郎”⑨。他当时已经不任主客郎，“摄主客郎”即为临时职务。

能赋诗、善清谈，这是南北朝时期外交官员需具备的重要条件之一。接待过程中赋诗是重要的一个项目，魏孝文帝在派遣卢昶、王清石出使南朝之前，嘱咐他们说：“或主客命卿作诗，可率卿所知”⑩ 云云。可见作诗是外交场合必不可少的内容。北齐时“陈使傅縡聘齐，以（薛）道

① 《南齐书》卷四八《刘绘传》，第841—842页。

② 《魏书》卷六二《李彪传》，第1389页。

③ 《梁书》卷四八《儒林·范缜附子（范）胥传》，第671页。

④ 《南齐书》卷三四《庾杲之传》，第615页。

⑤ 《南史》卷四九《庾杲之传》，第1210页。

⑥ 《南齐书》卷三四《庾杲之传》，第615页。

⑦ 《南史》卷四九《庾杲之传》，第1210页。

⑧ 《魏书》卷四二《薛辩传附薛骥驹传》，第944页。

⑨ 《北齐书》卷三五《裴让之传》，第465页。

⑩ 《魏书》卷四七《卢玄附卢昶传》，第1055页。

衡兼主客郎接对之。绰赠诗五十韵，道衡和之，南北称美，魏收曰：‘傅绰所谓以蚓投鱼耳。’”①

尽管南北双方都很重视物色人才兼任主客，以期折服对方，取得外交胜利。但是杰出的人才也仍然不免有失误之时，魏收号称“硕学大才”，又曾担任过北主客郎，并曾数次出使南朝，可是在他受“敕兼主客郎接梁使谢珽、徐陵”② 时，因在接待宴会上谈及天气，被南使徐陵乘机嘲辱，以致魏收“大惭。齐文襄为相，以（魏）收失言，囚之累日”③。外交接待中受辱于对方，要遭到惩罚。由此可见，当时统治者对外交接待工作的良苦用心，他们之所以如此殚精竭虑物色人才兼主客郎以负责接待来使的原因也就很清楚了。赵翼《廿二史札记》卷一四《南北朝通好以使命为重》条评论南北通使时的言辞交锋有云：“此等犹不过以言语文学见长，无大关系，若事涉朝政边事，而能以片言全国体，折敌谋，则尤有足尚者。”④ 后者固然重要，而前者亦并非无关宏旨，一言制胜则增国之光，统治者为之拊掌；反之则有损国格，受到惩处，离开南北朝时期外交斗争的新特点就不能深刻理解它。

除了上述主客郎临时兼摄的主要原因之外，还由于当时尽管南北政权对立，但两方人士之间仍有着不可割断的千丝万缕联系，因此有时也要根据对方来使的身份，而选拔相应的合适人员去兼主客郎负责接待。亲族关系就是其中被考虑利用的一种因素，文明太后时刘芳被遣兼主客郎即属这种情况，“会萧赜使刘缵至，（刘）芳之族兄也，擢芳兼主客郎，与（刘）缵相接”⑤。刘芳之被任命兼主客郎以负责接待刘缵，其为萧齐使者刘缵之族兄是其原因之一。

南北朝时期外交方面的文化学术交锋，一方面是这个时期北方民族融合发展的结果。这种融合进程导致南北文化、学术水准的接近和平衡，从而使外交斗争增添了新的内容与方式，把我国古代外交推进到了一个

① 《隋书》卷五七《薛道衡传》，第1406页。

② 《北齐书》卷三七《魏收传》，第487页。

③ 《南史》卷六二《徐陵传》，第1523页。

④ （清）赵翼著，王树民校证：《廿二史札记校证》卷一四“南北朝通好以使命为重”条，中华书局1984年版，第296页。

⑤ 《魏书》卷五五《刘芳传》，第1220页。

新的阶段。另一方面这种新型的外交斗争方式，反过来又进一步推动、促进了民族融合的发展和南北鸿沟的消弭，为南北文化、心理的趋同和最终实现南北的统一创造了条件，起了积极的作用。

第二节　鸿胪寺及其外交职能

汉代以大鸿胪掌管外交，魏晋南北朝时期亦然。不过这一时期不仅机构名称由大鸿胪逐渐演变为鸿胪寺，而且其职掌也发生了一些变化，其在外交工作中的地位和作用也因而相应有所变化。

一　从大鸿胪到鸿胪寺

魏晋南北朝时期大鸿胪的机构发生了若干变化。

魏晋时期继续汉代的制度，在中央设置大鸿胪一职，为列卿之一。其在“魏及晋初皆有之”①，而到东晋时则省置无恒，“晋江左初省，有事则权置，事毕即省”②。这是偏安政权外交事务减少的反映。大鸿胪长官为卿，下置丞、功曹、主簿、五官等员。不过据《晋令》曰：“大鸿胪置主簿、录事、史。”③ 大鸿胪卿，三国时魏、蜀、吴均置此职，可考者魏有十人，蜀有三人，吴有四人④。

关于大鸿胪的属官，《晋书·职官志》记曰：“大鸿胪，统大行、典客、园池、华林园、钩盾等令，又有青宫列丞、邺玄武苑丞。”⑤ 这里与外交工作关系最密切者为典客与大行。关于典客，《通典·职官典八·鸿胪卿》谓：汉“鸿胪属官有大行令、丞。魏改大行为客馆令，晋改为典客。”⑥ 可知汉代为大行令，曹魏为客馆令，晋为典客令。西晋人李重卒，“家贫，宅宇狭小，无殡敛之地，诏于典客署营丧”⑦。这是惠帝永康

---

① 《通典》卷二六《职官典八·诸卿中·鸿胪卿》，第724页。

② 《宋书》卷三九《百官志上》，第1233页。

③ 《唐六典》卷一八《鸿胪寺》注引，第505页。

④ 洪饴孙撰：《三国职官表》卷上，刘祜仁点校：《后汉书三国志补表三十种》下册，中华书局1984年版，第1371—1372页。

⑤ 《晋书》卷二四《职官志》，第737页。

⑥ 《通典》卷二六《职官典八·诸卿中·鸿胪卿》“典客署”条，第725页。

⑦ 《晋书》卷四六《李重传》，第1313页。

（300—301）年间事，可见当时有典客署这一机构。但是到了东晋后期典客又改为客馆，仍曹魏旧称。孝武帝太元十三年（388）十二月，延贤堂及“螽斯则百堂、客馆、骠骑库皆灾”①。《晋书·五行志》亦有相同的记载，并谓：“于时朝多弊政……会稽王道子宠幸尼及姏母，各树用其亲戚，乃至出入宫掖，礼见人主。天戒若曰，登延贤堂及客馆者多非其人，故灾之也。”② 可见当时有客馆这一官署。《五行志》作者认为，因为司马道子用事，登客馆者“多非其人”，因而造成此次灾害。关于大行，从上引《通典》的记载来看，“魏改大行为客馆令”，似乎大行已经撤销。但是《通典·职官典七·太常卿》条下又记道：“汉大鸿胪有理礼郎四十六人。晋理礼郎四人，属大行令。”③ 这一记载与上引晋《志》所记大鸿胪属官相合，可见大行令还是有的。至于大鸿胪的其他属官，或与外交工作关系不大，或不能详究。如钩盾令，据《通典·司农卿》，在汉代属少府，“典诸近园苑游观之事”，为少府属官，到了晋代“大鸿胪属官有钩盾令，自后无闻”④。

南朝前期继续东晋的状况，宋、齐两代均不常置大鸿胪，“有事权置兼官，毕乃省”⑤。这种状况直到梁武帝天监七年（508）才有了改变，是年“诏复置宗正、太仆、大匠、鸿胪……仍先为十二卿”⑥。至此始恢复鸿胪的建置。与此同时“除大字，但曰鸿胪卿，位视尚书左丞”⑦。诸卿的称谓，“梁初犹依宋、齐，皆无卿名”⑧。至此大鸿胪改称鸿胪卿。陈承梁制，置鸿胪卿，品第三。鸿胪卿下置丞及功曹、主簿等。

南朝时期鸿胪的下属机构主要是客馆。刘宋“永初中，分置南、北客馆令、丞”⑨。官制典籍一般均记载称晋改曹魏时的客馆令为典客令。我们在上文已指出东晋后期已经改典客令为客馆令。那么刘宋设客馆令

---

① 《晋书》卷九《孝武帝纪》，第237页。
② 《晋书》卷二七《五行志上》，第807页。
③ 《通典》卷二五《职官典七·诸卿上·太常卿》“奉礼郎”条，第694页。
④ 《通典》卷二六《职官典八·诸卿中·司农卿》“钩盾署”条，第728页。
⑤ 《南齐书》卷一六《百官志》，第318页。
⑥ 《梁书》卷二《武帝纪中》，第47页。
⑦ 《通典》卷二六《职官典八·诸卿中·鸿胪卿》，第724页。
⑧ 《隋书》卷二六《百官志上》，第724页。
⑨ 《唐六典》卷一八《鸿胪寺》“典客署”注，第506页。

必是承袭东晋后期之制。萧齐亦置客馆令[①]。萧梁改为典客馆令，“梁有典客馆令、丞，在七班之下，为三品勋位”[②]。

北朝的情况较为复杂。北魏前期已有大鸿胪，拓跋焘延和二年（433）“诏兼大鸿胪卿崔颐”拜杨难当为南秦王。[③] 到了太和十五年（491）又置主客少卿，即鸿胪少卿。大鸿胪从第二品上，主客少卿第三品上[④]。太和二十三年（499）后《职员令》，大鸿胪降为第三品，主客少卿已改称大鸿胪少卿，降为第四品[⑤]。北齐鸿胪为九寺之一，改称鸿胪寺，“置卿、少卿、丞各一人。各有功曹、五官、主簿、录事等员”[⑥]。北周依周官改制，“司寇有蕃部中大夫，掌诸侯朝觐之叙；有宾部中大夫，掌大宾客之仪”[⑦]。大抵蕃部中大夫、宾部中大夫相当于鸿胪之职。

北朝时期鸿胪统辖的机构主要有典客、司仪、典寺等部门，北齐鸿胪寺“统典客、典寺、司仪等署令、丞”。而“后齐制官，多循后魏”[⑧]。

（一）典客署

北魏设有典客监，从第五品上。又有典客舍人、典客参军，第九品中。“后魏初曰典客监，太和中置主客令。”[⑨]《唐六典》的说法相同，并指出置主客令在太和十五年（491）[⑩]。那么北魏的主客令即典客监，为大鸿胪属官。不过这里还存在两个问题须提出加以讨论。

一是主客令的统属问题。严耕望《北魏尚书制度考》把主客令视为尚书的属官，说：“主客曹，自太武，历文成至孝文时皆置之，盖属仪曹尚书或祠部尚书。其职称之可考者，有主客令，孝文太和改制以前极常

① 《南齐书》卷一六《百官志》，第319页。

② 《唐六典》卷一八《鸿胪寺》“典客署”注，第506页。

③ （北宋）王钦若等编：《册府元龟》卷九六三《外臣部·册封一》，中华书局1960年版，第11334页。

④ 《魏书》卷一一三《官氏志》前《职员令》，第2979、2980页。

⑤ 《魏书》卷一一三《官氏志》后《职员令》，第2995、2996页。

⑥ 《隋书》卷二七《百官志中》，第755页。

⑦ 《通典》卷二六《职官典八·诸卿中·鸿胪卿》，第724—725页。

⑧ 《隋书》卷二七《百官志中》，第756、751页。

⑨ 《通典》卷二六《职官典八·诸卿中·鸿胪卿》“典客署”条，第725页。

⑩ 《唐六典》卷一八《鸿胪寺》“典客署”注，第506页。

见，直至末叶或尚未废”[①]。此说不确，这是将“主客曹”与“主客令”混为一谈。事实上，主客令乃鸿胪属官，而非尚书属官。太和七年（483）萧齐派遣刘缵出使北魏，当时李安世任主客令，负责接待工作，“缵等呼安世为典客，安世曰：‘三代不共礼，五帝各异乐，安足以亡秦之官，称于上国。’缵曰：‘世异之号，凡有几也。’安世曰：‘周谓掌客，秦改典客，汉名鸿胪，今曰主客。君等不欲影响文武，而殷勤亡秦。’”[②]李安世把自己担任官职的来历讲得非常明白，北魏的主客令相当于汉代的鸿胪。胡三省注李安世接待刘缵事时也说：“主客令即典客令也。”[③]《唐六典》在追述鸿胪寺属官典客署之沿革时亦曰：“后魏典客从五品；太和十五年，置主客令。”[④] 北魏的主客令无疑为鸿胪属官。

另一问题是主客令始置于何时。据上引《唐六典》说是在太和十五年（491）置，事实上早在太和十五年之前北魏已经有了主客令。李安世以主客令接待刘缵一事，《资治通鉴》系于齐武帝永明元年，即北魏之太和七年（483），其出任主客令当更早些。窃意太和之前已置主客令。裴修“年十三，补中书学生，迁秘书中散，转主客令。以妇父李䜣事，出为张掖子都大将”[⑤]。裴修是因岳父李䜣事受到牵连而从主客令左迁为张掖子都大将的。太和元年（477）二月范檦在文明太后授意下，“希旨告（李）䜣外叛。文明太后征（范）檦至京师，言其叛状……遂见诛”[⑥]。裴修当在是年受到李䜣一案之株连，其出任主客令当在太和元年或此之前。《唐六典》所谓太和十五年置主客令似不确，在太和之前可能已经有了主客令。

（二）司仪署

北魏太和“十五年七月，置司仪官”[⑦]。《前职员令》有典仪监，从第五品上。又有治礼郎，从第六品下。《后职员令》，治礼郎降为从第九

① 严耕望：《北魏尚书制度考》，《严耕望史学论文集》卷上《政治制度编》，上海古籍出版社2009年版，第181页。

② 《魏书》卷五三《李安世传》，第1175页。

③ 《资治通鉴》卷一三五，齐武帝永明元年（483）十月胡注，第4257页。

④ 《唐六典》卷一八《鸿胪寺》“典客署”注，第506页。

⑤ 《魏书》卷四五《裴骏附子（裴）修传》，第1021页。

⑥ 《魏书》卷四六《李䜣传》，第1042页。

⑦ 《魏书》卷一一三《官氏志》，第2976页。

品。北齐司仪署有令、丞，其属官“又有奉礼郎三十人”。北周有司仪上士一人、中士二人①。

（三）典寺署

北齐“典寺署，有僧祇部丞一人”②。北周有司寂上士、中士，掌法门之政；又有司玄中士、下士，掌道门之政③。

二　鸿胪寺的外交职能

魏晋南北朝时期的鸿胪寺（大鸿胪）与汉代一样是中央专职外交管理机构，西晋名士山涛在担任吏部尚书时曾说：“鸿胪职主胡事，前后为之者率多不善，今缺，当选御史中丞刁攸，旧能可参。”④ 这里所谓鸿胪“主胡事”，实际上就是汉代所谓掌“外国夷狄”事。所以魏晋南北朝时期鸿胪掌管外交的这一基本职能与汉代是一致的。不过，魏晋南北朝时期的外交不完全是“胡事”，也包括汉族政权之间的交往。陈昕于“十二随父入洛，于路遇疾，还京师。诣鸿胪卿朱异，异访北间形势，昕聚土画地，指麾分别，异甚奇之”⑤。陈庆之于梁武帝大通二年（528）受命将兵护送北魏宗室元颢还北，于次年入据洛阳。陈昕随父入洛即指此事。从鸿胪卿朱异向前线回京人士了解“北间形势”，陈昕汇报甚为周悉观之，北方形势是南朝鸿胪卿所十分关注的问题，表明北方王朝亦为其职司之重点所在。具体来说其外交职责主要有以下几个方面。

（一）接待来使

曹魏时期崔林曾任大鸿胪，当时“龟兹王遣侍子来朝，朝廷嘉其远至，褒赏其王甚厚。余国各遣子来朝，间使连属，（崔）林恐所遣或非真的，权取疏属贾胡，因通使命，利得印绶，而道路护送，所损滋多。劳所养民，资无益之事，为夷狄所笑，此曩时之所患也。乃移书敦煌喻指，并录前世待遇诸国丰约故事，使有恒常”⑥。这个记载表明当时接待来使

---

① 《隋书》卷二七《百官志中》，第756页。
② 《隋书》卷二七《百官志中》，第756页。
③ 《唐六典》卷一六《宗正寺》“崇贤署”注，第467页。
④ 《北堂书钞·1》卷五四《设官部六·鸿胪》引《山涛启事》，第408页。
⑤ 《梁书》卷三二《陈庆之附子（陈）昕传》，第464页。
⑥ 《三国志》卷二四《魏书·崔林传》，第680页。

是由大鸿胪负责的；他还有权下文书指示边郡太守有关接待事宜；他负责搜集、整理过去接待工作的有关法规，并制定接待条例，使接待工作有章可循。崔林任大鸿胪是在魏初文帝时期，这个时期承东汉余绪，大鸿胪还有颇大的权力。到了曹魏后期随着尚书省权力的上升，接待工作的指挥权逐渐转入主客尚书，大鸿胪的权力亦随之相应削弱。

到了南北朝时期接待来使的工作具体由大鸿胪的属官客馆令（主客令）负责。“客馆令，掌四方宾客。”① 潘徽在陈朝任客馆令时，“隋遣魏澹聘于陈，陈人使徽接对之”。魏澹返国前给陈后主所上“启”中，潘徽认为用词有不够敬重之处，于是“却其启而不奏”。为此双方进行了激烈的辩论，最后魏澹“不能对，遂从而改焉”②。从中可见，来使的外交文书是先由鸿胪属官客馆令负责审查，经其审查无碍后再上呈皇帝的。如果发现问题，则由客馆令负责与对方来使进行交涉。陈制显然是继承了齐制。北朝的情况亦复如是。刘宋昇明年间，曾派遣殷灵诞、苟昭先出使北魏，恰值萧道成代宋建齐，消息传来，殷灵诞等人便“谓虏典客曰：‘宋魏通好，忧患是同。宋今灭亡，魏不相救，何用和亲?’”③ 北魏鸿胪属官，初曰典客监，后改为主客令。刘宋的使者向北魏的典客，即鸿胪官员提出抗议，可见北朝也是以鸿胪属官典客署负责接待来使工作。南朝梁末，聘魏使徐陵自邺奉表称：“东渐玄菟，西逾白狼，高柳生风，扶桑盛日，莫不编名属国，归质鸿胪，荒服来宾，遐迩同福。”④ 这当然是吹嘘不实之辞，不过“归质鸿胪”，即接待来使（包括质子）这一传统还是继续着的。北魏时鸿胪官员在接待来使时还有过一些出色的表现，孝文帝时李安世任鸿胪属官主客令，就曾负责接待齐使刘缵，“刘缵聘于魏，魏主客令李安世主之”⑤。李安世在接待过程中言辞锋利机警，频频折服刘缵⑥。鸿胪官员在接待来使过程中，由于工作关系不免有的来使可能向他们赠送一些财物，成淹在孝文帝、宣武帝世曾长期担任主客令，

① 《南齐书》卷一六《百官志》，第 319 页。

② 《北史》卷八三《文苑·潘徽传》，第 2814—2815 页。

③ 《南齐书》卷五七《魏虏传》，第 988 页。

④ 《梁书》卷五《元帝纪》，第 130 页。

⑤ 《资治通鉴》卷一三五，齐武帝永明元年（483）十月，第 4257 页。

⑥ 《魏书》卷五三《李安世传》，第 1175 页。

史称其“小心畏法，典客十年，四方贡聘，皆有私遗，毫厘不纳，乃至衣食不充，遂启乞外禄”①。可见作为主客令，负责四方来使之接待，是有可能收受其贡献之财物的，成淹不接受来使的馈赠，当属少数，故史家特予褒扬。

（二）礼宾司仪

魏晋南北朝时期继承汉代制度，鸿胪官员负责外交方面的礼宾和司仪工作。元正朝贺是外交宾客和使节参加的一项重大礼宾活动。《咸宁注》是西晋制定的礼仪大典，“晋氏受命，武帝更定元会仪，《咸宁注》是也”②。我们从《咸宁注》所载元正朝会的礼仪中，可以看到鸿胪官员在这种仪式中的职责和作用情况。在朝会中，大鸿胪及其属官大行令、治礼郎等均参与其事，各司其职。这一“匈奴南单于子”及“诸蛮夷胡客”均出席的重大外交礼宾活动是从“大鸿胪跪奏：‘请朝贺。’治礼郎赞：‘皇帝延王登’”的赞礼声中开始的；朝贺者上殿行礼毕，依次下殿，由“治礼郎引公、特进、匈奴南单于子、金紫将军当大鸿胪西，中二千石、二千石、千石、六百石当大行令西，皆北面伏”“王公置璧成礼时，大行令并赞”③。由此可见，大鸿胪及其属官在这个盛典上担负着重要的礼宾、司仪职责。

南北朝时期亦复如是。《南齐书·百官志》曰：“鸿胪掌导护赞拜。”④ 梁朝亦规定“鸿胪卿……掌导护赞拜”⑤。北齐“鸿胪寺，掌蕃客朝会，吉凶吊祭”。北周的宾部“掌大宾客之仪”⑥。这都是指其所负礼宾司仪工作。《魏书·官氏志》没有载明鸿胪职掌，但北齐官制依照北魏，两者制度是一致的。杨舒于太和中任鸿胪丞，《杨舒墓志》称其“弼赞九仪，宾翼四门，蕃卫载缉，戎陌来庭”⑦，也强调其礼宾之责。这虽然是墓志中的溢美套词，但外交礼宾为鸿胪之职责则是无疑的。

---

① 《魏书》卷七九《成淹传》，第1755页。

② 《晋书》卷二一《礼志下》，第649页。

③ 《宋书》卷一四《礼志一》引《咸宁注》，第243—244页。

④ 《南齐书》卷一六《百官志》，第318页。

⑤ 《隋书》卷二六《百官志上》，第726页。

⑥ 《通典》卷二六《职官典八·诸卿中·鸿胪卿》，第725页。

⑦ 《汉魏南北朝墓志汇编》，《魏故镇远将军华州刺史杨君墓志铭》，第95页。对鸿胪职责的相似表述，亦见于同书所载同时期的《元悌墓志》《乞伏宝墓志》，第220、304—305页。

由于鸿胪职掌礼宾、司仪，因此在鸿胪中特设礼宾官员。晋代设有治礼郎，属大行令。北魏太和年间特设司仪官，北齐设“司仪署，又有奉礼郎三十人”[①]。北周也设有司仪上士、中士专司其职。

（三）封拜册命

和汉代一样，封拜册命也是魏晋南北朝时期大鸿胪的一项职责，但是，由于这个时期册封制度的变化，我们没有看到它像汉代那样对册封负有更多的职责，主要是被朝廷派遣出使进行封拜册命，而且经常还是以它官兼鸿胪卿去进行。东晋时，成帝曾派郭希兼大鸿胪持节册拜燕王慕容皝为燕王[②]。与此同时，北方的十六国政权也大多如此，后秦姚兴遣其兼大鸿胪梁斐拜南凉秃发傉檀为广武公、北凉沮渠蒙逊为西海侯、西凉李玄盛为高昌侯等[③]，即属此类。而十六国大体是模仿魏晋制度。北朝的情况也是如此。北魏早在拓跋焘时即行此制，始光四年（427）遣公孙轨兼大鸿胪，持节拜氐王杨玄为南秦王[④]。此后屡见史册，太和十五年（491）高丽王琏卒，孝文帝遣大鸿胪拜琏孙云为高句丽王，并“赐衣冠服物车旗之饰，又诏云遣世子入朝，令及郊丘之礼”[⑤]。诸如此类，不胜枚举。

（四）馆饩来使

来使来宾在京的生活服务工作，与汉代一样，在魏晋南北朝时期也是由大鸿胪负责的。而其中最重要的就是食宿等方面的安排照料。汉代在京师设有蛮夷邸，作为来使来宾的下榻场所，而蛮夷邸是归鸿胪管理的。魏晋南北朝时期各国也在都城设置客馆、宾馆等，以接待四方来使。《说文》：“馆，客舍也……《周礼》五十里有市，市有馆，馆有积，以待朝聘之客。”[⑥]

曹魏时期改大行令为客馆令，首次专设负责客馆事宜的官员。晋改为典客，至东晋后期又改称客馆令。客馆令或典客令均负责来使接待工作，那么其中便包括馆饩事宜。十六国政权的政治制度大都仿照魏晋制

---

① 《隋书》卷二七《百官志中》，第756页。
② 《晋书》卷一〇九《慕容皝载记》，第2821—2822页。
③ 《晋书》卷一一七《姚兴载记上》，第2983页。
④ 《魏书》卷三三《公孙表附子（公孙）轨传》，第784页。
⑤ 《魏书》卷一〇〇《高句丽传》，第2216页。
⑥ 《说文解字注》五下《食部》，第221页。

度，这些政权亦多有客馆设施，永和七年（351）冉魏遣常炜出使前燕，前燕群臣企图杀掉他，燕主慕容儁不许，于是“使出就馆”[①]。前秦苻健称帝后，“西虏乞没军邪遣子入侍，（苻）健于是置来宾馆于平朔门以怀远人”[②]。这些都是接待来使的馆舍。

南北朝时期的客馆制度比魏晋时期有了更大的提高，其客馆之类型及管理体制、规模等方面都更为完善和进步。

先看南朝的情况。南朝从刘宋开始分置南、北客馆令。刘宋以后的情况《通典·鸿胪卿》只说：“齐、梁、陈皆有客馆令、丞。”[③] 没有说其时是否也分置南、北客馆。北朝魏收出使梁时，“在馆，遂买吴婢入馆，其部下有买婢者，（魏）收亦唤取，遍行奸秽，梁朝馆司皆为之获罪”[④]。所谓“馆司”，即客馆中负责馆务之官员和一般工作人员，来使在客馆有违纪行为，要追究馆司的责任，可见馆司不仅负责管理客馆本身的事务，而且有监察来使活动的职责。

客馆不仅是来使下榻居住的地方，而且是外交活动场所。北朝的温子昇为中书郎时，“尝诣萧衍客馆受国书”[⑤]。可见客馆也是授受国书的场所。接受来使的贡献也在这里进行，东魏派遣李谐、卢元明出使梁，梁武帝“以（萧）㧑辞令可观，令兼中书侍郎，受币于宾馆”[⑥]。宴请来使有时也在客馆中举行，郑羲出使刘宋时，宋主客郎即“就邸设会”[⑦]，款待郑羲。因为客馆在外交中具有重要作用，所以当时统治者都很重视建造客馆，南齐高帝拟修建宣阳门，刘善明上表建议不如“开宾馆以接邻国”，齐高帝答曰：“饰馆以待遐荒，皆古之善政，吾所宜勉”，立即“敕停”宣阳门工程[⑧]。

北朝的客馆制度比南朝又有过之而无不及。北魏鸿胪下设典客监，后改为主客令，管理客馆事宜。北齐设典客署以司其事，北周的类似机

---

① 《资治通鉴》卷九九，晋穆帝永和七年（351）二月，第3112—3114页。

② 《晋书》卷一一二《苻健载记》，第2871页。

③ 《通典》卷二六《职官典八·诸卿中·鸿胪卿》“典客署”条，第725页。

④ 《北齐书》卷三七《魏收传》，第485页。

⑤ 《魏书》卷八五《文苑·温子昇传》，第1877页。

⑥ 《周书》卷四二《萧㧑传》，第751页。

⑦ 《八琼室金石补正》卷一四《兖州刺史荥阳文公郑羲下碑》，第79页。

⑧ 《南史》卷四九《刘善明传》，第1231页。

构则是掌客。

北朝还设置“监馆”一职，以具体负责使馆的管理事宜。北朝著名的科技家綦母怀文曾任监馆，他“昔在晋阳为监馆，馆中有一蠕蠕客，同馆胡沙门指语怀文云：‘此人别有异算术’”[①]。房彦询“少时为监馆，尝接对陈使江总。及陈灭，（江）总入关，见彦询弟彦谦曰：‘公是监馆弟邪?’因惨然曰：‘昔因将命，得申言款。’彦询所赠（江）总诗，今见载《总集》”[②]。上述记载表明，客馆接待的对象除外交使节之外，尚有外国僧侣等胡客；监馆的职责，不仅负责管理客馆的具体事务，还负有外交接待的职责，房彦询作为监馆向来使赠诗，这是当时外交接待工作中的常事。

当时已经按照不同国家设置客馆，类似今天的某国驻华使馆，据《建康地记》载，有“显仁馆，在江宁县东南五里青溪中桥东湘宫巷下，古高丽使处”[③]。这个显仁馆被称为“高丽使处”，可见是专供高丽使下榻之所，有类高丽驻华使馆。那么其他与南朝政权交往频繁的国家也可能有了自己的使馆。

北魏时已经明确为不同的国家设置专有的使馆。当时“虏置诸国使邸，齐使第一，高丽次之”[④]。这种“诸国使邸”就是各国驻北魏的使馆，这是我国历史上首次明确记载国别外交使馆的出现，而在此之前如汉代的蛮夷邸，魏晋时期的客馆等，都尚未专为一国而设，只是到了这个时期才正式出现了国别使馆。由此亦可进一步证明，南朝以显仁馆为代表的客馆也是各国驻南朝的国别使馆，在这方面南北朝大体是同步的。这说明到了南北朝时期使馆制度已日趋完善、成熟，这也是我国古代外交制度已发展到一个新阶段的标志。从这个记载我们还可以看到，北魏的诸国使邸还有等级的差别，朝鲜古史《三国史记·高句丽本纪》说：“时魏人谓我方强，置诸国使邸，齐使第一，我使者次之。”[⑤] 这种差别的根

---

① 《北史》卷八九《艺术上·綦母怀文传》，第2940页。

② 《北史》卷三九《房法寿传附房彦询传》，第1416页。

③ 《太平御览》卷一九四《居处部二二·馆驿》引，第936页。

④ 《南齐书》卷五八《东夷高句丽国传》，第1009页。

⑤ ［朝鲜］金富轼：《三国史记》卷一八《高句丽本纪》，（韩国·汉城）景仁文化社1995年版，第191页。

据当然与该国的国力强弱大小有关，但也与该国对于主国的重要性和地位有关。设置“诸国使邸”在我国古代外交制度史上是件重要事情，但是南、北史书都没有说明是在什么时候出现的，《三国史记》将此事系于长寿王七十二年，是年“冬十月，遣使入魏朝贡”①。接着就叙述了北魏设诸国使邸一事。据《三国史记》的《年表》，长寿王七十二年相当于南朝永明二年（484）②，是年为北朝太和八年。太和八年北魏国都还在平城，那么在平城时北魏就已创置“诸国使邸”了。北魏置“诸国使邸”之事还有一个旁证，萧齐时王敬则曾以散骑的身份出使北魏，他在出使期间，“于北馆种杨柳，后员外郎虞长耀北使还，敬则问：‘我昔种杨柳树，今若大小？’长耀曰：‘虏中以为甘棠。’”③ 王敬则在北朝使馆中种树，颇有长远打算的意味，故多年后仍关心此树生长情况；而其后的使者虞长耀仍下榻于此馆中，可见这个使馆是属南朝使者专用的。王敬则出使北魏大约也在永明初，那么《三国史记》所记“诸国使邸”的设置时间应当是可信的。

北朝的使馆同南朝一样也是一个外交活动场所。这里是接受国书的场所，李德林于“齐天统中，兼中书侍郎，于宾馆受国书。陈使江总目送之曰：‘此即河朔之英灵也。’”④ 这是双方于宾馆进行国书的交接仪式。使馆也是宴请来使的一个场所，徐陵出使东魏时，主客魏收即“授馆宴宾”⑤，款待徐陵。萧渊明即帝位后，遣使至北齐拜谢，北齐盛情款待梁使，“在馆供给宴会丰厚，一同武帝时使”⑥。萧渊明在北齐支持下得登帝位，于使馆受到北齐盛情设宴款待固不待言，而此制“一同武帝时使”，表明这是一贯的制度。使馆也是双方进行外交角逐的场所。北齐、北周通好，天和三年（568）北周派兵部尹公正出使北齐，其在齐活动时，“与齐人语及《周礼》，齐人不能对。乃令（熊）安生至宾馆与（尹）公正言……公正于是具问所疑，安生皆为一一演说，咸究其本。公正深所

---

① 《三国史记》卷一八《高句丽本纪》，第 191 页。
② 《三国史记》卷三〇《年表》（中），第 310 页。
③ 《南齐书》卷二六《王敬则传》，第 484 页。
④ 《隋书》卷四二《李德林传》，第 1208 页。
⑤ 《南史》卷六二《徐陵传》，第 1523 页。
⑥ 《南史》卷五一《梁宗室传上·萧明传》，第 1272 页。

嗟服，还，具言之于高祖。高祖大钦重之”[①]。北周使者尹公正以《周礼》难倒了北齐的接待官员，于是北齐改派《周礼》专家熊安生前往宾馆应敌。熊安生时为国子博士，博通《五经》。由于他逐一圆满回答了周使的问难，博得了周使的叹服，从而扭转了北齐在这一外交较量中的被动局面。尹公正回国向周武帝汇报了情况，周武帝对熊安生大为赏识，为周灭齐后对其信用埋下伏笔。使馆也是来使与出使国各界人士交往的场所，南朝使节到了东魏邺都时，“梁使每入，邺下为之倾动，贵胜子弟盛饰聚观，礼赠优渥，馆门成市”[②]。使馆外交公关活动之盛况于此可见。所在国人士可以到使馆拜访来使，姚察曾奉陈朝使命出使北周，“江左耆旧先在关右者，咸相倾慕。沛国刘臻窃于公馆访《汉书》疑事十余条，并为剖析，皆有经据”[③]。使者也可以主动约请有关人士到使馆叙谈，陈朝周弘正出使北周，他素闻北周人韦夐名声，要求与他相见，经北周有关方面批准之后，便“请（韦）夐至宾馆”，但是“（韦）夐不时赴。（周）弘正仍赠诗曰：‘德星犹未动，真车讵肯来。’”[④] 使节对于接触出使国人士的主动性、积极性于此可见，此实为民间外交一种方式。

除了使馆之外，北魏首都洛阳又有“四夷馆”的设置。四夷馆的性质与使馆不同，是为收容“附化之民”而设的，我们在前面已经讨论过，但它也有某些使馆的作用，如当时具有一定外交使者意义的质子就被安排住在四夷馆中，据《洛阳伽蓝记》卷三《城南》记载，这些“北夷酋长遣子入侍者”，就住在这里，他们“常秋来春去，避中国之热”，当时人们把他们戏称为候鸟般的“雁臣”[⑤]。鸿胪寺的职责之一是管理诸国侍子，鸿胪寺与“四夷馆”也有一定的关系。

（五）侨民管理

魏晋时期鸿胪寺还有一项重要职责就是管理留居境内的各种侨民，这主要由其属官典客令负责。由于中外交流的发展以及周边民族的内迁，中原政权辖境内的四方侨民日益增多，于是侨民的管理也就提到统治者

---

① 《周书》卷四五《儒林·熊安生传》，第 813 页。

② 《北史》卷四三《李崇附从侄（李）谐传》，第 1604 页。

③ 《陈书》卷二七《姚察传》，第 348—349 页。

④ 《周书》卷三一《韦夐传》，第 545 页。

⑤ 《洛阳伽蓝记校注》卷三《城南》，第 160 页。

的议事日程上来。早在汉代即于藁街设置蛮夷邸，除接待来使和投附者之外，也有旅居汉朝的侨民。而蛮夷邸是归大鸿胪管辖的，那么汉代的大鸿胪也是兼管侨民事务的。到了晋时侨民的管理已经明确归鸿胪的属官典客令负责，东晋初万默曾任典客令，“时典客令万默领诸胡，胡人相诬，朝廷疑（万）默有所偏助，将加大辟”①。这条材料表明，典客令负责境内胡人的管理工作，胡人之间的诉讼亦由其处理。典客令所领的“诸胡”，不会全是官方使节，大多应是侨居东晋的各类人员。此事发生于元帝太兴三年（320）。北齐典客署属官有“京邑萨甫”与“诸州萨甫”②，其职司史志没有明确记载，不过《隋书·百官志》记隋初官制曰：“诸州胡二百户已上萨保，为视正九品。”③ 那么“萨保”所司当与“胡户”有关。隋初官制多依北齐，则北齐典客署之“萨甫”亦当与管理“胡户”有关。所谓“胡户”实际上就是入居北齐的外侨，从首都到各州都设“萨甫”进行管理。北齐以典客署负责侨民管理，当系继承晋制。

（六）翻译

汉代的外交翻译基本上是归大鸿胪管辖的，但是自东汉撤销译官令、丞之后，直到魏晋南北朝时期我们没有看到在鸿胪寺有这方面的官员设置，只是北周时，在相当于鸿胪寺的秋官宾部下有象胥一职，设象胥中士，正二命，象胥下士，正一命。这是依周礼而设的翻译官员。魏晋南北朝时期鸿胪寺继续负责来使的接待和馆饩事宜，其配备译员当无疑义，不过没有译官设置，大约只是一般吏员而已。

这个时期我们还可以看到翻译不完全是由己方解决，来使往往自己也要准备译员，解决翻译问题。曹魏景初三年（239）二月，“西域重译献火浣布”④。西晋时倭国于“泰始初，遣使重译入贡”⑤。十六国“张重华时，天竺重译贡乐伎”⑥。凡此种种，不一而足。虽然“重译入贡”一词常为皇权统治者显示万国朝宗的套话，但上述记载显示当时各国来使

① 《晋书》卷七八《孔愉附从子（孔）坦传》，第2056页。

② 《隋书》卷二七《百官志中》，第756页。

③ 《隋书》卷二八《百官志下》，第791页。

④ 《三国志》卷四《魏书·三少帝纪·齐王芳纪》，第117页。

⑤ 《晋书》卷九七《四夷·倭人传》，第2536页。

⑥ （后晋）刘昫等撰：《旧唐书》卷二九《音乐志二》，中华书局1975年版，第1069页。

常常需要通过辗转翻译才能通达，则是事实，这里就有可能包含使团中的翻译人员。南朝时的滑国（即嚈哒），“无文字，以木为契。与旁国通，则使旁国胡为胡书，羊皮为纸……其言语待河南人译然后通”①。这里的“河南人”指吐谷浑人。滑国与其他国家交往时，文字则通过旁国胡写成胡书，言语则通过吐谷浑人才能翻译过来。可见“重译”绝非全为夸张之词。同书又记新罗国，“无文字，刻木为信。语言待百济而后通焉”②。新罗来使的翻译要通过百济人才能通。所以当时翻译工作需要诸多方面，甚至是邻国的配合才能完成，此即所谓“重译”，鸿胪寺不可能把各语种人才都准备齐全。有的来使自带翻译的情况也见诸史册，倭国于“魏时，译通中国。三十余国，皆自称王”③。刘宋孝武帝大明三年（459）“十一月己巳，肃慎氏献楛矢石砮，高丽国译而至”④。肃慎是通过高丽国的翻译而朝献的。这些表明他们有可能是各自解决翻译而前来通使的。

三　鸿胪寺官员任职条件及其地位变化

魏晋南北朝时期鸿胪寺的地位虽较汉代凌替，但其作为在中央重要的专职外交机构的性质并未发生变化，外交是其最重要的职能，因而鸿胪官员与汉代一样，其任职除了一般官员所须具备的条件之外，还有某些特定的要求。

第一，在学识方面继续汉代的传统要求鸿胪官员具有较高的素养。据《吴录》记载，孙晧时，张俨“弱冠知名，历显位，以博识多闻，拜大鸿胪”⑤。这里强调其拜大鸿胪的主要条件是“博闻多识”。《吴录》对张俨的评价可从《文士传》的记载得到证实：张俨少时即有“才名”，曾与张纯、朱异往见骠骑将军朱据，朱据令他们各赋一物乃得坐，“三人各随其目所见而赋之，皆成而后坐，（朱）据大欢悦”⑥。其博学与机敏在日后的大鸿胪职务中，尤其在出使西晋时曾有出色的发挥。到了北魏更把

① 《梁书》卷五四《诸夷·滑国传》，第812页。
② 《梁书》卷五四《诸夷·新罗传》，第806页。
③ 《隋书》卷八一《东夷·倭国传》，第1825页。
④ 《宋书》卷二九《符瑞志》，第873页。
⑤ 《三国志》卷四八《吴书·孙晧传》注引《吴录》，第1166页。
⑥ 《三国志》卷五六《吴书·朱桓传》注引《文士传》，第1316页。

这一任职条件制度化、法典化，北魏《职令》曰：“鸿胪少卿，第四品上第二清用雅学详当明枢达理者。”① 据《魏书》卷一一三《官氏志》，大鸿胪少卿为第四品上阶，可知《御览》所引为后《职令》。这里将学识和明理作为鸿胪少卿的必具条件。这是对汉魏两晋以来鸿胪官员任职条件的一个总结。

第二，在德行方面也继承前代而提出一定要求。韩宣于魏明帝时为尚书大鸿胪，“始南阳韩暨以宿德在（韩）宣前为大鸿胪，暨为人贤，及宣在后亦称职，故鸿胪中为之语曰：‘大鸿胪，小鸿胪，前后治行曷相如。’”② 这个记载虽然只强调韩暨是以“德”“贤”而任以大鸿胪之职，但从其后韩宣之与前任“治行”相似观之，则其德行亦与韩暨大体相当。北魏永熙二年（533）《乞伏宝墓志》云：“鸿胪任掌诸侯，职兼归义，自非尚德厚贤，莫能居此，乃以君为大鸿胪卿。”③ 这里也以“德”“贤”作为鸿胪任职的必要条件。

第三，要求有较强的才干。薛琡于北魏宣武帝时“以干用为典客令”④。他是以工作才干、办事能力强而得以任用为典客令的，这与典客令承担繁重的接待外宾事务的工作性质有密切关系。史称其“久在省闼，闲明簿领，当官剖判，敏速如流”⑤。是为其“干用”之具体表现。

第四，一定的外交工作经验及条件。《北史·孟威传》，谓其“颇有气尚，前后频使远蕃，粗能称旨。普泰（531—532）中，除大鸿胪卿”⑥。其外交才能并不特别突出，但却有长期的外交工作实践经验，因而被任命为大鸿胪卿。《魏书·孟威传》对其“前后频使远蕃，粗皆称旨”有较具体的介绍，早在孝文帝时他即奉命出使柔然，对投奔柔然的高车部人进行“晓谕”，从而“追还逃散”。宣武帝永平（508—512）中又曾奉命

① 《太平御览》卷二三二《职官部》引北魏《职令》，第1102页。

② 《三国志》卷二三《魏书·裴潜传》注引《魏略列传》，第675—676页。

③ 《汉魏南北朝墓志汇编》，《魏故使持节都督河凉二州诸军事卫大将军河州刺史宁国伯乞伏（宝）君墓志》，第304页。

④ 《北史》卷二五《薛彪子附子（薛）琡传》，第921页。按薛彪子，据“校勘记”，《魏书》卷四四《薛野賭传》，“彪”作“虎”，《北齐书》卷二六《薛琡传》作“豹子”，“彪”“豹”二字皆为避唐太祖李虎讳而改。其说可以。

⑤ 《北齐书》卷二六《薛琡传》，第371页。

⑥ 《北史》卷五〇《孟威传》，第1838页。

出使高昌。孝明帝正光（520—525）年间柔然主阿那瓌来投，他又奉命为使副迎劳，并任使主护送其返国。此外，他还具备一些对北方外交的必要条件，他“尤晓北土风俗”。又曾“以明解北人之语，敕在著作，以备推访”①。这些外交经历及条件无疑是其被选任大鸿胪卿的重要原因。

第五，仪容风度也是对鸿胪官员的要求之一。薛琡“形貌魁伟，少以干用称。为典客令，每引见客，仪望甚美。魏帝召而谓之曰：‘卿风度峻整，姿貌秀异，后当升进，何以处官。’”② 薛琡之为典客令，与其仪表有一定关系，其在此职位上执行公务时因“仪望甚美”而颇受宣武帝的赞赏，以致感叹不知以何官进一步处之。北魏末年乞伏宝为大鸿胪卿，其墓志铭称其“府仰咸则，容止可模”③。亦强调其在执行公务中的仪表风度，从而可推知仪表在这一官职选拔中是考量因素之一。外交官员的仪表风度对于外交对方往往会产生重要影响，李安世于北魏献文帝时为主客令，时逢“萧赜使刘缵朝贡，安世美容貌，善举止，缵等自相谓曰：‘不有君子，其能国乎？’”④ 刘缵对李安世仪表的赞叹，已不仅是李安世个人的事情，而是系乎国家之形象了。由此可见，外交官员之仪容举止在外交工作中具有不可忽视的重要性，关乎国家的形象和影响，自古已然。

从上文所述魏晋南北朝时期鸿胪寺的外交职能，我们可以看到这一时期鸿胪寺的外交职能与汉代大体上是一致的，即外交方面的接待和礼仪等事务工作。但是也发生了一些变化，其主要表现是有更多的外交事务被尚书主客曹所分割，如接待来使的工作，虽然鸿胪寺还有一定的职责，但是重要的接待工作却是由主客郎来承担，尤其到了南北朝时期基本上是由主客郎出面负责接待，形成主客郎活跃于外交舞台的情形。虽然鸿胪寺的主客令也有时出面接待来使，如北魏时的主客令李安世也曾有过出色的表现，但就整个接待工作来看，尚书主客曹已把重要的接待工作分割而去，剩下的是大量的接待事务则仍归鸿胪寺。

---

① 《魏书》卷四四《孟威传》，第1005—1006页。

② 《北齐书》卷二六《薛琡传》，第369页。

③ 《汉魏南北朝墓志汇编》，《魏故使持节都督河凉二州诸军事卫大将军河州刺史宁国伯乞伏（宝）君墓志》，第305页。

④ 《魏书》卷五三《李孝伯附子（李）安世传》，第1175页。

鸿胪寺与尚书主客曹的关系，牵涉一般所谓尚书与诸卿的关系。魏晋时期处于由三公九卿制向三省六部制转轨时期，两者之间不协调的情形比较突出，晋初关于两者关系的争论就是一个明证，其中以刘颂的说法较有代表性，西晋官僚刘颂曰："秦汉已来，九列执事，丞相都总。今尚书制断，诸卿奉成，于古制为重。"① 但是到了南北朝时期这种争议便日益沉寂。这是两者已逐步协调的反应。我们从尚书主客曹与鸿胪寺的关系来看，在南北朝时期已看不到两者之间有明显的冲突，相反地两者在外交工作方面基本上是一种相互配合、相互补充的关系。尚书主客曹负责外交行政管理和外交接待，鸿胪寺负责外交接待礼仪和事务。虽然偶有重复与冲突之处，但总的来说是相互协作、密不可分的。所以尽管尚书台成为行政中枢，但列卿始终不废而且执掌实职，这说明它是中央行政机构运转过程中不可缺少的环节。所谓"尚书八座五曹，各有恒任，係以九卿六府，事存副职"②。就是这个时期中央行政机构相互协调运转的大体情况。

① 《晋书》卷四六《刘颂传》，第1303页。

② 《南齐书》卷五六《倖臣传》"史臣曰"，第979页。

第六章　魏晋南北朝外交关涉机构

魏晋南北朝时期与汉代一样，从中央到地方都有一系列的外交关涉机构。中央关涉机构较汉代有所增加，中书省、门下省的介入外交政务乃至事务为其突出现象；地方关涉机构虽然复杂多变，但总的趋势是向着地方行政、边防与军事、边境镇抚机构三个系统协同进行外交管理的方向发展。

第一节　中央外交关涉机构

魏晋南北朝在中央除了专职外交管理机构之外，还有若干关涉机构，其中有的是继承前代所有，有的则是因官制变化而产生的新的部门。

一　中书省

南北朝时期南北方中书省的情况有所不同，兹分别论述之。

（一）南朝的中书舍人

中书与尚书一样原是汉代宫中掌文书、通章奏的办事人员，到魏晋时发展为中书省，与尚书、门下并称为三省。曹魏时中书省长官监、令的职权有了很大发展，“号为专任，其权重矣”。主要职务是“掌赞诏命，记会时事，典作文书”①。但从东晋以后，典作文书的权力转入其副手中书侍郎之手，监、令逐渐演变为清闲华贵之职。降及南朝中书省的权力更落入出身寒素的中书舍人手中。南朝时高门旧族式微，寒族兴起，而南朝君主亦出身寒人，为了恢复和强化君权，大举擢用寒人掌机要，出

---

① 《通典》卷二一《职官典三·中书令》，第561页。

身寒素的中书舍人就是在这种背景下脱颖而出的。刘宋时中书舍人已逐渐排挤中书侍郎而掌握机要，《晋令》曰："中书通事舍人品第七"，至"宋初又置通事舍人四人，品秩同晋氏，入直阁内，出宣诏命，而侍郎之任轻矣"。到萧齐时已经发展到"权倾天下"[①] 的地步。"建武世，诏命殆不关中书，专出舍人。省内舍人四人，所直四省，其下有主书令史，旧用武官，宋改文吏，人数无员。莫非左右要密，天下文簿板籍，入副其省，万机严秘，有如尚书外司。"[②] 这四位舍人"各住一省，时谓之四户，权倾天下"[③]。而且居然自立为"舍人省"[④]。中书舍人原称中书通事舍人，至梁时去"通事"而只称中书舍人，"自是诏诰之任，舍人专之"[⑤]。到了陈朝发展到登峰造极地步，"国之政事，并由中书省。有中书舍人五人，领主事十人，书吏二百人。书吏不足，并取助书。分掌二十一局，各当尚书诸曹，并为上司，总国内机要，而尚书唯听受而已"[⑥]。这样炙手可热的部门对于外交这一国家大事是不能不干预的，除了参与外交决策，如第四章所论之外，也掌管若干外交行政事务，主要有下述两个方面。

1. 外交文书起草

中书的职责之一就是起草诏诰文书，那么外交文书由其负责起草是很自然的。前面我们提到东晋时起草文书权力已转入中书侍郎之手，外交文书的起草亦然，刘裕灭后秦占长安后，遣使携文书至大夏，与赫连勃勃"请通和好，约为兄弟"。赫连勃勃复函刘裕，其过程是："命其中书侍郎皇甫徽为文而阴诵之，召（刘）裕使前，口授舍人为书，封以答裕。"[⑦] 第一步是中书侍郎起草，第二步由中书舍人书写誊正。这虽然是赫连勃勃玩弄的外交手腕，但所反映的外交文书起草过程大体还是符合当时实际的。这里起草人是侍郎而非舍人，舍人还只是担任书吏之类的

① 《唐六典》卷九《中书省·中书舍人》注引《晋令》，第276页。

② 《南齐书》卷五六《倖臣传序》，第972页。

③ 《通典》卷二一《职官典三·中书令》"中书舍人"条，第563页。

④ 参见《南齐书》卷五六《倖臣·吕文显传》，第978页；《南史》卷二一《王弘传附王融传》，第578页。

⑤ 《通典》卷二一《职官典三·中书令》"中书舍人"条，第564页。

⑥ 《隋书》卷二六《百官志上》，第742页。

⑦ 《晋书》卷一三〇《赫连勃勃载记》，第3208页。

角色。十六国的制度仿照魏晋制度，夏国外交文书起草制度可视为东晋制度的反映。

南朝自萧齐以后外交文书起草权归中书舍人。刘係宗在宋末即任中书通事舍人，“使写诸处分敕令，及四方书疏。使主书十人、书吏二十人配之，事皆称旨”。萧齐建国后继续担任中书通事舍人，“永明中，虏使书常令（刘）係宗题答，秘书书局皆隶之”①。不过，这种起草工作一方面是根据皇帝的命令和意图，另一方面最后还要经过中央决策集团的批准。梁代中书舍人裴子野“敕掌中书诏诰”，负责外交文书的起草。以普通七年（526）起草移北魏的文书为例，是年“王师北伐，敕子野为喻魏文，受诏立成，高祖以其事体大，召尚书仆射徐勉、太子詹事周捨、鸿胪卿刘之遴、中书侍郎朱异，集寿光殿以观之，时并叹服”。因裴子野文才甚高，故在决策集团中顺利通过。不久梁武帝又命裴子野“为书喻魏相元叉，其夜受旨，子野谓可待旦方奏，未之为也，及五鼓，敕催令开斋速上，子野徐起操笔，昧爽便就。既奏，高祖深嘉焉。自是凡诸符檄，皆令草创”②。可见当时对于中书舍人的文字能力要求是很高的。这里还须指出，由于中书舍人责任繁重，故从梁代以后颇重才能选拔，中书舍人“用人殊重，简以才能，不限资地，多以他官兼领”③。以裴子野为例，他不仅文笔过人，而且学识渊博，他是史学家裴松之的曾孙，有家学渊源，他任著作郎，掌国史及起居注，而兼任中书舍人。他不仅传统学术渊博，外交知识也很丰富，“是时西北徼外有白题及滑国，遣使由岷山道入贡。此二国历代弗宾，莫知所出。子野曰：‘汉颍阴侯斩胡白题将一人。服虔注云：‘白题，胡名也。’又汉定远侯击虏，八滑从之，此其后乎。’时人服其博识”。因为他负责外交文书起草，又有渊博的外交知识，故梁武帝命他撰写《方国使图》，“广述怀来之盛，自要服至于海表，凡二十国”④。

2. 外交接待

南朝的中书舍人不仅负责外交文书起草，而且侵夺了外交接待事务，

---

① 《南齐书》卷五六《倖臣·刘係宗传》，第975、976页。

② 《梁书》卷三〇《裴子野传》，第443页。

③ 《通典》卷二一《职官典三·中书令》“中书舍人”条，第563页。

④ 《梁书》卷三〇《裴子野传》，第443页。

这原是鸿胪或尚书主客郎的职分。这种情况主要发生于萧梁以后。梁武帝普通初，与北魏连和，当时北魏派遣刘善明来聘，梁武帝“敕使中书舍人朱异接之”。南北朝时期接待来使的工作常常临时差遣他官兼任，那么朱异接待刘善明是否也是临时差遣呢？不是，他是以中书舍人职分所属而负责接待工作的，当时“预宴者皆归化北人。（刘）善明负其才气，酒酣谓（朱）异曰：‘南国辩学如中书者几人？’异对曰：‘异所以得见宾晏者，乃分职是司。二国通和，所敦亲好；若以才辩相尚，则不容见使。’”[①] 朱异的话说得非常明白，他之所以出来接待魏使，不是因为口辩之才被临时差遣，而是职分所定。可见，在梁代中书舍人负责外交接待工作已是制度所规定的。因此在梁、陈时期多见中书舍人接待来使的情形，傅岐在梁长期兼任中书舍人，“大同中，与魏和亲，其使岁中再至，常遣（傅）岐接对焉”[②]。陈朝中书舍人傅縡因统治集团内部矛盾，施文庆等人“因共谮（傅）縡受高丽使金，后主收縡下狱”[③]。这证明傅縡曾负责接待过高丽使者。北齐时崔瞻出使陈朝，因其“雍容可观，辞韵温雅，南人大相钦服。陈舍人刘师知见而心醉，乃言：‘常侍，前朝通好之日何意不来？今日谁相对扬者！’其见重如此”[④]。这是陈朝中书舍人接待来使之例。除了在京城接待宴请来使外，也出京迎送宾客或使节，北魏镇将元法僧乘魏室大乱而称帝，魏发兵攻之。元法僧遣使梁朝，“请为附庸”，“高祖遣中书舍人朱异迎之”[⑤]。北魏宗室元彧因河阴之变奔梁，梁武帝“遣其舍人陈建孙迎接，并观（元）彧为人”[⑥]。

与接待来使相关的一项任务是奉命宣诏。奉命宣诏是中书舍人的基本职责之一，故外交宣诏亦常由其担当，“魏使陆操至梁，梁王坐小舆，使再拜，遣中书舍人殷炅宣旨劳问”[⑦]。即转达皇帝意旨并代致问候。此事在北朝更为多见。

---

① 《梁书》卷二一《王份附孙（王）锡传》，第326页。

② 《梁书》卷四二《傅岐传》，第602页。

③ 《陈书》卷三〇《傅縡传》，第405页。

④ 《北史》卷二四《崔逞附崔瞻传》，第876页。

⑤ 《梁书》卷三九《元法僧传》，第553页。

⑥ 《北史》卷一六《太武五王·临淮王（元）谭附孙（元）彧传》，第606页。

⑦ 《酉阳杂俎校笺》卷一一《广知》，第392页。

（二）北朝的中书监令与舍人

北朝中书省的情况与南朝有所不同，一是中书省的权力不像南朝那么膨胀，二是权力不似东晋南朝那样由监令而侍郎而舍人层层下移，因而中书省各级掌管外交事务的情况与南朝也有所区别。现将中书省各级官员掌管外交事务的情况分述如下。

1. 外交文书起草

北魏掌管外交文书起草的是中书监、令。早在拓跋珪时中书令就已“出纳王言，兼总文诰”①。到文明太后和孝文帝时这一职能更有所加强，这是魏晋制度的传承。高闾于承明初（476）为中书令，“诏令书檄碑铭赞颂皆其文也”。外交文书无疑也是中书监、令的职掌范围。太和初高闾任中书监时，就曾负责起草外交文书，太和九年（485）柔然遣牟提出使北魏，孝文帝在牟提返国前征求群臣意见，是否应有文书报答柔然？群臣认为应该有，于是孝文帝“乃诏（高）闾为书”。当时柔然部真可汗去世不久，还在服丧期间，可是高闾所草文书“不叙凶事”，孝文帝看后说道：“卿为中书监，职典文词，所造旨书，不论彼之凶事。若知而不作，罪在灼然；若情思不至，应谢所任。”这里孝文帝明确指出中书监是“职典文词”。对于在国书中提不提柔然国丧的问题，孝文帝和高闾之间还有一段争论，“（高）闾对曰：‘昔蠕蠕主敦崇和亲，其子不遵父志，屡犯边境，如臣愚见，谓不宜吊。’高祖曰：‘敬其父则子悦，敬其君则臣悦。卿云不合吊慰，是何言欤！’闾遂引愆，免冠谢罪。高祖谓闾曰：‘蠕蠕使牟提小心恭慎，甚有使人之礼，同行疾其敦厚，每至陵辱，恐其还北，必被谤诬……今为旨书，可明牟提忠于其国，使蠕蠕主知之。’”② 这里把外交文书的起草过程表达得非常清楚：首先经皇帝与决策集团做出决策，然后交由中书监起草，起草内容必须符合皇帝的旨意，故孝文帝把它径称为“旨书”。如果违反皇帝的旨意则可能受到惩处。文书的最后批准权当然在皇帝之手。

北魏后期，徐纥、郑俨等任中书舍人，“军国诏命，莫不由之”③。中

---

① 《魏书》卷三三《屈遵传》，第777页。

② 《魏书》卷五四《高闾传》，第1198、1203页。

③ 《魏书》卷九三《恩倖·徐纥传》，第2008页。

书舍人已负责起草诏书。北齐置中书舍人十人，“品同魏氏，并掌诏诰”[①]。当亦为北魏后期事。与此同时，我们也看到中书舍人已负责起草外交文书。宇文泰为了平定侯莫陈悦，想借用费也头的军队，于是命其记室冀儁伪造魏孝武帝的敕书给费也头，令其出兵助宇文泰。冀儁“依旧敕模写，及代舍人、主书等署，与真无异……费也头已曾得魏帝敕书，及见此敕，不以为疑”[②]。冀儁仿照旧敕摹写时，要模仿中书舍人和主书在敕书上署名。可见这时的外交文书是由中书舍人起草的，舍人下面的主书令史也要联署。费也头接到这种敕书以后便“不以为疑”，表明这是当时文书的正常规格。那么到北魏后期外交文书的起草已由中书监、令逐渐转入舍人手中了。

2. 外交宣诏

北魏中后期常见中书舍人在外交场合承担宣诏的任务。前面我们谈到南朝后期中书舍人在外交中宣诏的情况，但是似不及北朝之频繁。熙平二年（517）柔然派遣巩顾礼等到北魏朝贺，神龟元年（518）二月孝明帝“临显阳殿，引顾礼等二十人于殿下，遣中书舍人徐纥宣诏，让以蠕蠕藩礼不备之意。”[③] 这是在皇帝接见来使时承担宣诏的职责，即在皇帝与来使、宾客之间传达旨意。在盛大的外交场合，担任宣诏的中书舍人还不止一人，正光元年（520）柔然主阿那瓌来朝北魏，孝明帝于显阳殿举行盛大宴会，参加者有五品以上清官、皇宗、藩国使客等，坐次排定后，孝明帝“遣中书舍人曹道宣诏劳问”，阿那瓌通过曹道向孝明帝要求让随从其来的从兄亦升殿预会，“诏听之”。宴会将结束时，阿那瓌又“执启立于座后”，于是“诏遣舍人常景问所欲言，阿那瓌求诣殿前，诏引之”。阿那瓌到了皇帝跟前，陈述了希望北魏帮助其复国的要求后，“仍以启付舍人常景，具以奏闻”[④]。在这次宴会上先后有两位中书舍人进行宣诏。来使、来宾辞见时也由中书舍人负责宣诏，正光二年（521）“阿那瓌等五十四人请辞，肃宗临西堂，引见阿那瓌及其伯叔兄弟五人，

① 《唐六典》卷九《中书省·中书舍人》注，第276页。
② 《周书》卷四七《艺术·冀儁传》，第838页。
③ 《魏书》卷一〇三《蠕蠕传》，第2297页。
④ 《魏书》卷一〇三《蠕蠕传》，第2298—2299页。

升阶赐坐，遣中书舍人穆弼宣劳”[①]。中书舍人不仅在皇帝接见使者时宣诏，也常奉命出使宣诏，神龟元年（518）柔然使者巩顾礼回国时，北魏即派中书舍人曹道出使柔然宣诏，正光元年（520）阿那瓌来朝时向孝明帝追述此事道：“是以曹道芝北使之日，臣与主兄即遣大臣五人拜受诏命。”[②] 梁敬帝绍泰元年（555）以萧庄出质于北齐。梁敬帝禅位、陈武帝建陈之后，王琳向北齐求援抗陈。永定二年（558）王琳请纳出质于北齐的萧庄为梁主，北齐派兵援送，同时遣“舍人辛悫、游诠之等赍玺书江表宣劳，自琳以下皆有颁赐”[③]。这也是以中书舍人出使“宣劳”。

3. 外交接待

在东魏北齐时期中书舍人经常承担外交接待任务。前面我们提到北朝的中书省不像南朝那样明显地呈现权力逐级下移的情景，但是到了北魏后期监、令之下的舍人的外交权力仍有所上升，上面提到北魏舍人已代替监、令掌管外交文书以及其所负宣诏之责就是其具体表现。这种情况到东魏北齐还在发展，因此这一时期外交接待工作也常由其负责。刘鹭于武定初任中书舍人，“于时与萧衍和通，鹭前后受敕接对其使十六人”[④]。陆印为中书舍人，兼中书侍郎，“自梁、魏通和，岁有交聘，（陆）印每兼官燕接”[⑤]。陆彦师“为中书舍人、通直散骑侍郎。每陈使至，必高选主客，彦师所接对者，前后六辈”[⑥]。李谔“仕齐，为中书舍人，有口辩，每接对陈使”[⑦]。

（三）传诏

南北朝时期又有“传诏”一职常负外交之责。其在外交方面所见主要有两方面的职责。

一是奉皇帝之命出使。刘宋滑台戍将朱脩之被北魏俘虏后逃至北燕，受到冷遇。在北燕“留一年，会宋使传诏至，（朱）脩之名位素显，传诏

---

① 《魏书》卷一〇三《蠕蠕传》，第2300页。

② 《魏书》卷一〇三《蠕蠕传》，第2299页。曹道芝即前引之曹道，参《魏书》卷一〇三“校勘记〔一二〕”，第2316页。

③ 《北齐书》卷三二《王琳传》，第434页。

④ 《魏书》卷五五《刘芳附孙（刘）鹭传》，第1228页。

⑤ 《北齐书》卷三五《倹传附陆印传》，第469页。

⑥ 《北史》卷二八《倹传附陆彦师传》，第1019页。

⑦ 《北史》卷七七《李谔传》，第2613页。

见即拜之。彼国敬传诏，谓为‘天子边人’，见其致敬于脩之，乃始加礼”[①]。当时北燕正遭到北魏的频繁进攻，意欲遣使刘宋求援，“（朱）脩之乃使传诏说而遣之”[②]。于是朱脩之得以回到南朝。从这件事我们可以看到“传诏”是代表皇帝出使的，故被称为“天子边人”，他在所出使之国颇受尊敬，有很大影响力，他不仅使北燕对朱脩之刮目相看，而且能说动北燕以朱脩之为使，联络刘宋抗魏。林邑国王范阳迈桀骜不驯，元嘉二十三年（446）宋文帝派檀和之率军伐之，阳迈求和，檀和之“军至朱梧戍，遣户曹参军日南太守姜仲基、前部贼曹参军蟜弘民随传诏毕愿、高精奴等宣扬恩旨，阳迈执仲基、精奴等二十八人”[③]。这两位“传诏”是代表皇帝来向林邑“宣扬恩旨”的。北魏中书舍人董绍被叛乱城民白早生囚送萧梁，永平二年（509）北魏提出以所俘梁将齐苟儿等交换董绍，梁武帝召见董绍，表示愿与北魏通好，并对之曰：“卿宜备申此意，故遣传诏周灵秀送卿至国，迟有嘉问。”[④] 梁武帝准备派遣传诏护送俘虏返国。由此可见“传诏”常代表皇帝出使，执行各种外交任务。

传诏的另一职责是参与外交礼仪工作。北齐迎接南朝使节的仪式中，有“传诏二人骑马荷信在前，羊车二人捉刀在传诏后。监舍一人，典客令一人，并进贤冠。……使主、副各乘车”[⑤]。传诏在这里起着引导来使的傧赞作用。

那么“传诏”是一种什么官职呢？“传诏”不见于职官制度记载，只能根据零星资料稍事补苴。关于“传诏”的记载，南朝较北朝稍详。昇明三年（479）宋顺帝禅位于萧道成那天，恰逢侍中谢朏直日。侍中的职责之一是“负玺陪乘”。在这种禅代仪式上，“侍中当解玺”，但谢朏反对萧道成篡宋，因而“佯不知，曰：‘有何公事？’传诏曰：‘解玺授齐王。’朏曰：‘齐自应有侍中。’乃引枕卧。传诏惧，乃使称疾，欲取兼人。朏曰：‘我无疾，何所道！’”[⑥] 从这个记载我们可以看到，“传诏”

① 《宋书》卷七六《朱脩之传》，第1970页。
② 《南史》卷一六《朱脩之传》，第463页。
③ 《宋书》卷九七《夷蛮·林邑国传》，第2378页。
④ 《魏书》卷七九《董绍传》，第1758页。
⑤ 《酉阳杂俎校笺》卷一一《广知》，第53页。
⑥ 《梁书》卷一五《谢朏传》，第262页。

是皇帝的贴身人员，负责御前传宣诏旨，其地位并不高。这与前述“天子边人”的记载是吻合的。从其奉命传宣皇帝诏旨的工作性质来看，与中书舍人的“宣诏”职务相似。《资治通鉴》胡注谓：“传诏，属中书舍人，出入宣传诏旨。”[①] 这一说法是符合事实的。不过，“传诏”还有由童子担任者，“梁主常遣传诏童赐群臣岁旦酒、辟恶散、却鬼丸三种”[②]。则又有类宫中侍童、杂使了。综上所述我们可以得出如下认识：传诏是中书舍人属下之成员，由各种年龄段的人员担任，其地位并不高，为皇帝贴身侍臣；其职务乃主要负责传宣皇帝诏旨，故名为“传诏”；其职责范围，或在禁省，或奉使四方，上自军国大事，下至宫廷琐屑。

二　门下省

关于门下省的沿革，《唐六典·门下省·侍中》本注有一概括的叙述：“初，秦、汉置侍中曹，无台省之名，自晋始有门下省。历宋、齐、梁、陈、后魏、北齐、隋、国初皆曰门下省。”[③] 自西晋设置门下省以后，其职权日益发展。侍中、给事黄门侍郎为其正副长官。其主要职掌，“掌傧赞威仪”“备切问近对，拾遗补阙”[④]。但他不仅是作为皇帝的侍从，顾问应对，赞导礼仪，而且参与决策和掌握部分行政大权，成为中枢集团重要成员。在北朝更发展到“政归门下”[⑤] 的地步。门下省在外交方面也有重要作用。关于门下省在外交决策中的作用，我们在第四章中已经叙述，这里不再赘述，这里只就其在外交方面的其他具体职掌作一叙述。

（一）傧赞威仪

门下官员的职掌之一是“傧赞威仪”，其中即包含外交方面的内容。凡遣大使及封拜礼仪，“军校、侍中、散骑常侍、给事黄门侍郎、散骑侍郎升殿夹御座。”在仪式开始时，由“侍中奏：‘外办。’”皇帝即升太极殿，临轩南面。随后由侍中与鸿胪配合赞唱礼仪，“谒者引护当使者、当

---

① 《资治通鉴》卷一三五，齐高帝建元元年（479）四月胡注，第4224页。
② 《酉阳杂俎校笺》卷一一《广知》，第71页。
③ 《唐六典》卷八《门下省·侍中》注，第241页。
④ 《晋书》卷二四《职官志》，第732—733页。
⑤ 《魏书》卷三八《王慧龙附曾孙（王）遵业传》，第879页。

拜者入就拜位”[1]。这里所谓“大使”，包括外交使节；封拜者亦包括蕃国、友邦之受封拜者。在“诸蛮夷胡客”和质子出席的元会大典上，侍中亦与鸿胪官员、谒者、太常等共同赞相礼仪。这是我国古代一项最为隆重的外交礼宾活动。由于门下官员常参与这类礼宾活动，故对任侍中者在形体、姿容等方面要求颇高，萧齐时侍中一职“其朝会，多以美姿容者兼官”[2]。齐明帝时欲用陆慧晓为侍中，但“以形短小，乃止”[3]。这与侍中常在帝侧并职司礼仪不无关系。

(二) 对接来使

庾杲之“风范和润，善音吐。世祖令对虏使，兼侍中”[4]。这个材料表明，选拔对接来使官员的两个条件是，一者仪表口才出众，二者以侍中或侍中的名义。齐武帝是令庾杲之以“侍中”的名义负责接待北魏来使的，表明接待来使为侍中之职分所在。北魏卢度世“除散骑侍郎，使刘骏”。刘宋“遣其侍中柳元景与（卢）度世对接，度世应对失衷。还，被禁劾，经年乃释”[5]。《资治通鉴》系此事于宋孝武帝大明四年（460），即北魏文成帝和平元年。这是刘宋以侍中对接北魏使者。

(三) 奉命出使

袁泌于梁、陈两朝均曾以侍中出使北朝。梁末“贞阳侯僭位，以（袁）泌为侍中，奉使于齐”[6]。入陈之后，袁泌“累迁通直散骑常侍，兼侍中，聘周”[7]。袁奭亦于梁末“萧庄时以侍中奉使贡”[8]，出使北齐。

三 北魏南北部尚书

北魏前期在尚书省设有南部尚书与北部尚书，“南部尚书知南边州郡，北部尚书知北边州郡”[9]。这是十六国时期胡族政权实行胡汉分治政

---

① 《宋书》卷一四《礼志一》，第341—342页。
② 《通典》卷二一《职官典三·门下省·侍中》，第548页。
③ 《南齐书》卷四六《陆慧晓传》，第807页。
④ 《南齐书》卷三四《庾杲之传》，第615页。
⑤ 《魏书》卷四七《卢玄附子（卢）度世传》，第1046页。
⑥ 《陈书》卷一八《袁泌传》，第245页。
⑦ 《南史》卷二六《袁湛传附袁泌传》，第722页。
⑧ 《北齐书》卷四五《文苑·袁奭传》，第626页。
⑨ 《南齐书》卷五七《魏虏传》，第985页。

策在行政机构上的某种继续，这种南、北部尚书虽然主要是内政管理部门，但是对于北魏王朝南部、北部的外交事务也负有一定责任。齐武帝时于石头造露车三千乘，企图从陆路攻取彭城，“形迹颇著”，被北魏所发觉。永明七年（489）底萧齐派遣颜幼明、刘思敩出使北魏，次年初他们二人返国前，北魏的南部尚书李思冲（李冲）就此事向萧齐方面提出交涉，质问两位使者道：“二国之和，义在庇民。如闻南朝大造舟车，欲侵淮、泗，推心相期，何应如此?”齐使颜幼明答道：“主上方弘大信于天下，不失臣妾。既与辑和，何容二三其德? 疆埸之言，差不足信。且朝廷若必赫怒，使守在外，亦不近相淮渎。”对于齐使的辩解，李思冲继续加以质问道：“我国之强，经略淮东，何患不荡海东岳，政存于信誓耳。且和好既结，岂可复有不信? 昔华元、子反，战伐之际，尚能以诚相告，此意良慕也。”[①] 从魏、齐之间就此事的交涉，我们可以看到南部尚书是密切关注南朝的动态的，对于南朝的军事意图了然于心，因而借南朝来使的机会，向南朝提出警告。可见南部尚书对于与南朝的外交也是负有责任的。

南朝人士向北朝政治避难之事也由南部尚书负责，宋明帝时徐州刺史薛安都请降，“于时朝议，谓彼诚伪未可保信”。当时南部尚书李敷不仅在朝议中力排众议，从分析南朝内部矛盾出发，断定其降乃必然，“于是众议乃同，遣师接援。淮海宁辑，（李）敷有力焉”[②]。李敷作为南部尚书对于南朝政情比较了解，故其判断比较准确。而在北朝就此事商讨期间，薛安都“又遣第四子道次为质，并与李敷等书，络绎相继”[③]。可见南部尚书直接与南朝降附者联系，故其掌握的情况比较详细，有可能做出正确判断。这类事情是南北外交中经常发生的，也归南部尚书主管。既然南部尚书也管理与南朝的外交事务，那么北部尚书对于北边的外交当也同样负有责任。

四　符节令与谒者台

东汉有符节台，文属少府，以符节令为台率，主符节之事，已见前

① 《南齐书》卷五七《魏虏传》，第 992 页。
② 《魏书》卷三六《李顺附子（李）敷传》，第 834 页。
③ 《魏书》卷六一《薛安都传》，第 1354 页。

章所述。曹魏时期与后汉基本相同。晋武帝太始元年（265）撤销符节台，省并兰台，设符节御史以主其事。宋承晋制。萧齐时置主玺令史于兰台，以持书侍御史领之。梁、陈时则于御史台设置符节令史。北魏于御史台置符节令，符节令领符玺郎中。符节令初为从第四品中，太和末为从第六品上。北齐于御史台设置符节署，有符节署令一人，领符玺郎中四人。北周天官府置主玺下士四人，分掌神玺、传国玺与六玺之藏。①北朝符节令所掌“天子六玺”中有三玺与外交工作有关，“‘天子行玺’，封拜外国则用之。‘天子之玺’，赐诸外国书则用之。‘天子信玺’，发兵外国，若征召外国，及有事鬼神，则用之”②。基本上继承了汉代的制度。

魏晋南北朝时期谒者继承汉代制度担负一定的外交职责，不过其隶属建置有曲折的变化。曹魏仍袭东汉设谒者仆射，“掌大拜授及百官班次”③，统谒者仆射十人。晋武帝裁省谒者仆射，撤销谒者台，以谒者并兰台。东晋恢复谒者仆射，后又裁省。东晋还令中书省的舍人、通事兼谒者之任。宋武帝大明中恢复谒者仆射一人，“掌大拜授及百官班次。领谒者十人。谒者掌小拜授及报章”④。齐复置谒者台，官员与宋同。“谒者台，掌朝觐宾享。”⑤ 梁“谒者台，仆射一人，掌朝觐宾享之事。属官谒者十人，掌奉诏出使拜假，朝会擯赞。高功者一人为假吏，掌差次谒者”⑥。陈因之。北魏、北齐亦置谒者台，“掌凡诸吉凶公事，导相礼仪”⑦，设仆射二人、谒者三十人。

谒者的外交职能主要有三个方面。一是外交礼宾。在接待外交使节、宾客时担任礼仪工作，即所谓“朝觐宾享之事”“朝会擯赞”“导相礼仪”等。《咸宁注》所定元会仪，即以谒者与鸿胪为主要司仪者。二是拜授册封。刘宋时吐谷浑主慕瓒于元嘉六年（429）上表称：“去年七月五日，谒者董湛至，宣传明诏，显授荣爵。”⑧ 这是指刘宋派谒者董湛册封

---

① 《唐六典》卷八《门下省·符宝郎》注，第250—251页。

② 《隋书》卷一一《礼仪志六》，第239页。

③ 《通典》卷二一《职官典三·中书省·中书令》“通事舍人”条，第566页。

④ 《宋书》卷四〇《百官志下》，第1252页。

⑤ 《南齐书》卷一六《百官志》，第325页。

⑥ 《隋书》卷二六《百官志上》，第724页。

⑦ 《通典》卷二一《职官典三·中书省·中书令》“通事舍人”条，第566页。

⑧ 《宋书》卷九六《鲜卑吐谷浑传》，第2371页。

其兄阿豺之事。齐武帝永明八年（490）百济王牟大遣使上表请求册封，于是“使兼谒者仆射孙副策命（牟）大袭亡祖父牟都为百济王”[①]。北魏太和十五年（491），高句丽王琏死，孝文帝“遣谒者仆射李安上策赠车骑大将军、太傅、辽东郡开国公、高句丽王，谥曰康”[②]。此即上述“拜授”“拜假”之职。三是奉命出使，北魏天兴三年（400），后秦姚兴遣使朝贡，道武帝“遣谒者仆射张济使于（姚）兴”[③]。于什门于北魏“太宗时为谒者，使喻冯跋”[④]。被北燕主冯跋扣留了二十四年。魏孝文帝时谒者张思宁与卢昶一起出使萧齐，适值孝文帝南伐，齐明帝于是“酷遇（卢）昶等”，而“谒者张思宁辞气謇谔，曾不屈挠，遂以壮烈死于馆中”[⑤]。此即前述“奉诏出使”之职。

第二节　地方行政机构的外交职能

魏晋南北朝时期的地方机构主要有三个系统，即作为地方行政系统的州、郡、县和行台；作为军事与边防系统的都督、总管、军镇等；作为边境镇抚系统的校尉郎将诸官。它们都在不同程度上负有一定的外交职责。由于魏晋南北朝是一个分裂时期，故其地方机构与统一的两汉时期比较要复杂、混乱，其主要表现是地方行政长官与军事长官互相兼领，交叉错综；军事重于行政，不断取代、侵夺行政权力；机构重叠，层次繁多；行政区划多变，不断增殖。这些特点导致这一时期地方机构的外交职能在不同阶段、不同地区、不同政权有所变化与差异。兹分述于下。

一　缘边州郡

魏晋南北朝时期的地方行政机构，基本上为州、郡、县三级。但是这个时期的州牧、刺史多同时掌管兵权，因而州牧、刺史多带将军之号，

---

① 《南齐书》卷五八《东夷·百济传》，第1011页。

② 《魏书》卷一〇〇《高句丽传》，第2216页。

③ 《魏书》卷九五《姚兴传》，第2082页。

④ 《魏书》卷八七《节义·于简传》，第1889页。

⑤ 《魏书》卷四七《卢玄传附卢昶传》，第1055页。

或是将军兼领州牧、刺史之职，其“庶姓为州而无将军者，谓之单车刺史”[①]。而单车刺史并不太多。有的郡守也兼带将军之号。到了南北朝时期，由于滥置州、郡，州郡的数量激增，其地位亦随之下降，州牧、刺史的许多权力遂被都督所取代。因而从其所负外交职能来看，魏晋时期州郡的外交职责较南北朝时期要突出一些。

魏晋南北朝继承汉代制度，亦以缘边剧要之地为“边郡”。泰始八年（272）二月“诏内外群官举任边郡者各三人”[②]。北魏孝明帝正光（520—525）年间，“诏以阳平郡邻接萧衍，绥捍须人，仰尚书举才而遣”[③]。这都是特别下诏举荐边郡长官人选。由此可见，边郡长官之选任，为中央统治集团所格外关注。这是因为边郡接近“夷虏”，所负边防与外交职责重于内地州郡。魏文帝时王观出为涿郡太守，因“此郡滨近外虏，数有寇害”，故被划为“外剧”[④]之郡。牵招于魏文帝时出为雁门太守，“郡在边陲，虽有候望之备，而寇钞不断”[⑤]。亦属外剧边郡。交州牧陶璜于西晋平吴后上言云：日南郡“去州海行千有余里，外距林邑才七百里……且连接扶南”，亦“数作寇逆，攻破郡县”[⑥]。这是西晋南陲之“边郡”。《晋书》卷一《宣帝纪》谓：“并州近胡，善为之备。”[⑦]此即“边州”。可见缘边州郡的共同特点是接近“夷虏”，为剧要所在，故其责任重大。崔林于魏文帝时出为幽州刺史，尝言：“此州与胡虏接，宜镇之以静，扰之则动其逆心，特为国家生北顾忧，以此为寄。”[⑧]将缘边州郡之重要性说得相当明白。故其除边防军事重任之外，尚须承担重要之外交职责。

（一）接转使节

魏晋南北朝继续汉代的制度，由沿边州郡负责接转外交使节。

一方面是接转对方的来使。曹魏时期倭人国来使均由带方郡（今朝

---

① 《文献通考》卷六一《职官考十五·州牧刺史》，第553页。

② 《晋书》卷三《武帝纪》，第61—62页。

③ 《魏书》卷四四《薛野䐗传附薛昙尚传》，第999页。

④ 《三国志》卷二四《魏书·王观传》，第693页。

⑤ 《三国志》卷二六《魏书·牵招传》，第731页。

⑥ 《晋书》卷五七《陶璜传》，第1560页。

⑦ 《晋书》卷一《宣帝纪》，第17页。

⑧ 《三国志》卷二四《魏书·崔林传》，第679页。

鲜黄海南道、黄海北道一带）入境，因此带方郡成为魏、倭两国通使的中转站，负有接转倭人国来使的重任。景初三年（239）六月，倭国女王卑弥呼派遣大夫难升米等至带方郡，“求诣天子朝献”。此即其时日本列岛上最强大的邪马台国。于是带方太守刘夏“遣吏将送诣京都”。由边郡派遣官员护送外国使团至京都。同年十二月魏明帝在报倭女王的诏书中称：“带方太守刘夏遣使送汝大夫难升米、次使都市牛利奉汝所献男生口四人，女生口六人，班布二匹二丈，以到。”① 将带方太守护送倭国使团到达洛阳一事向女王通报，可见边郡护送来使入京为当时制度。如有投附者亦由边境负责引导，黄初三年（222）蜀大将黄权及领南郡太守史郃等三百一十八人“诣荆州刺史奉上所假印绶、棨戟、幢麾、牙门、鼓车”。当时魏文帝在许昌，曹魏荆州刺史夏侯尚将黄权等人引“诣行在所，帝置酒设乐，引见于承光殿”②。这是曹魏由边州接转蜀汉降附。孙吴黄武五年（226），“有大秦贾人字秦论来到交趾，交趾太守吴邈遣送诣（孙）权，权问方土谣俗，（秦）论具以事对”③。也是由边郡派人送达京城。陈霸先篡位策文所云：“逖矣水寓之乡，悠哉火山之国……争朝边候。”④ 虽属夸张之词，但把外国来使称为“朝边候”，以边境有关部门作为国家之象征，通过来使之“朝边候”而发展对外关系则是魏晋南北朝时期的普遍现象。

另一方面，己方使节出境，亦由边郡负责接转。《流沙坠简》补遗19载有尼雅遗址出土的一件西晋简文：

> □　　右一人属典客寄□纤钱佛屠中自赍敦煌太守往还过⑤

---

① 《三国志》卷三〇《魏书·倭人传》，第857页。原作二年，应为三年。据卢弼《三国志集解》，第701页，中华书局1982年影印本。

② 《三国志》卷二《魏书·文帝纪》注引《魏书》，第80页。

③ 《梁书》卷五四《诸夷·中天竺国传》，第798页。

④ 《陈书》卷一《高祖纪上》，第15页。

⑤ 罗振玉、王国维编著：《流沙坠简》之《流沙坠简补遗》十九，中华书局1993年版，第263页。

这是一位西晋大鸿胪的属官典客出使西域时，自带敦煌太守所签发的往还“过所”。表明己方使节出入，亦须在边郡办理有关手续，由其负责接转。

缘边州郡既负有接转使节的职责，因而它们对于来往使节就承担着保护的责任。元嘉七年（430），诃罗陁国（今印尼苏门答腊、爪哇岛一带）遣使刘宋，其王在致宋文帝的国书中特别提出：“愿敕广州时遣舶还，不令所在有所陵夺。”① 可见当时广州负有保护外国使节安全的职责。本国使者出境，边境州郡也同样负有护送的责任。东魏天平（534—537）年间，崔㥄为徐州刺史，适值魏收出使萧梁，路经徐州，崔㥄与魏收原来有嫌隙，但是他仍然为魏收“备刺史卤簿而送之”②，这不完全是崔㥄之大度，也是其职责所在。

由于缘边州郡在事实上是使节来往的中转站，接待任务繁忙，因此必须于州郡政府配备得力的官员以当外事之任。北朝在使节出入必经之州选拔长史时，常以是否有利于外事接待为条件之一。东魏天平中，“诏以济州控带川陆，接对梁使，尤须得人”③。于是高澄推荐李稚廉为济州仪同长史。兖州亦然，“天平已后，萧衍使人还往，经历兖城，前后州将以（毕）义儁兄弟善营鲑膳，器物鲜华，常兼长史，接宴宾客”④。毕义儁与其弟兄毕义远、毕义显等均因善于烹饪而担任此职，以接宴梁使。南朝亦然，齐武帝永明（483—493）中，“魏使至，有诏妙选朝士有词辩者，接使于界首，以（范）岫兼淮阴长史迎焉”。范岫则由于“博涉多通”“多识前代旧事”，以“文才”⑤ 被选为淮阴长史以迎接魏使。

由于边郡为使节出入必经之地，外交观瞻所系，故不仅其接待来使工作关乎双方关系，即其境界之政绩如何亦影响甚大。房谟于东魏时出为徐州刺史，由于其勤政爱民，百姓苏息，“时梁、魏和好，使人入其界者，咸称叹之”⑥。徐州为北朝政权接待南朝使节之前沿，其治绩予对方

① 《宋书》卷九七《夷蛮·诃罗陁国传》，第 2381 页。
② 《北齐书》卷二三《崔㥄传》，第 334 页。
③ 《北齐书》卷四三《李稚廉传》，第 571 页。
④ 《魏书》卷六一《毕众敬传附毕义显、毕义儁传》，第 1364 页。
⑤ 《梁书》卷二六《范岫传》，第 391—392 页。
⑥ 《北史》卷五五《房谟传》，第 1992 页。

来使留下了深刻印象，这对于提高己方的国威无疑是有积极意义的。

（二）接受来使

边境州郡不仅负责转接、护送来往的使节，而且可以自己接受外交使节，具有较大的直接对外的权力。曹魏时期，倭国“王遣使诣京都、带方郡、诸韩国”。这里将带方郡与京都、诸韩国并举，可见倭国有单独派往带方郡之使者，而与派遣至京都之使者有别。倭女王卑弥呼与狗奴国男王卑弥弓呼素不和，正始八年（247）卑弥呼派遣载斯、乌越等人为使，“诣郡（带方郡）说相攻击状”①。这是倭国遣使至带方郡投诉，带方郡接受倭国来使。东晋时，林邑王文“贪日南地肥沃，常欲略有之”，穆帝时朱藩为交州刺史，林邑王文“遣使告（朱）藩，愿以日南北境横山为界，藩不许”②。这是交州刺史接受林邑使者，并拒绝了其无理之领土要求。边境州郡接到来使后，如有疑难的外交问题，须上报朝廷求得指示以处置。北周保定初年，于玉壁置勋州，任命韦孝宽为勋州刺史。“齐人遣使至玉壁，求通互市。”当时北周与北齐长期对立，关系紧张，韦孝宽未敢做主，于是上报朝廷，朝廷派司门下大夫尹公正至玉壁，“共孝宽详议。孝宽乃于郊盛设供帐，令公正接对使人”③。周、齐双方在边州进行谈判。由于边境州郡有接受来使的外交职能，因此双方有时便通过边州传递外交信息，东魏天平四年（537），南朝“萧衍因益州刺史傅和请通好”④，东魏益州刺史将这一信息上报后，于是是年秋七月遂有东魏遣使萧梁之举。

（三）对外遣使

魏晋南北朝时期边境州郡具有较大的外交职权，它可以直接派遣使者出境，办理外交事宜。曹魏时期赴倭国的使者都是由带方郡的“郡使”担当的。其时“使译所通三十国”，倭女王所属之伊都国乃“郡使”入境之门户，为“郡使往来常所驻”，由此可见，带方郡使经常衔命赴倭。倭女王在伊都国“特置一大率，检察诸国”。此“大率”之职位，“于国中

① 《三国志》卷三〇《魏书·倭人传》，第856、857页。

② 《梁书》卷五四《诸夷林邑国传》，第784—785页。

③ 《周书》卷三一《韦孝宽传》，第538页。

④ 《魏书》卷一二《孝静帝纪》，第301页。

有如刺史”。“及郡使倭国，皆临津搜露，传送文书赐遗之物诣女王，不得差错。”当时“郡使”频繁往来于魏、倭之间，代表魏国担负着外交使命。为了报答景初三年（239）倭使来朝，次年带方“太守弓遵遣建忠校尉梯儁等奉诏书、印绶诣倭国”。以及正始八年（247）“太守王颀到官……遣塞曹掾史[①]张政等因赍诏书”[②] 等出使倭国，均属这类“郡使”。孙吴时著名的朱应、康泰出使南海诸国的壮举，即由边州刺史所派遣完成的。交州刺史吕岱“既定交州，复进讨九真，斩获以万数。又遣从事南宣国化，暨徼外扶南、林邑、堂明诸王，各遣使奉贡。（孙）权嘉其功，进拜镇南将军”[③]。《资治通鉴》卷七十系此事于魏文帝黄初七年（226），即孙吴黄武五年；亦谓为吕岱所遣。论者多笼统谓朱应、康泰为孙权所遣，实未细究其时边境州郡有对外遣使权力之故。朱应、康泰回国后，将“其所经及传闻”“有百数十国，因立记传”[④]。所谓“因立记传”，即指他们回国后分别撰写了《扶南异物志》（朱应撰）、《吴时外国传》（康泰撰）等书。吕岱这次所遣使团活动范围广大，打开了中国与南海诸国的外交。

中央朝廷有关外交方面的某些旨意，也常经由边境政府负责向对方转致。嘉禾四年（235）孙权遣使拜高句丽王宫为单于，并赐衣物珍宝，而高句丽王事先已“受魏幽州刺史讽旨，令以吴使自效”[⑤]。曹魏幽州刺史在孙吴使团到达高句丽之前，已经遣使向高句丽警告其不得接待孙吴使节，如有孙吴使节前来必须采取断然措施。孙吴使团面临生命财产危急之际，经过一番斗智斗勇之周折，才迫使高句丽王接受孙权的封赐，并回赠孙吴数百匹马，从而圆满完成此次使命。

东晋十六国时期分裂割据，边州的外交活动更趋活跃。东晋义熙十一年（415），益州刺史朱龄石遣使于北凉沮渠蒙逊，“蒙逊遣舍人黄迅报

---

① 卢弼：《三国志集解》卷三〇《魏书·乌丸鲜卑东夷传倭人传》引陈景云曰：“‘塞’疑作‘奏’。”中华书局 1982 年版，第 701 页。

② 《三国志》卷三〇《魏书·倭人传》，第 854—858 页。

③ 《三国志》卷六〇《吴书·吕岱传》，第 1385 页。

④ 《梁书》卷五四《诸夷·海南传》，第 783 页。

⑤ 《三国志》卷四七《吴书·吴主传》注引《吴书》，第 1140 页。

聘益州”[①]。这是东晋益州与北凉互通使命。稍后东晋青州刺史申永，“遣使浮海”聘于北燕冯跋，“跋乃使其中书郎李扶报之”[②]。这是东晋青州与北燕互通使命。由此可见东晋的边州与北方政权经常聘使往还。十六国政权也是如此，后秦弘始五年（403），其凉州刺史王尚派遣主簿宗敞聘于南凉秃发傉檀[③]。这是十六国政权之间边州遣使的情况。前秦建元十四年（378），其凉州刺史梁熙“遣使西域，称扬（苻）坚之威德，并以缯采赐诸国王，于是朝献者十有余国”[④]。这是十六国边州遣使西域的情况。

南北朝时期的情况亦复如是。宋孝武帝孝建元年（454）仇池国主杨文德被杀，次年刘宋以其族人杨元和为征虏将军，杨头为辅国将军后，雍州刺史王玄谟的上表中有云：“被敕令臣遣使与杨元和、杨头相闻，并致信饷。即遣中军行参军吕智宗赍书并信等，亦自遣使随智宗。”[⑤] 这个记载表明，边州刺史对外所遣使节有两种，一为受朝廷之命、代表朝廷出使者，王玄谟所遣吕智宗即属此类；一为代表本州、跟随朝廷使节一起出使之使者。此次王玄谟所派出之使团即由这两部分人员组成。边州亦可单独遣使。齐武帝时“益州刺史刘悛遣使江景玄使丁零，宣国威德。道经鄯善、于阗”。其时“丁零僭称天子，劳接（江）景玄使，反命”。这是益州刺史遣使打通了与丁零的外交。与此同时，芮芮（即柔然）亦“常由河南道而抵益州”[⑥]。从益州绕经“河南道”、西域，可以避开北朝敌对政权的阻碍，而与北方草原民族国家建立外交关系。故益州是当时南朝政权与北方草原民族国家发展外交关系的西部门户。天保七年（556），即梁敬帝太平元年，梁湘州刺史王琳曾向北齐“献驯象”[⑦]，此亦边州刺史为发展外交关系而对外遣使。北魏河间王元琛于孝明帝时出为秦州刺史，其在秦州时，曾“遣使向西域求名马，远至波斯国，得千里马”[⑧]。这虽属元琛利用职权追求珍异之奢侈行径，但刺史遣使外国则

① 《晋书》卷一二九《沮渠蒙逊载记》，第 3196 页。

② 《晋书》卷一二五《冯跋载记》，第 3133 页。

③ 《晋书》卷一二六《秃发傉檀载记》，第 3148 页。

④ 《晋书》卷一一三《苻坚载记上》，第 2900 页。

⑤ 《宋书》卷九八《氐胡传》，第 2410 页。

⑥ 《南齐书》卷五九《芮芮虏传》，第 1025 页。

⑦ 《北齐书》卷四《文宣帝纪》，第 62 页。

⑧ 《洛阳伽蓝记校注》卷四《城西·法云寺》，第 207 页。

为当时制度所有。北魏末年汝阳王元暹为秦州刺史时，曾“遣其典签齐人淳于覃使于（柔然主）阿那瓌”①。北魏李神儁为前将军、荆州刺史时，曾派遣其长流参军阴道方“诣萧衍雍州刺史萧纲论边事。（阴）道方风神沉正，为（萧）纲所称”②。在南北对峙期间，双方边州之间的正式与非正式通使是比较经常的，因而双方官员都相互了解、熟悉，萧衍称帝后在回忆其任雍州刺史，与北魏荆州刺史薛真度的交往时说：“我于时犹在襄阳，且州壤连接，极相知练。”③ 就是边境州郡之间使命往还、联系密切的反映。

（四）互通文书

缘边州郡的外交职能还表现在它可以与境外互通外交文书。其具体方式或双方边州郡之间互通文书，或己方州郡通文书于彼方政府，或彼方政府通文书于己方州郡。

三国时期，曹魏正始八年（247）倭女王卑弥呼遣使至带方郡，诉说与狗奴国男王相攻击状之后，带方郡派遣张政出使倭国时，曾以檄文告喻倭王。此檄文即为带方郡所发出者。这是曹魏边郡向倭国政府发出外交文书。孙吴黄武元年（222）大败刘备于彝陵之后，孙权以陆逊为辅国将军，领荆州牧。不久魏军向南调动，“刘备闻魏军大出，书与（陆）逊云：‘贼今已在江陵，吾将复东，将军谓其能然不？’逊答曰：‘但恐军新破，创痍未复，始求通亲，且当自补，未暇穷兵耳。若不惟算，欲复以倾覆之余，远送以来者，无所逃命。’”④ 这是孙吴边州与蜀汉政府互通外交文书。刘禅即位后，诸葛亮秉政，吴蜀关系恢复友好，双方信使不绝，孙权赋予陆逊更大的外交权力，“时事所宜，（孙）权辄令（陆）逊语（诸葛）亮，并刻权印，以置逊所。权每与（刘）禅、亮书，常过示逊，轻重可否，有所不安，便令改定，以印封行之”⑤。这样陆逊一方面负责转交并修订孙权致蜀汉的外交文书，另一方面又可以更方便地直接向蜀汉互通外交文书。曹操去世后，刘备派遣军谋掾韩冉“赍书吊，并贡锦

---

① 《北史》卷九八《蠕蠕传》，第 3266 页。

② 《魏书》卷五二《阴仲达传附阴道方传》，第 1164 页。

③ 《魏书》卷六一《薛安都传附薛怀儁传》，第 1359 页。

④ 《三国志》卷五八《吴书·陆逊传》注引《吴录》，第 1348 页。

⑤ 《三国志》卷五八《吴书·陆逊传》，第 1348 页。

布。冉称疾，住上庸。上庸致其书，适会受终，有诏报答以引致之，备得报书，遂称制”[①]。这里曹魏的上庸郡起了双方外交文书中转的作用。

十六国时期亦然。北魏道武帝时，奚牧为并州刺史，州境与姚兴的后秦接界，姚兴“颇寇边，（奚）牧乃与（姚）兴书，称顿首，钧礼抗之，责（姚）兴侵边不直之意”[②]。这是北魏刺史致外交文书于后秦政府。

南北朝时期双方边州互通文书的现象更为普遍，这种文书通常称为“移书”。刘宋元嘉二十三年（446），北魏的安南平南府向刘宋的兖州刺史发出一份“移书”，就刘宋设置侨州郡，“不依城土，多滥北境名号”一事，向刘宋提出抗议，并发出北魏太武帝将“游猎具区，观化南国”[③]的警告。当时的兖州刺史徐琼接到北魏的“移书”以后，立即为“移文”给予答复，就北魏所提两个问题逐一加以批驳。这种外交文书当时叫作“移书”，即相互对等机构之间的文书。除了双方边州以对等地位互通文书之外，两个政权之间通过边州转致的文书，也叫作“移书”。西魏大统年间，赵刚向魏文帝建议与萧梁交涉，把投奔萧梁的贺拔胜、独孤信遣返回国。于是西魏“乃以（赵）刚兼给事黄门侍郎，使梁魏兴，赍移书与其梁州刺史杜怀宝等论邻好，并致请（贺拔）胜等移书”。赵刚携带西魏之两件“移书”，一件致萧梁梁州刺史，一件致萧梁朝廷请求遣返贺拔胜等人。他到达梁州后，梁州刺史杜怀宝“即与刚盟歃，受移赴建康，仍遣行人随刚报命”。赵刚所呈交的移书，是西魏政府致萧梁政府的文书，梁州刺史起了转递文书的作用。梁州刺史不仅负责接待西魏来使，把文书转送至首都建康，而且还与西魏使者举行盟誓，并派遣使者至西魏报命。后来赵刚“复使魏兴，重申前命。寻而梁人礼送贺拔胜、独孤信等”[④]。双方这一遣返事件，就是通过边州之间的文书和使节往还而得以圆满解决的。南北朝时期各政权之间的许多外交问题都是通过边境“移书”而解决的。北周冢宰宇文护的母亲被扣押于北齐，后宇文护得知其母尚在，“乃因边境移书，请还其母，并通邻好”。北周的移书通过边

---

① 《三国志》卷三二《蜀书·先主传》注引《典略》，第889页。

② 《魏书》卷二八《奚牧传》，第683页。

③ 《宋书》卷九五《索虏传》，第2338页。

④ 《周书》卷三三《赵刚传》，第573页。文中“赴建康”，《北史》卷六九《赵刚传》作“送建康”，是。见《周书》卷三三《赵刚传》“校勘记〔八〕”，第584页。

境转到北齐后，大臣段韶反对，认为北周“既为母请和，不遣一介之使申其情理，乃据移书，即送其母，恐示之弱”[①]。但是北齐方面从利害关系大局考虑，最终还是把宇文护的母亲送回了北周。

这种“移书”的下达程序，可从下述事件中窥其一斑。北魏永平元年（梁天监七年，508），悬瓠军主白早生杀豫州刺史司马悦送予萧梁，又将北魏派往豫州慰劳叛城的中书舍人董绍囚送南朝。后北魏攻克悬瓠，俘虏梁将齐苟儿等。于是次年北魏向萧梁提出以齐苟儿等交换董绍及司马悦首级。其移文过程：北魏宣武帝“诏曰：‘……尚书可量贼将齐苟儿等四人之中分遣二人，敕扬州为移，以易（司马）悦首及（董）绍，迎接还本。’”[②] 此事先由中央决策集团以“诏书”下达尚书，再由尚书将“敕旨”下达扬州刺史，扬州刺史根据敕旨为“移文”送达南朝对等之边州。这大体可以反映当时双方“移书”的程序。由此可见，边境政府间的文书往还，实际上是当时双方最高决策集团间外交往还的一种方式和手段。

（五）转赐假授

曹魏时期继承汉代的制度，对于外国的赐赠封授，中央政府常交付边郡代为转赐假授。景初三年（239），倭女王卑弥呼遣使至曹魏朝贡，魏明帝在报倭女王诏书中说：“今以汝为亲魏倭王，假金印紫绶，装封付带方太守假授汝。”倭国通使曹魏均由带方郡入境，故交该郡负责假授。于是次年（正始元年，240）带方太守弓遵派遣建忠校尉梯儁等人“奉诏书、印绶诣倭国，拜假倭王”，同时携带赐赠倭王的金、帛、锦罽、刀、镜、采物等珍宝。卑弥呼接受封拜和赐赠之后，即“因使上表答谢恩诏”。正始四年（243）倭王再次遣使来朝，正始六年（245）魏帝齐王芳“诏赐倭难升米黄幢，付郡假授”。难升米为倭国大夫，景初三年曾奉命出使曹魏，受封为率善中郎将。正始八年（247）带方太守王颀派遣塞曹掾史张政等人出使倭国，“因赍诏书、黄幢，拜假难升米，为檄告喻之”[③]。

---

① 《北齐书》卷一六《段韶传》，第 211 页。

② 《魏书》卷三七《司马楚之传附司马悦传》，第 859 页。

③ 《三国志》卷三〇《魏书·倭人传》，第 857—858 页。

从上述外交往还中，可以看到曹魏时期的赏赐、封拜有两种形式。一是直接授予对方来使。景初三年倭女王第一次来使时，使者难升米、牛利曾被分别授予率善中郎将、率善校尉的头衔，但他们都是在洛阳即已“引见劳赐”，授受完毕。同时作为对于此次倭国来使的答谢回报，魏国所赐大量珍宝财物，“皆装封付难升米、牛利还到录受”，也由来使一并带回。二是特委边郡转赐假授。此即由边郡派出特使专程前往彼国首都当面转赐假授。此次对于倭女王的封授，特责成带方郡负责转赐假授，而不是由难升米捎带回去，这是表示对于对方君主的尊重。正始六年赐难升米黄幢亦不由倭国来使带回，而特由带方郡假授。这显然也是对于对方在外交上尊重的表示。这里边郡使者是代表魏国皇帝而执行授封赐赠的。汉代对于高句丽、夫余等的赐赠，则不是由边郡派出使者送达，而是就其来朝贡时给之，或由它们自己定期到相关边郡领受。由此可见，两者的外交待遇和规格是有差别的，这种差别是由各该国的国际地位、友好程度所决定的。

（六）接受贡献

一般而言，贡献之物都是由来使送达首都的，但也有送达边境，而由边境州郡负责接受转致者。这也是沿边州郡的一项外交职能。曹魏景元三年（262），“辽东郡言：肃慎国遣使重译入贡，献其国弓三十张，长三尺五寸，楛矢长一尺八寸，石弩三百枚，皮骨铁杂铠二十领，貂皮四百枚”①。肃慎国的这些贡献之物是送到辽东郡之后，由边郡报告朝廷的。曹魏太和五年（231），“鲜卑附义王轲比能率其种人及丁零大人儿禅诣幽州贡名马”②。这是通过边州奉送贡献。朝鲜半岛的弁辰国出产铁，“韩、濊、倭皆从取之。诸市买皆用铁，如中国用钱”，曹魏时“又以供给二郡”③。二郡指乐浪、带方，所谓“供给”，实际上就是向此二郡“贡献”。沿边州郡所接受的“贡献”，还有物资以外者，青龙四年（236），“高句丽王宫斩送孙权使胡卫等首，诣幽州”④。这是高句丽以所斩孙吴使

---

① 《三国志》卷四《魏书·三少帝纪·陈留王（曹）奂纪》，第149页。

② 《三国志》卷三《魏书·明帝纪》，第98页。

③ 《三国志》卷三〇《魏书·东夷传》，第853页。

④ 《三国志》卷三《魏书·明帝纪》，第107页。

者首级送达曹魏之边州，以表示其忠于与曹魏的关系，而不与孙吴交往。可见所谓贡献，不仅指物产财富方面，也包括政治方面的内容。

（七）通互市

互市均在边境地区进行，因此沿边州郡就有一项管理互市的职责，这个工作既是对外贸易，也是外交的一种方式。凉州和敦煌郡是与西域互市的要地，粟特国的商人“多诣凉土贩货”①。曹魏时这里的互市就已相当活跃，魏文帝曾对侍中苏则说：“前破酒泉、张掖，西域通使，敦煌献径寸大珠，可复求市益得不?”② 曹魏开通河西走廊之后，打开了与西域的贸易，敦煌成为对西域互市的门户。敦煌所献大珠就是通过这种互市而得到的。从魏文帝的话中我们可以看到当时统治者对于这种互市的渴求。此后这里的互市有了长足的发展，魏明帝时徐邈为凉州刺史，“乃度支州界军用之余，以市金帛犬马，通供中国之费”③。可见这种互市是由边境政府长官负责的。徐邈在这方面的工作取得了很大成绩，史称“西域人入贡，财货流通，皆（徐）邈之功也”④。与此同时，敦煌太守仓慈也积极开展与西域的互市，尤其在整顿互市秩序方面有很出色的表现。“常日西域杂胡欲来贡献，而诸豪族多逆断绝；既与贸迁，欺诈侮易，多不得分明。胡常怨望，（仓）慈皆劳之。欲诣洛（阳）者，为封过所，欲从郡还者，官为平取，辄以府见物与共交市，使吏民护送道路。”当时西域商胡至敦煌交易，常遭当地豪强的欺诈，因此仓慈一方面大力打击不法豪强，另一方面慰问安抚商胡，并采取措施加以保护。如果商胡愿意在敦煌就地交易者，则由官府拿出现成物资，以公平的价格与其交易；如果希望到洛阳去贸易，则由官府发给通行的凭证——“过所”，让他们顺利前往目的地。同时还派人护送这些商胡，以保障他们的人身安全和财产安全。由此可知边境政府所负互市之责，一方面是管理在当地的互市，另一方面则是接待转送至内地贸易的商胡。仓慈的互市措施得到了中外人民的衷心感戴，“由是民夷翕然称其德惠。数年卒官，吏民

① 《魏书》卷一〇二《西域·粟特国传》，第 2270 页。

② 《三国志》卷一六《魏书·苏则传》，第 492 页。

③ 《三国志》卷二七《魏书·徐邈传》，第 740 页。

④ 《晋书》卷二六《食货志》，第 785 页。

悲感如丧亲戚，图画其形，思其遗像。及西域诸胡闻慈死，悉共会聚于戊己校尉及长吏治下发哀，或有以刀画面，以明血诚，又为立祠，遥共祠之”①。由此可见，搞好边境互市不仅可以收到经济上的利益，而且有外交上的作用，对于发展对外关系和促进中外人民友谊都是很有意义的。

南方的交州、广州则是进行海外贸易的枢纽。广州“包带山海，珍异所出，一箧之宝，可资数世”②。交州“徼外诸国尝赍宝物自海路来贸货”③。当时“商舶远届，委输南州，故交、广富实，牣积王府”④。整个魏晋南北朝时期这里都是繁荣的海外贸易中心。殷巨《奇布赋》谓，西晋太康年间，滕脩为广州牧时，“大秦国奉献琛，来经于州，众宝既丽，火布尤奇”⑤。文中所谓“奉献”，实际上就是来进行贸易。“火布”即“火浣布”，为石棉所织而耐火烧，当时视为奇珍。这是大秦商人经过广州而来内地贸易，这里是外商来华贸易的门户。当地的外贸商业非常繁荣，广州所属南海郡更是对外贸易的中心，“郡常有高凉生口及海舶每岁数至，外国贾人以通货易”。州郡政府直接参与贸易，“旧时州郡以半价就市，又买而即卖，其利数倍，历政以为常”⑥。通过转手倒卖获取暴利。

由于交、广地区外贸利润丰厚，因而刺史、太守多乘机侵夺聚敛，东晋时广州“前后刺史皆多黩货”，以致成为“岭南之弊”⑦，朝廷屡欲革除而不能。交州亦然，“交州刺史、日南太守多贪利侵侮，十折二三”⑧。州郡的贪利侵侮一方面打击了对外贸易的发展。梁朝时，“广州边海，旧饶，外国舶至，多为刺史所侵，每年舶至不过三数”。后来萧劢为刺史，“纤毫不取，岁十余至”⑨。另一方面则导致外交问题，影响对外关系。东晋时日南太守夏侯览“贪纵，侵刻胡商，又科调船材，云欲有所

① 《三国志》卷一六《魏书·仓慈传》，第512—513页。
② 《晋书》卷九〇《良吏·吴隐之传》，第2341页。
③ 《晋书》卷九七《四夷·林邑国传》，第2546页。
④ 《南齐书》卷五八《蛮东南夷传》“史臣曰”，第1018页。
⑤ 《艺文类聚》卷八五《布帛部》引殷巨《奇布赋》，第1463页。
⑥ 《梁书》卷三三《王僧孺传》，第470页。
⑦ 《晋书》卷九〇《良吏·吴隐之传》，第2341页。
⑧ 《晋书》卷九七《四夷·林邑国传》，第2546页。
⑨ 《南史》卷五一《梁宗室上·吴平侯（萧）景附子（萧）劢传》，第1262页。

讨，由是诸国恚愤。林邑王文攻陷日南”①。可见外贸与外交是密切相关的。

东北边州郡则是与北方草原游牧部落国家和东北诸族诸国进行互市的门户。魏文帝黄初三年（222），鲜卑轲比能“帅部落大人小子代郡乌丸修武卢等三千余骑，驱牛马七万余口交市”②。这是曹魏北边州郡与鲜卑进行互市。十六国时期北燕立国于辽东一带，当时库莫奚首领虞出库真“率三千余落请交市，献马千匹。许之，处于营丘”③。这是以营丘郡作为与库莫奚互市之地。北魏时库莫奚又“每求入塞，与民交易”。为此宣武帝发布诏书说：库莫奚“今虽款附，犹在塞表，每请入塞与民交易。若抑而不许，乖其归向之心；听而不虞，或有万一之警。不容依先任其交易，事宜限节，交市之日，州遣上佐监之”④。这里规定互市要有所限制，不能随便放任不管，州政府要派出高级僚佐主持、监督其事。在库莫奚东部的契丹国，北魏时诸部落“各以其名马文皮入献”于献文帝，“遂求为常。皆得交市于和龙、密云之间，贡献不绝”。孝文帝时契丹“告饥，高祖矜之，听其入关市籴”⑤。这些记载中的“贡献”，实际上大多即互市贸易。

魏晋南北朝时期政权林立，因而有各个政权边界之间的互市。十六国时期，前秦苻健时，“于丰阳县立荆州，以引南金奇货、弓竿漆蜡，通关市，来远商，于是国用充足，而异贿盈积矣”⑥。这是前秦为了与东晋进行互市，而特设置一荆州以主其事，终于收到了明显的效果。北魏采取相同的政策，“自魏德既广，西域、东夷贡其珍物，充于王府。又于南垂立市，以致南货，羽毛齿革之属无远不至”⑦，也同样收到了良好的效果。西部的益州是南方政权与北方政权互市的重要边州，南朝时的河南国，“其使或岁再至，或再岁一至。其地与益州邻，常通商贾”⑧。

---

① 《资治通鉴》卷九七，晋穆帝永和三年（347）三月，第3075页。
② 《三国志》卷三〇《魏书·乌丸鲜卑东夷传》，第838—839页。
③ 《晋书》卷一二五《冯跋载记》，第3130页。
④ 《魏书》卷一〇〇《库莫奚国传》，第2223页。
⑤ 《魏书》卷一〇〇《契丹国传》，第2223—2224页。
⑥ 《晋书》卷一一二《苻健载记》，第2870页。
⑦ 《魏书》卷一一〇《食货志》，第2858页。
⑧ 《南史》卷七九《夷貊下·河南王传》，第1978页。

但是，由于各政权间对立多于交往，因而边境互市忌讳颇多，常受限制。北魏孝文帝时郦范为青州刺史，镇将元伊利密告郦范“与外贼交通”，但由于孝文帝明察，没有听信元伊利的诬陷，他在给郦范的诏书中说：“镇将伊利妄生奸挠，表卿造船市玉与外贼交通，规陷卿罪，觊觎州任。”① 揭露了元伊利的阴谋，继续支持郦范的工作。这件事情虽然被孝文帝识破而使州刺史未遭惩处，但也表明边境州郡开展互市忌讳之多。因此，当时因互市问题而遭受惩处是常有的事，北齐时崔季舒为齐州刺史，“坐遣人渡淮互市，亦有赃贿，为御史所劾”②。北齐时郎基为郑州长史，带颍川郡守，因颍川郡“西界与周接境”，虽然东西分隔，但双方人民仍然“私相贸易”。然而“禁格严重，犯者非一”。郎基任职后，“批检格条”，发现“多是权时，不为久长。州郡因循，失于请谳，致网密久施，得罪者众”。于是他“条件申台省，仍以情量事科处，自非极刑，一皆决放”。他的报告得到了台省的批准，“并允（郎）基所陈”③。从这件事可以看到，当时边界人民之间的互市受到严格的限制，不过，州郡长官可以根据具体情况修订法律条文以解决边贸中的问题，当然这种法律条文要得到中央政府的批准。

（八）缔结盟约

边州还有与对方缔结盟约的外交权力。东晋时林邑国常犯边，昇平末，广州刺史滕含率众伐之，林邑王佛“惧，请降，（滕）含与盟而还”④。这是边州刺史与外国国王之缔盟。西魏时为了从萧梁要回投南的人员，派遣赵刚出使萧梁之梁州，梁州刺史杜怀宝“即与（赵）刚盟歃”⑤。这是萧梁的刺史与西魏使者之缔盟。北齐天保四年（553），梁将东方白额潜至齐境内之宿预，“招诱边民，杀害长吏”，以致“淮、泗扰动”。冀州刺史段韶奉命讨伐。后来段韶“遣辩士喻白额祸福，白额于是开门请盟”。段韶“与行台辛术等议，且为受盟”。决定接受东方白额结盟的请求。北齐时行台已取代都督成为州之上的军政机构，故段韶与其

① 《魏书》卷四二《郦范传》，第951页。

② 《北齐书》卷三九《崔季舒传》，第512页。

③ 《北史》卷五五《郎基传》，第2013—2014页。

④ 《晋书》卷九七《四夷·林邑国传》，第2546页。

⑤ 《周书》卷三三《赵刚传》，第573页。

商议此事。“盟讫，度白额终不为用，因执而斩之，并其诸弟等并传首京师。江淮帖然，民皆安辑。显祖（齐文宣帝高洋）嘉其功。”① 这是北齐的刺史与梁将之缔盟。

（九）获取外交情报

由于边境地处军事与外交斗争的前沿，故边境州郡还有一项获取外交情报的职责。尤其在对立政权之间，这种情报工作更为活跃。当时这些对立政权边境之间的间谍战相当激烈，双方常通过间谍和其他各种方式获取对方的情报。北周保定（561—565）年间韦孝宽为勋州刺史，勋州与北齐交界，韦孝宽“所遣间谍入齐者，皆为尽力。亦有齐人得孝宽金货，遥通书疏。故齐动静，朝廷皆先知”②。这位勋州刺史的情报人员有两类，一类是由其派遣打入对方境内的间谍，一类是从对方收买的情报人员。依靠这些谍报人员，韦孝宽得以及时掌握对方动静，上报朝廷。边州所获情报很广泛，包括军事、政治、经济等各个方面，其中也有外交方面的情报。北魏宣武帝时，梁州刺史获得了吐谷浑致宕昌的文书，上报朝廷。吐谷浑在文书中对宕昌“称书为表，名报为旨”，摆出宗主国对藩属的架势，而当时宕昌和吐谷浑都与北魏有关系，在北魏看来它们都是自己的附庸，于是宣武帝下诏书给吐谷浑，“诏责之曰：‘梁州表送卿报宕昌书，梁弥邕与卿并为边附，语其国则邻藩，论其位则同列，而称书为表，名报为旨，有司以国有常刑，殷勤请讨。朕虑险远多虞，轻相构惑，故先宣此意，善自三思。’”就此事向吐谷浑主伏连筹提出了警告。伏连筹接到北魏的警告后，连忙“上表自申，辞诚恳至。终世宗世至于正光，犛牛蜀马及西南之珍无岁不至”③。在这场三角斗争中北魏取得了胜利，而这一胜利与梁州刺史所提供的外交情报有着直接的关系。

由于边境地方长官熟悉对方情况，掌握对方情报，故朝廷进行外交决策时常向其咨询，令其提供情报，以为决断之参考。后秦姚兴时，北魏明元帝“遣使聘于兴，且请婚”。适值平阳太守姚成都回到首都长安，

---

① 《北齐书》卷一六《段荣附子（段）韶传》，第210页。

② 《周书》卷三一《韦孝宽传》，第538—539页。

③ 《魏书》卷一〇一《吐谷浑传》，第2239—2240页。

于是姚兴征询他对这个问题的意见，说：“卿久处东藩，与魏邻接，应悉彼事形。今来求婚，吾已许之，终能分灾共患，远相接援以不?”平阳郡治在今山西临汾，为后秦与北魏接壤之东界，故姚兴认为他应了解对方的内情。姚成都根据自己掌握的情况作出分析判断，答道：“魏自柴壁克捷已来，戎甲未曾损失，士马桓桓，师旅充盛。今修和亲，兼婚姻之好，岂但分灾共患而已，实亦永安之福也。”姚成都的支持，促使姚兴坚定了与北魏和亲的决心，于是“大悦，遣其吏部郎严康报聘，并致方物”①。边郡长官提供的情报对姚兴这一外交决策发生了作用。

由上所述可见，魏晋南北朝时期缘边州郡的外交职能相当繁多而全面，其对外权力亦甚大，因而当时邻国之间对于对方选派之边境长官倍加关注。源彪字文宗，于北齐皇建二年（561）出为泾州刺史，“以恩信待物，甚得边境之和，为邻人所钦服，前政被抄掠者，多得放还”。此泾州乃北齐在淮南与南朝接壤之边州。他的睦邻政策受到南边陈朝的欢迎。后来秦州刺史卒，“朝廷以州在边陲，以文宗往莅泾州，颇著声绩，除秦州刺史”。源文宗在秦州，“为治如在泾州时。李孝贞聘陈，陈主谓孝贞曰：‘齐朝还遣源泾州来瓜步，直可谓和通矣。’”② 此秦州亦为北齐在淮南之边州，与陈首都建康隔江相望③。北齐任命源文宗为秦州刺史，再次受到陈朝的欢迎，认为是北齐执行与陈通和政策的体现。由此可见，边境政府长官执行外交方针政策如何，于双方关系影响极大，故为双方政权所格外留意。

二　北朝行台

行台是魏晋南北朝时期出现的一种特殊的地方机构，这是中央行政机构派驻地方的代表。当时把中央政务机构称为“台”（尚书台），因此

① 《晋书》卷一一八《姚兴载记下》，第2999页。

② 《北齐书》卷四三《源彪传》，第577页。据《北史》卷五三《潘乐传》云：北齐潘乐为南道大都督讨侯景时，“至梁泾州。泾州旧在石梁，侯景改为淮州。（潘）乐获其地，仍立泾州”（第1922页）。可知北齐时仍在石梁设泾州。据《中国历史地图集》第四册图59—60，石梁在今安徽天长境内。

③ 据《隋书》卷三一《地理志下》“江都郡六合县”条谓：“旧曰尉氏，置秦郡。后齐置秦州。”（第873页）则此秦州为北齐于六合县置，在今江苏省南京市六合区。

这种派出机构便被称为“行台”（行尚书台）。魏晋时期出现的行台，到了北魏后期发生了两个重要变化：一方面由中央官向地方官变化，另一方面由临时机构向常置机构变化。行台逐渐成为地方最高军政领导机构，东魏、北齐随着都督制的式微，行台在事实上取而代之。东魏、北齐时辛术为东南道行台尚书，文宣帝明令其“所统十余州地诸有犯法者，刺史先启听报，以下先断后表闻”。行台被赋予兼总民事的权力，史称“齐代行台兼总人事，自（辛）术始也”①。在北朝后期，行台作为地方军政的最高领导机构，也负有外交方面的职责，主要表现在以下三个方面。

第一，接待来使。西魏时长孙俭为东南道行台仆射，兼荆州刺史。当时梁岳阳王萧詧遣使西魏。使者到达荆州时，长孙俭“于厅事列军仪，具戎服，与使人以宾主礼相见”。史书对其接见使者的情形有生动的描述：“俭容貌魁伟，音声如钟，大为鲜卑语，遣人传译以问客。客惶恐不敢仰视。”在公厅接见之后，“日晚，俭乃着裙襦纱帽，引客宴于别斋。因序梁国丧乱，朝廷招携之意，发言可观。使人大悦。出曰：‘吾所不能测也。’”② 梁使是由荆州入境去长安的，而长孙俭却俨如君主接见来使似的以“宾主礼”相见，大摆外交排场。由此可见行台权力之显赫。

第二，通文书。北齐武成帝时卢潜为扬州道行台尚书，当时王琳为扬州刺史，同驻寿阳。扬州与陈接境，他们二人在对陈的方针政策方面有分歧，“王琳锐意图南，（卢）潜以为时事未可”。正好这时“陈遣移书至寿阳”，提出愿与北齐和好。于是卢潜“为奏闻，仍上启且愿息兵”。武成帝接到卢潜转来的陈朝“移书”和他的关于与陈停战和好的上书后，“依所请”，批准了他的建议。由此王琳与卢潜“有隙”，两人“更相表列”，相互上书朝廷陈述己见，争执不下。最后武成帝下令“追琳入京，除潜扬州刺史，领行台尚书”③。这里可以看到行台凌驾于刺史之上，外交文书由行台而不是由刺史处置，在对外方针上中央也较重视行台的意见，在这场行台与刺史的外交政策较量中，行台取得了胜利。由此卢潜以行台而兼任扬州刺史，一身而二任焉。从这一事件可以看到，对方的

① 《北齐书》卷三八《辛术传》，第501—502页。

② 《周书》卷二六《长孙俭传》，第428页。

③ 《北齐书》卷四二《卢潜传》，第555页。

外交文书通过行台尚书转致，通过这一渠道和方式以进行双方外交上的联系和沟通。

第三，通互市。北齐孝昭帝时苏琼为徐州行台左丞，行徐州事。这里是防备南方陈朝之前线，“旧制：以淮禁不听商贩辄度”，实行“淮禁”而不许南北互市。苏琼到任后，根据这里的实际情况和南北人民的利益，打破了这个旧制，“淮南岁俭，启听淮北取籴。后淮北人饥，复请通籴淮南，遂得商贾往还，彼此兼济，水陆之利，通于河北”①。开展了南北互市，取得了良好的效果。这是行台负责主持边境互市之事实。

第三节 地方军事与边防机构的外交职能

一 都督

都督是魏晋南北朝时期地方的领兵统帅，西晋都督制度最为典型，其等级和职权：“晋世则都督诸军为上，监诸军次之，督诸军为下。使持节为上，持节次之，假节为下。使持节得杀二千石以下；持节杀无官位人，若军事得与使持节同；假节唯军事得杀犯军令者。”② 都督区最初主要设置于边境地区，其边防意义相当突出。都督所统区域包括数州，这是一种军事区划而非行政区划，但是都督往往兼领刺史，甚或郡守，同时行使地方行政权力，因此当时都督在事实上成为凌驾于州之上的高级行政长官，形成“府以统州，州以监郡，郡以莅县”③ 的四级行政体系。都督虽然属于军事系统，但它实际上已是军政合一的地方行政机构。魏晋南北朝时期都督同州郡一样也具有外交方面的职权，而且这种职权还相当突出。

（一）使命交通

都督的外交权力很大，他既可以遣使出境，又可以接受来使，与对方使命交通。吴主孙皓时，陆抗为都督信陵、西陵、夷道、乐乡、公安诸军事，屯驻于乐乡，与西晋的都督荆州诸军事羊祜在长江中游地区对

① 《北齐书》卷四六《循吏·苏琼传》，第645页。

② 《宋书》卷三九《百官志上》，第1225页。

③ 《晋书》卷七五《范汪附子（范）宁传》，第1987页。

峙。他们各自所负之主要责任当然是在军事上防备对方，但同时双方也开展外交活动，当时“（羊）祜与（陆）抗相对，使命交通”①。频繁的使命交通密切了他们之间的关系，“（陆）抗与羊祜推侨、札之好。抗尝遗祜酒，祜饮之不疑。抗有疾，祜馈之药，抗亦推心服之。于时以为华元、子反复见于今”②。所谓“侨、札之好”，是指春秋时吴国的季札出使郑国，季札以缟带赠送郑大夫公孙侨（即子产），公孙侨以纻衣回赠，双方如旧相识③。后人因此以“侨札之好”比喻友谊深厚。华元、子反事亦为春秋时事，楚围宋，双方粮尽，楚王使司马子反去刺探宋之虚实，宋大夫华元出见，双方互道了粮尽的底细④。在他们双方的努力之下，“于是吴、晋之间，余粮栖亩而不犯，牛马逸而入境，可宣告而取也”。陆抗与羊祜的这种密切交往引起了吴国皇帝的不满，“孙晧闻二境交和，以诘于（陆）抗，抗曰：‘夫一邑一乡，不可以无信义之人，而况大国乎？臣不如是，正足以彰其德耳，于（羊）祜无伤也。’”⑤ 可见陆抗是在违背皇帝旨意的情况下执行睦邻政策的，表明都督拥有相当大的外交权力。

东晋时由于门阀士族势力发展，皇权衰弱，导致地方分权势力的抬头，于是都督的权力更加膨胀。咸和五年（330）“荆州牧陶侃遣长史王敷聘于（石）勒，致江南之珍宝奇兽”⑥。当时陶侃为都督荆、雍、益、梁、交、广、宁七州军事，荆州刺史。同年，苏峻部将冯铁杀陶侃之子投奔石勒，石勒收留了冯铁并任他为戍将。陶侃遣使把冯铁的底细告知石勒，石勒便召回冯铁并将其杀掉⑦。这是东晋都督与后赵通使。庾翼为都督江、荆、司、雍、梁、益六州诸军事，荆州刺史时，曾“遣使东至

① 《晋书》卷三四《羊祜传》，第1017页。

② 《三国志》卷五八《吴书·陆抗传》注引《晋阳秋》，第1357页。

③ 事见（周）左丘明传，（晋）杜预注，（唐）孔颖达正义，浦卫忠、龚抗云、胡遂、于振波、陈咏明整理，杨向奎审定《春秋左传正义》卷三九·襄公二十九年，北京大学出版社2000年版，第1273页。

④ 事见（汉）公羊寿传，（汉）何休解诂，（唐）徐彦疏，浦卫忠整理，杨向奎审定《春秋公羊传注疏》卷一六·宣公十五年，北京大学出版社2000年版，第412—413页。

⑤ 《三国志》卷五八《吴书·陆逊传》附《陆抗传》注引《汉晋春秋》，第1357页。

⑥ 《晋书》卷一〇五《石勒载记下》，第2747页。

⑦ 事见《晋书》卷六六《陶侃传》，第1776页。

辽东，西到凉州，要给二方，欲同大举。慕容皝、张骏并报使请期”[①]。这是东晋都督与前燕、前凉通使，以联合对付后赵。对于庾翼的来使，前燕、前凉均曾遣使回报。荆州都督区是东晋的上游重镇，号称国之“西藩”，均为权臣所居，故其权力甚大。它可以直接对外，商谈联盟与和战大计。东晋都督外交权力之大，还可以从杨佺期的自白中窥其一斑。隆安三年（399）后秦将进攻洛阳，东晋都督梁、雍、秦三州诸军事，雍州刺史杨佺期遣使向北魏的常山王拓跋遵求救，道武帝以散骑侍郎张济为拓跋遵的从事中郎以报之。张济到了襄阳后，杨佺期与他进行谈判，向他询问了北魏的军事、政治、外交以及迁都与否等问题。在谈及援救洛阳之事时，杨佺期表示自己兵弱粮寡，而“洛城救援，仰恃于魏，若获保全，当必厚报。如其为羌（指后秦）所乘，宁使魏取”。并向魏使表白道：“晋之法制，有异于魏。今都督襄阳，委以外事，有欲征讨，辄便兴发，然后表闻，令朝廷知之而已。如其事势不举，亦不承台命。”[②] 公然向魏使表明都督被“委以外事”，只需事后给朝廷打个招呼，自己有权先斩后奏，自作主张，不必听命于中央朝廷。从杨佺期的自白中可以看到东晋都督在外交上专权自恣已到何等地步。

南朝君主鉴于东晋的历史经验教训，大力强化皇权的同时，采取措施削弱都督的权力。因此南朝都督的权力不如东晋那么膨胀，但是它作为凌驾于州之上的军政机构的地位和基本权力与魏晋时期亦相差无几。齐明帝建武二年（495），北魏孝文帝率军进攻寿春，当时萧遥昌为督豫州、郢州之西阳、司州之汝南二郡军事，豫州刺史，屯驻于寿春。孝文帝“遣使呼城内人”，萧遥昌便派遣其参军崔庆远、朱选之二人出城至孝文帝行在所。双方进行了长时间的会谈，内容涉及北魏何以南犯、萧齐皇位废立、内部矛盾、两国关系等广泛的问题。孝文帝“设酒及羊炙杂果”款待萧遥昌的使者。第二天孝文帝“引军向城东，遣道登道人进城内施众僧绢五百匹”，并赐给崔庆远、朱选之“各绔褶络带”[③]。这是一次别开生面的、生动活泼的前线外交。

① 《晋书》卷七三《庾亮附弟（庾）翼传》，第 1932 页。

② 《魏书》卷三三《张济传》，第 788 页。

③ 《南齐书》卷四五《宗室・萧遥昌传》，第 792—794 页。

北魏前期偶尔实行都督制，孝文帝时开始普遍推行。北朝政权亦假都督以较大的外交权力。西魏大统六年（540）宇文测为大都督、行汾州事。其“地接东魏”，原先双方经常相互钞寇。宇文测到任后，采取睦邻政策，“自是东魏人大惭，乃不为寇。汾、晋之间，各安其业。两界之民，遂通庆吊，不复为仇雠矣。时论称之，方于羊叔子”。将其与西晋羊祜、孙吴陆抗于边境睦邻之事相比。但是“或有告（宇文）测与外境交通，怀贰心者”。宇文泰闻之“怒曰：‘测为我安边，吾知其无贰志，何为间我骨肉，生此贝锦！’乃命斩之。仍许测以便宜从事”①，表明都督有在外交方面“便宜从事”之权力。

由于都督有较大的外交权力，因而在其治所亦仿照首都设置“客馆”及相关官员以负外交接待之责。东晋庾翼为都督江、荆、司、雍、梁、益六州诸军事、荆州刺史时，“绥来荒远，务尽招纳之宜，立客馆，置典宾参军”②。不仅设置客馆，而且设置典宾参军以管理使节和宾客的接待。如果不是都督外交频繁，是不可能特设这种官职以司其事的。

（二）互通文书

都督的另一重要外交职能是直接对外发出或收受文书，这方面的权力也明显大于州郡长官。孙吴时陆逊为上大将军、右都护，“并掌荆州及豫章三郡事，董督军国”，这实际上就是都督。当时曹魏的江夏太守逯式“颇作边害”，陆逊得知他与曹魏旧将文聘之子文休不和，即“假作答（逯）式书云：‘得报恳恻，知……欲来归附，辄以密呈来书表闻……’以书置界上，式兵得书以见示，式惶惧”③。陆逊给逯式文书虽然是一种计谋，但说明当时他们之间是可以通文书的，不过这种文书并非通过外交途径正式送出，而是以非正常的方式送出的。

都督的外交文书大多是通过外交途径交换的正式文书。东晋安帝隆安三年（399），后秦进攻襄阳。当时郗恢为都督梁、秦、雍、司、荆、扬、并等州诸军事，雍州刺史，驻扎于襄阳。郗恢“驰使乞师”于北魏常山王拓跋遵，使者携带郗恢致拓跋遵的文书。拓跋遵将此事报告道武

① 《周书》卷二七《宇文测传》，第454页。

② 《晋书》卷七三《庾亮附弟（庾）翼传》，第1935页。

③ 《三国志》卷五八《吴书·陆逊传》，第1352页。

帝，道武帝命崔逞、张衮二人以拓跋遵的名义起草文书，以答郗恢[①]。可见都督可以通过正式的外交途径往来文书。

刘宋元嘉十九年（442），平定仇池，氐王杨难当投奔北魏。于是北魏镇东将军、武昌王直勤库莫提移书益、梁二州，“而移书越诣徐州”[②]。刘宋方面当时臧质为都督徐兖二州诸军事、徐兖二州刺史。北魏的移书就刘宋平仇池事提出抗议，扬言要为杨难当复仇，发十路大军进攻刘宋。徐兖都督臧质接到移书后，即答移北魏，对平定仇池一事作了辩护，指责北魏伐宋为无理。这实际上是两国之间通过边境都督而进行交涉。元嘉二十五年（448），北魏宁南将军、豫州刺史北井侯若库辰树兰移书刘宋豫州刺史，时刘宋南平王刘铄为都督南豫、豫、司、雍、秦、并六州诸军事，豫州刺史。当时双方边境人民越界、侵扰之事频繁，北魏的移书就此事向刘宋提出照会，指出：“比者以来，边民扰动，互有反逆，无复为害，自取诛夷。死亡之余，雉菟逃窜，南入宋界，聚合逆党，频为寇掠，杀害良民，略取资财，大为民患。”指责刘宋方面道：“料其奸源，而彼国牧守，纵不禁御，是以遂至滋蔓，寇扰疆埸。”提出：“当今上国和通，南北好合，唯边境民庶，要约不明……自今以后，魏、宋二境，宜使人迹不过。自非聘使行人，无得南北。”接获北魏移文后，刘宋都督刘铄随即答移，指责北魏道：“但彼和好以来，矢言每缺，侵轶之弊，屡违义举……或有狐奔鼠窜，逃首北境，而辄便包纳，待之若旧，资其粮仗，纵为寇贼……来示所云，彼并行之，虽丰辞盈观，即事违实，兴嫌长乱，实彼之由，反以为言，将违躬厚之义。”认为“宜先谨封守，斥遣诸亡，惊蹄逸镞，不妄入境，则边城之下，外户不闭”[③]。可见双方可就双边问题通过都督交换照会，进行交涉。

齐明帝建武四年（497），北魏孝文帝亲率大军进攻沔北。当时萧齐方面，曹虎为监雍州郢州之竟陵、司州之随郡军事，雍州刺史，驻扎于襄阳。因他与南阳太守房伯玉不和，便没有及时前往救援，而移顿樊城

① 《魏书》卷三二《崔逞传》，第758页。

② 《宋书》卷九五《索虏传》，第2334页。据“校勘记”［三二］“宜勒”当是“直勤”之讹，第2363页。

③ 《宋书》卷九五《索虏传》，第2342—2343页。

不进。于是孝文帝写给曹虎一件文书，说："皇帝谢伪雍州刺史"云云，讥讽他"婴闭穷城，忧顿长沔，机勇两缺"，扬言"入彼春月，迟迟扬旆，善脩尔略，以俟义临"。曹虎也"使人荅书"，指责北魏对齐的战争，并为自己的做法进行辩驳，声称"若遂迷复，知进忘退，当金钲戎路，云旗北扫，长驱燕代"①。这是都督与对方皇帝互通文书。都督还可以向对方边境发布文告，梁武帝普通（520—527）年间，萧景为都督郢司霍三州诸军事，郢州刺史，其辖境之"齐安、竟陵郡接魏界，多盗贼"。于是萧景"移书告示"，魏方看到告示之后，"即焚坞戍保境，不复侵略"②。

北魏在南边的都督区主要是防备南朝，因而也兼管对南朝的外交。太和十七年（493）北魏扬言进攻萧齐，时值齐武帝卒，北魏关中危急，便乘机"称闻丧退师"。为此，北魏的都督徐青齐三州诸军事、徐州刺史、带淮阳太守鹿树生，"移齐兖州府长史府"，当时的兖州刺史是刘灵哲。鹿树生在移书中说："奉被行所尚书符腾诏。"即他根据随从孝文帝出征的尚书台所转来的诏旨，奉命向齐兖州发出移文。诏旨称："以《春秋》之义，闻丧寝伐。爰敕有司，辍銮止轫，休马华阳，戢戈嵩北"③云云。可见皇帝发给对方的外交文书，有时是通过边境都督转致对方的。

（三）交涉谈判

都督的另一外交职权是可以代表己方与对方进行交涉、谈判，这在边境地区常有其事。刘备与孙权在争夺荆州时，关羽与鲁肃就曾代表双方在边境进行过激烈的谈判。刘备占据益州之后，孙权提出交还长沙、零陵、桂阳三郡，刘备不答应。当时关羽负责"董督荆州事"④，实际上就是都督。鲁肃则接替周瑜领兵，负责西部军事以防备关羽。"（关）羽与（鲁）肃邻界，数生狐疑，疆埸纷错。"刘备"遣羽争三郡。肃住益阳，与羽相拒"。在这种军事对峙下，双方就归还三郡问题举行了谈判。"肃邀羽相见，各驻兵马百步上，但诸将军单刀俱会。"在会议上，鲁肃

---

① 《南齐书》卷三〇《曹虎传》，第562—563页。
② 《梁书》卷二四《萧景传》，第370页。
③ 《南齐书》卷五七《魏虏传》，第993页。
④ 《三国志》卷三六《蜀书·关羽传》，第940页。

"责数羽曰：'国家区区本以土地借卿家者，卿家军败远来，无以为资故也。今已得益州，既无奉还之意，但求三郡，又不从命。'语未究竟，坐有一人曰：'夫土地者，惟德所在耳，何常之有！'肃厉声呵之，辞色甚切。羽操刀起谓曰：'此自国家事，是人何知！'目使之去"。可见谈判桌上的斗争还是相当激烈的。最后刘备不得不与孙权方面缔结和约，"割湘水为界，于是罢军"①。

南北朝时期宋、魏在彭城前线的一场外交对话则又别具一格。元嘉二十七年（450）北魏太武帝率部南攻，进至彭城。当时刘宋方面镇守彭城的有都督徐兖青冀幽五州豫州之梁郡诸军事，安北将军，徐、兖二州刺史刘骏和前来支援的太尉、江夏王刘义恭。太武帝登上城南亚父冢，于戏马台立毡屋，居高俯视彭城。太武帝派遣此前在萧城所俘宋军之队主蒯应至彭城小市门，"宣世祖（即太武帝）诏，劳问义恭等，并遣自陈萧城之败"。第二天太武帝便派遣以尚书李孝伯为首的使团再至小市门，刘骏也派出以其沛郡太守张畅为首的使团在城上与魏使遥相对话。双方在长时间的对话中，极尽折冲口舌之能事。双方互道姓名官位之后，李孝伯说："主上有诏：'太尉、安北可暂出门，欲与相见。'"提出太武帝要与刘义恭、刘骏相见。对此，张畅从两个方面加以回敬，一方面指出其称"诏"悖理："有诏之言，政可施于彼国，何得称之于此。"另一方面则对魏方的要求巧妙地加以拒绝："二王敬白魏帝，知欲垂见，常愿面接，但受命本朝，忝居藩任，人臣无境外之交，故无容私觌"。他们之间自始至终进行着类似的辩难，李孝伯还提出诸如：宋方何以"杜门绝桥？"讥讽彭城因"白贼"之乱而断绝与建康联系，提出"有诏：'太尉、安北，久绝南信，殊当忧悒。若欲遣信者，当为护送，脱须骑者，亦当以马送之'"，借北魏在汝阳所俘虏之宋将程天祚，提出"闻其弟在此，如何不遣暂出？"又提出北魏永昌王进攻淮南，宋方寿春守将闭门不敢出战，魏军入境七百里，而宋方竟不能抵挡，魏军当南下饮马江湖，等等。对于上述问难张畅也一一加以机智的辩驳反诘。李孝伯"风容闲雅，应答如流，畅及左右甚相嗟叹"②。张畅亦

① 《三国志》卷五四《吴书·鲁肃传》，第1272页。

② 《魏书》卷五三《李孝伯传》，第1168—1172页。

“随宜应答，甚为敏捷，音韵详雅，魏人美之”[①]。这是刘宋都督的使者与北魏皇帝的使者在前线军事对抗同时的一场外交较量，虽然双方没有正式的议题和达成什么协定，但对于当时的军事斗争和国家声誉都是有意义的，胡三省评述此事道：“兵交，使在其间。史言行人善于辞令，亦足以增国威。”[②]

（四）接转来使

都督也负接转来使之责。北齐河清三年（564），斛律羡为都督幽、安、平、南、北营、东燕六州诸军事，幽州刺史。突厥十万余众进攻州境，斛律羡率军抵御。“突厥望见军威甚整，遂不敢战，即遣使求款。虑其有诈，且喻之曰：‘尔辈此行，本非朝贡，见机始变，未是宿心。若有实诚，宜速归巢穴，别遣使来。’于是退走。”第二年五月，“突厥木汗遣使朝献，（斛律）羡始以闻”。斛律羡认为突厥上次遣使并非真意，遂加拒绝，这次来使乃出于真诚，遂将此事上报朝廷。从此突厥“朝贡岁时不绝，（斛律）羡有力焉”[③]。可见突厥与北齐通使是通过斛律羡才得以实现的，都督在接转来使方面的权力和作用是相当大的。

（五）相互馈赠

馈赠礼品是重要的外交方式之一，它在外交工作中起着催化剂和润滑剂的作用。这种馈赠因公因私均有，而以前者为常。都督作为地方最高军政长官，负有较重大的外交职责，在外交往还中，与对方相互馈赠礼品乃常有之事。前述宋、魏之间在彭城前线的外交接触中，就曾相互馈赠。双方一边进行紧张激烈的言辞交锋，一边又相互频繁馈赠礼物。太武帝在遣送蒯应至小市门时，即“致意求甘蔗及酒”，于是刘骏“遣送酒二器，甘蔗百挺”。同时又向对方“求骆驼”[④]。第二天李孝伯与张畅在城头对话时，李孝伯即以刘骏所请求的骆驼转致宋方，并赠送“貂裘杂物”。他对张畅说：“诏以貂裘赐太尉，骆驼、骡、马赐安北，葡萄酒及诸食味当相与同进。”指明何物送给何人。于是刘义恭回赠其

① 《宋书》卷四六《张畅传》，第1399页。

② 《资治通鉴》卷一二五，宋文帝元嘉二十七年（450）十一月胡注，第3957页。

③ 《北齐书》卷一七《斛律金附子（斛律）羡传》，第227页。

④ 《宋书》卷四六《张畅传》，第1397页。

“皮袴褶一具”，刘骏回赠其“酒二器、甘蔗百挺”[①]。这时“魏主又求酒及甘桔”，刘骏“又致螺杯杂物，南土所珍”。此后不久太武帝又让李孝伯传话，向刘骏“借博具”[②]，刘骏即派人送去。收到博具后，太武帝又回赠刘义恭、刘骏“毡各一领，盐各九种，并胡豉”[③]，并通过李孝伯详细介绍这些盐的食用、医疗价值。其同时“又求黄甘”。于是又回赠其蜡烛十挺、锦一匹，并通过张畅回绝其求黄甘的要求，说：“知更须黄甘，若给彼军，即不能足；若供魏主，未当乏绝，故不复致。”[④] 太武帝又要求甘蔗、安石榴，张畅又回绝道：“石榴出自邺下，亦当非彼所乏。”[⑤] 北魏方面又要求借乐器，刘义恭回绝道：“受任戎行，不赍乐具。”[⑥] 这里恰似展示了当时南北物产、文化大交流的图景，这种相互馈赠固然是外交工作之所需，但北魏方面的诛求无厌，已近乎勒索了，故尔宋方加以拒绝。北魏方面采取这种态度，一方面是以战胜者的姿态对待宋方，另一方面与其军中物资匮乏也有关系，史称“魏人之南寇也，不赍粮用，唯以抄掠为资。及过淮，民多窜匿，抄掠无所得，人马饥乏”[⑦]。

对于对方馈赠之物，一般来说应该转致朝廷或有关部门，并非都督私受。东晋都督徐兖青三州诸军事的谢玄，于太元九年（384）为前锋都督出屯彭城，经略中原。当时前秦苻丕为慕容垂所逼，于是“自邺遣参军焦远进谢玄青铜镜、黄金碗、宛转绳床、玉如意，请救，（谢）玄使送于京师”[⑧]。苻丕因向谢玄求救而遣使馈赠珍宝器物，这是因公馈赠，故谢玄将其转致于朝廷。但是在外交过程中也有因私馈赠的。西魏大统（535—551）年间，贺兰祥为都督三荆南襄南雍平信江随二郢淅十二州诸军事、荆州刺史，“州境南接襄阳，西通岷蜀，物产所出，多诸珍异。时

---

① 《魏书》卷五三《李孝伯传》，第1169页。

② 《宋书》卷四六《张畅传》，第1398页。

③ 《魏书》卷五三《李孝伯传》，第1170页。

④ 《宋书》卷四六《张畅传》，第1398页。

⑤ 《南史》卷三二《张畅传》，第831页。

⑥ 《资治通鉴》卷一二五，宋文帝元嘉二十七年（450）十一月，第3955页。

⑦ 《资治通鉴》卷一二五，宋文帝元嘉二十七年（450）十一月，第3959页。

⑧ （唐）许嵩撰，张忱石点校：《建康实录》卷九《晋中下·烈宗孝武皇帝》，中华书局1986年版，第274页。

既与梁通好，行李往来，公私赠遗，一无所受。梁雍州刺史、岳阳王萧察，钦其节俭，乃以竹屏风、绨绤之属及以经史赠之。（贺兰）祥难违其意，取而付诸所司。太祖后闻之，并以赠祥"[①]。这位都督在办外交中，不论因公因私的馈赠均不私自接受。这次萧察乃因私馈赠，贺兰祥也将其交有关部门收受。后经朝廷赏赐才为贺兰祥所接受。但并非所有都督都能这样做的，不少是乘机中饱私囊的，西魏时的瓜州，"州通西域，蕃夷往来，前后刺史，多受赂遗"。魏恭帝三年（556）韦瑱为瓜州诸军事、瓜州刺史时，却能"蕃夷赠遗，一无所受"[②]。

二　北周总管

北周明帝武成元年（559），"改都督诸州军事为总管"[③]，而"总管为都督之任矣。"[④] 总管的职权、地位与都督是相同的。因而北周时期总管与都督一样，行使着相同的外交职权。北周保定四年（564），杨忠为总管泾豳灵云盐显六州诸军事，泾州刺史。北周为了向东伐齐，令杨忠出沃野镇以应接突厥共同伐齐。当时军粮缺乏，杨忠设计招诱稽胡首领来到军帐就座，然后"令突厥使者驰至而告曰：'可汗更入并州，留兵马十余万在长城下，故遣问公，若有稽胡不服，欲来共公讨之。'坐者皆惧，忠慰喻而遣之"[⑤]。他这一计果然有效，稽胡害怕遭到周与突厥联兵讨伐，于是纷纷献出粮草，解决了杨忠部队军粮的问题。这里我们看到杨忠接待突厥使者及其至杨忠军帐报告使命的情况，这虽然是杨忠设计所为，但杨忠可以与突厥使命往还则是无疑的事实。杨忠所统泾州总管府，即为防备突厥而设，因而他同时负有对突厥的外交之责。

三　十六国北朝军镇

十六国北朝时期于边境地区有军镇之设置，至北魏时期达于鼎盛。军镇地位大体与州相当，以镇将统领，负责镇区的军事和行政，因而它

---

① 《周书》卷二〇《贺兰祥传》，第 337 页。

② 《周书》卷三九《韦瑱传》，第 694 页。

③ 《周书》卷四《明帝纪》，第 56 页。

④ 《通典》卷三二《职官典十四·州郡上·都督》，第 894 页。

⑤ 《周书》卷一九《杨忠传》，第 319 页。

也负有一定的外交职责，其表现主要在以下三个方面。

第一，通文书。军镇负有收授外交文书的职权。明元帝时于栗磾为河内镇将，刘裕伐后秦时借道河内经过，于栗磾“虑其北扰，遂筑垒于河上，亲自守焉。禁防严密，斥候不通”。刘裕不敢西进，于是“遗（于）栗磾书，远引孙权求讨关羽之事，假道西上，题书曰‘黑矟公麾下’”。这是因为于栗磾喜好持黑矟以为自己部队的标志，故刘裕这样称呼他。他接到刘裕的文书后，“以状表闻”[①]，报告了明元帝。这是镇将接受对方文书并上报朝廷。镇将也可以向外发出文书，献文帝时杨钟葵为枹罕镇将，吐谷浑主拾寅派军守洮阳，此地原属枹罕所统，于是杨钟葵“贻拾寅书以责之”[②]。这是镇将向对方发文书以提出抗议。

第二，提供情报。由于军镇处于边境地区，因而可以搜集对方之情报。这些情报对于朝廷处理有关外交事务有重要参考价值。孝明帝时柔然内乱，其主阿那瓌投奔北魏。后北魏送阿瓌瑰返国，其时阿那瓌之从父兄婆罗门已被推为可汗。于是怀朔镇将杨钧上表报告了柔然国内政局变化，说：“传闻彼人已立主，是阿那瓌同堂兄弟。夷人兽心，已相君长，恐未肯以杀兄之人，郊迎其弟。轻往虚反，徒损国威，自非广加兵众，无以送其入北。”杨钧作为镇将而能比较深入地了解柔然内情，将其及时上报朝廷，并提出处置意见。于是北魏派遣牒云具仁出使柔然，劝说婆罗门迎接阿那瓌回国复位。婆罗门果然“殊自傲慢，无逊避之心”[③]。牒云具仁回到怀朔镇，汇报了出使情况，阿那瓌忧惧不敢回国，上表请还洛阳。可见边镇在外交方面能够发挥一定作用。

第三，通互市。军镇也负责边境的互市。崔宽为陕城镇将，镇区之弘农“出漆蜡竹木之饶，路与南通，贩贸往来。家产丰富，而百姓乐之。诸镇之中，号为能政”[④]。弘农与南方政权互市搞得好，归功于镇将之“能政”，可见镇区的互市是由镇将负责的。孝明帝时阉官刘腾专权用事，“剥削六镇，交通互市”[⑤]。可见北边六镇均有互市的职能。

---

① 《魏书》卷三一《于栗磾传》，第 736 页。

② 《魏书》卷一〇一《吐谷浑传》，第 2238 页。

③ 《魏书》卷一〇三《蠕蠕传》，第 2300—2301 页。

④ 《魏书》卷二四《崔宽传》，第 625 页。

⑤ 《魏书》卷九四《阉官·刘腾传》，第 2028 页。

四　边关

魏晋南北朝沿袭汉制，亦于边境设置关塞。关塞为出入境必经之地，故也负有一定的外交职责。孙权称帝后，诸葛亮派遣陈震出使孙吴致贺并结盟好。陈震“入吴界，移关候曰：‘（陈）震以不才，得充下使，奉聘叙好，践界踊跃，入则如归。……望必启告，使行人睦焉。即日张旍诰告众，各自约誓。顺流漂疾，国典异制，惧或有违，幸必斟诲，示其所宜’”①。这是陈震进入吴国边界之后，向吴国“关候”递交的外交照会，请求知会东吴有关部门，俾其顺利进入吴都。汉代亦于边关设“关候”以主其事，三国时期当系继承此制。汉制：边郡都尉所统候望系统有“候”“塞”，“候”即“关”，其长为“候”（或称“候官”“关候”），“塞”之长为“塞尉”。王国维氏谓：“都尉之下大抵有候官”②，陈梦家氏谓，候官之下为塞尉，他们同辖若干“候长”以司斥候。③ 由此可见“候”（“候官”）是边郡都尉之下关塞之主要官员。扬雄《解嘲》曰：“今大汉……东南一尉，西北一候。”④ 注引孟康曰：“敦煌玉门关候也。”阳嘉四年（135）“乃令敦煌太守发诸国兵，及玉门关候、伊吾司马”⑤ 云云。此玉门关候，即敦煌玉门都尉所属之玉门候官。蜀使陈震移文之吴国“关候”，与上述汉代玉门关候属同一性质之边境官员。从陈震的照会中可以看到，使者通过边关以“启告”对方，希望对方周知各有关部门，以保证来使的安全和顺利、体面地完成使命。

三国时期各国边境之间均置关候。吴将吕蒙乘蜀将关羽攻樊的时机，设计偷袭其后方南郡，令士兵白衣摇橹，扮作商贾，“昼夜兼行，至（关）羽所置江边屯候，尽收缚之，是故羽不闻知”⑥，这是蜀在江边设置关候。曹魏青龙年间（233—237），孙权与诸葛亮连和，合谋共同进攻曹

---

① 《三国志》卷三九《蜀书·陈震传》，第985页。

② 《流沙坠简》之《屯戍丛残考释》“烽燧类”，第128页。

③ 《汉简缀述·汉简所见居延边塞与防御组织》，第46—52页。

④ 《汉书》卷八七下《扬雄传下》，第3568页。

⑤ 《后汉书》卷八八《西域传·车师传》，第2930页。

⑥ 《三国志》卷五四《吴书·吕蒙传》，第1278页。

魏。这时恰巧曹魏“边候得（孙）权书”[①]，即孙权致诸葛亮的文书。于是曹魏方面将计就计，将文书内容改为孙权谋欲投降曹魏，再将信转给诸葛亮，以挑拨吴、蜀关系。可见曹魏边界也有关候。

东晋十六国、北朝各国之间也常通过边关以沟通外交信息。冉魏建立后，冉闵“遣使临江告晋曰：‘胡逆乱中原，今已诛之。若能共讨者，可遣军来也。’朝廷不答。”[②] 当时东晋与北方政权以江为界，故此亦是通过边界沟通外交信息。东晋废帝太和元年（366），“张天锡遣使至秦境上，告绝于秦”[③]。这是前凉通过边关与前秦沟通外交信息。如果双方断绝外交关系，则关闭边境。东晋安西将军庾翼在与其兄庾冰的书信中就曾抱怨，“石季龙频年再闭关，不通信使”[④]。可见原来双方可以通过边关以通信使，边关是相互之间重要的外交通道。北魏时裴修出为张掖子都大将，“张掖境接胡夷，前后数致寇掠，（裴）修明设烽候，以方略御之。在边六年，关塞清静”[⑤]。这种“烽候”统辖于镇守边境之将领，为关塞之斥候，它既是候望敌情的哨所，亦是双方进行外交联系的孔道。

第四节 边境镇抚机构的外交职能

魏晋南北朝时期承袭汉代的制度，于边境地区设置一系列镇抚机构，有“护羌、夷、蛮等校尉” “护匈奴、羌、戎、蛮、夷、越中郎将”[⑥]等，以负责少数民族事务。但是这个时期的郎将、校尉与汉代相比已有不小的变化。其主要变化如下。第一，这个时期的镇抚机构，多为地方州郡长官或都督所兼领。如护乌桓校尉多由幽州刺史或都督兼，护羌校尉多由凉州刺史或都督兼，而平越中郎将则由广州刺史兼，等等。因而上文叙述沿边州郡的外交职能时，实际上有的也就包括它们的职能在内。

---

① 《三国志》卷一四《魏书·刘放传》，第 457 页。

② 《晋书》卷一〇七《石季龙载记下附冉闵载记》，第 2793 页。

③ 《资治通鉴》卷一〇一，晋海西公太和元年（366）十月，第 3203 页。

④ 《晋书》卷一三《天文志下》，第 373 页。

⑤ 《魏书》卷四五《裴骏附子（裴）修传》，第 1021 页。

⑥ 《晋书》卷二四《职官志》，第 747 页。

第二，这个时期镇抚机构的官职已逐渐向虚衔化发展，变为一种封赠，成为荣誉虚衔，而且在各对峙政权之间互为封赠。东晋时期对于前凉政权均封以凉州刺史、护羌校尉的职衔。刘宋封北凉沮渠蒙逊、沮渠茂虔、沮渠无讳为“领护匈奴中郎将、西夷校尉”，沮渠安周为“领西域戊己校尉”等。十六国政权也以这类官职为赠，北凉段业以李玄盛为“领西胡校尉”“领护西夷校尉”。后赵石祗以姚襄为“护乌丸校尉”。后秦姚兴以南凉秃发傉檀为“领护匈奴中郎将”等。有的还以此官职自封，姚弋仲“自称护西羌校尉”。吕光先是“自领凉州刺史、护羌校尉”，后又自称“领护匈奴中郎将”等。第三，这些机构的职能、地位与作用也发生了变化。汉代统一皇朝时期，其边境镇抚系统处于统一皇朝疆域的周边，一般来说或多或少均负有一定的外交职能。魏晋南北朝是一个分裂割据时期，以及上述两项原因所致，因而有相当一部分镇抚机构失去外交的职能，变为纯粹的管理少数民族的机构。如南蛮校尉或宁蛮校尉，设于襄阳，就基本上没有什么外交事务。那些比较重要的负有外交职责的镇抚机构，其作用也主要是在魏晋时期可见，南北朝时期便日益削弱了。现择其要者略述于后。

一　护乌丸校尉与护鲜卑校尉

魏晋时期沿袭汉制，于北边设置护乌桓校尉。它常兼护鲜卑，魏“文帝践阼，田豫为乌丸校尉，持节并护鲜卑，屯昌平”①。魏文帝黄初元年（220）又另设护鲜卑校尉，“文帝初，北狄强盛，侵扰边塞，乃使（田）豫持节护乌丸校尉，牵招、解儁并护鲜卑”②。史又称：“文帝践阼，拜（牵）招使持节护鲜卑校尉，屯昌平。”③ 可知当时两校尉并置。它们的外交职责主要有以下两方面。

（一）接受贡献

汉末魏初，檀石槐军事政权瓦解，鲜卑形成三个比较强大的势力，即西部的步度根集团，中部的轲比能集团，东部的素利、弥加、厥机等。

---

① 《三国志》卷三〇《魏书·乌丸鲜卑东夷传》，第836页。

② 《三国志》卷二六《魏书·田豫传》，第727页。

③ 《三国志》卷二六《魏书·牵招传》，第731页。

他们对曹魏政权叛服无常。早在建安（196—220）中曹操平定河北，步度根、轲比能等便“因乌丸校尉阎柔上贡献”。魏明帝时幽州刺史王雄兼领乌丸校尉，“抚以恩信。比能数款塞，诣州奉贡献”[①]。这是通过护乌桓校尉而向曹魏朝廷奉贡献，或者由其直接接受鲜卑的贡献。

（二）通互市

鲜卑的马匹是处于四面征战的曹魏政权所迫切需要的，这相当一部分须依赖与鲜卑的互市而获得，因此护乌丸校尉与护鲜卑校尉的一项重要使命就是管理互市以满足这方面的需求。早在建安年间，鲜卑即通过乌丸校尉阎柔与曹魏“通市”。魏初这种互市曾遭到鲜卑大人的破坏，赖护乌丸校尉的努力而得以恢复。当时“自高柳以东，濊貊以西，鲜卑数十部，比能、弥加、素利割地统御，各有分界；乃共要誓，皆不得以马与中国市”[②]。他们企图联合起来断绝与曹魏的互市，特别是马匹的贸易。这对曹魏来说是非常不利的。护乌丸校尉田豫“以戎狄为一，非中国之利，乃先搆离之，使自为雠敌，互相攻伐”。经过田豫的分化瓦解工作，“素利违盟，出马千匹与官，为比能所攻，求救于（田）豫”[③]。黄初三年（222），轲比能也“驱牛马七万余口交市”[④]。可见护乌丸校尉在维持与鲜卑互市方面起着重要的作用。

二　护东夷校尉

曹魏初置东夷校尉，居襄平。明帝景初二年（238）灭公孙渊后，改称护东夷校尉，仍居襄平。掌鲜卑慕容部、段部、宇文部和高句丽等事务。西晋沿置。其外交职责主要有以下两方面。

（一）安辑卫护

晋武帝太康六年（285），夫余国被慕容廆所袭破。当时的护东夷校尉鲜于婴没有及时救助，有司奏其“失于机略”，于是被罢免，改派何龛代替他。可见东夷校尉负有保护的职责。太康七年（286），夫余的后王

① 《三国志》卷三〇《魏书·乌丸鲜卑东夷传》，第838、839页。
② 《三国志》卷二六《魏书·田豫传》，第727页。
③ 《三国志》卷二六《魏书·田豫传》，第727页。
④ 《三国志》卷三〇《魏书·乌丸鲜卑东夷传》，第839页。

依罗遣使到东夷校尉府向何龛提出请求援助，帮助其率领残部“还复旧国”[①]。何龛上报朝廷后，派兵护送，使其得以复国。

（二）接待朝献

朝鲜半岛三韩之一的马韩，于晋武帝太熙元年（290），“诣东夷校尉何龛上献”[②]。这是通过东夷校尉向西晋贡献。在肃慎西北，马行二百日路程以远，有裨离等十国，“其风俗土壤并未详”。西晋太熙初年，其中的牟奴国、模卢国、于离末利国、蒲都国、绳余国、沙楼国，“各遣正副使诣东夷校尉何龛归化”[③]。所谓“内附”“归化”，实际上就是派遣使者前来进行友好交往。

三　西域长史

魏晋时期继承汉制，置西域长史以掌管对西域之事务。东汉建初元年（76）罢西域都护之后，于建初八年（83）以班超为将兵长史，代行都护职责，掌管西域事务，是为西域长史设置之始。此时称为“将兵长史”，因当时“大将军置长史、司马。其不置将军而长史特将者为将兵长史”[④]，含有撤销都护之后以长史代理之意，后遂以“西域长史”名官。此后迭有废置，安帝延光二年（123）以班勇为西域长史，遂为常制。

曹魏时继承东汉而设置西域长史。仓慈为敦煌太守，卒于官，“西域诸胡闻慈死，悉共会聚于戊己校尉及长吏治下发丧”[⑤]。王国维认为这里的“长吏”为“长史”之讹，实指“西域长史”。他说：“长吏二字，语颇含混。后汉以来，西域除西域长史、戊已校尉外，别无他长吏，魏当仍之，则长吏二字必长史之讹也。”[⑥] 塔里木盆地出土的文书表明在西晋、十六国时期西域长史继续活跃于西域地区。罗布泊出土的文书中，有一

① 《晋书》卷九七《四夷·夫余国传》，第2532页。
② 《晋书》卷九七《四夷·马韩传》，第2533页。
③ 《晋书》卷九七《四夷·裨离等十国传》，第2536—2537页。
④ 《资治通鉴》卷四六，汉章帝建初八年（83）胡注，第1494页。
⑤ 《三国志》卷一六《魏书·仓慈传》，第513页。
⑥ 《观堂集林》卷一七《史林九·流沙坠简序》，第831页。

晋初木简记曰："西域长史承移今　初除月廿三日当上道从上邽至天水。"① 这是西域长史赴任时写给西域长史府的一封移文，告知上道日期。十六国时期前凉西域长史的文书数量就更多了，其中以西域长史李柏的文书最为著名（详下文）。可见魏晋时期一直设置西域长史负责对西域之事务。

西域长史所负之外交职责，在"李柏文书"中有着具体的反映。所谓"李柏文书"，是指1909年3月、4月大谷探险队成员橘瑞超等人于罗布泊遗址发现的文书，这是前凉西域长史李柏的公文遗物。文书发现地点，据王国维考证在西域长史治所海头②。李柏为前凉西域长史，史籍有记载："西域长史李柏请击叛将赵贞，为贞所败。议者以柏造谋致败，请诛之。骏曰：'吾每以汉世宗之杀王恢，不如秦穆之赦孟明。'竟以减死论，群心咸悦。"③ 可知李柏为前凉张骏时的西域长史。李柏文书有两件基本完整，一件曰：

> 五月七日西域长史关内侯
> 柏顿首々々阔久不知问常
> 怀思想不知亲相念
> 便见忘也诏家见遣
> 来慰劳诸国此月二日来到
> 海头未知王问邑々天热
> 想王国大小平安王使
> 招亘俱共发从北虏中与
> 严参事往不知到未今
> 遣使符太往通消息
> 书不尽意李柏顿
> 首々々

① 《楼兰尼雅出土文书》之《楼兰尼雅出土文书释文》，第442号，第67页。

② 《观堂集林》卷一七《史林九·流沙坠简序》，第830页。

③ 《晋书》卷八六《张轨传附张骏传》，第2235页。

另一件曰：

五月七日（海头）西域长史〔关内〕
侯（李）柏顿首顿首别来□□
恒不去心今奉台使来西月
二日到（此）海头未知王消息想国中
平安王使回复罗从北虏
中与严参事往想是到也
今遣（相）使符太往相闻通
知消息书不悉意李柏顿首顿
首①

这两件文书及其他相关文书反映了西域长史的外交职能有四个方面。

（一）对外通文书

这两件文书是李柏以西域长史的身份向西域国王发出的信件，其内容一是将前凉政权遣使慰劳该国之事告知该国王。第一件之“诏家见遣来慰劳诸国”与第二件之“今奉台使来”，应是一回事情，即前凉政府所派遣慰问西域诸国的使者已经到达西域长史府海头。二是告知该国所遣来使已经返命，有前凉所委派之严参事陪送，取道北虏之中返国。三是告知西域长史所遣使者符太将前往该国“通消息”“相闻问”。

（二）接转使节

一方面前凉对西域遣使由西域长史负责接转。第一件中的“诏家”所遣前往“慰劳诸国”的使者，第二件中的前往西域诸国的“台使”，都是先集中于西域长史府，经西域长史负责联系之后才出发前往各国。另一方面西域诸国之来使由西域长史负责接转。第一件中的“王使招亘”等人，在完成使命之后，经由西域长史府海头返国，并由西域长史发文告知本国国王。第二件中的“王使回复罗”返国的情形亦然。

（三）对外遣使

这两件文书中所提到的使者符太，应是西域长史所派遣之使者，

① 转录自余太山《关于“李柏文书”》，《西域研究》1995 年第 1 期。

其任务是携带西域长史的文书转致该国国王，同时向该国国王“通消息”“相闻问”，起着“信使”的作用。这说明西域长史有对外遣使的权力。

（四）上报蕃情

此外还有一些文书也反映了西域长史与外事有关的某些职责，有一残件记曰：

> □□
> 尚书
> 臣柏言焉耆王龙□
> 月十五日共发□①

这是西域长史李柏给前凉政权尚书台的文书，文书报告有关焉耆王龙的情况。由此可见，西域长史需将有关外交方面的问题或情况向朝廷上报。

由于西域长史负有外交职责，故其须接受中央负责外交之大鸿胪指示，完成有关任务。另一件尼雅河出土之西晋初年木简，记曰：

> 西域长史营写鸿胪书到如书罗捕言会十一月廿日如诏书律令②

这是西域长史府将中央大鸿胪的公文转抄下发至西域各国，要求捕捉罪犯。大鸿胪为管理民族与外交事务的机构，由它下发的公文，当与其职责所司有关。而西域长史要负责将中央政府的有关文书转发，并督促实施。

除上述机构之外，还有如驻西域的戊己校尉，驻广州的平越中郎将等，均负有一定的外交职责，不再一一赘述。

---

① 《楼兰尼雅出土文书》之《楼兰尼雅出土文书释文》，第628号，第81页。
② 《楼兰尼雅出土文书》之《楼兰尼雅出土文书释文》，第679号，第86页。